Schul- und Unterrichtsforschung

Hrsg. von Hans-Ulrich Grunder und Thorsten Bohl

Band 12

ePortfolio und selbstreflexives Lernen

Studien zur Förderung von Reflexivität im Unterricht

Von

Matthias C. Fink

Schneider Verlag Hohengehren GmbH

Gießener Dissertation im Fachbereich Sozial- und Kulturwissenschaften

Gedruckt auf umweltfreundlichem Papier (chlor- und säurefrei hergestellt).

Bibliografische Information der Deutschen Nationalbibliothek

Die Deutsche Nationalbibliothek verzeichnet diese Publikation in der Deutschen Nationalbibliografie; detaillierte bibliografische Daten sind im Internet über ›http://dnb.d-nb.de‹ abrufbar.

ISBN: 978-3-8340-0743-8

Schneider Verlag Hohengehren, 73666 Baltmannsweiler

Homepage: www.paedagogik.de

Printed in Germany – Druck: Digital Print Group, Nürnberg

Inhaltsverzeichnis

Abbildungsverzeichnis

Vorwort der Herausgeber

Portfolios zählen inzwischen – etwa seit der Mitte der 1990er Jahre – zu gängigen Instrumenten der schulischen Leistungsbeurteilung. Sie stützen die Selbstreflexivität und den Selbstbeurteilungsaspekt von Lernverläufen und in den Augen der Lehrkräfte zu einer pädagogisch vertretbaren, individualisierenden, lernförderlichen Beurteilung von Schülerleistungen bei. Stellt ein Portfolio eine Sammlung von repräsentativen Arbeiten dar, welche die Bemühungen eines Kindes, seine Fortschritte und Leistungen auf einem oder mehreren Gebieten illustriert und belegt, also sowohl Lernprozesse als auch Lernprodukte dokumentiert, handelt es sich dabei um eine Sammlung von 'Dokumenten des Lernens und seiner Ergebnisse'. Allerdings arbeiten die allgemeinbildenden Schulen bislang eher punktuell mit Portfolios, vergleichbar der geringen Verbreitung von Lerntagebüchern und Lernverträgen. Empirische Belege für die Produktivität des 'Instruments 'Portfolio' und die Potentiale der Portfolio-Arbeit in der Schule sind ebenfalls Forschungsdesiderata geblieben. Dieses Fazit lässt sich gleichermassen ziehen für den Zusammenhang der Arbeit mit Portfolios in einer Schule und den von ihr initiierten Schulentwicklungsprozessen sowie für den Bezug von Portfolio-Arbeit und Unterrichtsreform.

Der Autor dieses Bandes geht einen Schritt weiter, wenn er die Portfolio-Idee als 'ePortfolio' in den Kontext einer webbasierten Lernumgebung stellt und damit die Möglichkeit einer spezifischen Speicherung/Archivierung, Präsentation und Veröffentlichung eines Portfolios erörtert. Ein ePortfolio ist denkbar als eine – online einsehbare – Sammlung digitalisierter Arbeiten, die aus medialen Produkten wie Texten, Bildern, Klängen, Filmen) bestehen können. Es dokumentiert, wie die Papierversion des Portfolios, aber softwarebasiert, die Lernergebnisse (Produkte) und die Lernprozesse (Pfade) einer Person und ihre Kompetenzentwicklung über einen bestimmten Zeitraum.

Der Verfasser dieser Studie verknüpft in dieser, auf qualitativ erhobenen Daten beruhenden Arbeit die Thematik des reflexiven Lernens im Unterricht jener einer pädagogisch adäquaten Leistungsbeurteilung mittels eines ePortfolios. Er untersucht systematisch an sechs Schulen, wie die Schülerinnen und Schüler ihren Lernprozess reflektieren, in welchem Umfang sie ihn im ePortfolio reflektieren, welche Lernerfahrungen mit dem ePortfolio die Schülerinnen und Schüler zu einem Überdenken ihres Lernens veranlassen und welche Relevanz die Lernenden dem ePortfolio für die Reflexion ihrer Lernprozesse zuschreiben. So gelingt es ihm, die von den Befragten angesprochenen reflexiven Handlungsmuster zu typisieren und das Potential der reflexiven Perspektive zu belegen.

Angesichts der rasanten Entwicklung der elektronischen Medien im Alltag, so der Autor in seinem Fazit, dürfte das Arbeiten mit dem ePortfolio im Unterricht zur Selbstverständlichkeit werden. Die damit verbundenen schulpädagogischen und didaktischen Implikationen sind in diesem Band bereits auf empirischer Basis dargestellt und erklärt.

Thorsten Bohl *Hans-Ulrich Grunder*
Tübingen und Solothurn, im März 2010

Vorwort

ePortfolio-Arbeit im Unterricht steht am Anfang einer Entwicklung, die sich in der Zukunft mit Sicherheit noch weiter ausbreiten wird. Im deutschsprachigen Raum ist in den vergangenen Jahren die papiergebundene Variante des Portfolios in vielen Jahrgangsstufen eingeführt worden. Die hierzu entstandene pädagogische Ratgeber-Literatur spiegelt das Interesse in der schulischen Praxis wieder.

Zu Beginn der 2000er Jahre erfuhr ich zum ersten Mal aus Dänemark und Schweden von der elektronischen Variante des Portfolios, dem so genannten ePortfolio. Hier gab es bereits zahlreiche Bildungsinstitutionen (vor allem Schulen, pädagogische Hochschulen), die ePortfolios zur Dokumentation der Lernergebnisse eingeführt hatten. Im Mai 2005 besuchte ich eine Tagung an der dänischen Universität Odense, die das ePortfolio als Tagungsthema in den Mittelpunkt gestellt hatte. Dort entstand für mich die Motivation, mich im Rahmen meiner Forschungsarbeit mit dem ePortfolio auseinanderzusetzen. Ich verließ die Tagung mit der Idee, ein eigenes ePortfolio zu konzipieren, zu erproben und wissenschaftlich zu begleiten. Zu diesem Zeitpunkt konnte ich noch nicht erahnen, dass sich dieses Projekt einmal in dieser Form erfolgreich durchführen lassen würde. Bestätigung und Anregung erhielt ich vor allem durch meinen Doktorvater Herrn Prof. Dr. Dr. Ludwig Duncker. Herr Duncker hat maßgeblich dazu beigetragen, aus dieser Vision ein tragfähiges Konzept zu entwickeln – wobei diese Vorgehensweise immer zweigleisig verlief: Zum einen musste alles dafür geschaffen werden, dass ein ePortfolio im Unterricht eingesetzt werden kann und zum anderen musste der Fokus der Forschungsarbeit entwickelt werden. Dass dieser Fokus im selbstreflexiven Lernen seinen Niederschlag fand, ergab sich vor allem aus den bestehenden Publikationen, die zur Portfolio- und ePortfolio-Arbeit entstanden waren. In diesen Arbeiten wird das Portfolio oder das ePortfolio als eine geeignete Methode bezeichnet, mit der sich Reflexionen im Lernen thematisieren, intensivieren und dokumentieren lassen. Wie jedoch diese Reflexionen im Lernen entstehen und wie sie durch die ePortfolio-Arbeit angeregt werden, wird in nur wenigen Arbeiten thematisiert. Hier sah ich ein Forschungsdesiderat, dem ich mich widmen wollte.

Die unterrichtspraktische Erprobung wurde mit der Hilfe von unterschiedlichen Institutionen ermöglicht, bei denen ich mich an dieser Stelle bedanken möchte. Die Medieninitiative „Schule@Zukunft“ des Hessischen Kultusministeriums finanzierte dieses Projekt und trug dazu bei, dass das „Schulentwicklungsprojekt ePortfolio“ entstehen konnte (Ansprechpartner: Herr Ministerialrat Rudolf Peschke). Im Rahmen dieser Projektförderung wurde das ePortfolio-System konzipiert, ein didaktisches Konzept entwickelt und Fortbildungen mit dem Ziel durchgeführt,

Lehrer[1] und Schüler zu befähigen, ein ePortfolio im Unterricht einzubinden. Diese Arbeit im Unterricht wurde mit der Hilfe von gezielten und zusätzlichen IT-Anschaffungen begünstigt, die vor Ort in den Schulen eingerichtet und von den regionalen Schulträgern dankenswerterweise finanziert wurden (hier: Stadt und Landkreise im Schulamtsbezirk).

Jedoch ist jedes didaktische Konzept nur ein gedanklicher Entwurf, wenn er nicht von den in pädagogischen Situationen Handelnden entsprechend umgesetzt wird. Daher bedanke ich mich bei den Lehrkräften und bei den Schülern, die die ePortfolio-Arbeit im Unterricht umgesetzt haben. Des Weiteren bedanke ich mich bei den ausgewählten Schülern, die an der Befragung teilgenommen haben und denen ich im Laufe des Schuljahres beim Lernen mit dem ePortfolio „über die Schultern" schauen durfte.

Dieser Hintergrund, der durch das geschaffene ePortfolio, die vorhandene IT-Ausstattung, das didaktische Konzept sowie die beteiligten Lehrer und Schüler gegeben war, stellte das Fundament dafür dar, dass sich die empirische Fragestellung in der von mir beabsichtigten Form verfolgen ließ. An dieser Stelle bedanke ich mich bei meinen Kollegen aus der Fachdisziplin (Schulpädagogik), die mich an vielen Stellen im Forschungsprozess immer wieder angeregt haben. Allen voran danke ich Herrn Prof. Dr. Dr. Ludwig Duncker, der mich im Rahmen des Dissertationsvorhabens betreut hat. Als Gründungsmitglied und ehemaliger Sprecher der Sektion „Bildung, Erziehung, Sozialisation" des Gießener Graduiertenzentrums Kulturwissenschaften (GGK, Sektion 7) danke ich abschließend meinen Doktorandenkollegen für die anregenden Gespräche.

Matthias C. Fink
Gießen, im März 2010

[1] Aus sprachlich-stilistischen Gründen wird in dieser Arbeit auf eine doppelte Ausweisung männlicher und weiblicher Formulierungen verzichtet. Männliche Bezeichnungen des Schülers oder des Lehrers beziehen sich ausdrücklich auch auf Schülerinnen und Lehrerinnen.

1. Einleitung

1.1 Begründung des Forschungsinteresses

Bereits für Wilhelm von Humboldt stellt die Fähigkeit zur Reflexivität ein zentrales Merkmal des menschlichen Denkens dar: „Das Wesen des Denkens besteht im Reflektieren, d.h. im Unterscheiden des Denkenden von dem Gedachten. [...] Um zu reflektieren, muss der Geist in seiner fortschreitenden Tätigkeit einen Augenblick stillstehen, das eben Vorgestellte in eine Einheit fassen, und auf diese Weise, als Gegenstand, sich selbst entgegenstellen." (Original von 1795/ 1796 in Humboldt 2007, 3). Das etymologische Wörterbuch der deutschen Sprache erkennt im „Reflektieren" die aus dem Lateinischen „reflectere" entlehnte Bedeutung für „zurückdrehen, umwenden, sich zurückbeugen" und in „Reflexion" ein „Nachdenken". Demnach müsste ein Schüler, der sein Lernen reflektiert, sich umwenden und nachdenken. Dieser Blick zurück auf das Erfahrene, Getätigte und Gedachte scheint bedeutsam für das Reflektieren zu sein, macht es sich doch im lateinischen „Re" deutlich, das für „zurück" steht.

Der zweite zentrale Begriff dieser Arbeit ist das „Portfolio", das sich aus „Port" und „folio" zusammensetzt, die aus den lateinischen Begriffen für Tragen („Portare") und Blatt bzw. Buch in der Größe eines halben Bogens („Folio" / „Foliant") entstanden sind. Die Frage, die sich mit dem Titel dieser Arbeit „ePortfolio und selbstreflexives Lernens – Studien zur Förderung von Reflexivität im Unterricht" ergibt, ist diejenige, was diese „tragbaren Blätter" mit dem „Nachdenken" zu tun haben. Dazu müsste man fragen, über welche auf den Blättern abgebildeten oder notierten Inhalte es nachzudenken gilt? – Sind es Briefe, Texte, Zeugnisse oder sind es Abbildungen und Fotos? Beim Blick auf die genutzten Verwendungszusammenhänge eines Portfolios werden die möglichen Inhalte schon deutlicher, die Ausgangspunkt für eine Reflexion bilden können: Hier gibt es Portfolios von Künstlern oder Architekten, die besonders gelungene Arbeiten enthalten und einen Einblick in das Leistungsspektrum geben sollen. Daneben gibt es Portfolios im Bereich der Finanzwirtschaft, in der das Portfolio ein Wertpapierdepot darstellt, das mit mehreren Branchenaktien bestückt sein kann. Dennoch führen diese Verwendungszusammenhänge nicht die gesamte Spannbreite auf, die ein Portfolio im schulischen Einsatz einnehmen kann. Über die vergangenen 25 Jahre sind hierzu zahlreiche Arbeiten aus der Schulpraxis zu verzeichnen, die sich durch die gewachsene Publikationsdichte auszeichnen (vgl. z.B. USA: Paulson/ Paulson/ Meyer 1991; Skandinavien: Ellmin/ Ellmin 2004; deutschsprachiger Raum: Brunner/ Häcker/ Winter 2006). Im Portfolio verbirgt sich ein vielseitiges didaktisches Konzept, das sich sowohl für die Dokumentation und Präsentation von schulischen Leistungen als auch für die Gestaltung von Lehr- und Lernprozessen nutzen lässt.

Beim Blick auf den Begriff des „selbstreflexiven Lernens“[2] konnten in „reflectere“ und „Reflexion“ ein Zurückdrehen und Nachdenken konstituiert werden. Selbstreflexives Lernen setzt demnach am Nachdenken über das eigene Lernen an und dreht sich zurück bzw. wendet sich um oder auf das Gelernte. Wie passen das „selbstreflexive Lernen“ und das „Portfolio“ zusammen? – Aus der Beschäftigung mit der eigenen Portfolio-Mappe können Reflexionen entstehen, die sich mit den verbundenen Inhalten und abgebildeten Einzelleistungen auseinandersetzen. Aber nicht nur aus der Betrachtung selbst, sondern auch im Erstellungsprozess dieser Mappe entstehen Reflexionen. Damit lässt sich aus Erfahrungsberichten und Forschungsarbeiten eine Tendenz erkennen, die sich dadurch auszeichnet, dass sie Reflexionen als zentral für das Lernen mit dem Portfolio ansieht und reflexive Momente im Lernen entwickeln lässt (vgl. z.B. Ellmin 2001; Winter 2004a; Gläser-Zikuda/ Lindacher 2007; Kolb 2007). Die aus den Publikationen gespeisten Hoffnungen bezüglich der Förderung des selbstreflexiven Lernens werden aufgrund zahlreicher Erfahrungsberichte begleitet. Empirische Arbeiten, die sich mit dem reflexiven Lernen von Schülern auseinandersetzen, die im Unterricht mit einem Portfolio lernen und reflektieren, sind dagegen – bis auf singuläre Ausnahmen – in der Minderzahl (vgl. z.B. Kolb ebd.). Hier ergibt sich ein Bedarf an weitergehender Vertiefung, den die vorliegende Forschungsarbeit aufgreifen möchte.

Bislang habe ich den Begriff Portfolio verwendet. Der Titel dieser Arbeit involviert aber, dass es sich in der hier verwendeten Bedeutung um ein ePortfolio handelt. Das e, das vor das Wort Portfolio gesetzt wurde, steht für das englischsprachige „electronic“, das im Deutschen als „elektronisch“ übersetzt wird und die gleiche Bedeutung hat. Elektronische Portfolios nutzen die Portfolio-Idee und führen sie in einer digitalen Form weiter. Das heißt aus der Papiermappe wird ein Dateienordner, Texte und Beschreibungen existieren als Blogs und Dokumente selbst liegen in digitalisierter Form z.B. als Word-Texte, Powerpoint-Präsentationen, Bild-Dateien u.ä. vor. Neben der veränderten äußeren Form der Portfolio-Dokumente ist auch eine Veränderung im Aufbewahrungsort dieser Mappe zu benennen. Findet die papiergebundene Mappe ihren Platz in der Schultasche oder in einem Hängeregister in einem Schrank im Klassenzimmer, existiert ein ePortfolio in den meisten Fällen auf einer Online-Plattform, die von jedem Ort der Welt zugänglich ist, der über einen Internetzugang verfügt. Damit verändern sich die Möglichkeiten der Arbeit an

[2] In dieser Arbeit werden die Begriffe „selbstreflexives Lernen“ und „reflexives Lernen der Schüler“ synonym verwendet. Beide Begrifflichkeiten beziehen sich auf die aktive Auseinandersetzung der Lernenden mit den eigenen Lernprozessen, -gegenständen oder -resultaten.

der Mappe, aber auch die öffentliche Einsichtnahme kann breiter gestreut werden. Dieses Merkmal macht auch deutlich, warum viele ePortfolio-Angebote sich an Erwachsene wenden, die im ePortfolio ihre erreichten Leistungen für einen möglichen Interessenten (Arbeitgeber, ausbildende Institution u.ä.) dokumentieren. Daneben bietet die Onlineeinsicht auch die Möglichkeit, dass die entstandenen Lernresultate sich mit einer größeren Gruppe diskutieren lassen. Dieser Aspekt hat eine weitreichende Bedeutung auf die Ausgestaltung der Dokumente. Die entstandene Online-Zusammenarbeit und damit verbundene Diskussion der Lernresultate beeinflussen, wie Schüler über ihre erreichten oder zu dokumentierenden Arbeiten/ Leistungen nachdenken. Im Jahr 2004 fand an der Universität von British Columbia (Kanada) eine Konferenz unter dem Titel „Reflection Is Not a Mirror, It's a Lens“ statt (vgl. ebd. 2008). Dabei ging es um einen Austausch über bestehende Hochschulaktivitäten und Forschungsarbeiten, die sich mit dem Einsatz eines ePortfolios aus unterschiedlichen Betrachtungsrichtungen auseinandersetzen. Allen diesen war gemein, dass sie über Erfahrungen mit der Förderung des reflexiven Denkens und Lernens der Lernenden mit einem ePortfolio System berichteten. In Europa sind diese Aktivitäten in den vergangenen Jahren ebenfalls aufgegriffen worden, im Vergleich zu Nordamerika allerdings existieren hier vom Umfang her viel weniger Forschungsvorhaben, die sich mit dem Einsatz eines ePortfolios auseinandersetzen. Für den schulischen Raum lässt sich festhalten, dass es bislang noch an einer weiten Verbreitung von ePortfolios mangelt. Dies betrifft den Unterricht in allen Schulstufen in der Europäischen Union, wobei es hier in den einzelnen Mitgliedsstaaten auch Unterschiede zu verzeichnen gibt[3]. Nordamerikanische High-Schools und Colleges verfügen dagegen über breitere Erfahrungen mit dem Einsatz von ePortfolios. Hier werden sie vor allem als Bewertungsinstrument im jeweiligen Bildungsgang eingesetzt. Für die Bundesrepublik Deutschland lässt sich sagen, dass ePortfolios noch zu Beginn einer Entwicklung stehen, wogegen die papiergebundene Variante durchaus in unterschiedlichen Bildungsgängen zu finden ist (vgl. Brunner/ Häcker/ Winter ebd.). Das Europäische Sprachenportfolio hat hier zu einer Verbreitung des Portfolio-Gedankens beigetragen (vgl. z.B. die Adaption für die Grundschule bei Legutke/ Lortz 2002). Bezogen auf die ePortfolio-Idee ergibt sich damit ein Bedarf an weiteren aus der schulischen Erprobung gewonnenen Erfahrungen mit dem Einsatz eines ePortfolios, den die vorliegende Arbeit aufgreifen möchte. Gleichfalls lässt sich mit dem Blick auf bestehende Forschungsarbeiten sagen, dass der Zusammenhang zwischen ePortfolio-Arbeit im Unterricht und der Perspektive des selbstreflexiven Lernens von Schülern bislang in keiner von mir analysierten

[3] Anmerkung.: hohe Aktivität z.B. in Österreich

Forschungsarbeit nachgezeichnet worden ist – hier möchte die vorliegende Arbeit anknüpfen und eine Forschungslücke schließen.

Reflexives Lernen ist in vielen Kontexten bedeutsam. Dabei ist aber häufig die Rolle der Lehrenden und selten die der Lernenden Gegenstand des Interesses. Ein gegenwärtiger Trend lässt sich in den neueren Lehrplänen und Bildungsstandards ausmachen, die häufig das Reflektieren der Schüler als zentrales Merkmal ausmachen, das es von Seiten der Unterrichtsgestaltung durch den Lehrer zu entwickeln und zu fördern gilt. In empirischer Hinsicht ist interessant, dass zahlreiche Studien, die sich mit dem reflexiven Lernen der Lernenden auseinandersetzen, ihre aus dem außerschulischen Bereich extrahierten Ergebnisse auf den schulischen Kontext projizieren. Diese Projektion mag forschungsökonomisch durchaus begründbar sein, jedoch sind meines Erachtens diese Ergebnisse nicht übertragbar, denn ein Studierender wird in anderen Ausmaßen reflektieren als ein Schüler. Damit erklärt sich ein weiteres Forschungsinteresse dieser Arbeit in der Sichtbarmachung der spezifischen Schülerperspektive. Vor diesem Hintergrund sollen die Ergebnisse dazu beitragen, mehr darüber zu erfahren, wie Schüler über ihr Lernen nachdenken und welche wahrgenommenen Anlässe im Lernen zur Reflexion des Gelernten und Bearbeiteten beitragen.

1.2 Zielsetzung und Fragestellung der Arbeit

Die vorliegende Arbeit möchte das selbstreflexive Lernen von Schülern näher untersuchen, die mit einem ePortfolio im Unterricht lernen. Es soll gezeigt werden, wie die Schüler reflektieren und welche Anlässe ePortfolio-Arbeit zum Reflektieren des Gelernten bzw. Bearbeiteten ermöglichen kann. Dabei ist die Forschungsrichtung, der sich diese Arbeit verpflichtet fühlt, eine heuristische, die mit qualitativen Forschungsmethoden versuchen wird, das selbstreflexive Lernen der Schüler einzufangen und zu verstehen. Dieser Verstehensprozess soll – wie angesprochen – mittels des Einsatzes von qualitativen Forschungsmethoden und entsprechenden Auswertungsverfahren gefördert werden. Dabei wird es darum gehen, einen möglichst authentischen Einblick in die reflexiven Handlungsmuster der Schüler geben zu können. Die Betrachtungsrichtung, mit der sich diese Analyse nähern wird, ist eine didaktische, die prüfen bzw. erkennen möchte, wie sich das ePortfolio für die Gestaltung von Lernprozessen und die Begleitung des selbstreflexiven Lernens von Schülern eignet.

Die forschungsleitenden Fragen der empirischen Erarbeitung setzen sich aus fünf übergreifenden Fragenkomplexen zusammen, die einen Einblick in das reflexive Lernen der Schüler ermöglichen sollen. In einem ersten Schritt soll ergründet werden, wie und in welchem Umfang Schüler über den Lernprozess reflektieren, der im Zusammenhang mit dem Lernen mit einem ePortfolio steht:

* *Wie reflektieren Schüler über ihren Lernprozess?*
* *In welchem Umfang reflektieren Schüler über ihren Lernprozess im ePortfolio?*

Die zweite Annäherung versucht zu klären, welche Anlässe im Lernen zum Reflektieren führen und inwieweit diese von Motivationen oder Emotionen begleitet werden:

* *Welche Lern-Erfahrungen mit dem ePortfolio sind Anlässe für eine Reflexion über das eigene Lernen?*
* *Welche Emotions- und Motivationslagen ermöglichen und/ oder begleiten das Reflektieren?*

Abschließend soll die von den Schülern angesprochene Bedeutung des Instruments ePortfolio für das damit verbundene Lernen und Reflektieren geklärt werden:

* *Welche Bedeutung schreiben die Lernenden dem Instrument ePortfolio für ihr Lernen und Reflektieren zu?*

1.3 Empirischer Zugang

Um dieses mit den leitenden Fragen dieser empirischen Auseinandersetzung angesprochene Forschungsinteresse entsprechend bearbeiten zu können, wurde die Untersuchung in sechs ausgewählten Schulklassen der Sekundarstufe I durchgeführt. Die Altersgruppe der teilnehmenden Schüler lag zwischen 12 und 16 Jahren – die Schüler besuchten zum Zeitpunkt der Erhebung entweder die siebte oder achte Jahrgangsstufe einer Gesamtschule. Die damit verbundene Schulpraxis der Lehrer stand im Zusammenhang mit einem regionalen Schulentwicklungsprojekt, das als Drittmittelprojekt dank des Hessischen Kultusministeriums gefördert wurde. Die inhaltliche Leitung in diesem Projekt hatte das Institut für Schulpädagogik und Didaktik der Sozialwissenschaften der Justus-Liebig-Universität Gießen (Arbeitsgebiet: Schulpädagogik, Prof. Dr. Ludwig Duncker). Um ePortfolio-Arbeit entsprechend in den Unterricht einzubringen, wurden Lehrerfortbildungen angeboten, die von allen teilnehmenden Lehrern zu besuchen waren. Die Fortbildungen wurden über ein gesamtes Schuljahr hinweg durchgeführt, wobei die Arbeit der Lehrer beständig durch die Fortbildungen begleitet wurde. In diesem Schuljahr entstanden vermehrt Unterrichtsphasen, in denen die Schüler mit dem ePortfolio lernten. Dazu waren die Lehrer aufgerufen, die in den Fortbildungen vermittelten didaktischen Hinweise in den eigenen Unterricht einzubringen. Damit waren Reflexionen in ein Lernen eingebunden, das den eigenen und selbsterschließenden Lernprozessen der Schüler Aufmerksamkeit zukommen lässt. Dieser Weg wurde gewählt, um individuelle und möglichst unterschiedliche Perspektiven auf das eigene Lernen und den eigens gewählten Lerngegenstand zuzulassen. Damit sollten möglichst zahlreiche Lernphasen mit dem ePortfolio bzw. im Rahmen des ePortfolios im Laufe des Schuljahres realisiert werden. Die schulische Implementationsphase wurde mittels einer Begleituntersuchung näher erforscht, wobei in der hier eingeschlagenen Bearbeitung die Lernerperspektive vor dem Hintergrund des selbstreflexiven Lernens eingefangen und analysiert wurde. Dazu wurden halbstandardisierte Interviews mit den Schülern zu Beginn und gegen Ende des Schuljahres durchgeführt sowie entstandene Dokumente und Eintragungen analysiert, die Reflexionen festhielten.

1.4 Thematische Gliederung der Arbeit

Ausgangspunkt für das selbstreflexive Lernen bildet in der vorliegenden Arbeit das Portfolio-Konzept, das im ***zweiten Kapitel*** vorgestellt wird. Aus zahlreichen didaktischen Veröffentlichungen lässt sich entnehmen, dass der Einsatz eines Portfolios im Unterricht und die damit verbundene Unterrichtspraxis eine gute Grundlage zur Förderung von reflexiven Fähigkeiten und Stärkung der Selbstbeurteilungsfähigkeiten der Lernenden bieten kann. Hierzu verdichten sich in der Literatur einzelne Strukturmerkmale (z.B. Selbstbewertungsschemata im Portfolio; Einlagen, die zum Reflektieren auffordern u.ä.) und didaktische Gestaltungselemente des Unterrichts (Gespräche, Diskussionen und Präsentationen, in denen die eigenen Lernresultate bearbeitet werden), die mit dem Portfolio im Zusammenhang stehen. Im Rahmen der weiteren Erarbeitung sollen diese auf der Grundlage einer Sekundäranalyse gesichtet werden, die an den entstandenen Veröffentlichungen anknüpft. Dieses Vorgehen wird auch eingeschlagen, um für das eigens zu entwickelnde Konzept Anregungen zu erhalten, die sich für die Gestaltung des unterrichtlichen Einsatzes eines ePortfolios weiterführen lassen. Eine zweite Betrachtungsrichtung auf der konzeptionellen Seite dieser Arbeit wird das elektronische Portfolio, kurz ePortfolio genannt, in den Mittelpunkt rücken. Analog zur Vorgehensweise bei der papiergebundenen Variante soll der Forschungsstand zum ePortfolio-Konzept erhoben werden. ePortfolios stehen im Gegensatz zu den Portfolios noch am Anfang der Verbreitung. ePortfolios werden zumeist in der Hochschullehre sowie in der beruflichen Aus- und Weiterbildung eingesetzt. Für den schulischen Bereich lässt sich sagen, dass ePortfolios keinesfalls als verbreitet und etabliert gelten können. Hier möchte die vorliegende Arbeit Einblicke in den Forschungsstand ermöglichen, der zumeist durch Arbeiten aus den USA und dem europäischen Ausland angetrieben wird (hier vor allem die Niederlande, Großbritannien und Österreich). Es wird darum gehen, genauer zu ergründen, welche Anlässe ePortfolio-Arbeit zum Reflektieren des Gelernten ermöglichen kann.

In einem nächsten Schritt soll das selbstreflexive Lernen näher definiert und der diesbezügliche Forschungsstand im ***dritten Kapitel*** gesichtet werden. Hinter dem selbstreflexiven Lernen steht der Begriff Reflexivität. Dieser findet in zahlreichen Konnotationen Verwendung, wobei er häufig als Metakompetenz in didaktischen Diskursen bezeichnet wird. In der damit verbundenen Auseinandersetzung soll es darum gehen, den Forschungsstand zu Reflexivität und reflexivem Lernen (von Schülern) zu erheben. Ich werde zeigen, in welchen Disziplinen Reflexivität für die Gestaltung von Lernprozessen eine Bedeutung erhält. Diese interdisziplinäre Analyse hat das Ziel, die Begriffe zu klären und ein vielschichtiges Bild des reflexiven Lernens zu ermöglichen. Die konzeptionelle Auseinandersetzung mündet in eine Bestimmung der Begriffe, die damit als begriffliche Plattform für das eigene Verständnis des selbstreflexiven Lernens gelten soll. Im Rahmen der Auseinandersetzung mit dem Forschungsstand wird es auch darum gehen, zu klären, welches methodische Arrangement gewählt wurde, um selbstreflexives Lernen zu fördern bzw. um Reflexionen der Lernenden entstehen zu lassen. Dieses Vorgehen wird eingeschlagen, um für die eigene Erarbeitung Anregungen zu erhalten, die für die Gestaltung der Forschungsinstrumente verwendet werden können.

Die konzeptionelle Seite dieser Arbeit, die ich unter der Zugrundelegung einschlägiger Forschungsergebnisse aufbereite, ist der Hintergrund für die Entwicklung und Definition des eigenen Forschungsvorhabens. Hierzu werden im ***vierten Kapitel*** die aufgezeigten Entwicklungslinien, die im Zusammenhang mit Portfolio bzw. ePortfolio-Arbeit im Unterricht und selbstreflexivem Lernen von Schülern stehen, erneut aufgegriffen. Dieses Vorgehen wird mit dem Ziel eingeschlagen, das eigene Forschungsinteresse stärker definieren und die forschungsleitenden Fragen präzisieren zu können.

Das ***fünfte Kapitel*** wird das Forschungsdesign dieser Arbeit vorstellen. Dazu sollen forschungsmethodologische Überlegungen aufgeworfen werden, die für die eigene empirische Erarbeitung leitend gewesen sind. Daneben wird die Konzeption des Lernarrangements vorgestellt, die es den Schülern ermöglichen soll, Reflexionen im Lernen wahrzunehmen und sie schriftlich festzuhalten. Die damit verbundenen vorstrukturierten HTML-Bereiche auf der Online-Plattform bieten Möglichkeiten zur individuellen Auseinandersetzung mit dem eigenen Lernen. Die Reflexionen des Lernens sind der Ausgangspunkt für das vorliegende Forschungsvorhaben und sollen mit Hilfe geeigneter Forschungsmethoden beobachtet werden. Dieses Vorgehen wird eingeschlagen, um die beim Lernen mit dem ePortfolio auftretenden

Reflexionen der Schüler verstehen zu können. Die mit diesem Vorgehen verbundenen Auswertungsverfahren werden in den weiteren Ausführungen dieses Kapitels diskutiert.

Die empirische Erarbeitung und die damit verbundenen Ergebnisse stehen im ***sechsten Kapitel*** im Mittelpunkt der Auseinandersetzung. Hierin sollen die zentralen Ergebnisse, die sich auf der Grundlage der unterschiedlichen Erhebungsverfahren ergeben, dargestellt werden. Die Erhebung rekurriert ihre gewonnenen Erkenntnisse aus der Triangulation der Forschungsmethoden des halbstandardisierten Interviews (mit den Schülern) und der Dokumentenanalyse (der ePortfolio-Eintragungen). Dadurch soll ein möglichst facettenreiches Bild in den Forschungsgegenstand des reflexiven Lernens gegeben werden. Das Ziel dieser empirischen Erarbeitung ist liegt darin, mehr über die beim Lernen mit dem ePortfolio ablaufenden reflexiven Prozesse zu erfahren sowie über die dazu führenden Anlässe (z.B. bestimmte Lernsituation) und Begleiterscheinungen (z.B. Motivationslagen) zu erkennen.

Das abschließende ***siebte Kapitel*** fasst die aus den einzelnen Kapiteln gewonnenen Ergebnisse und Entwicklungslinien zusammen und bewertet diese. Dabei sollen die forschungsleitenden Fragen beantwortet werden. Daneben ziehe ich für die ePortfolio-Arbeit Schlussfolgerungen und gebe weitergehende Empfehlungen für künftige Forschungsarbeiten, didaktische Arbeiten und Unterrichtsvorhaben.

2. Portfolio- und ePortfolio-Arbeit

2.1 Hinführung

Mit dem Begriff Portfolio sind für den Zusammenhang des Lehrens und Lernens zahlreiche Konnotationen verbunden. Seit Ende der 1990er Jahre hat sich im deutschsprachigen Raum – zunehmend aus dem angloamerikanischen Raum kommend – die Diskussion um den Einsatz bzw. die Nutzung von Portfolios im Unterricht entwickelt. Die Betrachtungsrichtungen, die mit den einzelnen Arbeiten verbunden sind, lassen eine große Breite an Verwendungszusammenhängen erkennen. Allen Konzepten ist mehr oder minder gemein, dass sie im Portfolio eine Möglichkeit zur Förderung von reflexiven Fähigkeiten und Stärkung der Selbstbeurteilungsfähigkeit der Lernenden erkennen. In der Vorstellung einer geeigneten Lernkultur für Portfolio-Arbeit im Unterricht gibt es Überschneidungen mit allgemeindidaktischen Forderungen, die mehr Selbstbestimmung und Selbststeuerung der Lernenden anstreben. Selbstgesteuertes Lernen und eigenaktive Wege der Erschließung von Unterrichtsinhalten stellen für viele Autoren sogar erst die Grundlage dar, dass sich Reflexionen als sinnvoll und nutzbar für den Lernprozess erweisen (vgl. Bönsch 2006, 10f.). Dahingehend kommt der Bedeutung der Lernprozesse und ihrem Bedarf und Möglichkeiten an Reflexionsphasen eine zentrale Stellung zu. Elektronische Portfolios (kurz: ePortfolios) stehen im deutschsprachigen Raum noch am Anfang der Nutzung. Anders sieht die Verwendung von ePortfolios an angloamerikanischen Colleges und Hochschulen aus; hier existieren seit dem Aufkommen des Portfolio-Gedankens auch elektronische Varianten. Neben den didaktischen Anforderungen, die eine gehaltvolle Portfolio-Arbeit mit sich bringt, ermöglicht der Status des elektronisch-multimedialen weitere Anlässe für die Gestaltung von Lernprozessen.

Um einen Einblick in die weitreichenden Möglichkeiten der Portfolio-Arbeit im Unterricht zu geben, soll zuerst die papiergebundene Variante näher betrachtet werden. Dieser Weg wird auch deshalb eingeschlagen, weil für die Entwicklung von elektronischen Portfolios häufig papiergebundene Portfolios Vorreiter waren und ein Verständnis von Lehren und Lernen geprägt haben, das auch den ePortfolios zu Grunde liegt. Dazu werden unterschiedliche Formen und Modelle vorgestellt und das in der Literatur mit dem Portfoliokonzept spezifische Verständnis von Lehren und Lernen skizziert. Ein Schwerpunkt der Auseinandersetzung soll in den Möglichkeiten des reflexiven Lernens bzw. des Reflektierens im Portfolio liegen. Dafür sollen bereits entstandene didaktische und empirische Arbeiten gesichtet und bewertet werden. Dies soll auch vor dem Hintergrund der Erstellung des ePortfolio-Konzepts und der Entwicklung des Forschungsdesigns geschehen. Im Anschluss an die Darstellung der papiergebundenen Variante richte ich den Fokus auf die

Diskussion um ePortfolios. Zahlreiche ePortfolio-Arbeiten und Plattformen orientieren sich in ihrer didaktischen Struktur an der papiergebundenen Portfolio-Arbeit (z.B. Ordnerstruktur, Notwendigkeit von Feedback, Lernprozessberichte bzw. begleitende Reflexionen usw.). Da relativ wenige didaktische Publikationen zum Einsatz von ePortfolios existieren, sollen bestehende Arbeiten – soweit dies möglich erscheint – skizziert werden. Ein Schwerpunkt in der Veröffentlichungsdichte liegt in Arbeiten, die aus Hochschule, Weiterbildung und Bildungstechnologie kommen. Dabei benenne ich Trends und Verwendungsmuster, die sich aus den unterschiedlichen ePortfolio-Arbeiten ergeben. Daneben ist der Blick im Besonderen auf das Feld des reflexiven Lernens gerichtet.

Wie bereits zuvor erwähnt, soll die zu konzipierende ePortfolio-Plattform inhaltlich und strukturell auf bestehenden Portfolio- und ePortfolio-Erfahrungen aufbauen. Unter der Zugrundelegung der skizzierten Ergebnisse sollen das eigene Konzept und das empiriegeleitete Vorgehen entwickelt werden. Das Ziel ist zum einen, die bestehenden Konzepte zu analysieren und eine ePortfolio-Plattform für Schüler zu entwickeln, zum anderen übergreifende Kategorien und Reflexionsanlässe zu finden, die im Rahmen der ePortfolio-Plattform Verwendung finden und als forschungsmethodologische Grundlage für die weitere Auswertung dienen können. Damit ist die geplante Plattform neben den Auswirkungen, die sie auf den Unterricht und das Lernen der Schüler hat, ein Forschungsinstrument, das zur näheren Bestimmung des Gegenstands genutzt wird. Dieser Weg wird eingeschlagen, da für den deutschsprachigen Raum – zum Zeitpunkt der empirischen Konzeptions- und Erarbeitungsphase – keine geeignete und frei zugängliche ePortfolio-Plattform für eine jugendliche Altersgruppe existiert bzw. existiert hat.

2.2 Portfolio

2.2.1 Definition

Der Begriff Portfolio, der häufig in der Finanzwirtschaft Verwendung findet, wird seit etwa 25 Jahren (im deutschsprachigen Raum seit etwa 15 Jahren) auch im schulischen Zusammenhang benutzt. Ein Portfolio ist eigentlich ein Wertpapierdepot, das mit etlichen Branchenaktien bestückt sein kann. Im Italienischen versteht man unter „Portafolio“ die Brieftasche bzw. das Portmonee. Wörtlich übersetzt heißt es „Blattträger“, wobei mit Blatt wohl das Papiergeld gemeint ist. Das französische Wort „Portemonnaie“ beinhaltet dagegen das „Tragen von Geld“. Ganz allgemein bezeichnet ein Portfolio eine Tasche oder Mappe, die eine bestimmte Art von Blättern enthält. Das Prinzip findet sich auch in einem Schülerportfolio wieder (vgl. Scianna 2004, 72). Die US-Amerikanerin Hebert erkennt im Portfolio auch eine große Ähnlichkeit zu den „Memory-Boxes“, so genannten Erinnerungskisten, die bedeutsame gesammelte Erinnerungsstücke wie kleine selbst geschriebene Geschichten, Liebesbriefe, Post- oder Eintrittskarten aufbewahren lassen (vgl. ebd. 2001). Damit ist ein Portfolio nicht zwangsläufig auf die äußere Struktur einer Mappe oder eines Ordners begrenzt.

Portfoliobeurteilung ist eine gängige Beurteilungsform bei Künstlern und Journalisten. Wenn sich Künstler an einer Akademie bewerben oder Journalisten bei einer Agentur vorstellen, bringen sie in einer Mappe – einem Portfolio – Rezensionen, Fotografien, Videoaufnahmen und andere Beispiele mit, die ihren Werdegang, die Vielfalt ihrer Talente und ihre Anerkennung dokumentieren. Die bloße Vorlage von Schulzeugnissen mit den üblichen Ziffernnoten wurde in diesen Berufsfeldern immer als unzulänglich empfunden, da der Werdegang und die Ausdruckskraft der Person den Ziffernnoten nicht ausreichend entnommen werden kann (vgl. Brunner/ Schmidinger 2000, 17).

Dennoch greifen diese „Sammelmappen" nicht die gesamte Spannbreite eines Portfolios im schulischen Einsatz auf. Das Portfoliokonzept enthält mehr als nur das Aufbewahren von Dokumenten oder bedeutsamen Erinnerungsstücken. Hierin verbirgt sich ein vielseitiges didaktisches und pädagogisches Konzept. Häcker schlägt folgende Definition in Anlehnung an Paulson/ Paulson/ Meyer 1991 vor: „Ein Portfolio ist eine zielgerichtete Sammlung von Arbeiten, welche die individuellen Bemühungen, Fortschritte und Leistungen der/ des Lernenden auf einem oder mehreren Gebieten zeigt. Die Sammlung muss die Beteiligung der/ des Lernenden an der Auswahl der Inhalte, der Kriterien für die Auswahl, der Festlegung der Beurteilungskriterien sowie Hinweise auf die Selbstreflexion der/ des Lernenden einschließen" (Zitat übernommen aus Häcker 2006, 36). Diesem Verständnis folgend wird der Lernerzentrierung und der Partizipation der Lernenden eine große Bedeutung beigemessen. Des Weiteren lässt sich innerhalb eines Portfolios ein Lernprozess dokumentieren und ablesen; Selbstreflexionen begleiten und dokumentieren den Lern- und Erstellungsprozess gleichermaßen und sind für ihn bedeutsam.

Brunner und Schmidinger (1997, 1074) definieren ein Grundprinzip der Portfolioarbeit für den schulischen Zusammenhang: „Schüler werden angeregt, Dokumente ihres Lernens zu sammeln, die die Stärken und Schwächen ihrer Leistungen aufzeigen und vor allem ihre Entwicklung veranschaulichen. Portfolios sind daher Sammlungen von repräsentativen Arbeiten, die das Gelernte dokumentieren, aus denen Arbeitsprozesse ersichtlich werden, die Entwicklungen aufzeigen und in denen die besten Leistungen der Schüler gezeigt werden". Diese

Vorstellung war leitend für die Konzeption zahlreicher ePortfolio-Einsätze in Lehr-Lernsituationen[4].

Bevor ich auf die mit diesem Verständnis verbundenen didaktischen Vorstellungen eingehe, skizziere ich die unterschiedlichen Entwicklungslinien und Entstehensbedingungen des Portfolio-Konzepts. Ein Schwerpunkt wird auf überschneidende Blickrichtungen und Vorstellungen des mit dem Portfolio-Konzept verbundenen Verständnisses von Lehren und Lernen liegen. Das Ziel dieser Analyse liegt darin, Schwerpunkte und inhaltliche Leitlinien der Portfolio-Arbeit zu benennen, wobei der Frage nachgegangen wird, welche Bedeutung Reflexivität und selbstreflexives Lernen für das Lernen mit einem Portfolio einnehmen können.

2.2.2 Entwicklung und Rezeption des Portfolioansatzes

Die Klärung der Entstehung und Herkunft des Portfolioansatzes kann nicht abschließend beantwortet werden. Erste Diskussionen über die Beurteilung von Leistungen in Form eines „Portfolio-Assessment" wurden in den Vereinigten Staaten gegen Anfang der 1980er Jahre geführt (vgl. hierzu Allemann-Ghionda 2002, 134; Häcker 2006, 28). Eine zunehmende Kritik am bestehenden Schulsystem führte zu einer Reihe von Bildungsreformbemühungen, die zum Ziel hatten, die Qualität des Lernens zu verändern. Die Kritik betraf die bestehende Beurteilungspraxis durch Tests. Neue Lehr- und Lernziele und eine damit verbundene veränderte Sichtweise des Lernens wurden gefordert (vgl. Lissmann 2004, 211). Dabei sollte der Anteil an selbstgesteuertem Lernen erhöht sowie die Erweiterung bestehender Lernkonzepte durch die Erweiterung von Lernperspektiven und Lernkontexten gesucht werden (vgl. Schallies/ Wellensiek/ Lembens 2000 in Häcker 2002, 205). In diesem Zusammenhang wird das Portfolio-Konzept genannt, wobei vor allem konstruktivistisch orientierte Lerntheoretiker und Praktiker mit dem Portfolioansatz experimentierten und dieses als Methode für das situierte Lernen nutzten (vgl. Jones 1994 in Häcker ebd.). Lernen erfolgt demnach in selbstregulierten Kontexten und selbstverantwortlicher Erarbeitung. Authentische und lebensnahe Aufgaben werden bearbeitet und das Lernen ist vielfach reflexiv gestaltet (vgl. Lissmann ebd., 214; Dubs 1995, 890). Obgleich an dieser Stelle der Aspekt der Selbststeuerung als bedeutsam für diese frühen Arbeiten gilt, so lässt sich sagen, dass eher die Schulkritik und die damit verbundene Kritik an bestehenden und vergleichenden Bewertungsverfahren die Konzeption der frühen Portfolioarbeiten bestimmt haben (vgl. Häcker 2006 ebd.). Diese Argumentationslinie setzt sich auch in den frühen deutschsprachigen Arbeiten fort (vgl. z.B. Vierlinger 1999; Winter 2002).

[4] vgl. hierzu die Sammlung von Erfahrungsberichten im Handbuch Portfolioarbeit bei Brunner/ Häcker/ Winter 2006.

Die Schreibbewegung in den USA unter Peter Elbow trug ihren Teil dazu bei, dass heute Portfolios in vielen angloamerikanischen Schulen und Colleges von Schülern geführt werden (vgl. dazu Bräuer 2003). Dies ist einleuchtend, da große Teile der Portfolioarbeit im Schriftlichen liegen. Für die weitere Verbreitung der Portfolio-Idee ist interessant, dass die angloamerikanischen Portfolio-Arbeiten vielfach früher als in Deutschland in Ländern wie z.B. Schweden oder Norwegen rezipiert wurden. Skandinavische Bildungssysteme, die ihre schulische Leistungsbeurteilung weniger auf Zensuren und mehr auf individuelle und nicht-standardisierte Dokumentation und Rückmeldungen des Lernens konzentriert hatten, taten sich leichter mit der Übernahme und Fortführung der Portfolio-Idee als eines alternativen Bewertungsinstruments. Diese Tatsache hat vielfach dazu beigetragen, dass in diesen Ländern zahlreiche Erfahrungen gesammelt wurden, die in Deutschland oder im deutschsprachigen Raum noch ausstehen. Ellmin berichtet 2004 davon, dass alleine in Schweden im Laufe der vergangenen Jahre über 12.000 Lehrer an Fortbildungen und Schulentwicklungsmaßnahmen zur Portfolio-Arbeit teilgenommen haben (vgl. Ellmin/ Ellmin 2004).

Historische Vorläufer der Portfolio-Idee erkennen einzelne Autoren bereits in der Reformpädagogik. Vierlinger sieht Anknüpfungspunkte bei Fritz Karsen (1885-1951), der eine Leistungsdokumentationsform in der Aufbauschule Berlin-Neukölln in den 1920er Jahren etablierte (vgl. ebd. 1999, 36f.). Karsen versuchte, Zeugnisse mit Hilfe einer gebundenen Arbeitsmappe zu ersetzen, welche Protokolle, Berichte und Ergebnisse der Gemeinschaftsarbeit, aber auch Dokumente zu den individuellen Leistungen der Schüler während eines Jahres enthielt, die von ihm mit Kommentaren und weiterführenden Hinweisen versehen wurden (vgl. ebd.). Er berichtet, dass er die Schüler „ganz anders sehen lernte“, als er deren Arbeitsmappen betrachtete (vgl. Karsen 1924, 196). Häcker berichtet im gleichen Zusammenhang von historischen Anknüpfungspunkten in den „Beleghefften“ Ovide Decrolys (1871-1932), in den „Lebensbüchern“ Adolphe Ferrières (1897-1960), im „olivgrünen Heft“ in der Odenwaldschule bzw. der Ècole d'Humanité oder in den „Jahresarbeiten“ der Waldorfschulen (vgl. Häcker 2006a, 30; Häcker 2006b, 134f.). Karsen und die anderen genannten historischen Vorläufer sind in der Portfoliodiskussion fast in Vergessenheit geraten, heutige Arbeiten orientieren sich eher an Forschungsergebnissen aus dem angloamerikanischen Raum. Interessant ist dabei, dass sich amerikanische Portfolio-Arbeiten weniger auf historische Vorläufer oder Theorien des Lehrens und Lernens berufen, sondern Arbeiten pragmatisch auf den Zusammenhang des „based on what works“ betreiben (vgl. Häcker ebd., 31). Dies erschwert die theoretische und didaktische Verortung. Die amerikanische

Entwicklung ist insofern bedeutsam, als sie die Rezeption des Ansatzes im deutschen Sprachraum maßgeblich beeinflusst hat.

Portfolioprogramme zur Lese- und Schreibpädagogik sowie zum naturwissenschaftlichen Lernen wurden in den USA in den 1990er Jahren entwickelt (vgl. Belanoff/ Dickson 1993; Barton/ Collins 1997). Vor allem im Zusammenhang mit der Schreibpädagogik haben sich Portfolios etabliert (vgl. Bräuer 1998, 2003) und werden u.a. dazu genutzt, dass Schüler lernen, ihr eigenes Schreiben zu begleiten, zu reflektieren und zu bewerten (vgl. Elbow 1998). Auch wirken die Arbeiten zur Intelligenzforschung von Howard Gardner in die Portfoliokonzeptionen mit ein (vgl. Gardner 1983; Hebert 2001; Stefanakis 2002). Grundlage dafür ist ein Verständnis, das die vielfältigen und multiplen Intelligenzen („Multiple Intelligences“) der Schüler als wertvoll und förderlich ansieht. Portfolios werden in diesem Zusammenhang dazu genutzt, individualisierte Lernarrangements zu begleiten und zu dokumentieren.

Portfolios werden aber ebenso zur Beurteilung von Lehrern wie auch zur Evaluation von Lehrerbildungsprogrammen herangezogen. In den 1990ern wurden verbreitet Portfolio-Untersuchungen vorgenommen: Portfolios als Instrumente für eine umfassende Bewertung („large-scale assessment“), für eine gestaltende Planung zur Selbstbewertung („self-evaluation“) sowie Portfolios als unterrichtende Werkzeuge für das Lernen („instructional tools for learning“). Die staatlichen und regionalen Schulbehörden entwickelten eigene Portfolioansätze und -bewertungsverfahren (vgl. Sunstein/ Lovell 2000). Die Kritik an der bestehenden vergleichenden Leistungsbewertung hatte dazu beigetragen, dass zu Beginn der 1990er Jahre (vgl. Anson/ Brown 1993 in Winter 2004a, 188) vielfältige Formen des „Classroom Assessment“ und auch Portfolios als Alternativen zu den traditionellen hoch formalisierten Techniken der Leistungsfeststellung populär geworden sind und weiterentwickelt wurden. Zahlreiche Schulen und Hochschulen sind auf diesem Weg zu Portfolios als Bewerbungsgrundlage zur Aufnahme und zur (Weiter-) Graduierung übergegangen. Sie werden eingesetzt, um Leistungsdokumente von Schülern und Studenten zu sammeln (vgl. Winter 2004a, 187).

Portfolios sind in unterschiedlicher Form Teil amerikanischer Bildungsinstitutionen geworden (vgl. Sunstein/ Lovell ebd.). In vielen Bundesstaaten der USA sind die Portfolios eine zugelassene und verbreitete Alternative zu Klassenarbeiten und Schulleistungstests (vgl. Winter 2004b, 48/ Bräuer 2003, 2004). Dieses System ist in der Gegenwart wieder bedroht, weil die Schüler zusätzlich die zentralen Tests absolvieren müssen (vgl. Winter ebd.). Die Ausweitung zentraler Tests und das u. U. damit verbundene „Teaching for Testing“ (vgl. Oelkers 2004, 13) schränkt ein offenes Portfoliokonzept eher ein. Wird im deutschsprachigen Raum anfangs noch ein „alternatives Leistungsverständnis“ mit dem Portfolio in Verbindung gebracht (vgl. z.B. Winter 2004a/b, Brunner/ Schmidinger 2000, 2001), das die Neustrukturierung schulischer Leistungserbringungs- und -bewertungsverfahren mit einschließt, werden im angloamerikanischen Raum dagegen zentrale Tests mit neuen Formen der Leistungserbringung und -bewertung für anschlussfähig gehalten (vgl. Easley/ Mitchell 2004, 23). Auch haben Noten, gerade im Hinblick auf bestimmte Studienplätze und Stipendien, einen besonderen Stellenwert und sind seltener als in Deutschland einer Kritik ausgesetzt. Standardisierte Beurteilungsformen wie Tests werden zusätzlich als präziser bezeichnet (vgl. Allemann-Ghionda 2002). Dieser Gedankengang lässt sich hier nicht in seiner ganzen Breite diskutieren. Deutlich sollte an dieser Stelle nur werden, dass im angloamerikanischen Sprachraum eine qualitativ andere Portfolio- und schulische Leistungsdiskussion geführt wird als in Deutschland. Gleichfalls ist diesen frühen Arbeiten zu entnehmen, dass sie die Lernerzentrierung und die Förderung alternativer Bewertungsverfahren mit sich bringen.

Inzwischen ist allein in den USA die auf Portfolio bezugnehmende Literatur kaum mehr zu überblicken. Zahlreiche praxisorientierte pädagogische Handbücher (Barton/ Collins 1997; Hebert 2001; Easley/ Mitchell 2004) und Erfahrungsberichte von Lehrern (Sunstein/ Lovell 2000) sind erschienen. Diese Tatsache überrascht nicht, denn zumeist sind es Lehrer, die ihre Erfahrungen mit Portfolio-Arbeit weitergeben möchten und hierzu ein Buch oder einen Leitfaden publizieren. Diese Veröffentlichungen stoßen auch im deutschsprachigen Raum auf Interesse. So gibt der „Verlag an der Ruhr“, der hauptsächlich Unterrichtsmaterialien vertreibt, aus dem Englischen übersetzte Portfolio-Ratgeber heraus (vgl. z.B. Easley/ Mitchell: Arbeiten mit Portfolios. Schüler fordern, fördern und fair beurteilen. Mühlheim/ Ruhr 2004). Mittlerweile sind weitere ähnliche Arbeiten auf dem deutschsprachigen Markt erschienen, die ihre Entstehung in den Ländern Nordamerikas oder Skandinaviens haben (vgl. z.B. Shores/ Grace 2005; Krok/ Lindewald 2007).

Im Zuge der stärkeren Europäisierung und Internationalisierung der europäischen Bildungssysteme gibt es Arbeiten, die ein Portfolio-Konzept hervorgebracht haben und dazu beitrugen, dass Portfolios in Europa stärker verbreitet wurden. Auf Initiative des Europarats wurde das „Europäische Sprachenportfolio“ 1999 geschaffen (vgl. ebd. 2001). Die Diskussion darüber geht bereits auf das Jahr 1989 zurück. Mit diesem Portfolio wird versucht, einen gemeinsamen europäischen Referenzrahmen für das Sprachenlernen zu entwickeln. Mit dem Europäischen Sprachenportfolio will man allerdings nicht nur die Kenntnisse in Fremdsprachen, sondern die gesamte Mehrsprachigkeit einer Person evaluieren und dokumentieren, einschließlich der Sprachen, die nicht in der Schule erworben worden sind. Dabei sollen die Ziele, die Didaktik und die Beurteilung zusammenwirken. Unterschiedliche Rezeptionsebenen sind in diesem Zusammenhang in den europäischen nationalen Sprachdidaktiken entstanden. Die unterschiedlichen Herangehensweisen innerhalb der europäischen Union sind allerdings selten ein Gegenstand der Rezeption. So existieren jeweils nationale, teilweise auch föderal unterschiedlich kommentierte Europäische Sprachenportfolios, bei denen die Intention und Konzeption identisch erscheinen. Als eine mögliche Bearbeitungsrichtung lassen sich an dieser Stelle die Bemühungen um ein Sprachenportfolio nennen, das bereits im Grundschulunterricht einsetzt. Legutke und Lortz haben hierzu Anfang der 2000er Jahre ein richtungsweisendes Konzept für den Einsatz an hessischen Schulen entwickelt, das in der Schulpraxis eine breite Beachtung gefunden hat (vgl. Legutke/ Lortz 2002). Über das Europäische Sprachenportfolio hinaus existieren innerhalb der Europäischen Union weitere fremdsprachliche Portfolioansätze (vgl. z.B. Portfolio im DaF-Unterricht in Finnland, Kara 2004; in Dänemark, Hamann 2004; im Englisch-Unterricht Rösel 2002).

Innerhalb der anfangs aufgeworfenen internationalen Arbeiten zum Portfolio-Konzept stelle ich die skandinavischen heraus, da sie im deutschsprachigen Raum so gut wie nicht rezipiert wurden. Begründungen könnten in den in Mitteleuropa geringen skandinavischen Sprachkenntnissen liegen. Im Zuge der Diskussion um PISA und dem verbundenen Blick nach Norden wurden die genutzten Unterrichtsmethoden nur eingeschränkt von der Bildungspolitik und der öffentlichen Wahrnehmung näher betrachtet. Wer mit der Arbeit mit Portfolios in Skandinavien begonnen hat, lässt sich aus den zur Verfügung stehenden Arbeiten nicht entnehmen. Über eine weitreichende Rezeption im jeweiligen nationalen bzw. interskandinavischen Kontext verfügen der Schwede Roger Ellmin (1999a/b, 2000; Ellmin/ Ellmin 2000, 2003, 2004) und die Norwegerin Olga Dysthe (Dysthe/ Engelsen 2005). Daneben existieren Arbeiten aus Schweden von Taube (1997), Lindström (1999/ 2004) und Ackelman (2000), aus Dänemark von Andreasen und Kolmos (1999), Tolsby (2002), Madsen (2004) und Abildgaard (1999/ 2001/ 2004), aus Finnland von Ravolainen/ Rönnholm (1996), Linnakylä (1998), Kankaanranta (1998) und Pollari (2000) sowie aus Norwegen von Opsum (2002) und Wittek (2007). Ellmin berichtet, dass der Portfolio-Gedanke Mitte der 1990er Jahre in Skandinavien vor allem aus den USA und aus Neuseeland übernommen wurde (vgl. ebd. 2000, 26). Inhaltlich griffen die Arbeiten die Möglichkeiten der Schreibdidaktik (Taube 1997), die Stärkung selbstregulierter Lernprozesse (Ellmin/ Levén 1998) sowie die Schaffung neuer Dokumentations- und Prüfungsformen (Dysthe/ Engelsen 2005) auf. Wie bereits zuvor angedeutet, wurden die unterschiedlichen

Verwendungszusammenhänge in Schulpraxis und Lehreraus- und -fortbildung erprobt und trugen dazu bei, dass in zahlreichen Bildungsinstitutionen heute mit Portfolios gearbeitet wird. Dies führte dazu, dass sich im Vergleich zu Deutschland der Portfolio-Gedanke in den vergangenen Jahren recht zügig flächendeckend ausbreiten konnte. In Schweden existierte von 2004 an eine Portfolio-Zeitschrift, die den Titel „Portfolionytt“ (Portfolioneuigkeiten) trug und Berichte aus der Portfolio-Praxis enthielt (hier vor allem: Erfahrungsberichte aus Schule, Kindergarten, Berufsbildung, Lehreraus- und -weiterbildung). Damit zeigt sich in Skandinavien eine intensive Nutzung des Portfolio-Konzepts.

Im deutschsprachigen Raum entstehen erste Veröffentlichungen und Erfahrungen mit Portfolio-Konzepten Mitte der 1990er Jahre. Im Vergleich zu Skandinavien fällt auf, dass frühe Arbeiten weniger über gemachte Erfahrungen berichten, sondern eher das Portfolio als neues Instrument bzw. Methode für den Unterricht sowie die Dokumentation und Bewertung von individuellen Leistungen vorstellen. Die erste deutschsprachige Veröffentlichung zum Portfolio-Konzept findet Häcker bei von Queis 1993, der das Portfolio als Instrument zur Dokumentation und Bewertung der Hochschulleistungen von Lehrenden vorstellte (vgl. Häcker ebd., 29). Diese frühe Veröffentlichung wird nach Häckers Aussage allerdings nicht weitergehend rezipiert, erst gut sieben Jahre später mehren sich Veröffentlichungen zum Portfolio-Konzept. Diese ersten Arbeiten, die das Portfolio bezogen auf die Möglichkeiten der unterrichtlichen Nutzung vorstellen, lassen einen eindeutigen Bezug zum Gedanken einer veränderten Leistungsbewertung erkennen. Den entsprechenden Arbeiten ist gemein, dass sie das bestehende System der Notengebung als ungenügend bezeichnen und unter dem Gedankengang einer veränderten Lernkultur neue Verfahren der Bewertung von Schülerleistungen fordern (vgl. z.B. Vierlinger 1999). In diesem Zusammenhang ist von Portfolio und Portfoliobeurteilung die Rede, die als „gerechte“ Alternative diskutiert wird. Hierzu entstehen in den Folgejahren einzelne Erfahrungsberichte, die die Möglichkeiten einer alternativen Bewertung mit Portfolios ausleuchten. Diese Bemühungen sind inhaltlich nicht nur auf den Kontext Schule konzentriert, sondern es entstehen auch Arbeiten aus der Hochschullehre, der Aus- und Weiterbildung von Schulpersonal und weitere Arbeiten, in denen die Erbringung, Dokumentation und Bewertung von Leistungen eines Einzelnen eine Rolle spielen (vgl. z.B. Wintersteiner 2002; Wildner 2002; Tischler 2002 u.a.). Inhaltlich stehen diese Arbeiten in der Tradition der angloamerikanischen Arbeiten, die gleichfalls wie in Deutschland, der Schweiz und Österreich das Portfolio als alternatives Bewertungsinstrument diskutieren und wertschätzen. Die damit verbundenen Arbeiten fordern entweder die komplette Abkehr von der Zensierung mittels Noten und der Nutzung des Portfolios und weiterer alternativer Verfahren (vgl. Vierlinger 1999; Winter 2004) oder messen ihnen den Status eines weiteren und gerechteren Elements in der bestehenden Pflicht zur Erteilung von Zensuren bei (vgl. Grace/ Shores 2005). Portfolios und Portfolioarbeit werden dabei nicht nur als Ersatz für Klassenarbeiten anerkannt, sondern ihnen wird eine große Bedeutung als eine Art „Bewerbungs- bzw. Schulabgangszeugnis" beigemessen, dass neben den sonst üblichen Noten einen direkten Einblick in das individuelle Leistungsvermögen eines Bewerbers erlaubt. Vierlinger spricht von der „Direkten Leistungsvorlage", die das Portfolio-Konzept bietet (vgl. ebd. 1999).

Schaut man auf die unterschiedlichen Bearbeitungswege im deutschsprachigen Raum, so kommt man zu dem Schluss, dass in den Ländern Deutschland, Schweiz und Österreich unterschiedlich gearbeitet und diskutiert wurde. Es zeigt sich, dass die Rezeption in der Schweiz in der Lehreraus- und weiterbildung einsetzt (vgl. z.B. Jabornegg 1997; Behrens 1997; Inglin 2003/ 2004). Im Vordergrund steht das Interesse an Prozessevaluation und an der Bewertung von Leistungen. In Österreich dagegen wird das Portfolio im Zusammenhang mit der Debatte um die Notwendigkeit eines veränderten Leistungsbegriffs in der Schule diskutiert (vgl. Brunner/ Schmidinger 1997; Kunze 1997; Vierlinger 1999, 2000, 2002; Seebauer 2004). Hier kommt es zu ersten Schulversuchen (vgl. z.B. Brunner und Schmidinger 2000, 2001; Schwarz 2001, 2002; Engstler 2002). Im Vergleich zu Österreich und der Schweiz zeigt sich in Deutschland ein anderes Bild. In Deutschland verfolgt man beide Wege: Zum einen wird diskutiert, wie ein Portfolio die Lehrerbildung begleiten kann (vgl. Meissner 2003a/b, Häcker/ Rihm 2004), zum anderen versucht man, schulpraktische Konzepte zu entwickeln, die das Portfolio in den Mittelpunkt schulischen Lehrens und Lernens stellen (vgl. Schallies/ Wellensiek/ Lembens 2000). Zusätzlich existiert hier eine starke theoretische Diskussion, die das Portfolio mit der neuen Lernkultur und veränderten Verfahren der Leistungserbringung, -dokumentation und -bewertung (vgl. z.B. Hecker 2001; Sacher 2004; Winter 2004a) in Verbindung setzt und dabei eine grundlegende Kritik an der Notengebung äußert. Bewertet man die schulpraktischen Erfahrungen, die in den drei Ländern zum Portfolio-Einsatz vorliegen, so ergibt sich das Bild, dass in Österreich die größten Erfahrungen mit Portfolios im Unterricht vorliegen. Dies erklärt sich aus der Tatsache, dass hier zahlreiche Schulentwicklungsprojekte und Lehrerfortbildungen durchgeführt wurden, die den Einsatz eines Portfolios mit sich führten (vgl. z.B. Tischler 2002; Pölzleitner 2006 u.a.). Positiv zur Verbreitung des Portfolio-Gedankens hat das „Netzwerk Portfolioarbeit" beigetragen, das einen Zusammenschluss von Personen aus Deutschland, Österreich und der Schweiz bildet, die in Bildungsinstitutionen (Schwerpunkt schulischer Sektor) mit Portfolios arbeiten (vgl. www.portfolio-schule.de). Zu diesem Netzwerk zählen z.B. die Schulpädagogen Winter, Häcker, Brunner, Schmidinger und andere.

Gleichfalls wird das Portfolio-Konzept im deutschsprachigen Raum positiv von den Arbeiten der Schreib- und Lesepädagogik befördert. Bräuer führt diese Diskussion aus den USA ein und etabliert an einigen deutschsprachigen Hochschulen (z.B. Freiburg, Bielefeld) und Schulen (vgl. hierzu Schwarz 2004) sogenannte Schreib-Lesezentren (vgl. Bräuer 2000, 2002, 2003, 2004). Weitere Arbeiten zum Deutsch- und Englischunterricht sind entstanden (vgl. Rösel 2002; Häcker 2004), die über die Portfolio-Arbeit in schulischen wie universitären Schreib-Lesezentren berichten. Daneben existieren Parallelarbeiten wie „Lesetagebücher", die sich ansatzfähig für das Portfolio-Konzept erweisen (vgl. Widmer-Rockstroh 2003; Kaiser/ Mann 2002) oder die in Waldorfschulen üblichen „Jahresarbeiten", die Belegstücke der eigenen Arbeit in Mappen aufnehmen (vgl. Henn 2002/ Iwan 2005).

2.2.3 Zusammenführung der Entwicklungsrichtungen

Nach Jahren intensiver Bearbeitung und praktischer Erprobung des Portfolio-Konzepts sind mittlerweile zahlreiche Veröffentlichungen, Handbücher und Leitfäden entstanden, die aus den gewonnenen Erfahrungen und Einsichten berichten. Ähnlich wie im englischsprachigen Raum sind in der Mehrheit der Veröffentlichungen Berichte aus der Praxis für die Praxis entstanden, die konkrete Handlungsempfehlungen für die pädagogische Praxis formulieren. Dabei durchziehen die Arbeiten nicht nur das schulische Spektrum von Grundschule, Haupt- und Realschule, Gymnasium oder Gesamtschule, sondern auch der Kindergarten nutzt ein Portfolio, um die unterschiedlichen Leistungen eines einzelnen Kindergartenkindes im Verlauf der Kindergartenzeit zu dokumentieren. Trotzdem lässt sich festhalten, dass die allgemeine Fülle an Erfahrungen und Publikationen nicht über die Tatsache hinwegsehen lassen sollte, dass an allgemeinbildenden Schulen bisher allenfalls punktuell, keinesfalls jedoch flächendeckend mit Portfolios gearbeitet wird. Gleichfalls stehen die empirischen Belege über die Wirkungen der theoretischen Annahmen zu den Potenzialen der Portfolio-Arbeit noch aus, wenn man von einzelnen Untersuchungen absieht (vgl. Gläser-Zikuda/ Hascher 2007, 14).

Lässt man die unterschiedlichen Entwicklungslinien und Rezeptionsebenen, die mit der Portfolio-Arbeit verbunden sind, Revue passieren und versucht man zentrale Kernelemente zu benennen, so ergibt sich folgendes Bild:

* Portfolios und Portfolio-Arbeit werden von Teilen der Autoren als Symbol und Kern einer konsequenten Unterrichtsentwicklung anerkannt. In dieser Perspektive wird das Portfolio von Vertretern dieses Konzepts als Element einer veränderten Leistungsbeurteilung bezeichnet. Damit ist eine Kritik an der bestehenden Zensurengebung verbunden. Für einen neuen Umgang mit Leistungen und ein neues

Bewertungskonzept werden gleichzeitig auch Verfahren wie z.B. Portfolio, Lerntagebücher, Lernverträge etc. aufgegriffen und diskutiert. Externe Evaluationsverfahren wie standardisierte Vergleichstests werden hingegen abgelehnt, da sie den Leistungsdruck im Klassenzimmer verstärken. Für die deutschsprachige Diskussion lässt sich sagen, dass Portfolios und standardisierte Verfahren der Leistungsbeurteilung als nicht vereinbar gelten, für viele englischsprachige Vertreter hingegen bestehen für diesen Zusammenhang weniger Widersprüche. Hier wird das Portfolio als eine neue Methode im Rahmen des bestehenden Bewertungssystems genutzt. Ingesamt lässt sich sagen, dass in den unterschiedlichen Vorstellungen, die mit Portfolio-Arbeit und der Portfolio-Idee verbunden sind, zwei wesentliche Entwicklungslinien erkennbar sind, die Portfolios mehr „enger" oder mehr „weiter" fassen. Häcker spricht davon, dass die „enge Fassung" im Portfolio das oben skizzierte Beurteilungsinstrument widerspiegelt, „das zu einer Erhöhung der Beurteilungsgerechtigkeit beiträgt und zwar sowohl im Blick auf die Individuen als auch auf komplexe, zu erwerbende Kompetenzen" (Häcker/ Lissmann 2007, 210). Die eher „weite Fassung" hingegen fasst das Portfolio als ein Lehr- und Lerninstrument auf, das für Unterrichtsreformen geeignet ist. Beiden Vorstellungen ist gemein, dass die Selbstreflexion des eigenen Lernprozesses sowie die Darstellung der eigenen Lernfortschritte als Kernstück der Portfolioarbeit bezeichnet werden (vgl. ebd.).

* Obgleich die einzelnen (schulpraktischen) Arbeiten häufig das zitierte „based on what works" Verständnis mit sich führen, lässt sich festhalten, dass das mit dem Portfolio-Konzept verbundene Bild vom Lerner konstruktivistische und selbstregulierte Züge aufweist. Dem Lernenden wird die Fähigkeit zur kompetenten Gestaltung einer Lernsituation zugebilligt. Erfahrungen und Erkenntnisse sind individuell bestimmt; Differenz wird als produktiv und förderlich angesehen. Das Bild vom Schüler ist von der Einsicht geprägt, dass jeder unterschiedlich lernt und unterschiedliche Erschließungswege existieren. Die entsprechende Lernumgebung sollte diese Tatsache anerkennen sowie eine entsprechende Anregung und Förderung des Einzelnen ermöglichen. In dieser Position nimmt das Portfolio die Stellung eines individuellen Dokumentationsinstruments ein, das die unterschiedlichen Erschließungsprozesse der Schüler begleitet und dokumentiert. Das Portfolio wird damit in einen Unterricht eingebunden, der individualisierte Lernarrangements ermöglicht und selbstregulierte Erschließungswege eröffnet. Arbeiten, die diesem Verständnis folgen, setzen das Portfolio z.B. im stärker projektorientierten/ themenzentrierten Unterricht ein, der Phasen des offenen und individuellen Lernens ermöglicht. Dabei ist dieser dokumentarische und selbstregulativ erschließende Status der Portfolio-Mappe nicht nur für die Schule, sondern auch für weitere Verwendungszusammenhänge nutzbar. In der Literatur

lässt sich die Verwendung von entsprechenden Portfolio-Konzepten in der beruflichen Bildung, in Fort- und Weiterbildungsmaßnahmen und in der Hochschullehre finden.

* Das (hohe) Maß an schriftlichen Prozessen, die mit dem Portfolio-Konzept verbunden sind, hat dazu geführt, dass sich Portfolio-Arbeit besonders gut für einen Unterricht eignet, der von den Lernenden ein hohes Maß an Schriftlichkeit erfordert. Im Rahmen der Lese- und Schreibförderung sind daher zahlreiche Arbeiten entstanden, die für die Arbeit am zu schreibenden Text ein entsprechendes Portfolio-Konzept nutzen. Dabei ist Portfolio-Arbeit aber nicht nur an den Sprachenunterricht gebunden, die Schreibförderung kann sich auch auf die Förderung der allgemeinen Artikulationsfähigkeit in einem Fach oder Ausbildungs-/ Studiengang beziehen. Portfolios dokumentieren in ihren schriftlichen Eintragungen den Lernprozess und erlauben einen Einblick in die Entstehungsgeschichte von Lernprozessen und -produkten. Die Diskussion um Schreibförderung hat dazu beigetragen, dass zahlreiche Arbeiten entstanden sind, die den Schwerpunkt auf der schriftlichen Auseinandersetzung eines Schülers bzw. eines Lernenden im Portfolio legen.

* Auffällig ist auch, dass sich das Portfolio-Konzept anpassungsfähig an unterschiedliche Nutzungszusammenhänge erweist: Sowohl in der Lehreraus- und -fortbildung, in Hochschule und Hochschuldidaktik, als auch in allgemeinbildenden Schulen, in mehreren Fachdidaktiken und in Kindergärten wird ein Portfolio von den Lernenden – und zum Teil auch von den Lehrenden – geführt. Die unterschiedlichen Kontexte machen deutlich, dass es nicht einfach ist, von *dem* Portfolio bzw. *dem* Portfolio-Konzept zu sprechen, ohne die entsprechenden Verwendungszusammenhänge zu benennen und deutlich zu machen. Die Folge, die sich aus den Zusammenhängen und Kontexten ergibt, ist, dass unterschiedliche Formen entstanden sind, die entweder mehr papiergebunden oder multimedial, strukturierter und vorformuliert oder mehr offen und individuell ausgestaltet sind. Gleichfalls macht es auch einen Unterschied, wer das Portfolio für wen führt – wird es vom Lernenden selbst geführt oder führt bzw. moderiert den Erstellungsprozess der Lehrende bzw. der Erzieher.

2.2.4 Formen des Portfolios

Wie Portfolio-Arbeit letztlich im Unterricht umgesetzt wird, hängt vom jeweiligen Zweck des gewünschten Einsatzes ab. Ein Portfolio, das zur Beurteilung der allgemeinen Leistungsfähigkeit eines Schülers genutzt wird, ist sicher anders ausgestaltet als ein Portfolio, das eigene themenzentrierte Unterrichtsprojekte der Schüler begleitet. Ebenfalls wird ein Kindergarten-Portfolio, in dem die Entwicklung eines Kindes unter der Federführung der Erzieherin dokumentiert wird, ein anderes sein als ein Portfolio, das als Bewerbungsmappe einem potentiellen Ausbildungsbetrieb vorgelegt wird und das die erworbenen fachlichen Kenntnisse dokumentiert. Bisher konnte keine einheitliche Definition oder Merkmalliste von Portfolios erstellt werden. Die Ansätze variieren je nach Autor (vgl. z.B. Brunner/ Schmidinger 1997, 1074; Winter 2000b, 42; Lissmann 2001, 486; Barton/ Collins 1997, 2). In der folgenden Darstellung beziehe ich mich auf Häcker (vgl. ebd. 2006a), da die von ihm entwickelten Dimensionen zur Charakterisierung von Portfolio-Arbeit eine erhöhte Rezeption erfahren haben (vgl. z.B. Rihm 2006c; Bräuer 2007).

Häcker schlägt vor, ein Portfolio anhand von drei Dimensionen zu unterscheiden: Zweck, Inhalte, Entscheidungen (vgl. ebd. 2006a, 37). Die Dimension Zweck umfasst die Zielperspektive, auf die ein Portfolio hin angelegt wird: Soll die Mappe dem einzelnen Lerner helfen, seine eigenen Arbeiten zusammenzutragen und sich begleitend ein Bild über seinen eigenen Lernprozess zu machen und diesen für sich zu bewerten, so kann von einer formativen Selbstbeurteilung gesprochen werden. Wird die Mappe hingegen eher einer externen Begutachtung vorgelegt und sollen die enthaltenen Inhalte über die erworbenen Fähigkeiten Auskunft geben, so lässt sich von einer summativen Fremdbeurteilung sprechen. Auch die Inhalte können unterschiedlich zusammengestellt sein: Sie können „alles und jedes“ oder auch nur einige wenige Belegstücke der Arbeit enthalten. Die Entscheidung über die Entstehung und Zusammenstellung kann ebenfalls unterschiedlich geprägt sein: Sie kann entweder bei den Lernenden selbst den Anfang genommen haben oder durch andere Instanzen angeregt worden sein (z.B. Schule, Ausbildungsbetrieb, Hochschule usw.). Je nachdem wie die unterschiedlichen Dimensionen ausgeprägt sind, kann das Portfolio insgesamt betrachtet mehr prozessorientiert, z.B. als offene Sammelmappe, die vielen Elementen Aufnahme bietet oder mehr produktorientiert gestaltet sein, dem ein fester inhaltlicher Rahmen vorausgeht. Diese unterschiedlichen Dimensionen sind in einzelnen Portfoliokonzepten enthalten, wobei auch Mischformen existieren.

Winter (2004a, 188) schlägt vor, Portfolios „zwischen einem ‚Kursportfolio' einerseits und einem Portfolio im Sinne einer ‚Leistungsmappe' bzw. ‚Bildungsmappe' zu differenzieren“. Obwohl in der Literatur zum Teil weitere Unterscheidungen existieren (vgl. z.B. Arbeitsportfolio bei Müller 2004; Entwicklungs- und Prozessportfolio bei Easley/ Mitchell 2004; Vorzeige- und Präsentationsportfolio und Beurteilungs- und Bewertungsportfolio bei Lissmann 2004), so lässt sich sagen, dass entsprechende Formen kursorientiert und prozesshaft oder umfassend und produkthaft geprägt sind. Auch für den Verwendungszusammenhang des elektronischen Portfolios ergeben sich ähnliche

Formen und Nutzungsmuster. Die im Rahmen der papiergebundenen Portfolioarbeit entwickelten und definierten Formen werden auch in der Arbeit mit elektronischen Portfolios weitergeführt; d.h. ein ePortfolio kann demnach mehr einem prozesshaften Kursportfolio oder einer produkthaften Leistungsmappe ähneln.

Kursportfolio – Process Portfolio
„Die Bandbreite dessen, was als Kurs-Portfolios bezeichnet wird, ist relativ groß“, stellt Winter fest (vgl. ebd. 2004a, 189). Damit lässt sich u.U. auch eine Mappe bezeichnen, in der unterschiedliche Schülerprodukte gesammelt werden. Diese ähnelt allerdings mehr einem Ordner oder einem Arbeitsheft und sollte nicht als Portfolio bezeichnet werden, wenn keine reflexive Praxis und keine Auswahl unter dem Gesichtspunkt der Dokumentation der Leistung bzw. Leistungsentwicklung stattfindet (vgl. Bräuer 2002 in Winter 2004 ebd.). Winter berichtet, dass im Zusammenhang mit schreibpädagogischen Konzepten Mappen Verwendung finden, in denen zunächst alle Schülerprodukte gesammelt werden (ebd.). Dabei ist vor allem wichtig, dass sich an diesen der Entstehungs- und Lernprozess ablesen lässt. Erst später wird daraus ein Portfolio, in dem eine begründete Auswahl erfolgt. Zum Beispiel sollen Schüler ihre beste und ihre schlechteste Arbeiten abgeben, um die Spannbreite der geleisteten Arbeit sichtbar zu machen. An anderer Stelle werden nur die besten Arbeiten ausgewählt oder diejenigen, die am besten die Fähigkeitsentwicklung illustrieren (ebd.). Die Gesichtspunkte der Auswahl können vom Lehrer vorgegeben sein, dem Schüler überlassen oder gemeinsam festgelegt werden. In der Literatur existieren hierzu häufig Einzelberichte, die über einen „erfolgreichen“ Einsatz eines (Kurs-)Portfolios in der jeweiligen Klassenstufe berichten (vgl. z.B. Schwarz 2001, Plamenig 2001, Wildner 2002 et. al.).

Brunner und Schmidinger (2000, 2001) schlagen vor, ein Kursportfolio für den Projektunterricht einzusetzen. Gerade der projektorientierte Unterricht schafft nach ihren Aussagen die äußeren Voraussetzungen, die sich mit den üblichen Formen der Leistungsfeststellung kaum beschreiben und bewerten lassen. Ausgangspunkt eines Unterrichtsprojekts ist dabei eine ergebnisoffene, herausfordernde Fragestellung, ein Problem oder eine Aufgabe. Das Projektportfolio dient dem Nachweis über den Grad der Erreichung der (selbst) gestellten Zielsetzung. Die schriftliche Fixierung der eigenen Lernziele seitens der Schüler zu Beginn des Projekts ist notwendig, um sichtbar zu machen, in welcher Weise sie ihre eigenen Lerninteressen mit den Projektzielen verknüpft haben und welches ihre jeweils „eigene“ Fragestellung ist, die sie bearbeiten möchten. Die Schüler erstellen so eine Grundlage für die spätere Selbst- und Fremdbeurteilung des Lernfortschritts bzw. der Lernergebnisse und schaffen eine Orientierungshilfe für die Verfolgung ihrer Ziele. Diese Lernziel-Fixierung stellt nach der Festlegung des Portfolio-Zwecks den ersten inhaltlichen

Schritt der Portfolio-Arbeit dar. Anspruchsvolle Zielsetzungen zu finden und zu formulieren gehört allgemein mit zu den schwierigen Aufgaben jeder Projektarbeit. Portfolios spiegeln diese Schwierigkeiten deutlich wieder und erleichtern es somit, diese Schwierigkeiten in der Lerngruppe zu thematisieren und Lösungen zu entwickeln (vgl. Häcker 2004, 153).

Indem bereits zu Beginn einer Unterrichtssequenz die Forderungen für das Portfolio formuliert werden, steuern diese die Lernaktivitäten der Schüler im Portfolio-Unterricht (vgl. Winter 2004a, 190). Zum Beispiel kann gefordert werden, ein Literaturexzerpt oder einen Bericht zu liefern. Die Schüler sind angehalten, in diese Richtung zu arbeiten. Die Leistungsdokumente, die Schüler in ein Portfolio einbringen, können allerdings nicht nur schriftliche Produkte sein. Es können zum Beispiel auch Fotos, Videofilme oder Zeichnungen aufgenommen werden (vgl. Winter 2004a, 190).

Neben den Einlagen der Schüler finden sich in Kurs-Portfolios häufig auch Stellungnahmen der Lehrer zu den Leistungen der Schüler. Das heißt, Lehrer können Kommentare und Bewertungen beifügen. Diese Kommentare sind häufig ausformuliert, können sich aber auch auf ein vorformuliertes Bewertungsschema bzw. einen vorformulierten Rückmeldebogen begrenzen. Die Schüler sind in aller Regel dazu aufgefordert, über eine Auswahl der Produkte hinauszugehen und zu beschreiben, warum sie diese Produkte gewählt haben, wie sie entstanden sind und was sie daran gelungen finden (vgl. Winter ebd.). Das kann beispielsweise auf einem Deckblatt entlang vorgegebener Fragen oder in Form eines Briefes an einen künftigen Leser des Portfolios geschehen. Sunstein und Lovell sprechen in diesem Zusammenhang von zwei Einlagen: „An annoted table of contents [Anmerkung: ein Inhaltsverzeichnis] and a ‚one pager' about the portfolios contents [Anmerkung: eine selbstreflexive thematische Einleitung]“ (2000, XXI).

Leistungsmappe – Showcase Portfolio

Eine Leistungsmappe bzw. ein Showcase Portfolio hingegen ist eine umfassendere Sammlung von Dokumenten, die eher fächerübergreifend aufgebaut ist und über einzelne oder komplexere Fähigkeiten eines Schülers berichten möchte. Die darin enthaltenen Dokumente übersteigen den spezifischen fachlichen Kontext und sind eher allgemein aufgebaut. Winter bezeichnet diese als Leistungsmappe und erkennt darin, dass die in der entsprechenden Portfolio-Mappe enthaltenen Produkte immer einer Qualitätsprüfung und einer Bewertung unterzogen werden (vgl. Winter 2004a, 192). Für einzelne Autoren ist diese über einen längeren Zeitraum und über etliche Fächer sowie fächerübergreifende Projekte geführte Portfolio-Mappe eine aussagekräftige Alternative zu Zeugnissen (vgl. Winter ebd.; Vierlinger 1999).

Diese Leistungsmappen lassen sich innerhalb der Schule und auch gegenüber Eltern als Ausweis des erreichten Leistungsstandes nutzen. Nach Abschluss der Schule können sie bei Arbeitgebern oder nachfolgenden Ausbildungsinstitutionen im Sinne einer direkten Leistungsvorlage (Vierlinger 1999, 2000, 2002) benutzt werden und Ziffernzeugnisse oder Verbalzeugnisse ersetzen bzw. ergänzen.

In einem längerfristig angelegten Portfolio können nicht alle Dokumente und Materialien gesammelt werden. Eine Auswahl ist notwendig. Die begründete Auswahl der Dokumente sowie die Gestaltung und Kommentierung der einzelnen Teile enthalten viele Möglichkeiten, eigene Stärken geltend zu machen (vgl. Bohl 2004, 149). Schüler sind dazu aufgefordert, über ihren Arbeitsprozess (schriftlich) zu reflektieren, etwa eine kritische und distanzierte Haltung zur eigenen Arbeit einzunehmen, Entwicklungen zu erkennen und Perspektiven zu wechseln. Neben der qualitativen Einschätzung der Produkte selbst tritt damit die Reflexionsfähigkeit über den vorausgehenden Arbeitsprozess als eigenständiges Qualitätsmerkmal von Portfolio-Arbeit hervor.

Diese Form des Portfolios schließt ein Inhaltsverzeichnis und eine selbstreflexive thematische Einleitung ein. Die Lehrpersonen überlegen gemeinsam mit den Schülern, welche Produkte und Lernergebnisse für das Portfolio ausgewählt werden sollen. Es kann vereinbart werden, dass nicht nur schulische, sondern auch außerschulische Arbeitsergebnisse sowie die Rückmeldungen von Lehrern und Eltern in die eigenen Reflexionen aufgenommen werden. In diesem Zusammenhang kann mit den Schülern gemeinsam ein Ordnungsprinzip erarbeitet und für das Portfolio entwickelt werden. Die Mappen aller Schüler sind gleichermaßen geordnet und vergleichbar (vgl. Brunner/ Schmidinger 1997, 107).

Je nachdem, zu welchem Zweck eine Leistungsmappe gebraucht wird, können aus den umfangreichen Portfolios, die ein Schüler innerhalb der Schule anlegt, Teilportfolios entstehen. Folgende Typen einer Leistungsmappe lassen sich nach Lissmann (2004, 219f.) und Winter (vgl. ebd.) unterscheiden:

Vorzeigeportfolio
Das Vorzeigeportfolio enthält die besten Arbeiten eines Lernenden. Durch das Vorzeigeportfolio wird gezeigt, was Schüler selbst für bedeutsam halten, was sie werten und was sie anderen gerne zeigen möchten. Da ein Vorzeigeportfolio eine Sammlung von Beispielen mit den besten und repräsentativen Arbeiten des Schülers darstellt, wird es auch das „exemplarische“ Portfolio genannt. Eine besondere Rolle spielt die Begründung der Auswahl der Einzelarbeiten. Das Vorzeigeportfolio ist

flexibel, weil es Arbeiten aus einem längeren Zeitraum, aus einem Fach oder aus mehreren Fächern enthalten kann.

Entwicklungsportfolio

Der Zweck dieses Portfolios ist es, die Lernentwicklung der Schüler zu zeigen. Es enthält Beispiele von Arbeiten im Anfangszustand bis zu fertigen Produkten. Die zu Beginn angefertigten Werke dürfen Schwächen haben. Sie sollen lediglich zeigen, was ein Schüler zu einem bestimmten Zeitpunkt gelernt hat. Wenn ein Portfolio aus vollständigen und unvollständigen Arbeiten, effektiveren und weniger effektiveren Arbeiten besteht, um die Entwicklung des Lernens zu beschreiben, wird ein Lernprozess dokumentiert. Aus diesem Grund findet man in der Literatur auch den Begriff „Prozess-Portfolio". Der besondere unterrichtliche Wert des Entwicklungspotentials besteht darin, dass die Schüler einen Teil der Lehrerrolle übernehmen. Sie beurteilen die Arbeiten, überwachen den Fortschritt und treffen Entscheidungen, wie mit Schwachstellen umzugehen ist. Auf diese Weise gewinnen sie ein Gefühl und einen Blick dafür, wie sie lernen.

Prüfungsportfolio

Anhand von Portfolios lassen sich Prüfungsformen praktizieren. Die Schüler können Rechenschaft über ihre Ausbildung ablegen, ihren Lernerfolg darstellen und ihre erworbenen Kenntnisse sowie Fähigkeiten einer mündlichen Prüfung unterziehen. Diese können von den Schülern aktiv vorbereitet und mitgestaltet werden. Das Vorliegen von Prüfungsportfolios erleichtert es, externe Sichtweisen auf die Schülerleistung einzuladen (vgl. Winter 2002). Dies kann z.B. im Prüfungsgespräch gegenüber einer Prüfungskommission geschehen. Das Portfolio bietet Anlässe für ein Gespräch über die erworbenen Kenntnisse.

Bewerbungsportfolio

Das Bewerbungsportfolio soll die Bereitschaft des Lernenden zeigen, eine neue Herausforderung anzunehmen. Es ist vergleichbar mit einem Ausweis, der den Zugang zu Bildungs- und Berufswegen ermöglicht. Das Bewerbungsportfolio kann beispielsweise im akademischen Bereich bei der Aufnahme in einen Studiengang eingesetzt werden. Darin lassen sich die für den Studiengang notwendigen Fähigkeiten und erworbenen Erfahrungen dokumentieren. Bedeutsam ist, dass ein Bewerbungsportfolio weiterführende Informationen enthält, z.B. Noten und Zeugnisse, und auf die aufnehmende Institution Bezug nimmt. Bei der Durchsicht des Portfolios interessiert weniger der Lernprozess als die erreichte und vorzeigbare Leistung.

2.2.5 Lernumgebung und Portfolio-Arbeit

Portfolio-Arbeit birgt über eine bloße Modernisierung hinaus Potenziale für eine Unterrichtsreform. Portfolios verändern die Lernumgebung, indem sie eine Art der Kommunikation zwischen Lernenden und Lehrenden sowie anspruchsvolle Reflexionen ermöglichen. Der entsprechende Unterricht muss dafür ausdifferenziert sein, damit sich die unterschiedlichen Potenziale wie z.B. die Dokumentation des Lernfortschritts oder schriftliche Reflexionen entfalten lassen.

Hascher und Astleitner sehen die Kerngedanken der Portfolio-Arbeit (wie auch für Lerntagebücher, -journale usw.) am ehesten in einem Unterricht realisiert, der der Prozessorientierung des Lernens eine zentrale Rolle beimisst (vgl. ebd. 2007). Der Begriff der Prozessorientierung involviert, dass stärker den Lernprozessen der Schüler anstatt den Lehrprozessen stattgegeben wird. Dabei stehen das Lernen der Schüler und die damit verbundenen Lern- und Erschließungswege im Vordergrund des Unterrichts. Wie sich aus den vorherigen Ausführungen ergeben hat, ist Portfolio-Arbeit als Teil einer Unterrichtsentwicklung anspruchsvoll zu realisieren, da diese mehr von allen Beteiligten verlangt als das bloße Sammeln und Aufbewahren von aussagekräftigen oder bedeutsamen Dokumenten. Werden Anspruch und Voraussetzungen nicht angemessen thematisiert, gerät die Portfolioarbeit leicht zu einer oberflächlichen „Mappen-Kultur“, wie Helmut Schreier einmal das Portfolio-Konzept mit diesem Begriffspaar beschrieb (vgl. ebd. 2001, 33). Hinter der Portfolio-Arbeit steht ein Bild von Unterricht, das den Lernprozessen der Schüler eine besondere Aufmerksamkeit zumisst. Hier lassen sich Anknüpfungspunkte sowohl an die Subjektorientierte Didaktik (vgl. z.B. Rihm 2006a u.a.) als auch an Modelle des Selbstregulierten Lernens finden (vgl. z.B. Zimmerman 2000 u.a.). Beide Richtungen werden in unterschiedlichen empirischen und theoretischen Arbeiten zum Portfolio-Konzept aufgegriffen (vgl. z.B. Selbstbestimmung bei Häcker 2006b; Selbstregulation bei Hascher/ Astleitner 2007).

Arbeiten zur Subjektorientierten Didaktik weisen den lernenden Schülern eine besondere Bedeutung für die Gestaltung von Lehr-Lernprozessen zu. Als Ausgangspunkt einer Subjektorientierten Didaktik stehen die Interessen der Schüler und der Lerngruppen vor denen der Lehrer und Systeme (vgl. Rihm 2006b). Um diesen Prozess entsprechend anregen und fördern zu können, bedarf es auf Seite der Lehrenden eines methodischen Repertoires, das es ermöglicht, Standpunkte und Sinnstrukturen der Schüler näher zu erfahren. Portfolios lassen sich im Rahmen dieser Überlegungen dazu nutzen, um den Schülern aus den entstandenen Sammlungen von aussagekräftigen Leistungsdokumenten einen Einblick in das eigene Leistungsvermögen zu geben und deren Interessens- und

Schwerpunktbildungen zu fördern. Für den Lehrer ergibt sich aus der Begleitung der Portfolio-Arbeit im Unterricht ein differenziertes Bild über die individuellen Leistungen und Interessen seiner Schüler (vgl. Rihm 2006a).

Aus der Perspektive der Selbstregulationsforschung lässt sich das Portfolio zur Dokumentation des Lernens nutzen. Die hiermit verbundene Vorstellung geht vom aktiven Lerner aus, der eine Situation und ein damit verbundenes Lernziel erfolgreich bewältigen möchte (vgl. Boekarts u.a. 2000). Die Aufgabe der Lernumgebung ist es, diesen Prozess konstruktiv anzuregen und Unterstützungsmöglichkeiten anzubieten. Wenn Schüler mehr selbstgesteuert eine Aufgabe bzw. ein Unterrichtsthema bearbeiten sollen, sind sie auf klare und transparente Zielvorgaben angewiesen. Neben den zu erreichenden Zielen müssen die Erschließungswege und Unterstützungsmöglichkeiten deutlich werden (vgl. Dietrich 1999). In diesem Zusammenhang ist die Lernberatung durch den Lehrer und die Beratung der Schüler untereinander bedeutsam für die Gestaltung von Lernprozessen. Lehrer treten verstärkt als Lernbegleiter und Lernberater auf (vgl. Winter 2004a). Für die Portfolio-Arbeit ergibt sich damit ein höchst anspruchsvoller Auftrag an die Unterrichtsgestaltung, die den Lernprozessen eine besondere Bedeutung beimisst. Für viele Autoren ist dieses Lernarrangement die Grundlage dafür, dass Portfolio-Arbeit im Unterricht entstehen kann (vgl. Hascher/ Astleitner 2007; Brouër 2007).

Prozessorientierung des Lernens meint aber auch, dass Probleme, Fehler und offene Fragen als wichtiger Teil des Lernprozesses anerkannt und thematisiert werden (vgl. Hascher/ Astleitner ebd.). Gerade die individuellen Brüche, Unkenntnisse und Schwierigkeiten können den Blick auf das richten lassen, was erreicht und was zu erreichen ist. Um Einblick in die individuellen Lernprozesse zu erhalten, bedarf es entsprechender Fähigkeit und Erfahrung auf Seiten des Lehrers. Neben der Fähigkeit, Schüler in ihrem Lernprozess beobachten zu können, sollten Unterrichtsarrangements Anlässe bieten, um individuelle Bearbeitungswege zu schaffen, die es der Lehrperson wiederum erlauben, sich mit einzelnen Schülern und ihrem Lernprozess auseinanderzusetzen. Gleichfalls ist ein binnendifferenzierter und offener Unterricht nicht die Grundlage dafür, dass der Lernprozess stärker in den Mittelpunkt der Schüler- und Lehreraktivitäten gelangt. Ebenfalls wird deutlich, dass das Zusammenspiel von Unterrichtsarrangements, Lehrertätigkeit und der Fähigkeit der Schüler, selbstständig ein Thema zu bearbeiten, einem hohen Anspruch unterliegt.

Weil Portfolios die Lernumgebung verändern, muss ihre Einführung Teil eines didaktischen Gesamtkonzepts sein (vgl. Brunner/ Schmidinger 1997, 1085), das sowohl den Prozess als auch das Umfeld in den Blick nimmt. Dies stellt sich in der Praxis der Portfolio-Arbeit als anspruchsvolles und schwieriges Unterfangen dar (vgl. Häcker 2002, 214). Die Einführung von Portfolio-Arbeit macht strukturelle Veränderungen im Bereich der Unterrichtsorganisation und des Stundenplanes notwendig. Projektartige, offenere Unterrichtssituationen, die eine erhöhte zeitliche Flexibilität erfordern, sind für eine Ein- und Durchführung des Portfolios erforderlich. Das Portfolio dient dabei aber keinem Selbstzweck, seine Erstellung muss vielmehr einen Sinn im Lernkontext haben. Dazu kann Portfolio-Arbeit mit unterschiedlichen Unterrichtsformen und -methoden verbunden werden. Das jeweils konkrete Ziel des Portfolios bestimmt maßgeblich seinen Inhalt, die Auswahlprozesse der Dokumente und die Interaktion zwischen Lernenden und Lehrenden (vgl. Häcker 2004b, 149). Dabei wird deutlich, dass Unterricht, der in dieser Spur verläuft, Zeit und Erfahrung im Umgang mit prozessorientierten Verfahren der Leistungsbegleitung und -bewertung erfordert. Hierzu sind Erfahrungsberichte von Lehrern erschienen, die auch nach mehrjähriger Portfolio-Arbeit von Schwierigkeiten berichten (vgl. Schwarz 2002, 108).

2.3 Selbstreflexionen und Selbstbeurteilungen in der Portfolio-Arbeit

Wie bereits zu Beginn dieses Kapitels angesprochen, stellen Reflexionen und Selbstbeurteilungen der Schüler ein zentrales Merkmal der Portfolio-Arbeit dar. Bräuer berichtet davon, dass der eigentliche Kern der Portfolio-Arbeit in ihrem reflexiven Element liegt – Reflexionen machen für ihn auch den Unterschied zu Arbeitsmappen oder Sammelheftern aus (vgl. ebd. 2003). Diese sind keinesfalls Beiwerk im Erstellungsprozess einer Portfolio-Mappe, sondern stehen im Mittelpunkt der Arbeit und sollen die Lernprozesse unterstützen.

Selbstreflexionen der Schüler lassen sich in zwei Perspektiven konstruieren: zum einen Selbstreflexionen als Selbstbeurteilungen innerhalb der Leistungsbeurteilung (vgl. z.B. Winter/ von der Groeben/ Lenzen 2002; Grunder/ Bohl 2004; Jabornegg 2004; Winter 2004a) und zum anderen Selbstreflexionen als Nachdenken über etwas Bearbeitetes/ Gelerntes in einem Unterricht, der der Selbstregulation im Lernen eine besondere Aufmerksamkeit zukommen lässt (vgl. z.B. zur Selbstregulation: Gläser-Zikuda/ Göring 2007; zur Selbstbestimmung: Häcker 2006a). Wie bereits skizziert, stand die Entwicklung des Portfolio-Konzepts im Zusammenhang mit einer allgemeinen Kritik an der bestehenden und vergleichenden schulischen Leistungsbeurteilung. Bestehende Verfahren der Leistungsüberprüfung und -bewertung wurden mittels des Portfolios ergänzt und z.T. ersetzt. Mit Portfolios wurde die Erwartung verbunden, dass Schüler durch die reflexive Auseinandersetzung mit dem Gelernten und Bearbeiteten zu einem realistischen Urteil der eigenen Fähigkeiten gelangen. Reflexionen, die in einem Unterricht entstehen, der ein Portfolio einbindet, können in diesem Zusammenhang die Schüler anregen, über ihre eigenen Leistungen nachzudenken. Für den Lehrer schaffen diese Reflexionen – sofern sie von den Schülern geäußert werden – einen Einblick in die unterschiedlichen Selbstwahrnehmungen der Schüler. Neben dem Aspekt der Leistungs- und Selbstbeurteilung werden Selbstreflexionen im Portfolio aber noch im Zusammenhang mit der Selbstregulation im Lernen diskutiert. Diese Überlegungen sind in Konzepten des selbstregulierten Lernens eingebunden. Reflexionen begleiten dabei den Lernprozess und stehen am Ende einer Handlung, um diese zu bewerten und um anschließend neue Schritte zu planen. Dieses eher zyklische Modell, das von einem zu erreichenden Lernziel ausgeht, lässt sich in entsprechenden Portfolio-Konzepten dokumentieren. Für die Schüler ergibt sich die Möglichkeit, im Portfolio über gemachte Erfahrungen und dokumentierte Einlagen zu reflektieren. Für den Lehrer entsteht – ebenfalls wie im Zusammenhang mit der Leistungsbeurteilung – ein differenzierter Einblick in das unterschiedliche Leistungs- und Reflexionsverhalten. Diese beiden reflexiven Elemente und die damit verbundenen Konnotationen werden in der Literatur sowohl getrennt als auch überschneidend genannt.

Obwohl Selbstreflexionen für einzelne Autoren ein zentrales Merkmal der Portfolio-Arbeit darstellen, existieren in den unterschiedlichen Entwicklungs- und Rezeptionslinien zahlreiche reflexive Elemente, Reflexionsanlässe und Reflexionsvorlagen. Die Folge ist, dass Reflexionen und der Grad der Anregung von außen, der zum Beispiel durch Reflexionsvorlagen erfolgt (z.B. verbindliche Leitfragen auf einem Arbeitsblatt usw.), keinesfalls in allen veröffentlichten bzw. von mir rezipierten empirischen und unterrichtspraktischen Portfolio-Arbeiten und -Konzepten einheitlich gestaltet sind. In der Literatur lassen sich fünf Entwicklungslinien erkennen, die reflexive Elemente der Portfolio-Arbeit im Unterricht beinhalten. Dabei ist zum einen die Portfolio-Arbeit an sich Anlass für eine Reflexion (z.B. „War es schwierig ein Portfolio zu führen?“) und zum anderen der damit verbundene Unterricht, der neben der Integration eines Portfolios Anknüpfungspunkte an selbstreguliertes Lernen ermöglichen möchte (z.B. „Wie gestaltete sich die selbstständige Informationssuche?“). Diese fünf Entwicklungslinien lassen sich in unterschiedlichen Kontexten identifizieren:
* Aufstellen von persönlichen Lernzielen
* Begründete Auswahlentscheidung eines Dokuments
* begleitende Berichte und einleitende Erzählungen
* Prompts/ vorformulierte Schreibanlässe (mehr offen)
* Kategorien- und Selbstbewertungsschemata (mehr geschlossen)
* Portfolio-Gespräche

2.3.1 Aufstellen von persönlichen Lernzielen

Idealerweise beginnt Portfolio-Arbeit im Unterricht mit dem Aufstellen von Lernzielen. In Absprache mit den Lehrpersonen werden z.T. mehr individuelle, z.T. mehr übergreifende Lernziele festgelegt, die es zu verfolgen gilt. Brouër berichtet von Lernziellisten, die im Portfolio aufgenommen werden und als Orientierungsrahmen und Grundlage für die Bewertung der Erreichung des Lernziels dienen (vgl. ebd. 2007a, 238). Bohl und Winter berichten, Schüler bei der Festlegung der Ziele für die Portfolio-Arbeit zu beteiligen (vgl. Bohl 2004; Winter 2004a, 190). Die Festlegung bezieht sich nicht nur auf den äußeren Rahmen der Erarbeitung, sondern auch auf inhaltliche Zusammenhänge. Dabei kann der Schwierigkeitsgrad bzw. das Niveau der Erarbeitung auf die unterschiedlichen Fähigkeiten und Bedürfnisse abgestimmt sein. Die Schüler sind gefordert, über ihre eigenen Fertigkeiten und Bearbeitungsmöglichkeiten nachzudenken und gemeinsam mit dem Lehrer realisierbare Lernziele festzulegen.

Reflexionen tragen dazu bei, den eigenen Lernprozess zu planen und Lernziele festzulegen, sowie am Ende eines Lernprozesses die gemachten Erfahrungen und Ergebnisse auf Grundlage der zuvor formulierten Lernziele zu bewerten. Brouër berichtet von einer Untersuchung, die mit Lehramtsstudierenden durchgeführt wurde: zu Beginn der Veranstaltungsreihe legten die Studierenden ihre Lernziele fest, die die Portfolio-Arbeit und das Schulpraktikum begleiten (vgl. 2007a 243; 2007b, 161f.). Meissner berichtet über Portfolio-Arbeit in der zweiten Phase der Lehrerbildung, bei der Referendare eigene Lernziele festlegen und in Koordination mit den Ausbildern konkretisieren, bearbeiten und prüfen (vgl. ebd. 2006). Schmidinger legt Entwicklungsziele in einem Portfolio fest, das zur Dokumentation eines Schulentwicklungsprojekts genutzt wird (vgl. ebd. 2006). Brunner, Krimplstätter und Kummer berichten vom Aufstellen persönlicher Lernziele im Geschichtsunterricht, in dem ein Portfolio genutzt wurde (vgl. ebd. 2006). Für den schulischen Zusammenhang lässt sich festhalten, dass zahlreiche von mir analysierte Studien und Erfahrungsberichte, die Portfolio-Arbeit in der Schule begleiten, Schüler bei der Formulierung der Lernziele und dem gemeinsamen Aufstellen von Lernziellisten nicht immer explizit beteiligen. Eher werden „Forderungen" und Arbeitsaufträge den Schülern von Seiten der Lehrer vorformuliert, die es zu erfüllen gilt (vgl. hierzu u.a. Volkwein 2006; Lötscher/ Schär 2006; Stampfl 2006; Gläser-Zikuda/ Lindacher 2007). Im Rahmen dessen gibt es größere oder kleinere Freiräume für individuelle Schwerpunktsetzungen. Dabei orientieren sich diese Schwerpunkte an möglichen Inhalten und weniger an Schwierigkeitsgraden oder individuellen Fragestellungen. Eine Begründung hierfür könnte in dem Bedarf an Vergleichbarkeit liegen, der für die Beratung und Bewertung der Leistungen durch den Lehrer zu identischen Leistungsanforderungen führt bzw. geführt hat. Diese

Tendenz lässt sich auch in den Ergebnissen von Häcker ablesen: Im Rahmen einer explorativen Studie hat er mehrere Portfolioimplikationen in der Sekundarstufe untersucht und festgestellt, dass die Partizipation und Selbstbestimmung der Schüler hinsichtlich des Aufstellens von persönlichen Lernzielen von Seiten der Lehrer nicht bzw. nur eingeschränkt verfolgt wurde (vgl. ebd. 2006b, 296).

2.3.2 Begründete Auswahlentscheidung eines Dokuments

Neben dem Formulieren, Bearbeiten und Prüfen von persönlichen Zielen nimmt die begründete Auswahl eines Dokuments ein weiteres reflexives Element im Lernen mit dem Portfolio ein. Damit ist gemeint, dass Schüler über die Auswahl bzw. Aufnahme von Dokumenten reflektieren, die im Portfolio aufbewahrt werden. Diese reflexive Begründung erfolgt in der Regel schriftlich auf einem beigefügten Blatt oder unmittelbar auf dem Dokument. Winter nutzt hierzu z.B. ein „Deckblatt für eine Einlage“, das mit entsprechenden Leitfragen vorstrukturiert ist (vgl. ebd. 2004a, 202).

Die ausgewählten und begründeten Dokumente ermöglichen einen differenzierten Einblick in das Leistungsvermögen und die Interessen eines Schülers. Der Zusammenhang macht allerdings deutlich, dass hiermit eher die oben beschriebenen Leistungsmappen/ Showcase-Portfolios gemeint sind, die z.B. über ein Schuljahr geführt werden und eine längere Leistungsentwicklung dokumentieren. Dieser Aspekt lässt sich vor dem Hintergrund betrachten, dass zwar die begründete Auswahl in der Literatur als besonders wichtig bezeichnet wird, in der Praxis jedoch häufig verbindliche Forderungen auferlegt werden (z.B. ein Text über den Romanhelden, eine Karte der Handlung usw.), die eine begründete Auswahl unter den existierenden Dokumenten als unnötig erscheinen lassen (kritisch anzumerken: z.B. Werner 2006, 42f.). Winter schlägt im gleichen Zusammenhang vor, bei jüngeren Schülern nur die gelungenen Arbeiten zu sammeln und auf Reflexionen und Auswahlentscheidungen zu verzichten (vgl. ebd. 2004a, 206).

Über das Sammeln von Leistungsdokumenten und der anschließenden begründeten Auswahl berichtet Vierlinger (vgl. ebd. 1999), der in seinem Portfolio-Konzept bzw. in dem von ihm erprobten Ansatz eine Auswahl und Begründung der Portfolio-Einlagen von Seiten der Schüler fordert. Dahinter steht der Versuch, möglichst aussagekräftige Dokumente bzw. Arbeiten im Portfolio aufzunehmen, um einen realistischen Einblick in die Fähigkeiten und Interessen eines Schülers zu gewinnen. Sein Konzept nennt er die „Direkte Leistungsvorlage“, da sie – im Vergleich zum Zensurenzeugnis – einen direkten und anschaulichen Einblick in die Leistungen eines Schülers ermöglicht. Einem ähnlichen Verständnis folgend sind die Arbeiten von Iwan zu nennen (vgl. Iwan/ Weidner 2006), der ein Portfolio-Konzept für die

Berufsausbildung erprobt hat. Dabei sollen Schüler ein Portfolio als Bewerbungsmappe entwickeln, das die Auseinandersetzung mit dem Beruf und den eigenen Fähigkeiten widerspiegelt. Auch sind begründete Einlagen und die damit verbundenen Reflexionen notwendig, um bei den zukünftigen Bewerbern eine inhaltliche Vertiefung mit dem Berufsfeld zu erreichen und den Blick der ausbildenden Betriebe auf den Könnenshintergrund der Bewerber zu richten. Pölzleitner berichtet vom Einsatz eines Portfolio-Konzepts in einer sechsten Gymnasialklasse (vgl. ebd. 2006). Dabei erstellen die Schüler über das Schulhalbjahr hinweg Dokumente, die von einer begründeten Auswahl begleitet ins Portfolio aufgenommen werden. Das fertig gestellte Portfolio kann damit einen realistischen Einblick in die Leistungen und die Leistungsentwicklung im Laufe eines Schulhalbjahres ermöglichen; das Portfolio wird am Ende durch die Lehrkraft benotet. Rentsch berichtet von „nicht fokussierten Sammlungen" in einer ersten Grundschulklasse (vgl. ebd. 2006). Über das erste Schuljahr hinweg lassen sich Arbeitsergebnisse sammeln, die zum Ende des Schuljahres gesichtet und reflektiert werden. Die Schüler sollen zehn aussagekräftige Arbeiten aus dem Schuljahr auswählen, ihre Auswahl begründen und in der Klasse vorstellen. Schelbert hat ein Talentportfolio in der Hauptschule erprobt, in dem die Schüler eigene Interessen dokumentieren (vgl. ebd. 2006). Ziel ist es auch hier, reflexiv begründete und differenzierte Einblicke in die Fähigkeiten und Interessen der Schüler zu gewinnen.

2.3.3 Begleitende Berichte und einleitende Erzählungen

Ein weiteres reflexives Element stellen begleitende Berichte und einleitende Erzählungen zu Portfolio-Arbeiten und zur Portfolio-Mappe dar. Auch hier ist das Ziel, dass die Lernenden im Lernprozess sich reflexiv mit dem Bearbeiteten und Gelernten auseinandersetzen. Anknüpfungspunkte finden sich im Gedankengang des Lerntagebuchs, das den Lernprozess und Erstellungsprozess einer Portfolio-Mappe bzw. -Arbeit begleiten kann. Die reflexiven Berichte werden begleitend über den Lern- und Erstellungsprozess hinweg geführt oder stehen am Ende einer „fertigen" Mappe.

Begleitende Berichte, die dem Charakter nach mehr einem Lerntagebuch gleichen, können zu beständigen und über Wochen geführten Reflexionen beitragen und zusätzlich den Lernprozess illustrieren. Brunner bezeichnet das Führen eines Lerntagebuchs als ein wesentliches Element eines Portfolios und erkennt darin die Möglichkeit, dass Schüler wesentliche Einsichten festhalten, Verknüpfungen herstellen und Urteile über das Gelernte bilden (vgl. ebd. 2006, 77). Dabei können sich Lerntagebuch und Portfolio inhaltlich ergänzen und die reflexive Praxis intensivieren (vgl. Volkwein 2006, 151). Wittek berichtet von reflexiven Berichten, die von Studierenden im Rahmen des Studiums geführt und im Portfolio (Anm.: im norwegischen Original „mappe“) dokumentiert wurden (vgl. Wittek 2005, 72). Dabei sollten die Studierenden über ihre anfänglichen Erwartungen und die gemachten Erfahrungen berichten. Johnson-Bogart berichtet von ihren Erfahrungen, die sie als Hochschullehrerin im interdisziplinären Schreibprogramm mit Portfolios an der Universität Washington gemacht hat (vgl. ebd. 2006). Sie spricht von den reflexiven Essays der Studierenden („reflective essays“) und merkt an, dass sie mit Hilfe der geschriebenen Berichte ihren Unterricht an den Vorstellungen und Zielen der Studierenden orientieren konnte (vgl. ebd., 7). Madsen (vgl. ebd. 2004, 79) nennt das dem Portfolio begleitende Lerntagebuch ein „So lerne ich“-Buch (Anm.: Dänisch „Sådan lærer jeg“-bog). Aber für das Führen eines Lerntagebuchs gilt, wie für die begründeten Auswahlentscheidungen auch, dass diese nicht zwangsläufig einem Portfolio angehören müssen. Ausschlaggebend ist hierfür wieder der Zweck bzw. das übergreifende Ziel, das darüber bestimmt, zu welchem Nutzen ein Portfolio geführt wird.

Reflexive Berichte, die am Ende eines Erstellungsprozesses stehen, werden z.T. häufig als Einleitung oder einleitende Briefe für den Leser des Portfolios gestaltet. Hierin berichten die Lernenden über den Erstellungsprozess der Mappe und verweisen beispielsweise auf Schwierigkeiten, die bei der Erstellung aufgetreten sind. Diese einleitenden Erzählungen bezeichnet Taube als „Eintrittskarten“ in Portfolios (Anm.: dänische Übersetzung „adgangsbiletter“; Taube 1999 in Ellmin 2001, 108). Sie können – ausgehend von übergreifenden Reflexionsfragen – den Blick der Lernenden auf den eigenen Lernprozess richten und interessierte Leser darüber in Kenntnis setzen. Stefanakis spricht im gleichen Zusammenhang von einem „Cover Letter“ (vgl. ebd. 2002, 111), Winter von einem „Begleitbrief zum Portfolio“ (vgl. ebd. 2006a, 203). Pölzleitner berichtet von eigenen Erfahrungen mit einem Portfoliobrief, in dem die Schüler ihren Fortschritt, Einsatz und Leistungsstand in einzelnen fachlichen Bereichen beschreiben (vgl. ebd. 2006, 105). Als Reflexionsanlass und -anregung nutzte sie die im Unterricht zuvor formulierten Lernziele und Erwartungen an den Portfolio-Unterricht.

Einleitende Worte bzw. Briefe können durchaus einen Adressaten aufweisen. Stefanakis berichtet, dass die fertigen Portfolios, die mit einem Einleitungstext versehen waren, an die Eltern bzw. die Familie der Schüler („family members“) adressiert wurden und das Portfolio insgesamt als Gesprächsanlass zwischen Schule und Elternhaus diente (vgl. ebd.). Ingesamt wird der Dialog zwischen Schule und Elternhaus in zahlreichen Portfolio-Konzepten aufgegriffen. Besonders die skandinavischen Arbeiten wiesen alle einen entsprechenden Bezug auf, der an dieser Stelle nicht weiter vertieft wird (vgl. z.B. Bern/ Frööjd/ Torén 2002; Ellmin/ Ellmin 2003; Madsen 2004).

2.3.4 Prompts/ vorformulierte Schreibanlässe

Der aus dem Englischen stammende Begriff „Prompts" bezeichnet Aufforderungen und Leitfragen, die Lernende anregen sollen, schriftlich über ihr Lernen nachzudenken. Prompts werden – und dies ist in empirischer Hinsicht interessant – in der Metakognitionsforschung verwendet, um das schriftliche Reflektieren der Lernenden über ihren Lernprozess anzuregen (vgl. z.B. Hübner/ Nückles/ Renkl 2007). Hierbei werden Lerntagebücher verwendet, die die von Prompts angeregten Reflexionen thematisieren lassen. Neben den skizzierten empirischen Arbeiten werden vorformulierte Leitfragen, die das Reflektieren der Schüler anregen, in zahlreichen unterrichtspraktischen Portfolio-Konzepten verwendet. Sie sollen dazu beitragen, einen einheitlichen und verbindlichen Reflexionsanlass zu stiften, der eine entsprechende Reflexion ermöglicht. Dabei können diese Schreibanlässe wiederum fachlich begrenzt (z.B. „Wie prägst du dir am besten Englisch-Vokabeln ein?") oder eher übergreifend gestaltet sein (z.B. „Wenn du zurückschaust: Was war neu für dich?").Volkwein berichtet von einem Reflexionsbogen, der die persönliche Seite des Arbeitens, die Vorgehensweise und die individuellen Perspektiven für die künftige Arbeit anspricht und von den Schülern im Laufe einer thematischen Einheit bearbeitet wird (vgl. ebd. 2006, 152). Die von den Schülern fertig ausgefüllten Reflexionsbögen nutzte sie für eine individuelle Lernberatung. Diese reflexiven Eintragungen der Schüler können andererseits Mittelpunkt eines Austauschs über die Reflexionen des Einzelnen bilden. Dabei äußern Mitschüler ein Feedback („Peer Feedback"), indem wechselseitig über die Arbeit eines Mitschülers Rückmeldung gegeben wird (vgl. z.B. Pölzleitner 2006; Schelbert 2006). Die Anregung zur Reflexion erfolgt aufgrund eines vorformulierten Schreibanlasses.

2.3.5 Kategorien- und Selbstbewertungsschemata

Im Gegensatz zu den eher offenen Prompts, die als Schreibanlässe dienen, werden in einzelnen Portfolio-Konzepten auch eher geschlossene Kategorien- und Selbstbewertungsschemata verwendet, die zum Reflektieren und zum kategoriengeleiteten Einordnen der eigenen Fähigkeiten einladen. Gerade aus einzelnen Fachdidaktiken der Fremdsprachen werden Schemata verwendet, die einem standardisierten Format folgen. Diese Arbeiten stehen im Zusammenhang mit den Bemühungen um die Schaffung eines europäischen Referenzrahmens in den Fremdsprachen, der von der Europäischen Kommission in den 1990er Jahren mittels des „Europäischen Portfolios der Sprachen" angestoßen worden ist. Die einzelnen fachlichen und überfachlichen Kompetenzen sind in einem Kategorienschema abgebildet, das zur Einschätzung der eigenen Kenntnisse und Fähigkeiten genutzt wird. Als Beispiel soll hier das hessische Sprachenportfolio (Titel: „Mein Sprachenportfolio") dienen, in dem die Schüler neben dem Sammeln von „schönsten Arbeiten in meinen Sprachen" (Anm.: Original-Überschrift) und dem eher offenen

Formulieren von Kenntnissen und persönlichen Zielen ihre Fähigkeiten mittels Ankreuzschema einschätzen lernen (vgl. Legutke/ Lortz 2002). Daraus ergibt sich zweierlei Nutzen: Für den Schüler ermöglicht es das Einordnen der eigenen Fähigkeiten in ein curricular abgebildetes Lernziel (z.B. Namen der Farben in einer Fremdsprache kennen und benennen können), für den Lehrer ermöglicht es einen Einblick in den unterschiedlichen Leistungsstand und das subjektive Leistungsempfinden der Schüler.

Kolb hat in ihrer empirischen Arbeit „Selbsteinschätzungsbögen" entwickelt, die Teil des Portfolio-Konzepts waren, das im Englischunterricht der Grundschule erprobt wurde (vgl. ebd. 2007). Sie hat einzelne fachliche Kompetenzen in ein Ankreuzschema übertragen (z.B. in Englisch über das Wetter reden), welches von den Schülern im Rahmen der Portfolio-Arbeit ausgefüllt wurde (vgl. ebd., 306). Die ausgefüllten Schemata und fertig gestellten Portfolios hat sie genutzt, um im Rahmen ihrer empirischen Erhebungsphase mit den Schülern über das fremdsprachliche Lernen zu sprechen. Im abschließenden Resümee stellt sie kritisch fest, dass extern vorformulierte Anforderungen in den Selbsteinschätzungsbögen den Blick auf die individuellen Stärken des Lernenden verhindern und dem prozessorientierten und individuellen Gehalt eines Portfolios eher widersprechen (vgl. ebd., 318f.). Brunner/ Krimplstätter/ Kummer haben einen Selbstbeurteilungsbogen für Schüler und ein Kompetenzraster zur Selbst- und Fremdbeurteilung entwickelt, das als Hintergrund für Portfolio-Arbeit dienen kann (vgl. ebd. 2006). Die von den Schülern nach Abschluss einer Einheit (es handelte sich um ein Kursportfolio) bearbeiteten Beurteilungsschemata wurden als Grundlage für eine Lernberatung genutzt. Weitere Beispiele für Kategorien- und Selbstbewertungsschemata finden sich bei Brunner/ Schmidinger (2000), Henn-Reinke u.a. (2002) und Bostelmann (2006).

2.3.6 Portfolio-Gespräche

Neben den hier skizzierten schriftlichen Formen des Reflektierens, die Teil eines Portfolio-Konzepts sind, existieren mündliche Formen, die im persönlichen Gespräch bzw. in der Diskussion im Klassenkontext das Reflektieren der Schüler anregen. Diese unterschiedlichen Formen des mündlichen Reflektierens lassen sich unter dem Oberbegriff „Portfolio-Gespräche" zusammenfassen. Der Begriff Gespräch macht deutlich, dass es sich dabei um einen Dialog mit zwei oder mehr Beteiligten handelt, der meist in der Konstellation Schüler-Lehrer oder Schüler-Schüler stattfindet (vgl. Madsen 2004, 81). Ziel ist es, das Nachdenken über das eigene Lernen und den Erstellungsprozess einer Portfolio-Mappe anzuregen. Dabei können diese Gespräche im Erstellungsprozess unmittelbar und begleitend stattfinden – z.B. in fest vereinbarten Reflexions- und Beratungsgesprächen – oder am Ende eines Lern- und Erstellungsprozesses stehen. Pfeifer berichtet von einem Abschlussgespräch, das sie im Rahmen einer unterrichtspraktischen Arbeit durchgeführt hat (vgl. ebd. 2006). Das Gespräch orientiert sich an vorformulierten Leitfragen, die die Reflexionen und Berichte der Schüler strukturieren (z.B. „Worauf bist du besonders stolz, was ist dir gelungen?"). Es wird also nicht nur über die Fragestellung selbst nachgedacht, sondern auch darüber, wie man dabei vorgegangen ist, wie man nachgedacht hat und wie erfolgreich man war. Das Feedback der Gruppe kann den Prozess mit beeinflussen. Die Schüler sollen am Ende der Arbeit selbst einschätzen können, ob sie die Lernziele erreicht haben, welche Qualität ihre Lösungen haben und inwieweit die Lehrer und der schulische Rahmen sie gefördert haben. Pfeifer lässt das Gespräch in einem Protokoll festhalten, welches wiederum im Portfolio des jeweiligen Schülers aufgenommen wird. Von ähnlichen Erfahrungen mit Portfolio-Gesprächen berichten Ellmin/ Ellmin, die diese unter Leitfragen entwickeln und führen (vgl. ebd. 2003). Von begleitenden Gesprächen berichten Brunner/ Schmidinger und schlagen vor, mindestens einmal im Monat ein entsprechendes Gespräch mit den Schülern zu führen (vgl. ebd. 2000, 56). Das Ziel dieser Gespräche liegt darin, dass sich die Schüler vergegenwärtigen, was sie wie und auf welche Art und Weise gelernt und bearbeitet haben. Darüber hinaus erlangen sie die Fähigkeit, Gedachtes und Gelerntes zu verbalisieren und über den eigenen Lernweg Auskunft zu geben.

Aber auch Eltern können als Teil des Portfolioprozesses zu Gesprächen hinzugezogen werden. Easley und Mitchell berichten, dass sich anhand der vorliegenden Mappen gezielt ein Gespräch über die Stärken und Schwächen eines Schülers entwickeln lässt (vgl. ebd. 2004, 105f.). Mit den Eltern lässt sich so eine Erziehungspartnerschaft aufbauen, bei der Eltern, Lehrer und Schüler für den individuellen Lernprozess des Schülers mit verantwortlich sind. Dies setzt eine Kultur des Gesprächs im Klassenzimmer voraus und öffnet den Unterricht gegenüber dem Elternhaus und individuellen Umfeld.

2.3.7 Fazit

Die unterschiedlichen Nutzungsmuster haben deutlich gemacht, dass Portfolio-Arbeit zahlreiche Anlässe zum Reflektieren des Gelernten bzw. Bearbeiteten bietet. Dabei können Reflexionen

* es ermöglichen, realistische Lernziele zu entwickeln, zu verfolgen und die Ergebnisse zu sichten,
* über die Aufnahme eines Dokuments in ein Portfolio entscheiden,
* in mündlichen und schriftlichen Berichten verbalisiert werden,
* durch die Arbeit von Mitschülern bzw. anderen Portfolios angeregt werden sowie

*die Beurteilung und Einordnung in standardisierte Kategorienschemata ermöglichen.

Gleichfalls lässt sich an dieser Stelle aber auch sagen, dass in einem idealtypischen Portfolio keinesfalls alle hier skizzierten reflexiven Elemente zum Tragen kommen. Wie bereits an anderer Stelle vermerkt, beeinflusst der jeweils spezifische Zweck der Portfolio-Arbeit, welche Produkte und welche Prozesse mit dem Portfolio verbunden sind. Ein Portfolio, das eher standardisierte Aussagen ermöglichen möchte und ein standardisiertes Kategorienschema nutzt, wird wohl weniger Lernprozesse thematisieren und auf Unfertiges und im Entstehungsprozess Befindliches Wert legen. Die eher standardisierte Form wird es darüber hinaus eher unnötig erscheinen lassen, dass freie und eigene Reflexionsberichte und Lerntagebücher entstehen, da diese schwer vergleichbar sind und sich schlecht in ein Kategorienschema integrieren lassen. Das „Netzwerk Portfolioarbeit“ merkt in diesem Zusammenhang kritisch an, dass vorgefertigte Skalen und Kategorienschemata, die nicht auf konkrete Schülerarbeiten im Portfolio bezogen sind, der eigentlichen Intention zuwiderlaufen (vgl. ebd. 2007, 2). Die begründete Aufnahmeentscheidung eines Dokuments erscheint jedoch nicht für alle Portfolio-Arbeiten notwendig: Ein eher an einzelnen und vom Lehrer geforderten Produkten orientiertes Kursportfolio, dem eine verbindliche Struktur vorausgeht, benötigt nicht zwangsläufig eine Begründung dafür, warum ein Dokument ins Portfolio aufgenommen wurde.

Das reflexive Lernen bei der Portfolio-Arbeit ermöglicht für den Schüler einen introspektiven Einblick in die eigenen Kenntnisse und Fähigkeiten, für den Lehrer schaffen die entstandenen reflexiven Selbstaussagen einen Überblick über das Lern-, Denk- und Reflexionsverhalten seiner Schüler. Ein entsprechend geführtes Portfolio kann sich als diagnostisches Instrumentarium erweisen. Die geäußerten Reflexionen benötigen ferner die schriftliche Fixierung, so dass diese als Dokumentationen des Lern- und Reflexionsprozesses im Portfolio erhalten bleiben. Für das mit dem Portfolio verbundene Lernen lässt sich sagen, dass Reflexionen sowohl die mit der Portfolio-Arbeit verbundenen Lernprozesse, als auch die Zusammenstellung und die Qualität der einzelnen Portfolio-Produkte anregen und bedingen.

2.4 ePortfolio

2.4.1 Einführung

Ein elektronisches Portfolio implementiert die Portfolio-Idee in eine webbasierte Lernumgebung, die wiederum die Speicherung und Archivierung, Präsentation und Veröffentlichung sowie die Zusammenarbeit und Vernetzung ermöglicht (vgl.

Stefani u.a. 2007; Layte 2005). Im Vergleich zur papiergebundenen Variante existiert ein ePortfolio als eine Sammlung digitalisierter Arbeiten, die aus medialen Produkten bestehen können (Texte, Bilder, Audio, Video usw.). Existiert das ePortfolio online, so lassen sich die entstandenen Arbeiten von jedem Ort aus einsehen, der über einen onlinefähigen Computer und eine Internetverbindung verfügt. Dies ermöglicht eine orts- und zeitunabhängige Einsicht, die eine papiergebundene Mappe im Vergleich nicht erfüllen kann. Darüber hinaus können digitalisierte Arbeiten – je nach gewünschtem Ziel und dem Zielpublikum – mehr öffentlich für alle Interessierten oder mehr geschlossen für eine bestimmte Gruppe präsentiert werden.

ePortfolios werden in Veröffentlichungen mit und ohne Bindestrich geschrieben, wobei das „e“ für elektronisch („electronic portfolio“) steht. Melis und Homik konnten nachweisen, dass die meisten Veröffentlichungen auf den Bindestrich verzichten (Stand: März 2007, in: ebd. 2008, 22). Neben dem Begriff ePortfolio finden sich in der Literatur noch die Begriffe digitales Portfolio (vgl. Marker 2005; Ellmin/ Ellmin 2003; Niguidula 1993) und web based Portfolio (vgl. Driessen u.a. 2007).

Eine einheitliche ePortfolio-Definition lässt sich in der Literatur – ebenfalls wie bei der papiergebundenen Variante – nicht finden. Mehrere ePortfolio-Vorstellungen haben die Entwicklung von ePortfolio-Konzepten und technischen Möglichkeiten (z.B. Plattformen, Software-Angeboten usw.) beeinflusst. Dass die Entwicklung in Nordamerika einsetzte und erst gegen Ende der 1990er Jahre in Europa aufgegriffen wurde, lässt sich dahingehend erklären, dass zahlreiche papiergebundene Varianten ihren Anfang im angloamerikanischen Raum genommen haben. Frühe Arbeiten greifen das ePortfolio für die Nutzung innerhalb der Hochschullehre und Qualifizierung von Studierenden auf. Hier sollte das ePortfolio Studienergebnisse und -dokumente sowie individuelle Reflexionen der Lernenden aufgreifen und medial darstellbar machen. Dabei existierten diese ePortfolio-Konzepte noch nicht als flexible und online-zugängliche Softwarelösungen, sondern waren an die Hard- und Softwares eines Einzelcomputers gebunden (vgl. Falls 2001). In Europa wurde die ePortfolio-Idee federführend durch das Europäische Institut für eLearning (EIFE-L) und die Europortfolio-Initiative verbreitet. Beide Institutionen werden von der Europäischen Kommission gefördert und sind in zahlreichen europäischen Bildungsinitiativen und -netzwerken eingebunden (z.B. Sokrates, Comenius, Grundtvig usw.). Gemeinsames Ziel dieser Überlegungen war es, dass jeder Bürger im Jahre 2010 über ein ePortfolio verfügen soll (Anm.: Originalzitat: „In 2010 every citizen will have an ePortfolio“). Zum jetzigen Zeitpunkt ist allerdings davon auszugehen, dass diesem Anspruch wohl nicht in der möglichen Breite entsprochen werden kann.

2.4.2 Definition

Die österreichische Forschungsgesellschaft „Salzburg Research“ hat folgende ePortfolio-Definition geschaffen (vgl. Hornung-Prähauser u.a. 2007, 14):

„ePortfolio ist eine digitale Sammlung von ‚mit Geschick gemachten Arbeiten' (lat.=Artefakte) einer Person, die dadurch das Produkt (Lernergebnisse) und den Prozess (Lernpfad/ Wachstum) ihrer Kompetenzentwicklung in einer bestimmten Zeitspanne und für bestimmte Zwecke dokumentieren und veranschaulichen möchte. Die betreffende Person hat die Auswahl der Artefakte selbstständig getroffen, und diese in Bezug auf das Lernziel selbst organisiert. Sie (Er) hat als Eigentümer(in) die komplette Kontrolle darüber, wer, wann und wie viele Informationen aus dem Portfolio einsehen darf.“

Die Definition von „Salzburg Research“ verdeutlicht, dass die Zentrierung auf die Lernenden bedeutsam ist. Ein in dieser Spur verstandener Lerner ist in der Lage, sein Lernen selbstständig zu planen, zu gestalten, zu dokumentieren und zu präsentieren. Reflexionen treten als Auswahlentscheidungen auf, die Portfolio-Arbeiten mit einer reflektierten Begründung versehen. Dabei erscheint ein Verständnis von Portfolio-Arbeit, das der Auswahlentscheidung und der Präsentation von besten und aussagekräftigen Arbeiten eine besondere Bedeutung beimisst.

Die US-amerikanische EDUCAUSE Initiative, die als Zusammenschluss zahlreicher Institutionen mit dem Ziel gegründet wurde, Informationstechnologien für Bildungsprozesse zu nutzen, spricht sich seit Beginn der 2000er Jahre für die Verwendung von ePortfolios in der Hochschullehre aus. Folgende ePortfolio-Definition wurde von EDUCAUSE in zahlreichen Kontexten rezitiert und gilt als anerkannt (Lorenzo/ Ittelson 2005):

"a collection of authentic and diverse evidence, drawn from a larger archive, that represents what a person or organization has learned over time, on which the person or organization has reflected, designed for presentation to one or more audiences for a particular rhetorical purpose."

Im Vergleich zur Definition von Salzburg Research nennt EDUCAUSE neben der möglichen Person, die Besitzer eines ePortfolios ist, noch eine Organisation. Dieser Vorstellung folgend sind ePortfolios nicht zwangsmäßig nur an Einzelpersonen gebunden, sondern können auch von mehreren Individuen bzw. einer übergreifenden Institution geführt werden. Die europäische eLearning Inititaive (EIfEL) greift diese Definition für ein ePortfolio auf und ergänzt sie (Ravet 2007):

"a collection of authentic and diverse evidence, drawn from a larger archive, representing the capital (Competencies, knowledge, social networks, etc.) developed by a reflective learning individual or organisation designed to exploit/ valorise their assets in a particular context."

In der erweiterten Definition von EIfEL erhalten die persönlichen Fähigkeiten und Kompetenzen und die soziale Eingebundenheit eine weitergehende Bedeutung. EIfEL spricht von "capital", dass es zu entwickeln und präsentieren gilt. Dabei ist ein ePortfolio nicht Abbild eines Produktes und Prozesses, sondern ein Produkt, das aus einem Prozess hervorgegangen ist.

Der Däne Hansen unterstreicht den kooperativen Gedanken der ePortfolio-Arbeit, der sich aus der onlinegestützten Zusammenarbeit an Portfolio-Dokumenten ergeben kann. Seine Definition lautet wie folgt (vgl. Hansen 2005):

„Ein digitales Portfolio ist ein neues Medium zum Speichern von multimedialen Texten, Musik und Bildern. Dabei ergibt sich die Möglichkeit, über die Dokumente zu kommunizieren, Wissen und Kenntnisse zu teilen, an gemeinsamen Dokumenten und Arbeitsvorhaben zu arbeiten und das Dokument einsehbar und zugänglich für andere zu machen".

Hansens Definition verweist auf die Möglichkeiten der Online-Zusammenarbeit an Portfolio-Dokumenten. Er bezieht weniger die Sichtbarmachung eines Lernfortschritts mit ein, noch verweist er auf Lernerzentrierung und Reflexivität, wie es beispielsweise Salzburg Research konstituiert. Diese Unterschiedlichkeit ergibt sich entsprechend in zwei möglichen Formen des ePortfolios, die in der öffentlichen Rezeption zu finden sind: Ein ePortfolio gleicht entweder mehr einer individuellen lebenslaufähnlichen Zusammenstellung von Dokumenten oder mehr einer Lern- und Arbeitsplattform, die die Arbeit an eigenen (und gemeinsamen) Dokumenten ermöglicht. Für den schulischen Zusammenhang scheint die zweite, interaktive Form interessant, die sich zur Gestaltung von Lehr- und Lernprozessen nutzen lässt. Es erscheinen auch Schnittmengen zu kollaborativ gestalteten Wiki-Oberflächen bzw. -Programmen oder zu den Möglichkeiten von Weblog-Eintragungen bzw. -Texten, die ein Kommentieren und Verlinken (Tagging) von eigenen und fremden Arbeiten in einem Weblog-Forum ermöglichen. Im weiteren Verlauf der Auseinandersetzungen soll der Kontext zu ePortfolios bzw. ePortfolio-

Software und weniger zu funktionaler Open-Source Online-Software wie Wikis oder Weblogs gesucht werden.

In Anlehnung an die gezeigten Definitionen formuliere ich eine eigene Ausgangsdefinition:

„Ein ePortfolio ist eine Zusammenstellung von einzelnen Lerngegenständen und -resultaten, die mit dem Ziel gesammelt wurden, um über einen längeren Zeitrahmen eine Leistungsentwicklung zu dokumentieren. Die Sammlung der ePortfolio-Arbeiten kann Gegenstand eines Online-Austauschs und einer damit verbundenen Modifizierung und Akzentuierung sein. Neben der Sammlung der Dokumente nehmen Reflexionen über die eigenen Lernprozesse und der damit verbundenen Lernresultate eine besondere Bedeutung für das Lernen ein."

2.4.3 Entwicklung und Rezeption des ePortfolio-Ansatzes

Über konkrete Erfahrungen mit ePortfolios in Bildungsinstitutionen im innereuropäischen Kontext können am ehesten Großbritannien (vgl. z.B. Beetham 2007) und die Niederlande (vgl. z.B. Tartwijk u.a. 2003) verweisen. Aber auch in den Ländern Skandinaviens (vgl. z.B Tolsby 2002) und in Österreich (vgl. z.B. Hornung-Prähauser u.a. 2007) wird mit ePortfolios gearbeitet. Die Schwierigkeit, zu eindeutigen Aussagen und übergreifenden Länderaussagen zu kommen, liegt darin, dass mittlerweile die Veröffentlichungen über einzelne Projekte im europäischen Raum unüberschaubar geworden sind. Auf Grundlage der täglich wachsenden Einträge und Berichte im Internet lassen sich an dieser Stelle nur partielle Trends und vorläufige Aussagen skizzieren. ePortfolio-Arbeit steht innerhalb der Europäischen Union noch zu Beginn einer Entwicklung. In den von mir rezipierten Veröffentlichungen liegt der Schwerpunkt häufig im Bereich der Bildungstechnologie und weniger in der Schulpädagogik.

Anders sieht die Entwicklung in den USA aus: Dort wurden bereits zu Beginn der 1990er Jahre ePortfolios bzw. die elektronische Variante eines papiergebundenen Portfolios eingesetzt (vgl. z.B. Niguidula 1993). Mit dem verstärkten Aufkommen von Textverarbeitungs-, Grafik- und Präsentationsprogrammen wurde die papiergebundene Idee mit Hilfe der technischen Möglichkeiten fortgeführt, ohne dass das Internet oder eine spezielle ePortfolio-Software genutzt wurde (vgl. Falls 2001). Mit der Verbreitung des Internets und dem Aufkommen von Webseiten wurden ePortfolios realisiert, die stärker den heutigen Konzepten ähneln. Den frühen ePortfolio- bzw. Portfolioveröffentlichungen ist gemein, dass sie mit der Portfolio-Arbeit eine Förderung der Medienkompetenz beabsichtigen (vgl. Barrett 1999; 2001; Falls 2001; Ellmin/ Ellmin 2003; Challis 2005). Diese Überlegungen wurden in den europäischen Raum getragen und führten dazu, dass unterschiedliche Medienkompetenz-Portfolios und die Förderung bzw. der Einbezug von Softwaremedien für Lernprozesse genutzt wurden. Schüler sollen Medienkompetenz erwerben und das Portfolio als Dokumentationsform nutzen (vgl. Hauf-Tulodziecki 2002; Ellmin / Ellmin 2003; Engelsen 2005; Moser 2005). Verbunden sind hiermit auch Internet- bzw. Computerführerscheine wie der „Maus-Pass" in Nordrhein-Westfalen oder der „Käferführerschein" in Niedersachsen. Auch für die Lehreraus- und -fortbildung wurde ein Medienportfolio entwickelt, das in Hessen und Nordrhein-Westfalen unter dem Namen „Portfolio: Medien in der Lehrerbildung" genutzt wird. Hierin sollen medienspezifische Lehr-Lern-Erfahrungen begleitet, Fortbildungen dokumentiert und die Medienkompetenz der Lehrkräfte gesteigert werden (vgl. Amt für Lehrerbildung Hessen 2003). Diese frühen Arbeiten, die ihre Entstehung zu Beginn der 2000er Jahre haben, setzen den Schwerpunkt auf die Integration von neuen Medien in den Unterricht. Dabei werden allerdings nur einzelne charakteristische Elemente der ePortfolio-Idee sichtbar, die in der Nutzung und kompetenten Anwendung einer Software (z.B. Textverarbeitung, Videoschnitt usw.) oder einer Medienart (z.B. Computer, Video- und Audioaufnahme usw.) bestehen.

Für die weitergehende Entwicklung des ePortfolio-Gedankens ist die Betrachtung des Aufkommens von ePortfolios im US-amerikanischen Raum interessant, weil sie die Entstehung und Nutzung heutiger Konzepte mit beeinflusst hat. Portfolios sind hier als Gegenbewegung zu der stark standardisierten und durch externe Evaluation geprägten Schullandschaft zu Beginn der 1980er Jahre entstanden. Sie sollten dazu beitragen, Schüler bei der Ausbildung und Förderung von Kompetenzen zu unterstützen und eine alternative Methode zur Bewertung von Schülerleistungen anzubieten. Somit stehen auch heutige ePortfolio-Implementationen in den USA im Zusammenhang mit der Bewertung von Leistungen von außen (von Seiten der Schule, einer aufnehmenden Instanz) und innen (von Seiten des Lernenden selbst) und sollen sowohl der Bewertung als auch dem allgemeinen Lernprozess dienlich sein. Neben den Bestrebungen um die Schaffung eines alternativen Bewertungsinstruments hat die US-amerikanische Schreibpädagogik wesentlich dazu beigetragen, Portfolios und ePortfolios für das schriftliche Erzählen von Schülern und Studierenden zu nutzen. Dabei ist das Führen eines Portfolios nicht zwangsläufig an den Sprachen-Unterricht oder an einen entsprechenden Studiengang gebunden, sondern ist in übergreifenden Zusammenhängen zu sehen, die die schriftliche Artikulation und Reflexion als bedeutsam bezeichnen. Hierzu werden Portfolios und ePortfolios genutzt, um persönliche Lernwege und Lernberichte sichtbar zu machen. Jane Falls berichtet 2001 von einem Projekt, das sie in einer Berufsschule in Virginia durchgeführt hat (vgl. ebd.). Sie verwendete die

Software Powerpoint, um die erworbenen Fähigkeiten und Kenntnisse der Schüler darzustellen. Im Zuge der Implementation dieses aus Powerpointfolien bestehenden ePortfolios hat sie die Lehrerperspektive in Form einer Fallstudie näher analysiert und daraus Empfehlungen für die weitere Bearbeitung von ePortfolios im Unterricht abgeleitet. Die US-Amerikanerin Helen Barrett erkennt in der ePortfolio-Arbeit die Möglichkeit zum „Digital Storytelling" (vgl. ebd. 2004; 2005). Die Schüler bzw. Studierenden reflektieren schriftlich über ihre Erfahrungen und die erlernten Kenntnisse und berichten über die von ihnen erstellten und ausgewählten ePortfolio-Dokumente. Diese Reflexionen werden auf einer ePortfolio-Plattform, in einem Blog oder auch als Video- oder Audiostream festgehalten.

Beide Richtungen – sowohl das Bewertungsinstrument als auch das Instrument zur Förderung schriftlicher Artikulations- und Reflexionsfähigkeit – haben sich in unterschiedlichen kommerziellen oder frei zugänglichen Softwareprogrammen und Plattformen niedergeschlagen, die als komplettes oder als Teil eines ePortfolios genutzt werden. Die meisten Arbeiten und Plattformen sind zur Bewertung von Studierendenleistungen entstanden. Diese ePortfolios sind Bewertungsinstrumente, die zur Dokumentation der erworbenen Kompetenzen genutzt werden (vgl. Siemens 2004). Hornung-Prähauser u.a. berichten, dass die Gliederung und die inhaltlichen Anforderungen eines ePortfolios zumeist den Studierenden von Seiten der Hochschulen vorgegeben werden (vgl. ebd. 2007, 116). Neben der Präsentation und Bewertung eines ePortfolios im Studium werden in den USA aber noch ePortfolios geführt, die nach Abschluss eines Ausbildungsgangs als Bewerbungsmappe dienen und im weiteren Verlauf einer beruflichen Tätigkeit die erworbenen Kompetenzen dokumentieren. Solche der Spur nach eher digitalen Bewerbungs- und Präsentationsmappen, die als ein dynamischer Lebenslauf existieren, bieten Career-Centers, Alumni-Organisationen und Arbeitsagenturen an (vgl. ebd. 127). Diese sollen bei der Karriereplanung und Kompetenzdarstellung behilflich sein. Daneben existieren noch weitere Adaptionen wie das „eFolio Minnesota", das allen Bürgern von Minnesota die Möglichkeit geben möchte, die eigene Entwicklung und den eigenen Lebenslauf in einem ePortfolio abzubilden (vgl. Cambridge 2004). Diese Form des ePortfolios begleitet und dokumentiert lebenslang die Entwicklung eines Menschen. In einer Begleituntersuchung wurde festgestellt, dass das eFolio von den Nutzern zum Beispiel als Dokumentation der Kenntnisse, Fähigkeiten und Interessen genutzt und bei der Suche nach einem Arbeitsplatz interessierten Arbeitgebern vorgestellt wird (vgl. ebd., 7).

Zusammenfassend lässt sich sagen, dass die Entwicklung und mögliche Ausdifferenzierung des ePortfolio-Gedankens in den USA zahlreiche Verwendungszusammenhänge offenbaren, die auf praktische und empirische

Erfahrungen zurückgreifen. Für den schulischen Zusammenhang lässt sich festhalten, dass hierzu deutlich weniger Publikationen zu finden sind als für den Hochschulbereich, wobei aber für die Schule allgemein der Bereich Lehrerbildung und die Nutzung eines ePortfolios in der Lehreraus- und -fortbildung in einzelnen Veröffentlichungen bearbeitet worden sind (vgl. z.B. Atkinson 2000; Carney 2001; Derham 2003).

In Großbritannien wurden seit dem Ende der 1990er Jahre ePortfolio ähnliche Systeme in Hochschulen implementiert, bei denen der Fokus auf der Förderung persönlicher Studienpläne und des lebenslangen Lernens liegt (vgl. Hornung-Prähauser u.a. 2007, 126f.). Das ePortfolio soll dazu beitragen, eine Bildungsbiografie über ein Leben hinweg zu entwickeln. Die Implementation von ePortfolios wurde dabei von Bildungsinstitutionen und staatlichen eLearning- und Lifelong-Learning-Programmen gefördert (z.B. JISC - Joint Information System Committee), die zahlreiche Universitäten und Colleges erreichen konnten, wobei es den Studierenden überlassen blieb, ob sie ein ePortfolio führen möchten (vgl. ebd., 141). Die inhaltliche Struktur, die den einzelnen ePortfolio-Konzepten vorangeht, bietet Möglichkeiten zur Dokumentation und Präsentation von eigenen Fähigkeiten und Leistungsergebnissen an, wobei diese als Grundlage für die Beurteilung der Leistungen von Studenten genutzt werden (vgl. z.B. Cook 2004). Daneben dienen die genutzten ePortfolios als Grundlage für Entwicklungsgespräche. Neben den universitären Bemühungen um die Integration von ePortfolios hat das Land Wales für seine Bürger eine ePortfolio-Plattform eingerichtet, die ähnlich wie in Minnesota dazu beitragen soll, dass die Einzelnen ihre eigenen Fähigkeiten und Kenntnisse in und über eine ePortfolio-Plattform dokumentieren und präsentieren (vgl. Cambridge 2005; CareersWales.com). Für den schulischen Zusammenhang werden ePortfolios in der Lehrerfortbildung zur Dokumentation der eigenen Qualifikationen genutzt und im Rahmen der allgemeinen Förderung der Professionalisierung des Schulpersonals diskutiert (vgl. Hudson 2005).

Für den Einsatz an allgemeinbildenden Schulen werden ePortfolios im geringeren Umfang diskutiert, wobei die Erprobungen im Vergleich zum Hochschulsektor noch am Anfang stehen. Ebenfalls mangelt es an einer einheitlichen Richtlinie über die Verwendung von ePortfolios in den unterschiedlichen Bildungssektoren (vgl. Wright 2005). Für die Schule allgemein lässt sich sagen, dass mit ePortfolios – neben dem Aspekt der Dokumentation und Bewertung von Schülerleistungen – ein lernerzentriertes und selbstreguliertes Lernen (mit neuen Medien) verbunden ist, das mit der Einführung von ePortfolios im Unterricht entfaltet werden soll (vgl. ebd.). Hierzu sind einzelne Schulentwicklungsprojekte entstanden (vgl. z.B. MyHighcliffe-ePortfolio in Downs 2004).

In den Niederlanden wird – ebenfalls wie in Großbritannien – an Hochschulen mit ePortfolios gearbeitet (vgl. Hornung-Prähauser u.a. 2007, 142f.). Viele ePortfolio-Aktivitäten in den Niederlanden wurden von der SURF-Stiftung angestoßen, die als Dachorganisation für Informations- und Kommunikationstechnologien im Hochschul- bzw. Weiterbildungsbereich tätig ist. ePortfolios sollen dazu beitragen, eine kompetenzbasierte Lehre und Ausbildung zu fördern. Dabei stehen Kompetenzen als Ausgangspunkt eines Curriculums und sollen im Laufe des Studiums erworben werden. Ähnlich wie in Großbritannien steht die ePortfolio-Arbeit im Zusammenhang mit einem Beratungsprozess durch Mentoren, der es den Studierenden ermöglicht, entsprechende Kompetenzen zu erwerben. ePortfolios sind im Rahmen der Studien-Curricula verankert und als verpflichtendes Element in das Studium an niederländischen Hochschulen integriert. Die mit ePortfolios arbeitenden Institutionen sind im Netzwerk „NL Portfolio“ der SURF-Stiftung organisiert und koordinieren auf diese Weise die nationale Zusammenarbeit. Im Rahmen der Arbeit des Netzwerks sind zahlreiche Veröffentlichungen entstanden, die sich mit den gemachten Erfahrungen in Hochschullehre und Studienorganisation auseinandersetzen (vgl. z.B. Veugelers/ Korterink 2005; Aalderink/ Veugelers 2005) und übergreifend an einer theoretischen Fundierung des ePortfolio-Gedankens arbeiten (vgl. Taartwijk u.a. 2003). Daneben sind auch erste empirische Arbeiten entstanden, die sich mit dem Einsatz von ePortfolios auseinandersetzen (vgl. z.B. Driessen u.a. 2007). Für den schulischen Zusammenhang lässt sich sagen, dass mit ePortfolios zumeist im Hochschul- und Weiterbildungsbereich und weniger in der Schule gearbeitet wird.

Auch in den Ländern Skandinaviens wird an Hochschulen mit ePortfolios gearbeitet. Gleich zu Beginn der Verbreitung der Portfolio-Idee, entstanden Arbeiten zur Nutzung digitalisierter Portfolio-Konzepte. Erste Berichte finden sich bei Andreasen und Kolmos (1999), Ellmin (2000) und Tolsby (2002), Nihlfors (2003), Blomqvist u.a. (2001), Johansson u.a. (o.J.) und Carlsson u.a. (o.J.). Diese Arbeiten berichten von praktischen Erfahrungen mit digitalisierten Portfolios im Unterricht und innerhalb der Lehreraus- und -weiterbildung. In Finnland haben die Förderung persönlicher Studienpläne und der Bedarf in individueller Studienberatung dazu beigetragen, dass ePortfolios seit Mitte der 2000er Jahre an einzelnen Hochschulen Verwendung finden (Hornung-Prähauser u.a. 2007, 109). Dabei werden ePortfolios – ähnlich wie in den Hochschulen Großbritanniens und der Niederlande – zur Bewertung der erbrachten Leistungen genutzt. In Dänemark existiert ein großes theoretisches und praktisches Interesse am ePortfolio-Gedanken. Das an der Universität Odense angesiedelte Forschungsinstitut „Knowledgelab“ hat seit Mitte der 2000er Jahre zahlreiche nationale und interskandinavische ePortfolio-Tagungen angestoßen, die die theoretische Auseinandersetzung mit ePortfolios und den damit verbundenen Lehr- und Lernprozessen angeregt haben. Dazu hat auch der Zusammenschluss interessierter dänischer ePortfolio-Akteure beigetragen, die unter dem Titel „dansk e-portfoliokonsortium“ firmieren (Anm.: Übersetzung „Dänisches ePortfolio Konsortium“). Die Schwerpunkte der inhaltlichen Vertiefungen liegen im Hochschul- und Weiterbildungsbereich, obschon von schulischen Erfahrungen zu berichten ist, die meist aus einzelnen Schulentwicklungs- und Forschungsprojekten stammen (vgl. z.B. Hansen 2005; Agerbæk 2005). Einzelne Hochschulen des Landes setzen ePortfolios als Dokumentations- und Bewertungsinstrument im Lehramtsstudium oder in der Erzieherausbildung ein (vgl. z.B. Tellerup 2005; Toft/ Schnefeld 2005).

In Österreich sind die Entwicklungen im deutschsprachigen Raum am weitesten gediehen. Hier existieren neben der Arbeit an Hochschulen mit ePortfolios übergreifende und empirische Forschungsarbeiten sowie zahlreiche Schulentwicklungsprojekte, die ein ePortfolio-System im Unterricht nutzen bzw. erproben möchten. Allen voran sind die Arbeiten der Salzburg-Research Forschungsgesellschaft zu nennen, die in Österreich und im mitteleuropäischen Raum an zahlreichen ePortfolio-Projekten beteiligt ist. Neben der unmittelbaren und praktischen Implementation von ePortfolios in Lehr- und Lernprozesse arbeitet Salzburg-Research an einer theoretischen und technisch-strukturellen Fundierung des ePortfolio-Gedankens. Die österreichischen Bemühungen um die Nutzung von ePortfolios stehen im Zusammenhang mit der (Neu-) Konzeption von Studiengängen an Hochschulen. Zahlreiche Hochschulen – und hierbei sei stellvertretend die Donau Universität Krems genannt – arbeiten mit ePortfolios in der Hochschullehre. Dabei werden ePortfolios allerdings nicht nur studienbegleitend genutzt, es wird auch darüber hinaus diskutiert, inwieweit diese ein Element im lebensbegleitenden Lernen bilden. Dazu wurde 2006 eine Initiative zur Entwicklung einer nationalen ePortfolio-Strategie ins Leben gerufen (vgl. Bratengeyer 2008). Das Ziel ist es – ähnlich zu den Entwicklungen in Großbritannien – von den unterschiedlichen Erfahrungen zu lernen und eine vielfach vernetzte und für die unterschiedlichen Bildungssektoren relevante ePortfolio-Nutzung in Österreich zu erreichen. Die ePortfolio-Initative Austria, die sich unter dem Netzwerk des europäischen Europortfolios gegründet hat, versammelt alle interessierten und aktiven ePortfolio-Nutzer und -Institutionen in Österreich. Die zahlreichen Initiativen, die seit Mitte der 2000er Jahre existieren, haben dazu beigetragen, dass neben Hochschulen auch an allgemeinbildenden Schulen mit ePortfolios gelernt wird. Zurzeit ist davon auszugehen, dass an etwa 100 Schulstandorten ePortfolios erprobt werden (vgl. ePortfolio Austria 2007). Dabei steht in erster Linie das selbstorganisierte Lernen im Vordergrund. ePortfolios dienen als Instrumente, in denen sich selbstorganisierte Lernprozesse dokumentieren und fördern lassen (vgl.

ebd.). Der ePortfolio-Einsatz in österreichischen Schulen ist weniger als eine Maßnahme zur Dokumentation und Bewertung von Schülerleistungen zu sehen, sondern eher im Zusammenhang mit der Schaffung und Stärkung von selbstorganisierten Lernprozessen.

Im Vergleich zu den hier skizzierten Erfahrungen mit ePortfolios lässt sich in Deutschland mit Blick auf die Veröffentlichungen festhalten, dass nur einzelne Bildungsinstitutionen mit ePortfolios arbeiten. Ebenfalls ist die theoretische Diskussion und das aus praktischer Erfahrung gewonnene Reflexionswissen geringer ausgeprägt als in anderen Ländern der Europäischen Union. Als prominente Studie gilt nach Aussage des Deutschen Forschungszentrums für künstliche Intelligenz das hier noch zu beschreibende schulische Forschungsprojekt „ePortfolio Hessen“ (vgl. Melis/ Homik 2008, 3). Neben diesem existieren noch Arbeiten innerhalb von Projektmaßnahmen, die in einzelnen bundesdeutschen Hochschulen realisiert werden (vgl. ebd., 24f.). Dabei sollen Studierende im Rahmen der ePortfolio-Arbeit ihren Studienverlauf und ihre Studienergebnisse dokumentieren. Neben dem benannten hessischen ePortfolio-Projekt existieren aber noch weitere didaktische Ansätze, zu denen die im Sprachenunterricht zu nutzenden ePortfolio-Konzepte zählen (vgl. z.B. Leipziger Lernportfolio bei ebd., 26). Insgesamt lässt sich für Deutschland sagen, dass nur wenige Institutionen und Personen mit ePortfolios arbeiten und sich theoretisch mit ePortfolio-Konzepten auseinandersetzen. Seit Ende 2007 ist eine zunehmende Vernetzung der Initiativen zu beobachten, die sich in der Schaffung der ePortfolio-Initiative Deutschland (vgl. ebd.) widerspiegelt, die dem Beispiel einer nationalen Vernetzung von ePortfolio-Austria folgt.

Mit Blick auf die Schwerpunkte in den unterschiedlichen nationalen Entwicklungslinien lässt sich festhalten, dass die meisten Arbeiten zu ePortfolios aus dem Kontext Hochschule und beruflicher (Weiter-) Qualifizierung stammen. Die Bemühungen orientieren sich um die Integration von ePortfolios und neuerer Online-Software (Stichworte Web 2.0, Social Software) in spezifischeren Kontexten. In den aktiveren und eingangs skizzierten Ländern sind daher auch feste Interessens-Verbünde und nationale Strategien für den Einsatz von ePortfolios entstanden, die ihren Ausgangspunkt in einem langfristigen Entwicklungsplan haben. Für den schulischen Zusammenhang sind bislang nur in geringerem Umfang ePortfolios erprobt und genutzt worden als dies für den Hochschulsektor der Fall ist.

Für die Nutzung von ePortfolios in Lehr- und Lernzusammenhängen lässt sich sagen, dass häufig technische und strukturelle Überlegungen als Ausgangspunkt stehen, die Online-Medien für Lern- und Gruppenprozesse zu nutzen, z.B. für kollaboratives Lernen, für die Begleitung von Studiengängen an Hochschulen, für die (Weiter-) Qualifizierung von Beschäftigten usw. Dabei sollen ePortfolios dazu beitragen, Kompetenzen des Einzelnen abbildbar zu machen. Ein didaktischer Zusammenhang, der sich dem schulischen Lernen nähern möchte, liegt den meisten Veröffentlichungen selten zugrunde.

2.4.4 Strukturelemente und mögliche Formen eines ePortfolios

Innerhalb der unterschiedlichen ePortfolio-Konzepte existieren – wie für die papiergebundene Variante auch – mehrere Vorstellungen davon, welche Strukturelemente zu einem ePortfolio gehören können. Diese beeinflussen die Form und das Erscheinungsbild eines ePortfolios. Unterschiede liegen:

* in der Frage des Zwecks, aus welchem Grund ein ePortfolio geführt wird,
* im Speicherort, an dem die digitalisierten Dokumente ablegt werden,
* in der Ordnungsstruktur bzw. im Aufbau,
* in der Frage des Besitzes und der Rechteverwaltung sowie
* in der Frage, inwieweit Interaktion unter den Beteiligten Bestandteil des Lernprozesses ist.

Der mit dem jeweiligen ePortfolio verbundene Zweck wird wohl die Gestaltung und die Struktur eines ePortfolios am meisten beeinflussen. Ein eher persönliches ePortfolio, das vom Nutzer selbst eingerichtet wurde und als persönliche Dokumentation und Artikulation von Entwicklungsschritten verstanden wird, folgt einer anderen Struktur als ein ePortfolio, das zur Dokumentation und Rechenschaftslegung des Lernens im Rahmen der Leistungsbeurteilung an einer Hochschule genutzt wird. Barrett unterscheidet in ePortfolios, die für Marketingzwecken geführt werden und der Bewerbung einer Leistung oder einer Person dienen (Showcase-Portfolio), in ePortfolios, die Nachweise über eine erbrachte Leistung enthalten (Assessment-Portfolio) sowie in ePortfolios, die für projektartige Arbeitsprodukte verwendet werden (Learning-Portfolio) (vgl. ebd. 1999). Diese drei Gruppen sind – wie bei der papiergebundenen Variante auch – mehr produkt- oder mehr prozessorientiert. Ein Showcase-Portfolio wird nur die gelungenen Arbeitsbeispiele zusammenstellen, während ein Learning-Portfolio auch Unfertiges oder in der Entstehung Befindliches enthalten kann. Assessment-Portfolios sind gut vorstellbar in Kontexten, in denen Lernende über ihre erreichten Leistungen einen Nachweis vorlegen müssen; dies ist z.B. in einem ePortfolio vorstellbar, das über die gesamte Studienlaufbahn erreichte Leistungen dokumentieren soll und bewertet wird.

Frühere Arbeiten berichten über die Speicherung von Dokumente, wie z.B. Texte, Präsentationen, Bilder usw. auf einer Festplatte, einer Diskette, einer CD-Rom oder einer DVD (vgl. z.B. Falls 2001). Mit der Verbreitung des Internets und der Möglichkeit der Einrichtung eines Online-Speichers sind weitere Konzepte entstanden, die die Portfolio-Arbeiten auf einem entsprechenden Online-Speicher ablegen lassen. Der Online-Status ermöglicht im Vergleich zu den eher stationären Speichermedien, dass ePortfolio-Dokumente von mehreren Interessierten an unterschiedlichen Orten, zu unterschiedlichen Zeiten eingesehen und bearbeitet werden können.

Neben dem Online-Status gibt es aber noch einen weiteren Unterschied in einzelnen Konzepten: die Ordnungsstruktur. Diese beeinflusst, wo und in welcher Form sich Dokumente abgelegen bzw. speichern lassen. Ein ePortfolio, dass in der Ordnungsstruktur eines Computers eingebunden ist und Dokumente in einen eigenen und selbsterstellten Ordner „ePortfolio" abspeichert, wird anders aussehen als ein ePortfolio, das in der Ordnungsstruktur mehr einem Content- oder Lernmanagement-System (CMS, LMS) gleicht, und als ePortfolio-Plattform online existiert. Gleiches gilt für ein ePortfolio, das Dokumente in einer flash-animierten und interaktiven Homepage einbindet und dem Nutzer ein hohes Maß an individueller Gestaltungsfreiheit ermöglicht. Dabei ist aber auch zu beachten, ob die Ordnungsstruktur von einer Bildungsinstitution vorgeben wurde (z.B. mit festen Ordnern, übergreifenden und verbindlichen Kategorien usw.) oder ob diese vom Lerner selbst entwickelt wird, so dass sich z.B. nur einzelne Bereiche auf eigenen Wunsch hin öffnen und bearbeiten lassen. Es ist auch entscheidend, ob das ePortfolio dem Lernenden selbst gehört oder ob es das Eigentum einer Institution ist (z.B. Schule, Universität, Fortbildungsagentur usw.) und für den entsprechenden Nutzer für einen bestimmten Zweck hin eingerichtet wurde. Damit angesprochen sind auch die Administratoren-Rechte, die es erlauben, über strukturelle Einrichtungen zu entscheiden. „Salzburg Research" unterscheidet eine ePortfolio-Software, die lediglich die „digitale Sammlung und multimediale Präsentation der Artefakte" ermöglicht, von komplexeren ePortfolio-Systemen, die „administrative Funktionen und die Erstellung und Verwaltung von digitalen Artefakten und Entwicklungsschritten durch den Eigentümer unterstützen, sowie eine Zugriffs- und Rechteverwaltung und ein Review- beziehungsweise Feedback-System" (Schaffert u. a. 2007, 77) bieten. Damit spricht Salzburg Research ein weiteres interaktives Element an, das die einzelnen ePortfolio-Konzepte verbindet: die Möglichkeit des Gebens von Feedback. Feedback lässt sich als Anregung von außen verstehen, die von der Lerngruppe geäußert wird und die Weiterentwicklung einer ePortfolio-Mappe beeinflussen möchte. Damit zeichnet sich eine Parallele zu den didaktischen Konzepten ab, die zur papiergebundenen Variante des Portfolios entstanden sind: Ebenfalls sollen Feedback und Beratung im Prozess der Entstehung einer Portfolio-

Mappe konstruktiv beeinflussen und den Lern- und Reflexionsprozess des Einzelnen anregen.

2.4.5 Lernumgebung und ePortfolio-Arbeit

Analog zu den zuvor skizzierten didaktischen Überlegungen, die im Zusammenhang mit dem papiergebundenen Portfolio standen, werde ich die aus den Studien und Berichten zu entnehmenden Vorstellungen eines ePortfolio-Einsatzes im Unterricht skizzieren. Dazu lässt sich grundlegend sagen, dass es in der didaktischen Diskussion an einer Auseinandersetzung und Übertragung des ePortfolio-Gedankens in den Unterricht mangelt. Vielmehr existieren einzelne Projektberichte und -skizzen, Empfehlungen und mögliche Implementationsziele, die an den Einsatz eines ePortfolios im Unterricht anknüpfen (vgl. z.B. Klampfer 2005; ePortfolio Austria 2007; Himpsl 2007; Hofmann 2008). Die eher unbefriedigende Veröffentlichungsdichte und fehlende Forschungsbreite lässt sich dahingehend erklären, dass bislang nur wenige und nur partiell-projektartige Erfahrungen mit dem schulischen Einsatz von ePortfolios vorliegen.

Aus den skizzierten Pilotprojekten lässt sich entnehmen, dass Unterricht mit einem ePortfolio zumeist in einen solchen Unterricht eingebunden ist, der selbstreguliertes Lernen und eigenaktive Erschließungswege der Lernenden fördern möchte (vgl. Selbstorganisation der Lernenden bei ePortfolio Austria 2007; Lernatelier bei Hofmann 2008). Vor diesem Hintergrund wurde bzw. wird in Österreich (vgl. ePortfolio Austria ebd.; Himpsl ebd.), in der Schweiz (Hofmann 2008), Großbritannien (vgl. Wright 2005) und den USA (vgl. Cambridge 2005) ein ePortfolio im Unterricht erprobt. Neben dem Aspekt der Leistungsdokumentation und der Schaffung von aussagekräftigen Leistungsnachweisen, die als konstitutives Element erachtet werden, kommt dem selbstregulierten Lernen eine herausragende Stellung zu. Dieses ist auf Reflexionen des Lernenden und auf Reflexionen von anderen Lernenden angewiesen, um eine Orientierung für das eigene Lernen zu geben. Dabei kann eine ePortfolio-Plattform oder eine -Software die nötige Struktur vorgeben, um Lernprozesse entsprechend anzuregen. Einzelne Systeme nutzen daher ein Lerntagebuch oder Berichtsfelder, in denen sich Reflexionen verfassen lassen (z.B. wie ein Dokument entstanden ist oder warum es ausgewählt wurde) oder eine Feedback-Funktion, die zum Nachdenken über den Erstellungsprozess anregt. Diese komplexen Systeme sind keinesfalls repräsentativ, sondern es existieren auch Einzelformen, die sich z.B. aus einem Online-Speicher mit Kommentierungsfunktion zusammensetzen sowie geringe interaktive und kollaborative Elemente enthalten.

Für die Lehrenden verbindet sich mit ePortfolio-Arbeit ein neues Rollenverständnis: „Von den Lernenden wird mehr Aktivität, Selbststeuerung und Eigenverantwortlichkeit erwartet, von den Lehrenden, dass sie als TutorInnen und BeraterInnen agieren und die Planung und Reflexion von Lernprozessen unterstützen“ (Schaffert 2007, 76). Diese Art von Selbststeuerung und Eigenverantwortlichkeit wird sicher nicht bei allen Schülern sofort anzutreffen sein. Hier bedarf es einer entsprechenden Unterrichtsgestaltung, die selbstgesteuerte Lernprozesse ermöglicht. Einerseits müssen die Lehrenden – wie bei der Einführung eines papiergebundenen Portfolios – die didaktischen Prinzipien der Portfolio-Methode mit ihrem Unterricht verknüpfen und gegebenenfalls ihre Rolle verändern. Darüber hinaus erfordert die digitalisierte Form des Portfolios, dass die Lehrkräfte zunächst selbst Kompetenzen in der technischen Handhabung des neuen Werkzeugs „ePortfolio“ erwerben und festigen, um diese anschließend ihren Schülern zu vermitteln. In diesem Zusammenhang besteht die Gefahr, dass die Entwicklung von Kompetenzen in der technischen Handhabung des Mediums die grundlegenden didaktischen Prinzipien zum Verschwinden bringt (vgl. Fink/ Gänger 2008). Ein ePortfolio stellt eine komplexe Herausforderung dar, da es Lehrkompetenz im Hinblick auf selbstbestimmtes Lernen erfordert und zusätzliche medienpädagogische Kompetenzen notwendig sind (vgl. ebd.).

Folgt man Herzigs Aufgliederung medienpädagogischer Kompetenzbereiche (vgl. Herzig 2007), so sind übertragen auf den Einsatz eines ePortfolios insbesondere zwei Kompetenzbereiche relevant:

* Die *eigene Medienkompetenz* der Lehrenden ist in zweierlei Hinsicht erforderlich: Die Lehrenden müssen die Handhabung des ePortfolios in seiner Komplexität beherrschen, um die Schüler angemessen anzuleiten, zu beraten und zu begleiten, so dass sich das Potential des ePortfolios als Lernmedium entsprechend entfalten kann. Da die Lernergebnisse im ePortfolio in der Regel digitale Medienbeiträge darstellen, müssen die Lehrenden über Kompetenzen im Gestalten solcher Beiträge verfügen, weil sie sonst nicht in der Lage sind, die Medienkompetenz der Schüler in diesem Bereich angemessen zu fördern.

* Die *mediendidaktische Kompetenz* „umfasst die Fähigkeiten, Medienangebote nach lernrelevanten Kriterien zu analysieren, zu bewerten und auszuwählen. […] Dies schließt ein, Medienangebote in ihren Funktionen und den damit verbundenen lernförderlichen Potenzialen zu reflektieren und für die Gestaltung zeitgemäßer Lern- und Arbeitsformen in angemessener Weise zu nutzen“ (Herzig 2007, 290). Bezogen auf ePortfolios müssen Lehrende reflektieren, dass deren Einsatz nicht auf die Frage reduziert werden darf, ob das Medium „Computer“ eingesetzt wird oder

nicht. Vielmehr impliziert der Einsatz von ePortfolios immer auch eine didaktische Entscheidung: den Unterricht zu entwickeln im Hinblick auf eine entsprechende Lernkultur. Hier überschneidet sich die mediendidaktische Kompetenz der Lehrenden mit der allgemeinen Planungskompetenz (vgl. Meyer 2007, 165) von Lehrern, die sich darin ausdrückt, die Vereinbarkeit von Inhalten, Zielen und Methoden herzustellen. Lehrer müssen bei der Planung von Unterricht immer wieder neu prüfen, ob Ziele und Inhalte mit den didaktischen Implikationen der ePortfolio-Arbeit übereinstimmen.

Neben den mit der ePortfolio-Arbeit verbundenen didaktischen Implikationen sind die medientechnische Ausstattung und die medientechnischen Kenntnisse ihrer Anwender von Belang, da sie den äußeren Rahmen einer ePortfolio-Nutzung im Unterricht ausmachen. Obwohl in den letzten Jahren die Ausstattung mit Computerarbeitsplätzen im Klassenraum oder in speziell eingerichteten Computerräumen gewachsen ist, kann heute noch nicht davon ausgegangen werden, dass jeder Schüler über einen Rechner und einen Internetzugang in dem Raum verfügt, in dem er gerade lernt bzw. unterrichtet wird. In einer Sonderauswertung der OECD, die im Rahmen der PISA Studie durchgeführt wurde, ergab sich, dass die Zahl der 15jährigen Schüler, die sich einen Computer teilen, in Deutschland doppelt so hoch ist wie im OECD-Durchschnitt und dreimal so hoch ist wie in Australien, Korea und den USA (vgl. OECD 2006). Die unterdurchschnittliche Ausstattung korrespondiert mit einer entsprechenden Nutzung: Nur 23% der untersuchten 15jährigen Schüler nutzen den Computer innerhalb einer Woche mehrmals, was knapp der Hälfte des OECD-Durchschnitts von 44% entspricht (vgl. ebd., 2). Dagegen verfügen 82% der bundesdeutschen Schüler über einen häuslichen Zugang zu einem Computer (OECD Durchschnitt 74%). Die eher unterdurchschnittliche Ausstattung mit Computerarbeitsplätzen kann sich hinderlich auf die Nutzung und Verbreitung von ePortfolios im Unterricht auswirken. Hierzu liegen keine verlässlichen Aussagen vor, aber es erscheint deutlich, dass ePortfolios auf eine entsprechende technische Grundausstattung zurückgreifen können müssen, um längerfristig und intensiver genutzt zu werden. In Österreich werden ePortfolios z.T. in so genannten Notebook-Klassen realisiert, in denen jeder Schüler über ein eigenes (z.T. geleastes oder schuleigenes) internetfähiges Notebook verfügt (vgl. Wiedersich 2006). Entsprechende Ergebnisse fehlen derzeit noch, aber aus anderen Zusammenhängen wurde bereits mehrfach über den Nutzen von Notebooks im Klassenraum berichtet (vgl. z.B. zum Einsatz in Hauptschulen bei Häuptle/ Reinmann 2006; im Zusammenhang mit eLearning bei Bratengeyer/ Kysela-Schiemer 2002 u.a.). Neben der Nutzung eines Computers, der an sich erst einmal ein geschlossenes System darstellt, bedarf es eines leistungsfähigen Internetzugangs (auf DSL-/ Breitbandniveau), der die Online-Arbeit mit einem ePortfolio unterstützen kann. Dabei kann auch von Belang sein, ob an unterschiedlichen Orten der Schule auf das Internet und das ePortfolio zugegriffen werden kann. Wenn Schüler selbstgesteuert ein Thema bearbeiten sollen, ist z.B. auch ein Online-Zugang in allen Räumen notwendig, die für individualisierte Arbeiten der Schüler in Frage kommen (z.B. Schulbibliothek, Fachräume, Klassenräume usw.). Ohne eine entsprechende technische Ausstattung lässt sich die Nutzung einer onlinebasierten ePortfolio-Software nicht oder nur eingeschränkt weiterverfolgen.

Neben der vorhandenen Ausstattung und der sachgemäßen Nutzung der Hardware ist die Software bedeutsam. Damit verbunden ist die Verwendung der ePortfolio-Software, die z.T. unterschiedliche Funktionen ermöglicht. Zu diesen zählen beispielsweise das Öffnen von Dateien und Internetseiten, das Up- und Downloaden von ePortfolio-Inhalten und -Materialien, das Schreiben von Kommentaren und Onlineeintragungen usw. Die technisch-strukturellen Kenntnisse, die an die Bedienung einer ePortfolio- oder Lernmanagementplattform geknüpft sind, müssen von den Schülern beherrscht werden, damit nicht das folgerichtige Bedienen des Mediums, sondern Lerninhalte und Lernprozesse im Vordergrund stehen, die auf das „Lernwerkzeug" ePortfolio zurückgreifen möchten. Neben der sachgemäßen Nutzung der ePortfolio-Software, die an sich ja nur ein interaktives Speichermedium darstellt, muss die Bedienung weiterer Software-Lösungen vertraut sein, zu denen z.B. ein Textverarbeitungsprogramm, ein Präsentationsprogramm oder eine Bildbearbeitungssoftware zählen. Erst wenn diese Kenntnisse von Seiten der Schüler als auch der Lehrer beherrscht werden, ist die Grundlage für die Implementation eines ePortfolios im Unterricht gegeben.

2.4.6 ePortfolio-Software

Die Nutzung von ePortfolios steht im deutschsprachigen Raum noch am Anfang. Sie wurde bis Ende 2007 noch dadurch erschwert, dass keine deutschsprachigen Versionen der zumeist im englischsprachigen Raum entwickelten ePortfolio-Software existierten. Diese Tatsache betraf Bildungsinstitutionen und interessierte Schulen besonders, deren Lerner nicht über ausreichende Englischkenntnisse verfügten. Dennoch merke ich an dieser Stelle an, dass in vielen deutschen Schulen eine Plattform genutzt wird, die z.B. als Speicher für Unterrichtsmaterialien oder Klassenlisten dienen kann (z.B. lo-net2; Bildungsserver usw.). Diese Bemühungen haben weder eine Parallele zu ePortfolios, noch erfordern sie von den Beteiligten Reflexivität. Vielmehr geht es um das folgerichtige Herunterladen, Bearbeiten und Abspeichern eines vorformulierten Arbeitsauftrags, der in Einzel- oder Gruppenarbeit auszuführen ist.

Im Zuge des größer werdenden Interesses an der Nutzung von ePortfolios im Bildungsbereich wurde in den vergangenen Jahren – zumeist aus dem englischsprachigen Raum kommend – ePortfolio-Software entwickelt innerhalb eines Zusammenschlusses von Hochschulen, Colleges und weiteren Bildungsinstitutionen. Nach der Aussage der Forschungsgesellschaft Salzburg Research lassen sich drei unterschiedliche Entwicklungsrichtungen in ePortfolio-Softwareangeboten erkennen (vgl. Hornung-Prähauser u.a. ebd., 49). Sie lassen sich sowohl auf kommerzielle wie auch auf frei zugängliche Anwendungen (Open Source) übertragen. Zu diesen zählen:

* eigenständige ePortfolio-Softwareprodukte (OSP, Mahara, PebblePAD, Fronter, eLGG u.ä.)
* Lernmanagementsysteme mit ePortfolio-Funktionalitäten (Moodle mit Portfolio-Modul, Blackboard mit Portfolio-Modul u.ä.)
* Social Software, Web 2.0 und Social Networking Tools (zu diesen zählen Wikis, Blogs u.ä.)

Es würde den Rahmen dieser Arbeit sprengen, alle gegenwärtig existierenden ePortfolio-Produkte zu skizzieren. Vielmehr verweise ich auf einzelne Beispiele, die ein länderübergreifendes Interesse gefunden haben und in den vergangenen Jahren zur Verbreitung der ePortfolio-Idee beigetragen haben. Da der Schwerpunkt dieser Arbeit auf einer ePortfolio-Plattform liegen wird, die einer Institution (Schule/ Bildungsverwaltung) zugeordnet ist, werde ich keine Beispiele aus dem Bereich der Social Software zeigen. Weitergehende Informationen zum Einsatz von Social Software in Bildungsinstitutionen finden sich bei Himpsl (2007) und Abfalterer (2007).

Eigenständige ePortfolio-Softwareprodukte

Die ePortfolio-Software OSP, PepplePAD, eLGG und Mahara wurden eigens als ePortfolio-Produkte entwickelt. OSP, eLGG und Mahara sind Open-Source Anwendungen, die den Nutzern zur freien Nutzung stehen, PepplePAD ist eine kommerzielle Anwendung, deren Verwendung eine Gebühr kostet.

Die Plattform OSP Portfolios (Open Source Portfolio) ist ein frei zugängliches und offenes ePortfolio, das an nordamerikanischen Colleges und Universitäten genutzt wird. Das Open Source Portfolio wurde beginnend im Jahre 2003 u.a. von der Universität Indiana (USA) entwickelt. Es zeichnet sich durch eine aktive Community aus, die an der technischen Weiterentwicklung beteiligt ist. Die nötige Software kann von der Homepage kostenlos herunter geladen werden. Das OSP Portfolio ist sowohl für Einzelpersonen als auch für Gruppen und Institutionen nutzbar, wobei der Schwerpunkt in der reflektierten Darstellung von vorzeigbaren

Kompetenzen liegt. Das mit dem ePortfolio verbundene Lernen beschreibt OSP wie folgt: Collect (Sammeln), Reflect (Reflektieren), Select (Auswählen), Connect (Verknüpfen) (vgl. OSP 2008). Die Plattform existiert bislang nur in einer englischen Sprachversion.

Die ePortfolio-Software PebblePAD wurde an der Hochschule Wolverhampton (Großbritannien) beginnend mit dem Jahr 2004 entwickelt. PebblePAD ist nicht frei zugänglich, die Nutzung ist kostenpflichtig. Hornung-Prähauser u.a. berichten davon, dass PebblePAD hauptsächlich für den schulischen Einsatz entwickelt worden ist (vgl. ebd. 2007, 54). Im hierbei genutzten ePortfolio können vielerlei Einträge (Reflexionen in Form von Ideen, Blogs, Kompetenz-, und Qualifikationsdarstellungen u.ä.) seitens des Portfolioeigners gesammelt und in einer Kurzauskunft über die eigene Person in einem flexiblen Lebenslauf präsentiert werden. Der Eigner kann alle Einträge mit anderen Personen teilen und sie immer wieder neu strukturieren. Im Vergleich zu anderen Softwarelösungen lassen sich sämtliche Einträge und Ergänzungen in ein sogenanntes Webfolio (eine Webdarstellung) exportieren und in andere ePortfolio-Lösungen integrieren. In Großbritannien nutzen zahlreiche Universitäten PebblePAD – die damit verbundene ePortfolio-Plattform ist ein Element im jeweiligen Studiengang (vgl. PebblePad Homepage 2008). In Deutschland wird PebblePAD an der Universität Potsdam genutzt. Zurzeit existiert die Plattform nur in der englischen Sprachversion.
Die Open-Source Plattform eLGG wurde beginnend mit dem Jahr 2004 in Großbritannien entwickelt. eLGG ist ein eher flexibel einzurichtendes Lernmanagementsystem, dass auch als ePortfolio genutzt wird, wobei stark der soziale Bezug und die Vernetzung der Teilnehmenden im Vordergrund stehen. Wie bei den anderen Plattformen auch, lassen sich individuelle Kompetenzen und Lebensläufe darstellen und reflektieren. Im Rahmen einer bei eLGG angemeldeten festen Teilnehmergruppe können Dokumente geteilt und persönliche ePortfolio-Seiten mit denen anderer vernetzt werden. Neuerdings gibt es auch eine deutsche Sprachdatei, die zur Verfügung steht. eLGG wird zumeist an Hochschulen eingesetzt.

Mahara ist das jüngste System, es wurde 2006 in Neuseeland entwickelt und ist ebenfalls wie eLGG, OSP und Moodle frei zugänglich. Zu der Nutzung von Mahara liegen Erfahrungsberichte zumeist aus dem Hochschulsektor vor (vgl. Eduforge 2008). Ebenfalls wie bei eLGG lassen sich persönliche Berichte, Dateien und Kompetenzdarstellungen veröffentlichen und kommentieren. Da Mahara wie eLGG über eine wachsende internationale Community verfügt, die sich an der Weiterentwicklung konstruktiv beteiligen möchte, liegt seit Herbst 2007 eine deutschsprachige Mahara-Version vor.

Lernmanagementsysteme mit ePortfolio-Funktionalitäten
Lernmanagementsysteme (LMS) sind eigentlich dafür eingerichtet worden, das Lernen und die Zusammenarbeit von Einzelpersonen oder einer festen Teilnehmergruppe zu organisieren und zu dokumentieren. Daneben bieten Lernmanagementsysteme beispielsweise auch Elemente von Prüfungsverwaltungen an. Die Plattform Moodle wurde 2002 veröffentlicht und ist ebenfalls wie OSP und Mahara eine Open-Source-Software, die für jeden Interessierten kostenlos zugänglich ist. Moodle wird zumeist nicht als ePortfolio, sondern als Lernmanagementsystem im Hochschul- oder Fortbildungsbereich genutzt. Moodle möchte seinen Nutzern eine komplexe und flexibel nutzbare Lern- und Organisationsplattform bieten.

Erst seit 2007 lässt sich ein Portfolio-Modul zusätzlich integrieren, das sich für die entsprechende Nutzung eignet (deutschsprachiges Exabis Portfolio-Plugin sowie englischsprachiges Moofolio-Plugin). Dieses Modul bietet eine ePortfolio-Struktur und kann die mit dem ePortfolio verbundenen Lern- und Reflexionsprozesse in einer Plattform abbildbar machen. Das Exabis Portfolio Modul und die Moodle-Plattform existieren als deutsche Sprachversion und sind frei zugänglich. ePortfolio-Arbeit, die auf Moodle mit Portfolio Modul zurückgreift, wird mittlerweile in einzelnen Schulen Österreichs erprobt (vgl. http://lernmit.eduhi.at/index. php?artikel= 1&kthid=10728). Da hierzu allerdings noch keine weitergehenden Berichte existieren, lassen sich keine verlässlichen Aussagen zum Verbreitungsgrad und zu der Nutzungsfreundlichkeit treffen.

Zusammenfassend lässt sich für diese ePortfolio-Programme sagen, dass beginnend mit dem Jahr 2003 (OSP) mehrere kommerzielle und nicht-kommerzielle Softwareprodukte entstanden sind, die als ePortfolios gelten können. Die zeitliche Entwicklung und Entstehung verlief dabei parallel, wobei hauptsächlich ePortfolio-Lösungen für College- und Hochschulabsolventen entwickelt wurden. Frei zugängliche Produkte werden mittels einer aktiven und interessierten Community gefördert, die z.T. die deutsche Übersetzung der ursprünglich englischsprachigen Fassung ermöglicht hat. Neben den genannten Übersetzungen wirkt die Community noch bei der Verbesserung und Weiterentwicklung der Systeme mit. Für den schulischen Zusammenhang lässt sich sagen, dass diese – zumeist komplexen – ePortfolio-Systeme sich eher an ältere und computererfahrene Nutzer als an Schüler wenden. Zu den drei deutschsprachigen Open-Source-Versionen von Moodle mit Portfolio-Modul, eLGG und Mahara liegen noch keine schulischen Erfahrungsberichte vor, da sich diese im Moment dieser Analyse noch in der Erprobung befinden.

Technischer Kern dieser Systeme ist, dass sie den Nutzern ein ePortfolio anbieten, das auf einen Webspace/ -host zurückgreift, der das Abspeichern von Dokumenten, eigenen Texten und reflexiven Beschreibungen, Links und weitergehenden Informationen, Kommentaren u.ä. ermöglicht. Die zu nutzende ePortfolio-Software lässt sich z.B. auf einem bestehenden Webspace/ -host aufsetzen, der einer Institution gehört (z.B. auf der Homepage/ Domain einer Universität). Da das ePortfolio online bzw. in einem Netzwerk existiert, können andere Nutzer, externe Gäste oder Mitglieder der Community auf die jeweiligen ePortfolio-Mappen zugreifen. Inwieweit die im ePortfolio hinterlegten persönlichen Daten und weitergehenden Informationen und Materialien einsehbar sind, hängt von der jeweiligen Rechteverwaltung ab, die darüber entscheidet, wem der Zugang gestattet ist (z.B. nur Studierenden eines bestimmten Studiengangs- und -jahres). Im Bildungsbereich ergibt sich die Schwierigkeit, dass persönliche schul- oder studienbezogene Daten einem mehr oder minder restriktiven Datenschutz unterliegen (müssen). Deshalb sind nicht alle ePortfolios gleichzeitig auch für alle extern Interessierten frei zugänglich. Die virtuelle Verfügbarkeit ermöglicht aber auch, dass ein ePortfolio von unterschiedlichen Orten aus bearbeitet und kommentiert werden kann. So lässt sich ein ePortfolio z.B. in der Schulbibliothek, im Klassenraum, im Nachmittagsbereich oder von Zuhause aus nutzen. Damit verbunden ist auch die mediale Präsentierbarkeit der ePortfolio-Daten und -Dokumente an unterschiedlichen Orten und vor unterschiedlich Interessierten (z.B. Lehrer, Eltern, Ausbilder, aufnehmende Betriebe und Institutionen usw.).

Siemens hat ein 5-Ebenen-Modell entwickelt, das sich zur Klärung der strukturellen Ausprägung einer ePortfolio-Software einsetzen lässt (vgl. ebd. 2004). Dabei unterscheidet er in ePortfolio-Software, die eher statisch wie eine Webseite (Ebene 1: „einfache Website“) oder interaktiv, wie ein Lernmanagementsystem aufgebaut ist (Ebene 2: „dynamisches System“). Daneben existieren Systeme, die eher in der Institution vernetzt sind und zum Beispiel für die Bewertung von Leistungen genutzt werden (Ebene 3: „institutionelles System“) und Systeme, die eher Kommunikation und Beratung der Beteiligten untereinander ermöglichen möchten und in Lernprozessen integriert sind (Ebene 4: „integriertes System“). Schließlich existieren noch institutionsübergreifende auf der Basis von Industriestandards entwickelte Systeme, die in mehreren Institutionen Verwendung finden und interoperabel sind (Ebene 5: „Industriestandardisierte und institutionsübergreifende Systeme“). Dieser Struktur folgend haben Hornung-Prähauser u.a. die ePortfolio-Software eLGG in Ebene 2, Moodle mit Portfolio Modul in Ebene 3 sowie PebblePAD und Mahara in Ebene 4 eingordnet (vgl. ebd. 2007, 60). Danach eignet sich Moodle mit Portfolio-Modul eher für ein ePortfolio, das zur Dokumentation und Bewertung von Leistungen genutzt wird. PepplePAD und Mahara sind demnach eine ePortfolio-Software, die sich für kursartige Portfolios eignet und einen Schwerpunkt auf Zusammenarbeit, Beratung und Feedback legt.

ePortfolios folgen im Erscheinungsbild einer Struktur, die aus der vorausgehenden Programmierung des Anbieters, der Institution oder des Individuums hervorgegangen ist. Damit können ePortfolios mehr einer strukturierten und formalisierten Lernmanagementplattform oder mehr einer individuell gestalteten Lernerpräsentation gleichen. Bildungsinstitutionen wie Hochschulen und Schulen nutzen häufig einem gemeinsamen (Corporate-) Design entstammende ePortfolio-Plattform, die für alle Lernende vergleichbare Strukturen, Möglichkeiten und Anforderungen enthält.

Neben den technischen Strukturen eines ePortfolios ist eine entsprechende Plattform auf einen Onlinespeicher und eine Internetadresse angewiesen, die es den Nutzern ermöglicht, über eine bestehende Internetverbindung den Zugang zu finden. Das Medium Onlinespeicher erlaubt das Abspeichern von zahlreichen Dokumenten. Zu diesen können beispielsweise Textdateien, Kalkulationsdateien, Bilder- und Grafikdateien, Audio- und Videodateien, animierte Präsentationen und vieles mehr zählen. Die Erstellung der Dokumente ist weder auf eine bestimmte Software (z.B. Microsoft Office, Open Office, Adobe Photoshop o.ä.), noch auf ein bestimmtes Betriebssystem (z.B. Windows, Mac OS X, Linux o.ä.) angewiesen. Zum Öffnen des ePortfolios und zum Abspeichern von Dokumenten auf dem Online-Speicher werden lediglich ein Internetbrowser (z.B. Internet Explorer, Mozilla Firefox, Safari o.ä.) und eine funktionsfähige Internetverbindung benötigt. Damit lässt sich ein ePortfolio mit Hilfe eines internetfähigen Computers, eines internetfähigen Notebooks oder Mobiltelefons öffnen und bearbeiten. ePortfolio-Administratoren müssen die zu nutzende Software auf einen bestehenden Onlinespeicher „aufsetzen" (z.B. auf einen Bereich der eigenen Homepage) und für den potentiellen ePortfolio-Eigner die jeweiligen Rechte und zu nutzenden inhaltlichen Strukturen einrichten.

International wird darüber diskutiert, wie ePortfolio-Daten und -Inhalte nach der erfolgreichen Beendigung eines Bildungsgangs bzw. eines Qualifizierungsabschnittes in die nächste Institution überführt werden können. Dabei sollen ePortfolios nicht nur in der aufnehmenden Institution (Schule, College, Hochschule usw.) weitergenutzt, sondern auch nach dem Erlangen von Abschlüssen über das gesamte Leben hinweg zur Verfügung stehen und das lebensbegleitende Lernen (Lifelong-Learning) befördern. Dieser Gedankengang der unter dem Stichwort „Interoperabilität" (Interoperability) steht, wird sowohl aus den USA von EDUCAUSE als auch aus Europa von EIFE-L mit hoher Priorität bearbeitet. Damit könnten ePortfolios zu digitalen Wegbegleitern werden, die die Entwicklung eines Individuums über Jahre hinweg dokumentieren ließen.

2.5 Selbstreflexionen und Selbstbeurteilungen in der ePortfolio-Arbeit

Dass Selbstreflexionen der Schüler ein wesentlicher Bestandteil der Portfolio-Arbeit sind, habe ich bereits im Zusammenhang mit der papiergebundenen Variante gezeigt. Dennoch ist es an dieser Stelle zu einfach zu behaupten, die allgemeinen Strukturen und Formen, die Reflexionen im Portfolio ermöglichen lassen, ließen sich eins-zu-eins auf das elektronische Portfolio übertragen. Zunächst kann davon ausgegangen werden, dass jeder, der ePortfolios entwickelt bzw. an der Verbreitung und Didaktisierung beteiligt ist, den Reflexionen eine wesentliche Bedeutung für den Lehr- und Lernprozess beimessen wird. Da der Begriff Reflexion bzw. reflexives Lernen zumeist nicht trennscharf verwendet wird, soll der Blick auf bestehende Konzepte und Softwarelösungen gerichtet werden, um daraus nähere Einsichten in etablierte Anlässe zur Selbstreflexion zu gewinnen. Dort, wo Überschneidungen bzw. Fortführungen zu Reflexionsanlässen in der papiergebundenen Variante bestehen, sollen diese benannt werden. Die nachfolgende Zusammenstellung ist eine Sekundäranalyse der Studie von Hornung-Prähauser u.a. (2007), die funktionale Eigenschaften unterschiedlicher ePortfolio-Softwareangebote verglichen haben. Dabei gehen sie nicht explizit auf Reflexionen ein; die von ihnen entstandene kategoriengeleitete Analyse, die sich auf Kategorien der WCET stützt (Western Cooperative for Educational Technologies), ermöglicht aber Aussagen hinsichtlich der in ePortfolio-Systemen eingerichteten Reflexionsanlässe bzw. -funktionen. Dahingehend skizziere ich überschneidende Möglichkeiten des Reflektierens bzw. reflexiven Lernens auf Grundlage der Analyseergebnisse von Hornung-Prähauser u.a. (2007). Einschränkend lässt sich anmerken, dass die bestehenden Ergebnisse von Hornung-Prähauser u.a. mehr aus einer technologischen als aus einer didaktischen Perspektive entstanden sind. Mit Blick auf die unbefriedigende Quellenlage wird dieser Weg eingeschlagen, da weitere Ergebnisse zum Reflektieren im ePortfolio bzw. im Rahmen einer ePortfolio-Software zum Zeitpunkt der Erhebung fehlen. Dasselbe ist auch zu sagen in Bezug auf fehlende Studien oder Modelle, die sich mit dem reflexiven Lernen von Schülern im Rahmen des Unterrichts mit ePortfolios auseinandersetzen.

ePortfolio-Systeme bieten unterschiedliche Strukturen und Reflexionsanlässe an, die Reflexionen ermöglichen. Aus der Analyse der Systeme PebblePAD, iWebfolio, E-Folio Minnesota, eLGG, Mahara, OSP, Blackboard, Moodle mit Portfolio-Modul(en), Factline Community Server und Winvision MS-Sharepoint Portal lassen sich folgende Reflexionsanlässe ablesen:

* Annotationen zu hinterlegten Dokumenten und getätigten Eintragungen
* Reflexionsvorlagen
* Beurteilungsvorlagen – Selbstbeurteilung
* Beurteilungsvorlagen – Fremdbeurteilung
* Begründete Auswahlzusammenstellungen

2.5.1 Annotationen zu hinterlegten Dokumenten und Eintragungen

Alle analysierten ePortfolio-Anwendungen ermöglichen das freie Kommentieren und Beschreiben von eigenen und auf der ePortfolio-Plattform hinterlegten Dokumenten. Für den außenstehenden Betrachter eines ePortfolios schaffen diese Annotationen einen ersten Einblick in die Zusammenstellung von Dokumenten. Für den Autor eines ePortfolios können diese Beschreibungen dazu beitragen, sich gegen Ende eines Erstellungsprozesses (z.B. eines Word-Dokuments) den Inhalt und den Entstehungsprozess zu vergegenwärtigen. Darüber hinaus ermöglichen sie für den Autor, dass auch nach längerer Zeit der Erstellungsprozess dokumentiert bleibt. Damit kann der Blick immer wieder zurück auf bereits Gelerntes bzw. Bearbeitetes gerichtet werden.

2.5.2 Reflexionsvorlagen

Reflexionsvorlagen stellen vorformulierte und kategoriengeleitete Reflexionsanlässe dar, die elementarer Bestandteil der ePortfolio-Arbeit sein können. Immer dann, wenn Lernende einen neuen Bearbeitungsschritt vollziehen (z.B. ein Dokument fertig stellen, einen dokumentierten Kurs beenden usw.), bearbeiten sie eine entsprechende Vorlage. Hornung-Prähauser u.a. sprechen davon, dass die Reflexionsvorlagen die bewusste und differenzierte Eigenbeobachtung in Bezug auf das Denken und die getätigten Handlungen unterstützen können (vgl. ebd., 65). PepplePAD bindet z.B. Reflexionsformulare ein, die vom Benutzer „nachvollziehbar abzuarbeiten“ sind (Hornung-Prähauser u.a. ebd.). Das mögliche Angebot schwankt von festen vom System vorgegebenen Vorlagen bis hin zu eher offenen. Vorlagen mit offenen Kategorienschemata ähneln einem Online-Blog, das individuelle Reflexionen ermöglichen möchte (z.B. bei Mahara). Die Unterschiedlichkeit der Vorlagen ergibt sich aus dem jeweiligen Zweck, zu dem ein ePortfolio geführt wird: Entweder dient es als diagnostisches Instrument für die Lehrenden oder als Tagebuch, in dem Erfahrenes von den Lernenden reflektiert wird. Gleichfalls ist eine Mischform dieser beiden Elemente (Diagnose und Selbstreflexion) möglich.

2.5.3 Beurteilungsvorlagen – Selbstbeurteilungen

Auch Beurteilungsvorlagen können zum Reflektieren einladen. Hiermit verbunden sind vorformulierte Kategorien, die zur Beurteilung der eigenen Fähigkeiten oder zur Einschätzung der eigenen Kompetenzen (nur bei PepplePAD) genutzt werden. Diese Vorlagen ermöglichen einen kategoriengeleiteten Blick auf die eigenen Kenntnisse, wobei als Hintergrund curriculare Vorgaben oder Standards stehen, die der eigenen Einschätzung dienen.

2.5.4 Beurteilungsvorlagen – Fremdbeurteilungen

Beurteilungsvorlagen, die für Peer-Reflexionen und -Reviewverfahren geeignet sind, existieren ebenfalls in einzelnen ePortfolio-Programmen (z.B. bei PebblePAD). Dabei „befinden" sich diese Vorlagen im jeweils eigenen ePortfolio und lassen sich von den Mitlernenden aufrufen. Darin kann eine Rückmeldung in Form eines Feedbacks zu den bestehenden Arbeiten gegeben werden. Das Ziel der Peer-Reflexion liegt letztlich in der Schaffung von Vorschlägen zur Weiterarbeit. Nicht alle ePortfolio-Programme bieten Anlässe zur Peer-Reflexion, vielmals existiert diese Beurteilungsfunktion nur für den Lehrer oder Tutor. Dabei gibt es z.T. unterschiedliche Funktionen, die es dem Lehrer oder Tutor erlauben, auf ePortfolio-Inhalte zuzugreifen und diese mit einer Rückmeldung zu versehen. Der beurteilende Lehrer oder Tutor kann z.T. von den Lernenden frei gewählt werden (z.B. bei OSP). Diese Beurteilungen können sich an einem vorformulierten Schema orientieren oder sind als freie Kommentare möglich (z.B. bei Moodle mit Exabis).

2.5.5 Auswahlzusammenstellungen

Die Auswahl der Dokumente, die sich in einem ePortfolio präsentieren lassen, wird von Reflexionen begleitet. Dazu existieren in einzelnen Softwareanwendungen vorbereitete Ordnersysteme, die sich online stellen lassen (z.B. Webfolio Funktion bei PebblePAD). Diese Reflexionen, die im Zusammenhang mit der Auswahl der Dokumente stehen, werden in den ePortfolios mittels schriftlicher Berichte festgehalten (z.B. bei Mahara, Beschreibung und Name). Diese Berichte können entweder an einem vorformulierten Kategorienschema oder als freier Berichtstext in der ePortfolio-Mappe notiert werden. Dazu können die Lernenden z.T. noch eigene und frei gestaltbare Annotationen hinzufügen, die z.B. als Einleitung in eine ePortfolio-Zusammenstellung dienen.

Da keine weiteren didaktischen Arbeiten existieren, die das reflexive Lernen von Schülern in einem ePortfolio thematisieren, lässt sich an dieser Stelle nur aus der technologischen Perspektive von Hornung-Prähauser u.a. berichten. Im Vergleich zu den Reflexionsanlässen, die mit der papiergebundenen Variante verbunden sind und die zu der entsprechenden didaktischen Diskussion führten, konnten an dieser Stelle nur technische Funktionen vorgestellt werden, die in ePortfolio-Programmen vorhanden sind. Gleichfalls merke ich an, dass nicht alle Programme über identische Funktionen verfügen. Die Annotation von Dokumenten und die begründete Auswahlentscheidung ist in allen analysierten Programmen möglich, vorformulierte Beurteilungsvorlagen nur in denen, bei der eine Nutzerschaft mit gleichem Interessenshintergrund existiert (z.B. Bezug zur Universität, berufliche Fortbildung usw.). Vorformulierte Beurteilungsbögen und Kompetenzeinschätzungen finden sich in ePortfolio-Anwendungen wieder, in denen sich bestimmte Fähigkeiten dokumentieren lassen, die im Gesamtcurriculum abgebildet sind (z.B. Schule, Hochschule, Berufliches Qualifizierungsprogramm). Diese von außen angeregten Reflexionen, die die Einschätzung der eigenen Fähigkeiten auf einer Skala betreffen, weisen eine andere Qualität auf als ein vom Lerner selbst geschriebener Lernbericht in einem Onlinetagebuch.

Dass damit noch weitere reflexive Anlässe möglich erscheinen, lässt sich an dieser Stelle nicht weiterverfolgen, da hierzu Berichte fehlen. Es ist durchaus vorstellbar, dass auch das Aufstellen von persönlichen Lernzielen, das am Ende einer Einheit stehende Verfassen eines Einleitungsschreiben oder die mündlichen Portfolio-Gespräche, die mit Lehrern und Mitschülern geführt werden, im Unterricht zur Förderung von Reflexivität beitragen – allerdings finden sich dazu keine weitergehenden Berichte.

Dennoch soll die unbefriedigende Ausgangslage nicht darüber hinweg täuschen, dass Reflexionen im ePortfolio – gleichfalls wie im Portfolio auch – ein wesentliches und beständiges Element im Lernen mit einem ePortfolio darstellen. Dabei sind diese kein schmückendes Beiwerk, sondern durchziehen das Lernen von der Planung über die Erstellung bis hin zur Ergebnissicherung und abschließenden Beurteilung.

2.6 Zusammenfassung

ePortfolios sind Sammlungen von persönlichen Dokumenten, die über einen längeren Zeitrahmen entstanden sind und die über unterschiedliche Fähigkeiten Auskunft geben können. Dabei ist das Lernen mit einem ePortfolio – analog zur papiergebundenen Variante – von Reflexionen begleitet. Aufgrund der technisch-medialen Möglichkeiten können ePortfolios an jedem Ort bearbeitet und eingesehen werden, der über eine Onlineverbindung verfügt. ePortfolios eröffnen die Zusammenarbeit an eigenen, fremden und gemeinsamen Dokumenten. Der größte Unterschied zwischen einem ePortfolio und einer herkömmlichen Lernplattform liegt in der reflexiven Praxis, die für die ePortfolio-Arbeit bedeutsam ist. Eine

Plattform, die lediglich Materialien zur Bearbeitung anbietet und Diskussionen unter den Beteiligten ermöglicht, ist damit kein ePortfolio.

Die Entstehung der ePortfolio-Idee ist inhaltlich an die der papiergebundenen Variante gebunden. Nordamerikanische Colleges und Universitäten wollten neue Verfahren für die Leistungsdokumentation und -bewertung nutzen und entwickelten aus diesem Zusammenhang eine ePortfolio-Software. Gleichfalls ist der Bereich der beruflichen Aus- und Fortbildung bedeutsam, denn er hat dazu beigetragen, dass heute etliche ePortfolio-Konzepte existieren. Diese Überlegungen sind für gegenwärtige Entwicklungen bedeutsam, da ePortfolios stärker in Universitäten und in der beruflichen Aus- und Weiterbildung als in Schulen eingesetzt werden. Dies hat dazu geführt, dass der Aufbau und die inhaltliche Struktur eines ePortfolios sich eher an ältere als an jüngere Lerner wendet, die ihr Lernen und ihre Arbeiten über eine Online-Plattform organisieren, reflektieren und präsentieren. In dieser Spur betrachtet sollen ePortfolios dazu beitragen, das lebenslange Lernen zu begleiten und zu dokumentieren. In Europa werden ePortfolios in zahlreichen Bildungsinstitutionen verwendet, wobei auch der Hochschulbereich die größten Erfahrungen verzeichnen kann. Angeführt werden die europäischen Bemühungen von Arbeiten aus Großbritannien, den Niederlanden und Österreich. Diese Länder verfügen über die größte praktische und theoretische Erfahrung. Mittlerweile sind sie dazu übergegangen, einen nationalen Entwicklungsplan für die weitere Implementation von ePortfolios zu entwickeln.

Wie für die papiergebundene gilt auch für die elektronische Variante des Portfolios, dass es nicht *das* typische ePortfolio gibt. Es existieren etliche Varianten, die mehr produkt- oder mehr prozessorientiert gestaltet sind. Diese beeinflussen das jeweilige Erscheinungsbild: Ein ePortfolio, das nur die besten und am meisten gelungenen Produkte enthält und zur Bewerbung auf eine Stelle genutzt wird, wird anders erscheinen als ein ePortfolio, das im Rahmen einer themenzentrierten Arbeit im Unterricht als Dokumentation des selbstregulierten Lernprozesses genutzt worden ist. Zusätzlich können diese ePortfolio-Systeme die Interaktion der Beteiligten ermöglichen. Für den schulischen Zusammenhang lässt sich sagen, dass zum Zeitpunkt dieser Analyse zwar deutschsprachige ePortfolio-Systeme (Moodle mit Portfolio-Modul, eLGG, Mahara) existieren, diese können aber nicht über ausreichende Erfahrungen im schulischen Kontext verweisen. Deutschsprachige Systeme werden zukünftig sicher dazu beitragen, dass sich die Arbeit mit ePortfolios auch hierzulande intensivieren lässt. Allerdings ergibt sich bei diesen ePortfolio-Systemen die Schwierigkeit, dass sie nicht für den Unterricht an Schulen und für die Nutzung durch jüngere Lerner entwickelt wurden. Dies hat dazu geführt, dass heute Erfahrungsberichte und empirische Arbeiten aus dem englisch- und deutschsprachigen Raum fehlen, die sich mit dem Einsatz eines ePortfolios im Schulunterricht beschäftigen.

2.7 Folgerungen

In diesem Kapitel habe ich den Forschungsstand zum Themengebiet Portfolio und ePortfolio vorgestellt. Damit habe ich definieren können, welche Bedeutung Reflexionen für das Lernen mit einem Portfolio und ePortfolio einnehmen. Bei der Sichtung der unterschiedlichen Schriften fiel auf, dass die Dichte der schulpädagogischen und allgemeindidaktischen Veröffentlichungen bei papiergebundenen Portfolios wesentlich höher liegt als bei elektronischen. Bislang sind keine schulpädagogischen und allgemeindidaktischen Arbeiten zu ePortfolios entstanden – dies spiegelt sich auch in den angebotenen Plattformen und Softwarelösungen wieder, die sich mehrheitlich an eine erwachsene Zielgruppe richten. Zum Zeitpunkt der Konzeption des didaktischen Arrangements kann von keinem deutschsprachigen ePortfolio-System ausgegangen werden, das sich für den Unterricht eignet. Das Ziel muss es also sein, eine einfach zu bedienende ePortfolio-Software bzw. -Plattform zu konzipieren, die für das Lernen und Reflektieren der Schüler geeignet ist. Des Weiteren konnte ich zeigen, dass es an empirischen Arbeiten mangelt, die einen ePortfolio-Einsatz begleiten und die beim Lernen ablaufenden Prozesse beobachten. Ebenfalls wird die Perspektive der Schüler und die des Lernens von Schülern, die im Unterricht mit einem ePortfolio lernen, in den skizzierten Arbeiten vernachlässigt. Dies trifft sowohl auf Arbeiten zu papiergebundenen Portfolios (singuläre Ausnahme: Kolb 2007) wie auf elektronische Portfolios zu.

Die didaktischen Arbeiten haben deutlich gemacht, dass reflexives Lernen und Portfolio-Arbeit miteinander verbunden sind. Hierzu sind singuläre Erfahrungsberichte (vgl. z.B. Pölzleitner 2006) und empirische Arbeiten (vgl. z.B. Kolb 2007) entstanden, die in ihrem Portfolio-Konzept und im dazu entstandenen Bericht einen Schwerpunkt auf das reflexive Lernen von Schülern legen. Mit der Analyse der unterschiedlichen Reflexionsanlässe in Portfolio- bzw. ePortfolio-Konzepten habe ich gezeigt, dass es unterschiedliche Anlässe gibt, im Rahmen der Portfolio-Arbeit zu reflektieren. Dabei konnte ich der Frage nachgehen, welche reflexiven Elemente durch vorformulierte Vorlagen für welchen Zweck geeignet sind. Da hierzu in der Literatur auch Widersprüche aufgetreten sind, die sich in der Frage des Grads an Vorstrukturierung/ Standardisierung ergeben, bleibt zu fragen, wie viel externe Steuerung sinnvoll erscheint und inwieweit Lern- und Reflexionsprozesse von diesen angeregt oder überlagert werden. Hierzu sind die Anmerkungen von Kolb (2007) und dem Netzwerk Portfolioarbeit (vgl. ebd. 2007) zu nennen, die vorformulierte Kategorienschemata nicht vereinbar mit dem eher prozessorientierten Lernen mit einem Portfolio halten.

Für die Implementation eines Portfolio- bzw. ePortfolio-Konzepts im Unterricht ist bedeutsam, welchen Zweck das Portfolio bzw. ePortfolio verfolgt. Ein eher produktorientiertes Portfolio, das nur die besten Arbeiten eines Schuljahres enthält, wird andere Lernprozesse entstehen lassen als ein Lern- oder Kursportfolio, das für eine themenzentrierte Arbeit über vier Schulwochen geführt wird. Damit verbinden sich unterschiedliche Reflexionsanlässe, die sich entweder auf wenige Arbeiten oder eher auf einen größeren Zusammenhang beziehen und einzelne „Belegstücke" des Lernens bewusst zusammenstellen und reflektieren. Dabei ist auch zu beachten, inwieweit das Portfolio und der Erstellungsprozess der Portfolio-Arbeiten parallel, stetig im Regelunterricht oder nur an einzelnen Punkten eingesetzt und genutzt werden (vgl. zu den Handhabungen im Unterricht: Inglin 2006, 84f.) Es gilt auch zu überlegen, inwieweit alle Schüler die „gleiche" Portfolio-Arbeit bearbeiten und ein identisches Thema in ihren Portfolios vertiefen oder ob unterschiedliche Schwerpunktsetzungen möglich sind, die im Unterricht wieder zusammengeführt werden. Brunner schlägt vor, die ersten Portfolio-Arbeiten über einen übersichtlichen Zeitrahmen stattfinden zu lassen, indem die Schüler z.B. ein selbst gewähltes oder ein mit dem Lehrer abgestimmtes Thema bearbeiten (vgl. ebd. 2006). Ihre Argumentation legt nahe, im Unterricht anfangs eher kleinere projektartige bzw. themenzentrierte Arbeiten im ePortfolio zu realisieren, die es den Schülern erlauben, schrittweise die Arbeit kennenzulernen. Ich habe mich dazu entschlossen, ein eher kursartiges ePortfolio führen zu lassen, das den Schülern im Idealfall recht schnell positive Könnenserfahrungen ermöglicht. Im Rahmen dessen sollen Reflexionen der Schüler einen besonderen Stellenwert einnehmen. Die technische Verfügbarkeit des Onlinemediums ePortfolio ermöglicht es ferner, einen Austausch- und Rückmeldeprozess in Gang zu setzen, der alle Schüler beteiligt und ihnen die Möglichkeit eröffnet, Feedback zu geben und zu erhalten. Diese Möglichkeit nutze ich im Anschluss an die Überlegungen von Schaffert u.a., die von einem Review- beziehungsweise Feedback-System im ePortfolio berichten (Schaffert u. a. 2007, 77). In Anlehnung an das Modell von Siemens ergibt sich daraus eine ePortfolio-Software bzw. Plattform-Konzeption, die Kommunikation und Beratung der Beteiligten untereinander ermöglicht und in den Lernprozessen integriert ist („Integriertes System": vgl. ebd. 2004; Hornung-Prähauser 2007, 60).

Zahlreiche Arbeiten legen nahe, dass ePortfolio-Arbeit in einen Unterricht eingebunden ist, der Anlässe zum selbstregulierten (vgl. z.B. Gläser-Zikuda/ Göhring 2007) oder selbstbestimmten Lernen (vgl. z.B. Häcker 2006) ermöglicht. Dabei erscheint es in der Argumentation häufig so, dass selbstreguliertes/

selbstbestimmtes Lernen eine Grundlage für die mit dem Portfolio verbundenen Lernprozesse bildet. Damit erhalten die Schüler die Chance, eigene Lernziele und Erschließungswege zu verfolgen. Ein solcher Unterricht ermöglicht ein hohes Maß an Lernerzentrierung und schafft die Grundlage für die Bearbeitung individueller Fragestellungen, die sich über das Portfolio dokumentieren und reflektieren lassen. In der geplanten Erprobungsphase soll dieser Argumentation entsprochen werden. Um kleinere Könnenserfahrungen von Anfang an zu ermöglichen, werde ich ein Lern- oder Kursportfolio führen lassen. Für die geplante Erprobungs- und Erhebungsphase verbindet sich damit die Aufgabe, dass die beteiligten Lehrer in die Lage versetzt werden, selbstregulierte Lernanlässe zu entwickeln und zu begleiten.

Die Auseinandersetzung mit der technisch-medialen Seite eines ePortfolio-Systems hat deutlich gemacht, dass es für den schulischen Einsatz notwendig ist, eine einfach zu bedienende ePortfolio-Software zu entwickeln, die von den Schülern verwendet werden kann. Dabei ist zu bedenken, dass das bloße Anbieten einer ePortfolio-Plattform nicht zur gewünschten Nutzung beitragen wird – das heißt, die ePortfolio-Praxis muss in ein didaktisches Gesamtkonzept eingebunden sein, das selbstreguliertes Lernen und Reflexivität ermöglicht. Hierzu existieren bislang keine publizierten Erfahrungsberichte aus dem schulischen Bereich. Damit kann die geplante Forschungsarbeit auf keine Erfahrungen zurückgreifen und muss ein eigenes didaktisches Konzept für den Einsatz eines ePortfolios im Unterricht entwickeln.

Bei der Konzeption der schulischen Erprobung ist darauf zu achten, dass auf der technischen Seite ein Computer, entsprechende Software sowie eine Internetverbindung den Schülern zur Verfügung steht, damit ePortfolio-Arbeit allgemein und Reflexionen im Besonderen entstehen können (vgl. Berichte der OECD 2007 zur Computerausstattung an bundesdeutschen Schulen). Daher muss auf der technischen Seite die Grundlage geschaffen werden, dass die Schüler auf eine entsprechende IT-Ausstattung zugreifen können müssen (z.B. Computer, Internetzugang, Software u.ä.).

Die aufgeworfenen Überlegungen werde ich im Rahmen der Konzeption des didaktischen Arrangements wieder aufgreifen. In dieser Hinsicht stellen sie ein Vor-Verständnis für die weitere Erarbeitung dar, das sich aus den rezipierten Arbeiten ableitet. In einem nächsten Schritt werde ich den Begriff der Reflexivität (und des reflexiven Lernens) näher bestimmen. Bereits im Zuge der Auseinandersetzung mit Portfolio- bzw. ePortfolio-Konzeptionen ist deutlich geworden, dass der Begriff der Reflexivität zumeist unscharf verwendet wird und unterschiedliche Konnotationen damit verbunden sind.

3. Reflexivität im Lernen

3.1 Hinführung

Von Reflexivität wird häufig als *der* Metakompetenz in zahlreichen didaktischen Diskursen gesprochen – dabei sollen Selbstreflexivität und reflexives Lernen im Unterricht gefördert werden. Im Rahmen der Diskussion um Bildungsstandards ist die Einschätzung und Bewertung von eigenen fachlichen Fähigkeiten bedeutsam für das weitere Lernen (vgl. z.B. Kompetenzraster bei Müller 2004, 19f.). Mit dem Begriff der Reflexivität sind unterschiedliche Konnotationen verbunden. Ein Lernpsychologe, dem es an der Förderung von Metakognition und Lernstrategien gelegen ist, mag damit andere Bedeutungen verbinden als ein Fachdidaktiker, der sich mittels der Reflexion eine Vertiefung von Fachinhalten wünscht. Bei der ersten Sichtung der Literatur, die zum reflexiven Lernen von Schülern entstanden ist, entdeckt man eine große Bandbreite an Begriffsvorstellungen. Es fällt auf, dass reflexives Lernen nicht nur auf den Kontext des schulischen Lernens begrenzt ist.

In der nachfolgenden Analyse werde ich den Begriff der Reflexivität erschließen. Hierzu soll der Kontext ausgewählter und für Bildungsprozesse relevanter Disziplinen gesucht werden. Zu diesen zählen: Bildungstheorie, Konstruktivismus, Regulationsforschung, Metakognitions- und Lernstrategieforschung, Allgemeine Didaktik und einzelne Fachdidaktiken. Die inhaltlichen Schwerpunktsetzungen ergeben sich aus den theoretischen und praktischen Zusammenhängen, in denen von Reflexivität im Zusammenhang mit schulischem Lernen gesprochen wird. Um den Kontext dieser Arbeit zu wahren, ist der Blick auf Reflexivität im Zusammenhang mit didaktischen Prozessen *und* dem Lernen von Schülern begrenzt. Die Suchbewegung ist zunächst interdisziplinär ausgelegt, um einen möglichst breiten Einblick zu geben. Die nachfolgende Zusammenstellung soll dazu beitragen, einen differenzierten Überblick über die Verwendungszusammenhänge zu geben. Gleichfalls bin ich mir bewusst, dass nicht nur in schulischen, sondern auch in außerschulischen Zusammenhängen von Reflexivität im Lernen gesprochen wird. Alle existierenden Verwendungszusammenhänge an dieser Stelle zu veranschaulichen, sei es nun, ob sie aus einer theoretischen Diskussion entsprungen sind, aus der Hochschulbildung oder aus der beruflichen Aus- und Fortbildung stammen, würde den Rahmen der Arbeit sprengen. Der Fokus der weiteren Auseinandersetzungen ist daher auf schulisches Lernen und Reflexivität begrenzt. Zum Abschluss dieser Analyse werde ich Überschneidungen und Unterschiede in den Begrifflichkeiten belegen. Die begriffliche Klärung wird dazu beitragen, das eigene Verständnis und den inhaltlichen Kontext der eigenen empirischen Arbeit näher zu klären. Dieser Gedankengang soll auch vor dem Hintergrund der Formulierung von forschungsleitenden Fragen geschehen.

In einem zweiten Schritt stelle ich dar, welche Methoden und didaktischen Arrangements zur Entwicklung und Thematisierung von Reflexivität in empirischen Arbeiten genutzt werden. Der Blick wird auf qualitative Erhebungsverfahren gerichtet sein Für die eigene Forschungsarbeit, die qualitative Verfahren einsetzen wird, soll geklärt werden, inwieweit Portfolios und Lerntagebücher als Forschungsinstrumente Verwendung finden und welche Bedeutung sie für die Erhebungsverfahren einnehmen. Eine erste Sichtung der Studien hat ergeben, dass zahlreiche Untersuchungen zur Reflexivität auf die Validität der Selbsteinschätzung durch die Lernenden in Relation zu den Lehrenden begrenzt sind. Häufig werden standardisierte und quantitative Forschungsverfahren genutzt. Selten werden Portfolios oder Lerntagebücher eingesetzt. Qualitative Untersuchungen, in denen das eigene Schüler-Urteil und die eigenen Perspektiven bezogen auf das Lernen und die verbundenen Fähigkeiten im Mittelpunkt stehen, sind seltener anzutreffen. Zusätzlich existieren Studien, die ihre Ergebnisse zu Reflexivität und reflexivem Lernen aus außerschulischen Untersuchungskontexten auf die Schule projizieren. Ebenfalls muss bei diesen Studien die mangelnde Kontextnähe angemerkt werden, die sich ergibt, wenn nur „neben" dem Unterricht einzelne Schüler untersucht werden und die Thematisierung und Förderung von Reflexivität niemals unmittelbar Gegenstand des Unterrichtsgeschehens ist. Die beiden Betrachtungsrichtungen sollen auf der einen Seite zur begrifflichen Klärung beitragen und andererseits einen Überblick über empirische Forschungsarbeiten vermitteln.

3.2 Reflexivität im Kontext einzelner Forschungsarbeiten

3.2.1 Bildungstheorie

In bildungstheoretischen Begründungen für Bildungsprozesse nehmen die Reflexionen des Einzelnen eine bedeutsame Funktion für das Lernen ein. Dabei werden Individuen als Lernende verstanden, denen es möglich ist, zu reflektieren und Urteile über sich und andere, über Sachverhalte und Gegenstände zu bilden. Zur bildungstheoretischen Begründung von Reflexivität bzw. reflexivem Lernen stelle ich ausgewählte Konzeptionen dar, die der Reflexivität bzw. der Fähigkeit zur Selbstreflexion eine zentrale Bedeutung beimessen.

Der Begriff der Reflexivität in den Arbeiten Wilhelm von Humboldts (1767-1835)

Humboldts Bildungskonzeption wird dem Neuhumanismus zugerechnet. Konrad/ Traub (vgl. 1999, 25) konstituieren, dass Humboldts Konzeption der Bildung bedeutsam für die heutige Gestaltung von Unterricht ist und Benner erkennt in Humboldt den Mitbegründer der modernen Pädagogik und Erziehungswissenschaft (ebd. 2003b, 144). Seine Theorie der Bildung beschreibt die Selbstkonstruktion des Menschen in Auseinandersetzung mit und in Aneignung von Welt (vgl. Tenorth/ Tippelt 2007, 329). Diese Bildungstheorie war in erster Linie nicht auf die

Institution Schule bezogen, sondern wurde definiert „als der Weg des Individuums zu sich selber“ (vgl. Blankertz 1982, 101). Dahingehend versteht sich Pädagogik nicht als „Handlungs- oder Kunstlehre“ für den Gebrauch durch Pädagogen, sondern eher als eine „Anleitung zur Selbstreflexion“, wie Blankertz feststellt (vgl. ebd.).

In Humboldts bildungstheoretischer Ideenschrift „Über den Geist der Menschheit“ (1797) zeichnet sich eine Vorstellung von Bildung ab, in denen Reflexionen für das Individuum, verstanden als Reflexion von vollzogenen Handlungen, bedeutsam sind. Hierin finden sich Überschneidungen mit den Arbeiten Fichtes, dessen Vorstellungen des Subjekt-/ Objektverständnisses – im Zusammenhang von Ich und Welt – von Humboldt übernommen bzw. weitergeführt wurden. Benner schildert diesen Zusammenhang bezogen auf das Verhältnis von Ich und Nicht-Ich (Welt) und der gegenseitigen Erschließung: „Die Wechselwirkung von Ich und Nicht-Ich ist (...) darum nichts anderes als Wechselwirkung von Denken und Handeln, Entwurf und Reflexion. Bildung wird hier vorgestellt als ein Prozess, in dem wir unser Handeln selbst entwerfen und in der Reflexion auf vollzogenen Handlungen unsere Bestimmung als eine von uns selbst hervorgebrachte erfahren“ (ebd. 2003a, 98). Für die Gestaltung von pädagogischen Prozessen fügt Benner weiter hinzu: „...dass wir pädagogisch weder auf die Denktätigkeit noch auf die Handlungstätigkeit unmittelbar oder direkt einwirken, sondern den an seiner Bildung arbeitenden Menschen nur zur freien Selbsttätigkeit anregen können, dazu nämlich, sein Handeln selbst zu entwerfen und zu reflektieren“ (ebd., 99). In dieser Spur betrachtet nimmt die Fähigkeit zum Reflektieren eine zentrale Stellung für die Bildung des Menschen in der Humboldt'schen Vorstellung ein. Dahinter steht ein Menschenbild, „welches dem Menschen Selbst- und Weltreflexivität zuordnet, also die Eigenschaft, sich selbst zu bilden und diese Bildung verantwortlich in gesellschaftliches Handeln umzusetzen“ (Konrad/ Traub 1999, 26).

Weitere Verweise finden sich in den „Schriften zur Sprache“ (2007) und darin in der Abhandlung „Über Denken und Sprechen“ (1795/ 1796): „1. Das Wesen des Denkens besteht im Reflektieren, d.h. im Unterscheiden des Denkenden von dem Gedachten. 2. Um zu reflektieren, muss der Geist in seiner fortschreitenden Tätigkeit einen Augenblick stillstehen, das eben Vorgestellte in eine Einheit fassen, und auf diese Weise, als Gegenstand, sich selbst entgegenstellen. (...) 7. Die Sprache beginnt daher unmittelbar und sogleich mit dem ersten Akt der Reflexion (...)“ (ebd. 2007, 3). Bei den zitierten Passagen handelt es sich um theoretische Grundlegungen der Sprachphilosophie, die sich zum Kern der Humboldt'schen bildungstheoretischen Abhandlungen zählen lassen (vgl. Benner 2003a, 78). Sprache wird ferner als Bedingung und Bestandteil von Bildung gesehen. Humboldts Vorstellung folgend stellt Reflexivität ein Innehalten dar, das einen Rückblick auf bereits Gedachtes mit einschließt. Gleichfalls erfordert sie auch die Notwendigkeit, sich von den eigenen Gedanken zu distanzieren und sie aus einem neuen Licht zu betrachten. Damit nimmt die Fähigkeit zur Reflexivität eine relevante Größe ein.

*Der Begriff der Reflexivität in den Arbeiten Wolfgang Klafkis (*1927)*
Klafki hält die Fundierung der Didaktik in einer Bildungstheorie für notwendig (vgl. Konrad/ Traub 1999, 26). In diesem Zusammenhang prägt er den Begriff der „kategorialen Bildung". Diese wird als grundlegende Bildung aufgefasst, in der sich Formen und Inhalte des Erkennens und Verstehens herausbilden. Kategoriale Bildung beinhaltet für Klafki sowohl Momente der formalen als auch der materialen Bildung.

Kern der Bildungstheorie Klafkis und seines Verständnisses von Allgemeinbildung stellt die Thematisierung und Bearbeitung von zeitgemäßen Schlüsselproblemen dar (vgl. ebd. 1996, 56). Die Auseinandersetzung mit Schlüsselproblemen soll Schülern helfen, sich selbst ein Bild von der Problematik zu machen und damit eigene Urteile zu bilden, die es ihnen ermöglichen, nach Lösungen zu suchen (vgl. Konrad/ Traub ebd., 29). In diesem Zusammenhang nennt Klafki beispielsweise als ein Schlüsselproblem die Bewahrung der Umwelt und die Lösung der Globalisierungsfrage. Für die Bearbeitung von Schlüsselproblemen erkennt Klafki die eigene Urteilsbildung des Einzelnen an: „Jeder Lernende sollte die Unverzichtbarkeit eigener Urteilsbildung, reflektierter Entscheidung und eigenen Handelns erkennen (...) und sich also, reflexiv vermittelt, als betroffen und mitverantwortlich fühlen" (ebd., 61). Dabei sollen nicht nur eigene Standpunkte reflektiert und entwickelt, sondern auch konkrete Handlungen vollzogen werden: „Jeder junge Mensch und jeder Erwachsene sollte mindestens in einige der Schlüsselprobleme eingedrungen sein, dabei historische Wurzeln solcher Probleme aufdecken, dahinter stehende Interessensperspektiven und Einschätzungen aufklären (...) und erste Handlungserfahrungen und -fähigkeiten entwickeln" (ebd., 61).

Im Zuge der Auseinandersetzung mit Schlüsselproblemen und der damit verbundenen Förderung von Einstellungen stellt Klafki vier grundlegende Fähigkeiten heraus. Zu diesen zählen die Kritikbereitschaft und -fähigkeit, Argumentationsbereitschaft und -fähigkeit, Empathiefähigkeit und die Fähigkeit zum vernetzten Denken. Zwei dieser Fähigkeiten enthalten reflexive Elemente: die Kritik- und die Empathiefähigkeit. Die Fähigkeit zur Kritik beinhaltet den Gedankengang der „Selbstkritik", der von Klafki explizit genannt wird. Es geht darum, „nach der Überzeugungskraft und den Grenzen fremder und eigener Begründungen für eine Position zu fragen und damit einen akzeptierten oder selbstentwickelten Standpunkt für weitere Prüfungen offen zu halten" (ebd., 63).

Der dabei kritische Blick auf die eigenen Positionen und Standpunkte benötigt ein hohes Maß an Reflexivität und trägt zur Urteilsbildung bei. Die Fähigkeit zur Empathie beinhaltet: „eine Situation, ein Problem, eine Handlung aus der Lage des jeweils anderen, von der Sache Betroffenen aus sehen zu können“ (ebd.). Dies sollte allerdings nicht dazu führen, jede Sichtweise anzunehmen, sondern Argumentationen und Konsense „in Gang zu halten“ (ebd.). Der hiermit involvierte Perspektivenwechsel setzt an den eigenen Sichtweisen auf die Schlüsselprobleme an und prüft diese mit dem der fremden. Das hierin innewohnende empathische Element ist reflexiv geprägt, die eigenen und die fremden Perspektiven stehen im Mittelpunkt einer reflexiven Auseinandersetzung.

In seinen Ausführungen nennt Klafki diese vier grundlegenden Fähigkeiten bei der Thematisierung und Lösung von Schlüsselproblemen als bedeutsam. Bezogen auf die Thematisierung von Schlüsselproblemen innerhalb des Unterrichts, sieht er diese am ehesten im exemplarischen Lehren und Lernen, im methodenorientierten Lernen, im handlungsorientierten Unterricht sowie in der Verbindung von sachbezogenem und sozialen Lernen verwirklicht (vgl. ebd., 67f.). Den Lernenden sollen ausreichende Anlässe geboten werden, bei denen sie eigene Interessen entwickeln und vertiefen können. Im Zusammenhang mit dem exemplarischen Lernen spricht Klafki von der Forderung, das „Lernen zu lernen“. Dazu besteht für ihn die Notwendigkeit, „Offenheit“ zu gewinnen, „das bisherige eigene Wissen, den bisherigen Erkenntnisstand, die bisherigen Deutungsmuster in Frage zu stellen“. Auch innerhalb des exemplarischen Lernens existieren damit reflexive Elemente, die die eigene Sichtweise kritisch prüfen.

Klafkis Bildungstheorie und seine Vorstellung von Allgemeinbildung lassen reflexive Elemente erkennen. Seine bildungstheoretischen Vorstellungen von Selbstkritik und Empathie scheinen anschlussfähig an die Urteilsbildung der Einzelnen. In seinen Arbeiten zieht sich eine reflexiv fragende Prüfung der eigenen Vorstellungen und gesellschaftlich existierenden Wertmuster.

Ein weiteres reflexives Moment lässt sich in der Prüfung und Lösung von Schlüsselproblemen erkennen. Der Einzelne soll die Schlüsselprobleme beurteilen, eigene Standpunkte finden und Lösungen entwickeln. In diesem Sinne sollen Schüler befähigt werden, kritisch mit bestehenden gesellschaftlichen Herausforderungen und deren Lösungsvorschlägen umzugehen. Die Thematisierung und Bearbeitung von Schlüsselproblemen soll dazu beitragen, eigene und fremde Perspektiven zu sichten und zu beurteilen.

*Der Begriff der Reflexivität in den Arbeiten Hartmut von Hentigs (*1925)*
Von Hentigs Arbeiten können weniger als eine Bildungstheorie im Sinne Humboldts oder Klafkis verstanden werden. Seine grundlegenden pädagogischen Überzeugungen sind mit dem Motto „Die Menschen stärken, die Sachen klären" treffend beschrieben (vgl. Hentig 1985). Darin ist enthalten, dass der einzelne sich selbst vertrauen muss, bevor er etwas verstehen kann. Deshalb setzt von Hentig darauf, dass Kinder und Jugendliche über selbstbestimmtes Handeln die Voraussetzung für das Verstehen von komplexen Verhältnissen gewinnen. Seine ideale Schule ist eine Gemeinschaft von Verantwortlichen (er nennt sie unter Bezug auf die antike Demokratie ‚Polis'), die über die Gestaltung der eigenen Lebensumwelt Regeln und Kenntnisse für das Leben in der komplexen Industriegesellschaft erarbeitet.

Den Begriff der Reflexivität nennt Hentig nicht explizit. Vielmehr orientiert er sich in seiner Vorstellung von Bildung an einem neuhumanistischen Bildungsideal, das Bildung dahingehend interpretiert, den Einzelnen zu stärken und die Welt zu erschließen (vgl. ebd. 1985). Die kritische Urteilsfähigkeit hat einen besonderen Stellenwert, denn sie ermöglicht es, Bestehendes zu prüfen, es in anderen Kontexten zu konstruieren und eigene Perspektiven zu entwickeln (vgl. Hentig 1996, 163). Dieser Vorstellung folgend ist es Reflexivität, die es im Bildungsprozess anzuregen und zu entwickeln gilt. In diesem Zusammenhang erhalten auch Fragen der Utopie und der Verfremdung eine Bedeutung, denn sie führen dazu, dass Schüler Bestehendes aus mehreren Blickwinkeln betrachten lernen.

3.2.2 Konstruktivistische Didaktik

Nachdem die Allgemeine Didaktik über Jahre hinweg von einer weitgehenden Stabilität ihrer zentralen Theorien und Modelle geprägt gewesen ist (vgl. z.B. Blankertz 1969/1991), tritt seit einiger Zeit die so genannte „konstruktivistische Didaktik" mit dem Impetus auf, einen neuen Ansatz erziehungswissenschaftlicher Theoriebildung zu formulieren (vgl. hierzu kritisch Terhart 1999). Modelle einer konstruktivistischen Didaktik sind seit gut fünfzehn Jahren in der Literatur zu finden (vgl. z.B. Duffy/Jonassen 1992, Siebert 1994, Glasersfeld 1995, Müller 1996, Reich 1996, 2004, 2006). Unabhängig von den unterschiedlichen Richtungen und Anknüpfungspunkten (z.B. radikaler Konstruktivismus, Systemtheorie, Neurobiologie), die den Ausgangspunkt konstruktivistischer Didaktik bilden, haben sich konkrete Vorstellungen des Lernens und Lehrens herausgebildet. Das Reflektieren der Lernenden und der Lehrenden wird als bedeutsam angesehen (vgl. hierzu z.B. Wolff 1994, Dubs 1995, Heursen 1998, Reich 2004, 2005, 2006, Tschira 2005). Für den weiteren Kontext der Ausführungen begrenze ich den Fokus auf die Lernenden und werde prüfen, in welchen Zusammenhängen von Reflexivität gesprochen wird und welche Bedeutung sie für konstruktivistische intepretierte Lernprozesse hat.

Konstruktivistische Lerntheorie begreift Lernen als individuelle Konstruktionsleistung des Einzelnen. Diese Konstruktion geht immer von bestehenden Vorerfahrungen aus (vgl. Dubs 1995, 890; Tippelt/ Schmidt 2005, 8). Sie sind der Ausgangspunkt für die Interpretation von Informationen (vgl. Terhart 1999, 365). Terhart spricht davon, dass der Lernprozess für den Lernenden nicht unbegriffen abläuft, sondern die Voraussetzung besteht, den Lernprozess selbst zu gestalten und zu vergegenwärtigen (vgl. ebd. 1999, 635). Dabei wird Lernen weniger als Nachahmung oder Reiz-Reaktion verstanden, sondern als individuelle Leistung des Einzelnen. Im Zuge dessen wird argumentiert, „dass Wissen, auf das Lernen zielt, ein Konstrukt ist und damit als veränderlich, unabgeschlossen und auch fehlbar angesehen werden kann“ (Reich 2004, 161). Lerner sollen emanzipiert werden, eigene Erschließungswege anzustreben und Bestehendes kritisch zu hinterfragen.

Anbindungen finden sich im Zusammenhang des selbstbestimmten und selbsttätigen Lernens bereits im pragmatistischen Konzept des Lehrens und Lernens bei Dewey (vgl. Heursen 1998, 96; Jank/ Meyer 2002, 302; Reich 2005, 197f.; ebd. 2006, 189). Dewey wird als ein Vorläufer für dieses an Handlungssituationen orientierte Modell genannt (vgl. Reich 2004, 3f.; ebd. 2006, 71f.). Diesem Verständnis folgend ist Lernen keinesfalls auf Wissensaneignung begrenzt, sondern immer im Vollzug von Handlungen in Kontexten zu situieren (vgl. ebd. 2006, 191). Dewey betonte allerdings stärker die Lösung von relevanten Problemsituationen.

Folgt man den konstruktivistischen Grundannahmen für Lernvorgänge, so ist das selbsttätige konstruktive Lernen vielfach einem „learning by doing“ ausgesetzt. Reich betont in diesem Zusammenhang, dass dieses Lernen den Lernenden Handlungen entwickeln und bewerten lässt, so dass daraus neue Lernziele entstehen. Ebenfalls spielen gemachte Fehler eine bedeutsame Rolle für das weitere Lernen (vgl. Dubs 1995, 890f.). Die Lernenden nehmen beim Lernen eine Beobachterrolle ein – sie reflektieren. Die Reflexion ist dabei nicht nur auf das eigene Gelernte begrenzt, sondern daneben wird die Beobachterrolle an sich in einer Art Metaperspektive betrachtet: „Das Lernen sich beobachtend als Lerner zu sehen“, stellt für Reich die Grundlage für das „Lernen des Lernens“ dar (vgl. ebd. 2006, 192). Neben der Beobachtung der eigenen Beobachtungen sollen Schüler in die Lage versetzt werden, die eigenen Unkenntnisse kritisch zu hinterfragen und auf einen Zielzustand zu prüfen sowie eigene Handlungen in Relation zu gemachten Beobachtungen zu interpretieren. Heursen spricht von metakognitiven Fähigkeiten, die der Reflexion und Kontrolle des eigenen Lernhandelns dienen können (vgl. ebd. 1998, S.96). Terhart nennt sie reflexive Vergegenwärtigungen, die Vorstellungen bilden, unter welchen Bedingungen am besten gelernt und das eigene Lernen organisiert werden kann (vgl. ebd. 1999, 635). Es wird angenommen, dass metakognitive Fähigkeiten und Einsichten kontinuierlich in konstruktivistischen Lernarrangements sich entwickeln lassen (vgl. Wolff 1994). In den vergangenen Jahren sind hierzu entsprechende (konstruktivistische) Methoden entwickelt und diskutiert worden, die für die Metakognition förderlich sind (vgl. Tschira 2005, 333f.; Reich 2004, 226f.; ebd. 2006, 265f.). Als eine Methode wird das Führen eines Lerntagebuchs genannt, das die begleitende Reflexion der Lernprozesse erlaubt (vgl. hierzu z.B. Tschira ebd., 334).

Konstruktion, Rekonstruktion und Dekonstruktion bilden für Reich Leitbegriffe einer konstruktivistisch geprägten Erkenntnistheorie. Im Zusammenhang der Konstruktion, Rekonstruktion und Dekonstruktion gibt es, neben der Reflexion des eigenen Lernens und Verhaltens und der Beobachtung der Beobachterrolle, weitere Elemente, die Anknüpfungspunkte an reflexiv-kritisches Denken bilden (vgl. Reich 2005, 118f.).

Konstruktives Lernen kann als selbsttätiges und exploratives Erschließen von Welt verstanden werden. Das Grundmotto lautet nach Reich: „Wir sind die Erfinder unserer Wirklichkeit“ (ebd., 119). Es wird davon ausgegangen, dass Wissen von Individuen selbst generiert wird (vgl. Heursen 1998, 96). Von Rekonstruktion bzw. rekonstruktivem Lernen wird gesprochen, wenn Schüler eine vorgegebene und gestellte Aufgabe selbst nachvollziehen und bearbeiten. Rekonstruktives Lernen ist häufig in der kanonischen und abbildenden Struktur von Schulbüchern zu finden (vgl. Reich 2005, 123). Das Grundmotto für rekonstruktives Lernen lautet nach Reich: „Wir sind die Entdecker von Welt“ (vgl. ebd., 119.). Lernen als Rekonstruktion ist kein Prozess einfacher Nachahmung, sondern ein aktiver Aneignungsprozess von Welt. Dekonstruktion bzw. dekonstruktives Lernen möchte das Bestehende kritisch prüfen, es in Zweifel ziehen, Ergänzungen einbringen und die Blickwinkel erweitern (vgl. Reich ebd., 121). Das Grundmotto für das dekonstruktive Lernen lautet nach Reich: „Es könnte auch anders sein! Wir sind die Enttarner unserer Wirklichkeit!“ (ebd.). Hiermit ist nicht ein skeptischer Zweifel an allem Bestehenden gemeint, sondern eher eine kritische Prüfung. Diese Prüfungen betreffen in erster Linie Realitäten, die sachlich (z.B. Wissenschaften) oder auch gesellschaftlich (z.B. bestehendes Gesellschaftsmodell) bestimmt sind (ebd., 140f.). Allerdings ist der Gedankengang des Dekonstruktivismus nicht nur auf außen stehende Konstrukte und Realitäten begrenzt, sondern er führt dazu, dass eigene Betrachtungsweisen geprüft und neue Sichtweisen konstruiert und erprobt werden.

In diesem selbst referentiellen Zusammenhang des dekonstruktiven Lernens lassen sich Anknüpfungspunkte an den Gedankengang der Reflexivität finden. Dekonstruktion macht in diesem Sinne nicht Halt vor dem Eigenen, sondern prüft kritisch, zweifelt und regt die eigenen Sichtweisen an. Reflexivität kann als gereifte Kritikfähigkeit verstanden werden, die bestehende Konstrukte prüft, bestätigt und verwirft.

Das mit dem im Zusammenhang des konstruktivistischen Lernens verbundene Verständnis von Reflexivität lässt sich in zwei Richtungen interpretieren: Zum einen erhält Reflexivität eine Bedeutung in selbstbestimmten, konstruktiven Lernprozessen und zum anderen ist Reflexivität die Grundlage für Dekonstruktionen, die im Zusammenhang der Konstruktion und Rekonstruktion von Welt bedeutsam für das konstruktivistische Denken sind. Der zuerst genannte Verwendungszusammenhang erweist sich anschlussfähig an neuere Lernkonzeptionen (siehe hierzu selbstreguliertes Lernen), wobei in der Literatur wechselseitige Begründungen verwendet werden. Dabei werden konstruktivistische Grundannahmen zur Begründung selbstregulierter Lernprozesse herangezogen (vgl. z.B. Siebert 2006). Der zweite Gedankengang der Dekonstruktion setzt eine Reflexions-, Kritik- und Utopiefähigkeit frei, die das Bestehende neu denken und aus veränderten Perspektiven wahrnehmen möchte. Reflexivität wird als gesteigerte Kritikfähigkeit verstanden, die das Bestehende prüft.

3.2.3 Regulationsforschung

Selbstreguliertes Lernen wird von Seiten der pädagogischen Psychologie und der Lern- und Regulationsforschung bearbeitet bzw. untersucht (vgl. Schiefele/ Pekrun 1996; Boekarts 1997; Boekarts/ Pintrich/ Zeidner 2000; Sembill 2000). Es wird davon ausgegangen, dass selbstregulative Fähigkeiten sich in Kindheit, Schulzeit und Erwachsenenleben erwerben lassen und sich fortwährend entwickeln. In der deutschsprachigen Literatur werden die Begriffe selbstreguliert (vgl. Brouër 2004) und selbstgesteuert (vgl. Konrad/ Traub 1999; Straka 2005) synonym verwendet. Kritisch anzumerken ist, dass es eine Fülle von Begriffsverständnissen gibt, die zwischen konkreten und empirisch belegten Modellen bis hin zu Modellen bzw. Begriffsvorstellungen pendeln, die Selbstregulation bzw. Selbststeuerung mit Selbstständigkeit bzw. selbstständigen Formen des Lernens gleichsetzen. Diese Begriffe vermischen sich unter Umständen auch mit den Begriffen der Selbstbestimmung, Selbstverantwortung und Selbstorganisation (kritisch anzumerken: Bönsch 2006). In der englischsprachigen Diskussion spricht man von „Self-Regulation“ und „Self-Regulated Learning“. Grundlegend gemeinsam ist allen diesen Prozessen, dass sie stets eine Beteiligung des „Selbst“ verlangen und das Selbstkonzept des Einzelnen betreffen (vgl. Schiefele/ Pekrun 1996), das wiederum das eigene Verhalten beeinflusst. Ich werde im weiteren Verlauf der Ausführung von Selbstregulation und selbstreguliertem Lernen sprechen.

Aus der Regulationsforschung sind seit gut 15 Jahren Arbeiten zum Selbstregulierten Lernen entstanden (vgl. z.B. Schiefele/ Pekrun 1996; Boekarts 1997; Boekarts/ Pintrich/ Zeidner 2000; Sembill 2000), die ein eindeutiges Begriffsverständnis zeichnen. Die Bemühungen stehen im Zusammenhang, dass in der Vergangenheit Lernende zu häufig als passive Individuen behandelt wurden und eher einseitig den Lehrenden und ihrem Lehrerfolg die Aufmerksamkeit z.B. von Seiten der Instruktionsforschung geschenkt wurde (vgl. Konrad/ Traub 1999, 14). Als wesentliche Aufgabe des Lehrers wurde gesehen, den Unterricht an den Merkmalen der einzelnen Schüler (z.B. Intelligenz, sozio-kultureller Hintergrund, Leistungsniveau) anzupassen (ebd.).

In einem ersten Schritt skizziere ich das Modell von Zimmerman (2000), das als herausragend für die Theorie des selbstregulierten Lernens gelten kann (vgl. hierzu Brouër 2004, 50f.). Weitere Modelle existieren z.B. von Kanfer (vgl. Kanfer/ Reinhecker/ Schmelzer 1996) und Boekarts (2000). Zimmerman hat die sozial-kognitive Perspektive der Selbstregulation herausgearbeitet, bei der die Lernumgebung die Selbstregulation beeinflusst. Für den Zusammenhang von Schule und die damit verbundene Lernumgebung halte ich das Modell für die hier angestrebte begriffliche Klärung geeignet, da es zusätzlich auch den Begriff der Selbstreflexion („Self-Reflection“) nennt. In meiner Darstellung kläre ich zunächst den Kontext von Selbstregulation und Reflexion, um einen genaueren Einblick in die einzelnen Zusammenhänge zu erhalten.

Kern der Selbstregulation ist nach Zimmerman ein zyklisches Phasen-Modell, in dem eigene Planungen, das eigene Handeln und Verhalten sowie die Beobachtung und Bewertung des Ganzen die Grundlage für neues Handeln bildet. Selbstregulation gründet auf eigenen Planungen, die an persönliche Ziele geknüpft sind, wobei diese in den damit verbundenen Kontexten stehen (z.B. im Zusammenhang mit schulischem Lernen). Das Erreichen eines persönlichen Ziels ist zentral. Die vollzogenen Handlungen benötigen eine Rückmeldung; sie kann von außen im Sinne eines Feedbacks durch Andere erfolgen oder auch auf Grundlage einer eigenen Reflexion entstanden sein, die das Ergebnis der eigenen Handlung und des eigenen Verhaltens in Relation zum Zielzustand bewertet hat. Diese Rückmeldung schließt die Beobachtung („control“) des eigenen oder fremden Handelns mit ein. Die Beobachtung kann an eigenen oder fremd gesetzten Kriterien erfolgen und mittels gezielter Fokussierung eines zu beobachtenden Verhaltens betrachtet werden. Dieser Prozess, in dem die Rückmeldungen vom Lerner selbst oder durch Andere erfolgen, fördert die Fähigkeit zur Selbst-Beobachtung („Self-Monitoring“) der Lernenden (vgl. ebd.). Die gesichteten Beobachtungen und die bewerteten Erfahrungen sind die Grundlage für die Entwicklung von Selbstregulation.

Das skizzierte Modell macht deutlich, dass Selbstregulation von aktiven und aufmerksamen Lernenden ausgeht, die eine Situation selbst gestalten möchten und ein Ziel vor Augen haben. Nach Zimmerman (vgl. ebd. 1990, 4) sind Lernende, die über hohe selbstregulative Fähigkeiten verfügen, in der Lage, selbst zu planen, sich zu organisieren, sich zu beobachten und zu evaluieren und dabei ein hohes Maß an Motivation und Anstrengungsbereitschaft mitbringen. Gleichfalls kann man davon ausgehen, dass diese Lernenden über metakognitive Strategien, motivationale Strategien und Verhaltensstrategien verfügen, die es ihnen ermöglichen, selbstreguliert zu planen und zu lernen (vgl. Brouër 2004, 49). Dabei ist anzumerken, dass dieses Modell und die damit verbundene Qualität und der Umfang von Selbstregulation von den unterschiedlich Handelnden und deren Erfahrungen und kognitiven Entwicklungen abhängt. Dies sollte unter der Perspektive von jüngeren Schülern gesehen werden, die die eigenen Fähigkeiten und das eigene Verhalten nur eingeschränkt beobachten und bewerten können (vgl. ebd. 1990, 8).

Zimmerman nennt im Zusammenhang mit seinem Modell des selbstregulierten Lernens den Begriff der Selbstreflexion („Self-Reflection“). Er meint damit die Sichtung und Bewertung einer vollzogenen Handlung, aus der wiederum neue Planungen entstehen können. Die Selbstreflexion steht am Ende eines abgeschlossenen Lernprozesses. Sie ist rückschauend und würdigt das Erreichte. Im Zusammenhang des Lernprozesses nennt Zimmerman allerdings nicht die Reflexion des gegenwärtig Getanen, Gelernten oder Bearbeiteten. Damit steht die Reflexion seinem Verständnis nach am Ende eines Lernprozesses. Diese Reflexion orientiert sich an konkreten Ergebnissen und Normen. Die Bewertung der eigenen Fähigkeiten kann sich orientieren an der Sachnorm („Mastery“), an der zuvor erbrachten Leistung (Individualnorm), an der vorgegebenen Norm (normativer Maßstab) oder an den Leistungen der Vergleichsgruppe (z.B. Leistungen der Schulklasse).

Brouër merkt in ihrer Darstellung die unklare Begriffslage bei Zimmerman an. Er kennt die abschließende Beurteilungsphase „self-reflection-phase“. Für sie ist jedoch der Reflexionsprozess nicht am Ende eines Lernprozesses festzulegen, sondern er findet stetig und begleitend beim selbstregulierten Lernen statt (vgl. ebd. 2004, 55). Insgesamt ist anzumerken, dass sich das Modell von Zimmerman und das verbundene Verständnis von Selbstreflexion stark am abschließenden Ergebnis sowie an der Beurteilung dessen und der damit verbundenen Leistungen orientiert.

Dabei fällt der Lernprozess in seinem Verlauf aus der Betrachtung, da es eher um die Beurteilung der Ergebnisse statt um die Beurteilung der Prozesse geht.

Ein weiteres Merkmal des selbstregulierten Lernens, das ich an dieser Stelle festhalten möchte, ist der eindeutige Zielbezug des Handelns und Lernens. Der Lerner legt seine Ziele selbst fest, die er beim Lernen erreichen möchte. Das Erreichen der Ziele kann sich lernförderlich auf die Entwicklung von Selbstwirksamkeit, intrinsischer Motivation (vgl. Bandura/ Schunk 1981) sowie auf die Setzung neuer Ziele auswirken (vgl. Brouër ebd., 53). Dies setzt voraus, dass sich der Lerner zutraut, effizient zu lernen und gleichfalls Motivation aufbringt, diese Fähigkeiten einzusetzen. Der Glaube an die eigene Leistungsfähigkeit und die Motivation („Self-motivational beliefs") beeinflussen nach Zimmerman die Selbstregulation entscheidend (vgl. ebd., 18). Je mehr die Person ihre Leistungsfähigkeit einschätzen kann, umso höher setzt sie sich Ziele und strengt sich für ihr Erreichen an (vgl. ebd.). Dieses Modell geht von einem Lerner aus, der in der Lage ist, bestimmte und passende Methoden einzusetzen, um seine Ziele adäquat zu erreichen.

Ein Unterricht, der sich den Möglichkeiten des selbstregulierten Lernens nähern möchte, sollte in diesem Sinne flexibel und individuell abstimmbare Lernziele und methodische Erschließungswege anbieten, die den Lernenden entsprechend Freiraum ermöglichen (vgl. Wuttke 1999). Hierzu sind in den vergangenen Jahren zahlreiche Arbeiten entstanden, die sich theoretisch betrachtet weniger auf die Selbstregulationsforschung als auf den allgemeinen Bedarf an Selbstständigkeit und Individualisierung im Lernen beziehen (vgl. z.B. Wallrabenstein 1994; Bönsch 2006; Wahl 2006). Als Gründe für die Förderung des selbstregulierten Lernens werden die veränderten gesellschaftlichen Bedingungen (Stichwort: Veränderte Kindheit), lerntheoretische Konzeptionen, die der Individualisierung Raum geben wollen sowie bildungstheoretische Konzeptionen in Anlehnung an Humboldt oder Klafki genannt (vgl. Konrad/ Traub 1999, S.22f.). In diesem Zusammenhang finden sich als methodische Unterrichtsformen Lernwerkstätten, Selbstlernzentren, Wochenpläne und projektorientierte Arbeiten (vgl. Konrad/ Traub ebd.; Bönsch 2006). Die Vorläufer dieser methodisch-didaktischen Konzepte sind gut 100 Jahre alt und lassen sich bei Maria Montessori, Peter Petersen und Celestin Freinet (vgl. Koch 1996), später auch in der Persönlichkeitspädagogik von Hugo Gaudig (vgl. Müller 1963) oder im Dalton-Plan von Helen Parkhurst (vgl. Popp 1995) finden. Allen damit verbundenen Arbeiten ist gemein, dass sie Lernende zu Selbstständigkeit, Selbstverantwortung und Mündigkeit führen wollen.

Für die empirische Erarbeitung erscheint mir interessant, dass zum selbstregulierten Lernen zahlreiche Forschungsarbeiten entstanden sind, die ein Portfolio oder Lerntagebuch von Schülern führen lassen. In diesem Zusammenhang sind die Arbeiten von Hübner/ Nückles/ Renkl (vgl. 2007) und Landmann/ Schmitz (vgl. 2007a, b) zum Lerntagebuch und die Arbeiten von Gläser-Zikuda/ Göhring (vgl. 2007) zum Portfolio zu nennen. Darin wurden Reflexionen von Schülern analysiert, deren Lernprozesse und die damit verbundene Lern- und Unterrichtskultur selbstreguliert bestimmt waren. Die jeweiligen Lerntagebuch- und Portfolio-Konzepte wurden zur begleitenden Dokumentation und Reflexion der Lernprozesse verwendet.

Um den Bogen wieder zum begrifflichen Verständnis der Selbstreflexion im Zusammenhang des selbstregulierten Lernens zurückzuschlagen, soll an dieser Stelle festgehalten werden, dass der Begriff der Reflexivität im Kontext der Regulationsforschung die kritische Würdigung und Beurteilung eines erreichten Ergebnisses meint. Dieses hier festgehaltene Verständnis orientiert sich an den Arbeiten zur Selbstregulation nach Zimmerman (vgl. ebd. 2000). Selbstregulation ist zielbezogen und orientiert sich am angestrebten Ergebnis. Reflexionen stehen resümierend am Ende, bewerten die eigenen Leistungen und lassen neue Ziele für Handlungen entstehen.

3.2.4 Metakognitionsforschung

Im Zusammenhang des selbstregulierten Lernens wird der Begriff der Metakognition von einzelnen Autoren genannt (vgl. z.B. Konrad/ Traub 1999, 36f.). Metakognition wird als psychologische Voraussetzung für das selbstregulierte Lernen gesehen. Konrad und Traub nennen neben der Fähigkeit zur Metakognition, die Motivation des Lerners und die Kenntnisse und Anwendung von Lernstrategien (vgl. ebd.). „Metakognitive Prozesse haben eine große Bedeutung für das menschliche Denken und Problemlösen", konstituieren Kaiser und Kaiser 1999 (vgl. ebd., 5). Seit dem Paradigmenwechsel vom Behaviorismus zum Kognitivismus wird Lernen und Denken auf innere mentale Verarbeitungsprozesse zurückgeführt (vgl. Guldimann 1996, 76). In diesem Zusammenhang wird von Metakognition gesprochen. Mitte der 1970er Jahr wird der Begriff zum ersten Mal von Flavell genannt (vgl. Erhard 1994, 13). Ganz allgemein kann Metakognition definiert werden als „das bewusste Reflektieren auf die eigenen Kognitionen, besonders auf die Prozesse der Planung, Steuerung, Überwachung und Bewertung" (Lompscher/ Ries 1997, 58). Metakognitive Aktivitäten unterscheiden sich von anderen kognitiven Prozessen, indem über kognitive Zustände oder Prozesse reflektiert wird. Sie können daher „Kommandofunktionen der Kontrolle, Steuerung und Regulation während des Lernens übernehmen" (Konrad/ Traub ebd., 36).

Innerhalb der Forschung um Metakognition haben sich zwei Entwicklungslinien entwickelt: Flavells Auffassung nach bedeutet Metakognition das Wissen und Denken einer Person über ihre kognitiven Sachverhalte (vgl. ebd. 1979.). Brown dagegen fügt neben dem Wissen über die kognitiven Sachverhalte noch die aktive Überwachung und Steuerung derer hinzu (vgl. ebd. 1984). Die beiden Richtungen haben dazu geführt, dass z. T. eher unscharfe Begriffe für Metakognition existieren. Schöll führt dies darauf zurück, dass sowohl deklarative als auch prozedurale Komponenten mit Metakognition verbunden sind (vgl. ebd. 1997, 75), die unterschiedliche Fragestellungen und Blickrichtungen in der Bearbeitung mit sich bringen.

Folgt man der Auffassung von Flavell so werden unter metakognitivem Wissen drei Komponenten verstanden: Wissen über Personenvariablen, Wissen über Aufgabenvariablen und Wissen über Strategievariablen (vgl. Kaiser/ Kaiser ebd., 18). Das Wissen über Personenvariablen beinhaltet das Wissen über sich selbst (intrapersonales Wissen), über andere Personen (interpersonales Wissen) sowie das Wissen über allgemeine Denkvorgänge (allgemein personenbezogenes Wissen) (vgl. ebd., 26). Die zweite Komponente umfasst das Wissen über spezifische Merkmale von Aufgaben (Aufgabenwissen), das sich sowohl auf die Beschaffenheit als auch auf die spezifischen Anforderungen einer Aufgabe bezieht (vgl. ebd.). Die dritte Komponente umfasst das Wissen über Verhaltensweisen und Strategien, welche beim Bearbeiten einer Aufgabe zur Leistungsverbesserung genutzt werden können (Strategiewissen). Insgesamt beschäftigt sich Flavell vorwiegend mit deklarativem metakognitivem Wissen. Brown jedoch kritisiert den von Flavell geprägten Metakognitionsbegriff als zu statisch und erweitert ihn deshalb um die Steuerungs- und Überwachungsfunktion (Prozessvariablen) (vgl. Brunsting-Müller 1997, 18). Brown erscheint das prozedurale metakognitive Wissen bedeutsam, welches der Planung, der Kontrolle („Self-Monitoring“) und der Steuerung („Self-Regulation“) einer kognitiven Aktivität dient und sie begleitet (vgl. Brown 1984 in Guldimann 1996, 25). Kaiser und Kaiser sprechen in diesem Zusammenhang von dem „exekutiven Aspekt“ der Metakognition von Brown im Vergleich zum „deklarativen Aspekt“ von Flavell (vgl. ebd., 27).

Bedeutsam für die begriffliche Klärung des selbstreflexiven Lernens erscheint mir, dass Brown von „Self-Monitoring“ spricht, in Rahmen dessen das eigene Gedachte, Bearbeitete und Gelernte vom Lerner selbst beobachtet wird. Zu dieser metakognitiven Beobachtung zählt ferner die Erkenntnis, ob das bisherige Vorgehen zum Erfolg führt bzw. geführt hat oder ob es modifiziert werden muss (vgl. Büttner 2004, 65). Auf dieser Grundlage können selbstregulatorische Verhaltensweisen entstehen, die die Planung, Regulierung und Bewertung der Bearbeitungsaktivität mit einbeziehen (vgl. Kaiser/ Kaiser ebd.). Hierin lassen sich Anknüpfungspunkte an die Regulationsforschung erkennen.

Metakognitive Bewusstheit wird im Zuge der Diskussion um Metakognition als „Perspektivenwechsel verstanden, bei welchem die Aufmerksamkeit eines Lerners von der Sache auf die eigenen Gedächtnis-, Denk- und Lernprozesse gelenkt wird" (Guldimann 1996, 34). Es sind Anknüpfungspunkte an Piaget erkennbar, der Bewusstheit „als fortgeschrittene Entwicklungsstufe des Denkens" beschrieben hat (vgl. Schreblowski/ Hasselhorn 2006, 156). Flavell hat Piagets Gedankengang weitergeführt und unter dem Begriff der „Sensitivität" gestellt; diese meint die Fähigkeit, Wissen über Lern- und Gedächtnisprozesse gezielt einzusetzen. Sie führt dazu, dass ein Lerner in der Lage ist, den eigenen Ist-Zustand zu analysieren und diesen für bewältigende Situationen zu modifizieren (vgl. ebd.).

Für das metakognitive wie das selbstregulierte Lernen gilt, dass hiermit ein komplexes Gefüge von kognitiven Entwicklungen und (praktischen) Erfahrungen verbunden ist. Winter merkt an, dass jüngere Schüler gegenüber älteren sowie leistungsschwächere gegenüber -stärkeren „Defizite" bei Metakognitionen haben (vgl. ebd. 1991, 108). Hierzu sind in den vergangenen Jahren Maßnahmen entstanden, die Metakognition und metakognitives Strategiewissen im Unterricht verankern. Artelt und Moschner berichten, dass Metakognition und Lernstrategien in vielen Bildungsplänen und Bildungsstandards im Zuge der Diskussion um Schlüsselkompetenzen aufgenommen wurden (vgl. ebd. 2005, 7). Als Beispiel sind hier die „Einschätzung zur Kompetenzentwicklung" in Thüringen (vgl. Thüringer Kultusministerium 2003) und die Materialien zur Rahmenlehrplan-Implementation in Brandenburg genannt (vgl. Pädagogisches Landesinstitut Brandenburg 2003).

Methodologisch auf den Forschungskontext Schule bezogen ist interessant, dass neben Interviewverfahren, lautem Denken, Partnertraining und kooperativem Problemlösen auch Lerntagebücher (vgl. Kaiser/ Kaiser ebd., 33; Veenman 2005, 77f.) zur Erfassung des metakognitiven Denkens eingesetzt werden (vgl. z.B. Bangert-Drowns/ Hurley/ Wilkinson 2004). Landmann und Schmitz berichten vom Einsatz eines Lerntagebuchs in einer achten Klasse, das unter selbstregulatorischen Aspekten geführt wurde und Einblicke in die Metakognition geben sollte (vgl. ebd. 2007, 156f.). Sie stellen fest, dass Lerntagebücher als Selbstbeobachtungsinstrumente geeignet sind und Reflexions- und Lernprozesse unterstützen können (vgl. ebd., 162). Von ähnlichen Erfahrungen berichten Bruder, Perels und Schmitz (vgl. 2004).

Für den Begriff der Reflexivität bleibt nunmehr festzuhalten, dass Metakognition durch die Begriffe Selbstbeobachtung („Self-Monitoring") und metakognitiver Bewusstheit (Flavell: „Sensitivity") bestimmt wird. Inhaltlich eingebunden sind existierende Arbeiten in Modellen des selbstregulierten Lernens (vgl. Zimmerman/ Schunks 2001; Boekarts 1997). Metakognition ist ziel- und handlungsbezogen. Sie steht resümierend am Ende eines Lernprozesses und aus ihr entstehen neue Handlungen.

3.2.5 Lernstrategieforschung

Wie bereits im Zusammenhang mit der Metakognitionsforschung angesprochen, werden Lernstrategien und Lernstrategiewissen als bedeutsam für das Lernen und den Lernerfolg angesehen (vgl. Artelt/ Moschner ebd.). Im Zuge der Diskussion um die Entwicklung von Lernstrategien sind die Selbstkontroll- und Selbstregulationsstrategien zu nennen. Friedrich und Mandl berichten, dass Lernstrategien es den Lernenden ermöglichen, das eigene Lernen selbst zu beeinflussen (vgl. ebd. 2006, 1). Sie sind als jene Verhaltensweisen und Gedanken zu bezeichnen, die Lernende aktivieren, ihre eigene Motivation und den Prozess des Wissenserwerbs zu steuern (vgl. ebd.). Lernen wird als komplexes Gefüge erkannt, das sich „durch unterschiedliche Strategien beeinflussen lässt: durch kognitive Strategien (Elaboration, Organisation/ Strukturierung, Wissensnutzung) und metakognitive Strategien (Selbstkontrolle/ Selbstregulation), durch motivational-emotionale Stützstrategien mittels kooperativer Lernstrategien sowie durch gezielte Nutzung wichtiger Lernressourcen wie z.B. Lernzeit und Medien" (ebd.). Metakognitive Strategien sind den kognitiven Strategien zugeordnet, da sie nicht unmittelbar auf die Verarbeitung des Lernstoffs ausgerichtet sind, sondern den Einsatz der kognitiven Strategien planen, überwachen und regulieren (vgl. Deutner/ Leopold 2006, 162).

Da der Aspekt der Selbstregulation bereits im Kontext des selbstregulierten Lernens sowie innerhalb der Regulationsforschung vorgestellt wurde, werde ich den Fokus auf den Aspekt der Selbstkontrolle als Lernstrategie begrenzen. Beruht Metakognitionsforschung verstärkt auf der Analyse und Benennung von metakognitiven Fähigkeiten des Einzelnen, so liegt der Schwerpunkt der Forschung zu metakognitiven Lernstrategien auf dem Handlungsaspekt der Metakognition (vgl. Schreblowski/ Hasselhorn 2006, 152). Dabei dienen diese Strategien der Planung (Wie gehe ich bei dieser Aufgabe vor?), der Überwachung (Habe ich das verstanden?), der Bewertung (Damit bin ich noch nicht zufrieden!) und der Regulation (Das muss ich nochmals lesen!) der Lernprozesse (vgl. Friedrich/ Mandl 2006, 5). Anknüpfungspunkte innerhalb der Forschung zu metakognitiven Lernstrategien lassen sich in Modellen des selbstregulierten Lernens erkennen (vgl.

z.B. Zimmerman ebd.), indem diese am Ende eines Prozesses das Erreichte würdigen und neue Ziele bestimmen. Das angesprochene Strategiemodell spricht explizit von Regulation und bindet diese in einem zyklischen Modell des selbstregulierten Lernens mit ein (vgl. Friedrich/ Mandl ebd.; Gläser-Zikuda 2001, 82). Im Hinblick auf das in der Literatur skizzierte Verständnis muss der Zusammenhang von metakognitiven Lernstrategien und selbstreguliertem Lernen bedacht werden. Selbstregulierte Lernprozesse ermöglichen es überhaupt erst, dass Metakognition thematisiert und metakognitiv gelernt werden kann.

Metakognitive Strategien setzen allerdings nicht nur am Ende eines Lernprozesses an, sondern sie bestimmen im Gesamtverlauf die Planung, Überwachung und die Bewertung des Lernens. Schreblowski und Hasselhorn sprechen sich für den Dreiklang des Planens, Überwachens und Bewertens aus und merken kritisch an, dass in der Literatur häufig nur eine der benannten Selbstkontrollstrategien erwähnt wird (vgl. ebd., 153). Sie verweisen auf den gegenseitigen Zusammenhang und die kombinierte Nutzung in der Lernpraxis (vgl. ebd.). Planungen stehen zu Beginn einer Aufgabe. Damit verbunden ist die Festlegung, welches Ziel angestrebt wird und wie dieses erreicht werden soll. Einzelne Strategien, die für die Zielerreichung zur Verfügung stehen, müssen gesichtet und eingeplant werden. Die Überwachung bezieht sich auf die Entwicklung des eigenen Bearbeitungsfortschrittes. Nach Schreiber lässt sich die Überwachung in die Teilstrategien „Selbstbeobachtung“ und „Selbsteinschätzung“ einteilen: Selbstbeobachtung meint die wertfreie Erfassung des aktuellen Vorgehens, Selbsteinschätzung hingegen den Vergleich des Ist-Zustands mit einem Soll-Zustand (Planungsziel) (vgl. ebd. in Schreblowski/ Hasselhorn ebd., 155). Mit der Selbsteinschätzung verbindet sich die Einschätzung, ob die eingesetzten Lernstrategien zur Erreichung des Ziels geeignet sind oder ob sie verändert werden müssen. Die abschließende Bewertung erfolgt nach Beendigung einer Aufgabe und setzt die erzielten Ergebnisse mit den ursprünglichen Planungen in Relation. Für die zukünftige Bearbeitung von Aufgaben ist dieser Bewertungsprozess äußerst relevant, denn er führt dazu, dass künftige Ziele und Bearbeitungswege verbessert werden können (vgl. Schraw/ Moshman 1995 in Schreblowski/ Hasselhorn ebd.).

Im Laufe der vergangenen Jahre sind zahlreiche Maßnahmen zur Förderung von Metakognition entstanden. Schreblowski und Hasselhorn berichten von Trainingsprogrammen, die den Aufbau effektiver Selbstkontrollstrategien befördern können (vgl. z.B. Heckhausen 1972, 1988; Schreblowski 2004; Schreblowski/ Hasselhorn 2001; Spörer/ Brunstein 2004 in ebd., 157). Dabei wurden Trainings entwickelt, die z.B. das Text-/ Leseverständnis oder die Entwicklung von Schreibkompetenz intensivieren. Allen diesen Maßnahmen ist gemein, dass sie die

Planung, Überwachung und Bewertung des Lernprozesses als bedeutsam anerkennen.

Zusammenfassend lässt sich festhalten: Metakognitive Lernstrategien werden im Zusammenhang mit selbstregulierten Lernprozessen gesehen. Der Lerner wird als aktiver Gestalter seines eigenen Lernprozesses anerkannt, dessen metakognitive Kenntnisse ihm die Planung, Überwachung und Bewertung des eigenen Lernprozesses und der erreichten Ziele ermöglichen. Im Vergleich zur allgemeinen Forschung um Metakognition ist die Forschung im Kontext der Metakognition als Lernstrategie eher handlungsbezogen. Hierzu wurden unterschiedliche Trainingsprogramme entwickelt, die metakognitive Bewusstheit beim Lernen fördern sollen. Metakognitive Lernstrategien beinhalten mehr als eine kritische Würdigung des Erreichten und Abgeschlossenen. Sie setzen bereits deutlich früher in der Planung und der begleitenden Überwachung an.

3.2.6 Schulische Leistungsbeurteilung

Reflexionen von Schülern, die zur Beurteilung der eigenen Fähigkeiten und Leistungen beitragen können, werden von denjenigen Autoren im deutschsprachigen Raum diskutiert, die neue Formen der Leistungsbeurteilung und die stärkere Partizipation der Schüler bei der Leistungsbeurteilung fördern möchten (vgl. z.B. Brouër 2004; Bohl 2004; Winter 2004). Kritisiert wird, dass Selbstbeurteilung in Theorie und Bildungspraxis, bezogen auf die schulische Leistungsbeurteilung, bislang zu wenig Beachtung gefunden hat. Dabei erkennen sie Selbstbeurteilung als Teil einer Emanzipation des Einzelnen an und verbinden hiermit die Fähigkeit, sich selbst und seine Leistungen realistisch einzuschätzen. Der Kontext des lebenslangen Lernens und die damit verbundene Fähigkeit, eigene Leistungen realistisch zu beurteilen, wird als Begründung für die Förderung von Selbstbeurteilungsfähigkeit angeführt.

Brouër berichtet, dass es keine allgemeine Definition von Selbstbeurteilung gibt, sondern eher eine Vielzahl von Verständnissen und Termini (vgl. ebd., 63). Synonym werden häufig die Begriffe Selbsteinschätzung, Selbstevaluation und Selbstbewertung gebraucht, wobei Selbsteinschätzung und Selbstbewertung sich auf die von einer Person vollzogene Handlung und Selbstevaluation sich eher auf die Bewertung einer Maßnahme bezieht.

Um eine Vorstellung davon zu erhalten, welche Komponenten die Selbstbeurteilung bedingen, hat Brouër ein „Modell der Selbstbeurteilung“ entwickelt (vgl. ebd., 73). Sie geht von einem idealtypischen Lerner aus, der mit einer gut ausgeprägten Fähigkeit zur Selbstbeurteilung in der Lage ist, die Ziele seines Handelns bewusst zu reflektieren, sich selbst während des Lernens zu beobachten und die aktuellen Prozesse und Produkte des Lernens zu erfassen sowie diese zu bewerten (ebd.). Ihr Modell ist an Lern- und Leistungssituationen gebunden, die im Kontext von Schule, Hochschule und in Situationen der Berufspraxis (z.B. Vorstellungsgespräch, Einstellungstest) stattfinden. Am Anfang ihres Modells steht die Zielreflexion (vgl. ebd., 75). Diese bewertet die Schwierigkeit und den Herausforderungscharakter eines Lernziels bzw. einer Aufgabe. In ihr entscheidet es sich, ob und wie engagiert sich ein Lerner eines Ziels annimmt. Die Erfassung der eigenen (aktuellen) Kenntnisse und Fähigkeiten führt im nächsten Schritt dazu, dass der Lerner sich mit seinen bestehenden Kenntnissen und Erfahrungen auseinandersetzt und diese mit dem Zielzustand vergleicht (vgl. ebd., 78). Ist eine Diskrepanz zwischen Soll- und Ist-Zustand erkennbar, wird eine weitere Aktivität nötig. Falls nicht, gilt das Lernziel als erreicht. Eine besondere Bedeutung kommt der Bewertung an sich zu (vgl. ebd., 84), die den bestehenden Prozess oder das entstandene Produkt, das erreichte bzw. noch zu erreichende Ziel als Maßstab der eigenen Arbeiten sowie die eigenen oder fremd gesetzten Bewertungskriterien zur Grundlage der Selbstbeurteilung macht. Abschließend fügt Brouër an, dass (Lern-) Emotionen zusätzlich die Bewertung und die Sicht auf das eigene Lernen bedingen (vgl. ebd., 87). Ingesamt ist anzumerken, dass ihr Modell Gemeinsamkeiten mit Selbstregulationsmodellen aufweist (vgl. z.B. Zimmerman 2000), indem es in Planungs-, Kontroll- und Selbstreflexionsphasen eingeteilt ist. Die Reflexionsphase ist als wichtig zu bezeichnen, denn sie führt dazu, dass ein Lerner sein eigenes Lernen kritisch prüft und daraufhin neue Lernprozesse plant.

Empirisch bedeutsam ist, dass es bislang wenige Studien gibt, die sich mit Selbstbeurteilung im schulischen Kontext auseinandersetzen. Brouër erkennt institutionelle Hemmnisse im Zusammenhang mit der Schüler-Selbstbeurteilung im Unterricht, da die individuelle Bezugsnorm im Vergleich zur sozialen Bezugsnorm zu wenig Berücksichtigung gefunden hat (vgl. ebd., 91). Winter berichtet von Erfahrungen mit der Selbstbeurteilung im Unterricht am Oberstufenkolleg Bielefeld (vgl. ebd. 2004, 238). Er stellt fest, dass sich die Urteile von Lernenden in Relation zu den Lehrenden bezogen auf die Notengebung kaum unterscheiden. Zu ähnlichen Ergebnissen kommen auch Higgins, Harris und Kühn (vgl. ebd. 1994 in Brouër 2004, 92), die in ihrer Studie, welche sie in amerikanischen Grundschulen durchgeführt haben, nachgewiesen haben, dass sich 54% der untersuchten Schüler die gleiche Punktzahl geben würden wie ihre Lehrer (27% schlechtere, 19% bessere Punktzahlen). Bohl berichtet von ähnlichen Untersuchungen und Ergebnissen (vgl. 2004, 125).

Die Beurteilung der eigenen Fähigkeiten wird häufig auch im Kontext mit der Fremdbeurteilung durch Mitlernende gesehen. Fremdbeurteilung wird begrifflich einerseits als die Beurteilung durch den Lehrenden und andererseits als die Beurteilung durch Mitlernende („peer") verstanden (vgl. Brouër 2004, 99; Winter 2004, 248). Bohl spricht von der „Schülermitbewertung" und meint damit das gegenseitige Feedback in der Lerngruppe (vgl. ebd. 2004, 129). Die wechselseitige Verzahnung von Selbst- und Fremdbeurteilung wird als „entwicklungsfördernde Möglichkeit" (vgl. Bohl ebd.) aufgefasst, die dem Lerner ein realistisches Bild der eigenen Fähigkeiten verschaffen kann.

Insgesamt lässt sich sagen, dass es bei Versuchen mit Selbstbeurteilung im Unterricht häufig um die Beurteilung des eigenen Arbeitsverhaltens (vgl. Bohl 2004, 127) oder um die allgemeine Zusammenarbeit mit Mitschülern geht (vgl. Higgins/ Harris/ Kühn 1994; Grunder/ Bohl 2004, 154). Die abschließende Beurteilung durch Schüler, die sich auf eigene Endprodukte bezieht, ist nach Winter (vgl. ebd.) in der Schulpraxis seltener anzutreffen. Gründe könnten in den zu starken Betonungen der sozialen, kriterialen Bezugsnorm (vgl. Brouër s.o.) sowie in den mangelnden Erfahrungen mit dieser Methode liegen.

Für die vorliegende Arbeit soll an dieser Stelle festgehalten werden, dass im Zuge der Diskussion um Selbstbeurteilung ein Begriff von Reflexivität verwendet wird, der sich auf die Beurteilung der erreichten Lernprozesse und -produkte bezieht.

3.2.7 Schreibdidaktik

Für die Schreibdidaktik bedeutsam ist das schriftliche Reflektieren der Lerner über eigene Texte. Bräuer erkennt in der schreibspezifischen reflexiven Praxis die Möglichkeit, dass die Kulturtechnik Schreiben stärker entwickelt wird, Kommunikationsbedürfnisse tiefer befriedigt und Lernstrategien mittels des Schreibens optimiert werden (vgl. ebd. 2003, 12). Das aus der Schreibdidaktik diskutierte Verständnis von Reflexivität lässt sich als persönliches Nachdenken über den eigenen Schreib- und Lernprozess beschreiben. Reflexionen sind nicht nur auf bereits Geschriebenes reduziert, sondern ermöglichen den Blick auf den gesamten Lern- und Erarbeitungsprozess. In diesem Sinne möchte die Schreibdidaktik das schriftliche Reflektieren über das eigene Lernen anregen. Bräuer schlägt als geeignete Methoden das Tagebuch, das Arbeitsjournal und das Portfolio vor (vgl. ebd., 17), in denen das schriftliche Berichten entwickelt werden kann. Die Aufgabe des Lehrers liegt in der Rolle des (Schreib-) Beraters, der Rückmeldungen zum Erarbeiteten geben soll (vgl. Häcker 2004, 156).

Das in der (deutschsprachigen) Schreibdidaktik entstandene Verständnis des schriftlichen Reflektierens geht weitestgehend auf Bräuer zurück. Dabei ist die Herkunft dieser ‚Bewegung' in den USA, in den Schreib- und Lesezentren an Universitäten und Colleges zu finden. Elbow ist hier als ein Vertreter zu nennen, der seit den 1970er Jahren das schriftliche Reflektieren von Studierenden mit Portfolios initiiert und weiterentwickelt hat (vgl. ebd. 1998). Deutschsprachige Arbeiten zum schriftlichen Reflektieren im Deutschunterricht sind von Eikenbusch (2001), Plamenig (2001), Zeitlinger (2002), Brunner (2002), Bauer (2002) und Bräuer (1998, 2003) entstanden. Diesen Arbeiten ist gemein, dass sie ein Portfolio als Methode für das Dokumentieren und Reflektieren des Erarbeiteten und Erlernten nutzen, wobei als Einsatzorte sowohl Schule als auch Hochschule genutzt werden. Linnakylä berichtet vom Einsatz von Portfolios („writing portfolios") zur Förderung von schriftsprachlichen Fähigkeiten an finnischen Schulen (vgl. ebd. 1997). Portfolios erkennt sie als Möglichkeit an, den individuellen Schreibprozess und die daraus resultierende Entwicklung abbildbar zu machen und die selbstreflexiven Fähigkeiten zu steigern. Letztere genannte Fähigkeit sieht sie aufgrund der im Portfolio-Unterricht gestellten Aufgabe realisiert, indem Schüler eigene Texte auswählen und ins Portfolio aufnehmen sowie resümierende Entstehungs-Beschreibung und Selbstbewertungen anfertigen. Selbstreflexionen dienen für sie als die „von außen" formulierte Aufgabe, über den Entstehungsprozess und über die Qualität von eigenen Texten nachzudenken. Dieser Gedankengang ist zumeist anwendungsbezogen und orientiert sich am eigenen Text. Das Portfolio wird als komplexes „Abbild" der Schüler-Leistungen erkannt, welches einen realistischen Einblick in das Leistungsvermögen bietet und an dem sich Rückmeldegespräche zwischen Schülern und Lehrern entwickeln können. Das Portfolio wird hierbei als eine geeignete Methode für die Leistungsbeurteilung verwendet.

Für die Schreibdidaktik insgesamt lässt sich sagen, dass „von außen" angeregte Selbstreflexionen den Entstehungsprozess eines Textes begleiten können. Der Grad der Anregung zum Reflektieren der Schüler wird mittels strukturierter Reflexionsbögen (vgl. z.B. Plamenig 2001, 45) oder eigens zu formulierende schriftliche Berichte und Gespräche (vgl. z.B. Bräuer 2003, 105) bedingt, die den Blick auf den Planungs- und Schreibprozess eines Textes richten lassen.

Mit dem Einsatz eines Online-Computers als Schreibwerkzeug sind neue Möglichkeiten für die Schreibdidaktik entstanden. Vinall-Cox (vgl. 2005) und Ferris (vgl. 2002) berichten als Lehrende an nordamerikanischen Colleges von ihren Erfahrungen mit dem „Freien Schreiben" am Computer. Das Verfassen von Texten und eigenen Berichten am Computer ist, nach ihren Aussagen für heutige Schüler einfach zu bewältigen, da sie bereits das „Schreiben als Sprechen" (Vinall-Cox benutzt den Begriff: „Writing to Talk“) im Kontext von Chat- und eMail-Konversationen kennen gelernt haben. Die geschriebene Kommunikation hat ihre mentale und soziale Entwicklung angeregt (vgl. Vinall-Cox ebd.). Aus diesem Grund erkennen sie im Computer ein geeignetes Werkzeug, welches sich zum Verfassen von persönlichen Gedanken nutzen lässt.

Weniger aus der Schreibdidaktik angeregt und vielmehr aus den technischen Möglichkeiten des Onlinepublizierens entstanden, ist die Schreibbewegung von Weblogs zu nennen. Hinter dem Begriff des Weblogs verbirgt sich zum einen der Begriff Web, der für das World-Wide-Web steht und Log, der sich aus dem Schreiben von Logbüchern herleitet. Weblogs erlauben es, persönliche Gedanken und Reflexionen zu publizieren. Dabei weisen Weblogs in ihrer Struktur als Webtagebücher eine Verbindung zu Lerntagebüchern auf (vgl. Abfalterer 2007, 14). Neben dem persönlichen Verfassen von Selbstberichten ergibt sich auf der Grundlage der öffentlichen Einsehbarkeit die Möglichkeit, eigene Gedanken zur Diskussion zu stellen und dazu einen Online-Kommentar von Weblog-Lesern zu erhalten. Im schulischen Bereich steht die damit verbundene Nutzung des Präsentierens, Reflektierens und Kommentierens im deutschsprachigen Raum noch am Anfang. Anders schaut die Situation in Nordamerika aus, wo die Arbeit mit Weblogs im Unterricht bereits weiter verbreitet ist. Hier werden Weblogs von Lehrern (vgl. Maier-Häfele/ Häfele 2005), Lerngruppen und Einzelschülern (vgl. Downes 2004) geführt, um über eigene Arbeiten und Herangehensweisen Auskunft zu geben, die im Zusammenhang des Unterrichts stehen (vgl. Abfalterer 2007, 68f.). Hierdurch lassen sich Reflexionen, die beim Lernen entstehen, thematisieren. Es lassen sich Überschneidungen zwischen den Writing-Blogs (vgl. Leslie 2003), die einem Lerntagebuch gleichen und den Intentionen des schriftlich-textlichen Reflektierens der Schreibdidaktik erkennen (vgl. Bräuer, s.o.).

Zusammenfassend lässt sich konstatieren, dass innerhalb der Schreibdidaktik handlungsbezogen über die Förderung von Reflexionsfähigkeit nachgedacht wird. Zunehmend aus dem englischsprachigen Raum wurden die damit verbundenen didaktischen Möglichkeiten entwickelt. Das Begriffsverständnis von Reflexivität lässt sich dem damit verbundenen didaktischen Anspruch nach als „fachliche Anregung zum Nachdenken über den eigenen Text“ und „der Förderung von Reflexivität im Rahmen eines Schreibprozesses“ beschreiben. Unter dem Aspekt einer Online-Community lassen sich diese schriftlichen Berichte und Reflexionen einer größeren Gruppe von Lesern vorstellen.

3.2.8 Fremdsprachendidaktik

In der Fremdsprachendidaktik werden unter dem Begriff Reflexivität die angeleitete Wahrnehmung und Bewertung der eigenen Sprachlernprozesse verstanden (vgl. Weskamp 1996/ 2003). Es finden sich Überschneidungen mit dem Begriff der Selbsteinschätzung und Selbstbeurteilung. Der Reflexionsprozess ist, wie bereits zuvor im Selbstbeurteilungsmodell von Brouër vorgestellt, auf ein Lernziel und die eigenen Kenntnisse bezogen. Kolb berichtet von der Selbstbeurteilung, die entweder mehr auf die Beurteilung einer Aufgabe, eines (Lern-) Prozesses oder Produkts konzentriert ist (vgl. ebd. 2007, 54), wobei der Fokus auf der Sprachkompetenz liegt. In diesem Begriffsverständnis gibt es, ebenfalls wie in der Schreibdidaktik, zwei Argumentationslinien: Zum einen wird die Selbstbeurteilung der eigenen sprachlichen Fähigkeiten als Teil bzw. als Methode der Leistungsbeurteilung gesehen, zum anderen wird der „pädagogische Wert“ (Anm.: Originalzitat, Kolb ebd., 55) der Selbsteinschätzung für das Lernen der Schüler an sich betont. In diesem Spannungsfeld bewegen sich die didaktischen Bemühungen der Entwicklung und Thematisierung von Reflexivität im Fremdsprachenunterricht, wobei es auch Überschneidungen mit eher allgemeindidaktischen Überlegungen gibt (z.B. Leistungsbeurteilung).

Neben der Beurteilung der eigenen Fähigkeiten werden im Fremdsprachenunterricht auch die Sprachlernbewusstheit als ein weiteres Element der Reflexivität bearbeitet (vgl. Hawkins 1984; Kolb ebd.). Sprachlernbewusstheit wird neben Sprachbewusstheit und kommunikativer Kompetenz als eine von drei Teilkompetenzen im Zusammenhang des Fremdsprachenunterrichts betrachtet (vgl. Rampillon 1997). Dabei wird unter Sprachlernbewusstheit sowohl der Gebrauch von Lernstrategien (vgl. Rampillon 1991) als auch die Bildung subjektiver Theorien beim Sprachenlernen verstanden. In der Literatur gibt es unterschiedliche Verwendungsmuster. Dies hat zur Folge, dass beide Konnotationen verwendet werden und diese entweder mehr metakognitiv und regulativ oder eher subjektiv und individuell bestimmt sind. Die Thematisierung und Bearbeitung von Sprachlernbewusstheit im Fremdsprachenunterricht hat zur Folge, dass sie als diagnostisches Hilfsmittel und Informationsquelle für die Lehrenden dient. Auf der Lernerseite kann die Stärkung der Sprachlernbewusstheit dazu beitragen, dass Gelerntes an bestehende Erfahrungen, Kenntnisse und Denkmuster anknüpft und sich stärker im Gedächtnis festigt (vgl. Weskamp 2003). Die Thematisierung von Lernstrategien im Fremdsprachenunterricht soll Schüler dazu anhalten, über ihr Lernen und den damit verbundenen Strategieneinsatz zu berichten (vgl. Hu 1996).

Forschungsmethodologisch interessant erscheint bei der Forschung um Sprachlernbewusstheit, dass als Forschungsmethoden neben Interviews, die sowohl mit (vgl. z.B. Kallenbach 1996) als auch ohne (vgl. z.B. De Leeuw 1997) Struktur-Lege-Technik geführt werden, mit einem Portfolio oder Lerntagebuch als Forschungsinstrument (vgl. z.B. Kolb 2007) gearbeitet wird. Kolb hat in ihrer Untersuchung, die sie in vierten Grundschulklassen durchführte, ein Portfolio eingesetzt, dass die Sprachlernbewusstheit der Schüler im Fach Englisch dokumentiert hat. Resümierend stellt sie fest, dass das Portfolio und der damit verbundene Unterricht gut zur Sensibilisierung für das Nachdenken über das eigene Sprachenlernen genutzt werden können (vgl. ebd., 317).

Neben den gezeigten Forschungsarbeiten sind noch weitere fachdidaktische Arbeiten zu nennen, die im Unterrichtsalltag von Primar- und Sekundarschulen verbreitet sind (vgl. z.B. Council of Europe 1997, Legutke/ Lortz 2002). Hauptsächlich stammen sie aus der Entwicklung von Sprachenportfolios für den Fremdsprachenunterricht. Begleitet wurden sie durch die Ziele des Europäischen Rats, der einen gemeinsamen Referenzrahmen für die Beschreibung von kommunikativer Sprachkompetenz suchte. Die Bestrebungen fanden ihr Ergebnis im Europäischen Sprachenportfolio, das die Dokumentation einer standardisierten sprachlichen Kommunikationsfähigkeit ermöglicht (vgl. Schneider 2004). Die Lernenden sollen hierdurch die Möglichkeit erhalten, ihre fremdsprachlichen Kenntnisse zu dokumentieren und einem potentiellen Interessentenkreis (Schule, Aus- und Weiterbildung, Arbeitgeber) zu präsentieren. Die standardisierte Struktur des Portfolio-Konzepts soll die europäische Vergleichbarkeit der Ergebnisse ermöglichen.

Für die begriffliche Klärung des fremdsprachlichen Verständnisses von Reflexivität soll an dieser Stelle zusammenfassend festgehalten werden, dass hier ein ähnliches Verständnis wie in der Schreibdidaktik vorherrscht: Wo es um die Fähigkeit geht, eigene schriftsprachliche und kommunikative Fähigkeiten auf einen Standard hin einzuschätzen, wird eher ein Verständnis von Reflexivität verwendet, das dem Begriff der Selbstbeurteilung gleicht. Daneben sind aber auch Arbeiten entstanden, die stärker ein Begriffsverständnis favorisieren, das mit Reflexivität die Sprachlernbewusstheit und die eigene subjektive Sicht auf den Sprachlernprozess verbindet.

3.2.9 Zusammenfassung und Vergleich

Für den geplanten Vergleich der unterschiedlichen Begriffsverständnisse von Reflexivität ist es sinnvoll, diese zusammenzufassen und auf Unterschiedlichkeiten und Gemeinsamkeiten zu sprechen zu kommen. Drei übergreifende Felder konnten identifiziert werden:

* in Pädagogik und Bildungstheorie, im verbundenen Bild des selbstbildenden und selbstverantwortlichen Individuums;
* in der Pädagogischen Psychologie und in Modellen des Lernens, die den Lernenden ein hohes Maß an Selbststeuerung ermöglichen;
* in der Allgemeinen Didaktik und in Fachdidaktiken, die das Nachdenken über erworbene Fähigkeiten und Kenntnisse als erstrebenswert anerkennt.

Reflexivität ist theoretischer Hintergrund für Bildungsprozesse, Element im selbstgesteuerten Lernen, Teil einer methodischen Konzeption und Motor für Lernprozesse.

Das pädagogische und bildungstheoretische Verständnis der Reflexivität erkennt die Urteilskraft und Fähigkeit zur Selbstkritik als zentrales Merkmal ihres selbstbildenden und selbstverantwortlichen Menschenbilds. Reflexivität wird als die Fähigkeit verstanden, eigene und fremde Perspektiven auf sich und die Welt zu deuten. Das übergreifende Bildungsziel liegt darin, den Einzelnen zur kritischen Urteilsbildung anzuregen. Nimmt man in dieses Verständnis noch die Vorstellungen des pädagogischen Konstruktivismus auf, so ergibt sich, dass Reflexivität auch darin besteht, existierende Perspektiven auf sich und die Welt zu deuten und neue Perspektiven zu entwickeln. Ein konstruktivistisch geprägter Lerner ist von der Einsicht des Autopoetischen und der Individualität gekennzeichnet. Reflexivität ist nicht, wie im Zusammenhang des selbstregulierten Lernens, auf einen aktiven Aneignungsprozess reduziert, sondern ist weiter gefasst und schließt die lebenslange Entwicklung mit ein.

Zahlreiche Arbeiten der Regulations-, Metakognitions- und Lernstrategieforschung untersuchen die beim Reflektieren ablaufenden Denk- und Lernprozesse. Diese Arbeiten entstammen der Diskussion um Selbstregulation im Lernen. Das damit verbundene Verständnis von Reflexivität weist ihr eine Funktion in einem zyklischen Modell zu. Reflexionen stehen z.T. übergeordnet und z.T. am Ende eines Lernprozesses und bewerten sowohl die eigenen Beobachtungen als auch die erreichten Ergebnisse. Aus den getätigten Selbstbeobachtungen (Self-Monitoring) können neue Lernziele entstehen, die es zu erschließen gilt. Insgesamt lässt sich anmerken, dass der Zielbezug der Lernaktivitäten als bedeutsam angesehen wird. Bei der Überwachung der eigenen Handlungen und Lernaktivitäten kann metakognitives Wissen (über sich und andere, über den Lösungsweg und über Anforderungen einer Aufgabe) gebildet und metakognitive Strategien (Überwachung, Selbstkontrolle) angewendet werden. Ein metakognitv bewusster Lerner ist in der Lage, sein eigenes Lernen zu planen, durchzuführen, zu beobachten sowie zu beurteilen. Reflexivität erlaubt es ihm, die Lernprozesse entsprechend zu beobachten und diese auf die eigenen Lernziele hin zu bewerten.

Die didaktische Diskussion um Reflexivität erkennt den Wert der Reflexivität für schulische Lernprozesse an und fordert deren Förderung im Unterricht. Reflexivität kann zum Nachdenken über eigene Lernprozesse beitragen. Reflexionen von Schülern können als eine Maßnahme zur Stärkung des Subjektbezugs und der Individualisierung des Lernens verstanden werden. Es kristallisiert sich eine unterschiedliche Wertigkeit der Reflexionen heraus: Entweder sind diese mehr subjektiv/ individuell oder mehr metakognitiv/ regulativ bestimmt. Sie können im Lernprozess unmittelbar thematisiert werden oder am Ende eines Lernprozesses stehen. Im Zuge der Diskussion um eine veränderte Leistungsbeurteilung werden Selbstbeurteilungen der Schüler als Maßnahme zur Förderung der Notentransparenz angesehen. Im Rahmen der Förderung um sprachliche und schriftsprachliche Kenntnisse werden Reflexionen als Maßnahmen zur Förderung der Lernbewusstheit und sprachlichen Kompetenz genutzt.

Die einzelnen Annahmen und Vorstellungen, die mit dem Begriff der Reflexivität einhergehen, zeichnen auf den ersten Blick ein unterschiedliches Bild. Bei der genaueren Analyse tauchen jedoch Überschneidungen auf. Alle Konzepte gehen vom einzelnen und eigenaktiven Lerner aus, der einen Lern- und Denkprozess selbstreguliert erarbeiten kann und möchte. Selbst wenn Humboldt und Klafki nicht explizit von Selbstregulation sprechen, haben sie in ihren Arbeiten ein Modell vor Augen, das einen aktiv handelnden Lernenden impliziert. Ähnliche Annahmen finden sich ebenfalls in didaktischen Konzepten wieder, die dem Konstruktivismus zugeordnet werden können. Das „learning by doing“, wie es Reich in Anlehnung an Dewey formuliert, erfordert Reflexionen. Diese Reflexionen werden häufig mittels geeigneter methodischer Arrangements wie z.B. Selbstbewertungsbögen, Lerntagebücher oder Portfolios angeregt.

Beim kritischen Blick auf die analysierten Arbeiten fällt auf, dass Reflexionen im Unterricht als wertvoll anerkannt werden, dass die damit verbundenen individuellen Entwicklungsprozesse des einzelnen Schülers in Art einer Langzeitstudie bislang noch nicht untersucht wurden. Der Schwerpunkt liegt eindeutig in der isolierten Betrachtung (z.B. Selbstkontrolle als metakognitive Strategie) einzelner Lernenden in Kleingruppen – jedoch nicht in einem Unterrichtssetting. Hierbei wird selten die subjektive Sicht der Lernenden thematisiert. Vielmals geht es um die isolierte Betrachtung einzelner standardisierter Fähigkeiten. Von umfassenden und multivariablen Erschließungen einer Klassengemeinschaft mit differenzierten Analysen der Schüler- und Lehrertätigkeit, der dabei ablaufenden Lernprozesse und der resultierenden Reflexionen sowie der vorherrschenden Aufgaben- und Lernkultur, wird nicht berichtet. Hier sehe ich ein Forschungsdesiderat – wobei betont werden sollte, dass schuljahresübergreifende und längsschnittorientierte Studien notwendig wären, die sich sowohl die Erkenntnisse der Entwicklungspsychologie als auch der Didaktik zu Eigen machen würden. Dabei könnte in den Blick genommen werden, wie Schüler über ihr schulisches Lernen reflektieren und welche Lernprozesse und didaktische Formen geeignet sind, um Reflexivität konstruktiv zu beeinflussen. Gleichfalls bin ich mir bewusst, dass diese Klärung im Rahmen der von mir angestrebten Erarbeitung nicht geleistet werden kann.

3.3 Voraussetzungen für die Entwicklung und Thematisierung von Reflexivität im Unterricht

3.3.1 Einleitung

Die aus den unterschiedlichen Betrachtungswinkeln skizzierten Konzeptionen von Reflexivität lassen die Frage aufkommen, welche Grundlagen gegeben sein müssen, damit Reflexivität von Lernenden entstehen, artikuliert und vertieft werden kann. Aus Diskursen zum selbstregulierten (vgl. Konrad/ Traub 1999, 39f.) und zum selbstbestimmten Lernen (vgl. Häcker 2006, 296f.) ist bekannt, dass Lernen an zahlreiche Voraussetzungen gebunden ist, deren Erfüllung (zumindest zu Teilen) notwendig ist, damit Selbstregulation (sowie Selbstbestimmung) im Lernen entstehen kann. Selbstregulation und Selbstbestimmung im Lernen sind nicht per se ohne die Berücksichtigung von Rahmenbedingungen (z.B. Alter der Schüler, Erfahrungen, Motivation, Lehrerrolle, vorherrschende Lernkultur, Fremdsteuerung) möglich. Gleiches kann auch für die Thematisierung und Entwicklung von Reflexivität im Unterricht gesagt werden. Die Darstellung der unterschiedlichen Begriffsverständnisse hat deutlich gemacht, dass ein großer Zusammenhang zwischen selbstgesteuertem und reflexivem Lernen besteht. Daher soll versucht werden, zu formulieren, welche Parameter auf Reflexivität im Unterricht Einfluss nehmen können. Die Darstellung erfolgt auf der Grundlage einschlägiger Forschungsergebnisse, die sich mit Reflexivität im Lernen auseinandersetzen.

Die Thematisierung von Reflexivität im Unterricht ist an mehrere Voraussetzungen und Einflussfaktoren gebunden. Zu diesen Voraussetzungen zählen die allgemeinen Schüler- und Lehrer-Erfahrungen mit Reflexivität, die kognitiven Fähigkeiten der Schüler, Lernmotivationen, Lernemotionen und die Lernkultur des Unterrichts.

3.3.2 Individuelle Erfahrungen und Entwicklungen

Im Laufe der Schulzeit verändern sich die eigene Selbstwahrnehmung und die Motivation für schulische Inhalte. Dieser Sachverhalt ist ein „universelles

Entwicklungsphänomen“ (vgl. Spinath 2007) und wird durch den Prozess der Pubertät und des Erwachsenwerdens begleitet. Helmke (1992) wies nach, dass die Lernfreude für die Schule ab dem 10. Lebensjahr abnimmt. Dies gilt ebenfalls für das individuelle Wohlbefinden (Fend 1997) und die Zufriedenheit mit der Schule (Eder 1995). Damit verändert sich die Wahrnehmung der eigenen Fähigkeiten hin zu einer negativeren schulischen Selbstwahrnehmung (vgl. ebd.).

Schüler bringen in den Unterricht Lernerfahrungen mit, die biografisch geprägt sind und sich über Jahre in den unterschiedlichen Bildungsinstitutionen entwickelt haben. Diese beeinflussen die Vorstellungen der Schüler über ihr Lernen und ihre Selbsteinschätzung. Wie diese Erfahrungen Eingang in die Lebensgeschichte der Schüler gefunden haben, wurde in mehreren Untersuchungen dargestellt (vgl. Nittel 1992; Schlemmer 2006). Der Kinderreport 2007 des deutschen Kinderhilfswerks berichtete, dass Kinder aus sozial benachteiligten Familienzusammenhängen eine resignativ geprägte Selbstwahrnehmung haben. Diese führt dazu, dass sie sich im Unterricht weniger zutrauen und sich vielfach überfordert fühlen (vgl. deutsches Kinderhilfswerk ebd.). Im Rahmen der vorliegenden Untersuchungen können diese biografisch verankerten Lernprozesse nicht sichtbar gemacht werden. Gleichfalls zeigen die biografisch geprägten Lernerfahrungen aber, dass Schüler höchst unterschiedlich ihr Lernen wahrnehmen. Bedeutsam ist, dass sich diese Wahrnehmungen über Jahre entwickelt haben, dass sie individuell und sozial sowie positiv und negativ geprägt sind. Hascher und Astleitner sprechen davon, dass Schüler im Laufe ihrer Schulzeit zu „Experten ihres eigenen Lernens“ werden (vgl. ebd. 2007, 30).

Aus der entwicklungspsychologischen Forschung ergeben sich Hinweise darauf, dass Schüler zwischen dem neunten und zwölften Lebensjahr zu Veränderungen in den individuellen Möglichkeiten selbst kontrollierten Lernens kommen (vgl. Hasselhorn 2004). Nach Piaget (1971) lassen sich zwischen acht und zehn Jahren kognitive Veränderungen beobachten, die zusehends den Blick auf das eigene Lernen richten lassen. Es kommt zu einem Anstieg metakognitiven Wissens und metakognitiver Fähigkeiten sowie der selbstständigen Strategienutzung (vgl. Schreblowski/ Hasselhorn 2006, 156). Piaget spricht von dem „Erwachen der abstrakten Selbstreflexion“ (vgl. ebd.).

Die reflexive Bewusstheit ist gleichfalls einem Erfahrungsprozess unterworfen: Haben Schüler bereits häufig über ihr Lernen nachgedacht oder gab der Unterricht hierzu entsprechende Aufgabenstellungen, so lässt sich mit zunehmender Erfahrung der Lernenden und Lehrenden eine Entwicklung hinsichtlich der Qualität der Reflexionen beobachten. Kolb hat dies im Rahmen einer Untersuchung für ein

Portfolio im Fremdsprachenunterricht der Grundschule herausgearbeitet. Dabei hat sie eine Schulklasse über ein Schuljahr begleitet (vgl. ebd. 2007, 309).

3.3.3 Lernmotivationen

Die Motivation von Schülern für den Unterricht wird selbstverständlich als „zentrale Bedingung des Lernerfolgs" anerkannt (Schiefele/ Streblow 2006, 232), selbst wenn Vorwissen, Intelligenz, metakognitives Strategiewissen oder die Kapazität des Arbeitsgedächtnisses den größten Beitrag zur Vorhersage von Lernerfolg leisten (vgl. ebd.; Boekarts/ Pintrich/ Zeidner 2000, 113). Dennoch lässt sich verallgemeinernd sagen, dass es von der Lernmotivation abhängt, ob ein Schüler eine Lernaktivität verfolgt und wie lange und intensiv er lernt (vgl. Kuhl 1984 in Boekarts/ Pintrich/ Zeidner 2000, 115). Diese Auffassung wird aus Arbeiten der Kognitions- und Regulationsforschung gestützt. Die Motivation beeinflusst demnach erheblich, ob ein Schüler sich intensiv mit seinem im Unterricht Gelernten und Bearbeiteten reflexiv auseinandersetzt.

Zur Unterstützung des Lernens ist Motivation notwendig, die im günstigsten Fall intrinsischer Art ist (z.B. Lernfreude, Interesse an der Sache), oft jedoch auch extrinsisch geprägt ist (z.B. gute Noten, Anerkennung) (vgl. Helmke 2005, 31). Intrinsisch motivierte Handlungen werden durchgeführt, weil sie positive Erlebens-Aspekte aufweisen und für den Lerner herausfordernd erscheinen (vgl. Schiefele/ Streblow ebd.). Die ausgeführte Handlung kann selbst intrinsisch belohnend sein oder der Gegenstand der Handlung (z.B. neues Unterrichtsthema) bildet den Anreiz für ein bestimmtes Handeln. Im Fall der intrinsischen Motivation liegt der angestrebte Zielzustand in der Handlung selbst und in den verbundenen Erlebensqualitäten. Bei der extrinsischen Motivation haben Handlungen eher eine instrumentelle Funktion, das heißt, sie werden durchgeführt, um positive Konsequenzen zu erhalten (z.B. Lob) und um selbst- bzw. fremdgesetzte Standards (z.B. Zensur) zu erreichen oder um sie zu vermeiden. Je nach Ausprägung der angestrebten Zielzustände (z.B. besser sein, Lob oder gute Note erhalten, Misserfolg vermeiden) lassen sich unterschiedliche Formen extrinsischer Lernmotivation finden (vgl. Pekrun 1998), wobei insbesondere Wettbewerbs-, Leistungs-, Misserfolgs- und soziale Motivation zu nennen sind (vgl. Schiefele/ Streblow 2006, 233). Die einzelnen Motive können eher kurzfristig und situationsspezifisch entstehen oder dauerhaft bestehen bleiben und den eigenen Einsatz und das eigene Interesse leiten (Rheinberg 2002). Bezogen auf die Selbstreflexivität bleibt zu fragen, welche Lernmotivationen das reflexive Denken konstruktiv bedingen. Da Reflexionen, wenn sie nicht öffentlich artikuliert oder schriftlich festgehalten werden, häufig auch unterbewusst ablaufen, bleibt es offen, inwieweit intrinsische und extrinsische Motive das Denken über das Gelernte und Bearbeitete anregen.

Für die Entwicklung von intrinsischer Lernmotivation im Klassenkontext werden Motivationsprogramme (z.B. Heckhausen 1989) oder motivationsförderliche Lernumgebungen (z.B. Häußler/ Hoffmann 1995) eingesetzt, wobei in der Gegenwart eher die Bemühungen um die Entwicklung der Lernumgebung und Lernkultur überwiegen (vgl. Schiefele/ Streblow 2006, 235). Deci und Ryan (1985) erkennen in der Förderung der Kompetenzwahrnehmung, der Selbstbestimmung und der sozialen Einbindung des Lerngegenstands im Unterricht die Grundlage für die Förderung von intrinsischer Motivation. Ihre Ausführungen sollen an dieser Stelle nicht weiter diskutiert werden; bedeutsam scheint mir zu sein, dass die Lernerzentrierung und die Möglichkeit, eigenaktiv und selbstwirksam zu lernen, die intrinsische Motivation beeinflusst.

Gleichfalls scheint der Grad der Schwierigkeit und der individuellen Herausforderung einer Aufgabe bedeutungsvoll für die Lernmotivation. Vollmeyer und Rheinberg fanden heraus, dass sich Lerner herausgefordert fühlen, wenn die Aufgabenschwierigkeit die eigenen Fähigkeiten knapp übersteigt (vgl. ebd. in Vollmeyer 2006, 225). Die Motivation muss nicht von außen angeregt werden. Es führt dazu, dass der Lerner bereit ist, sich länger mit einer Aufgabenstellung auseinanderzusetzen (vgl. ebd.).

Im Zusammenhang mit der Förderung von Lernmotivation ist die Studie von Jens Bartnitzky (2004) zu nennen. Bartnitzky hat ein Lerntagebuch zur Förderung der allgemeinen Lern- und Leistungsmotivation bei Grundschülern eingesetzt, bei dem er keine Entwicklung bei den untersuchten Schülern feststellen konnte. Schwierigkeiten sehe ich im normativen Verständnis Bartnitzkys, der das Lerntagebuch ‚per se' als motivationsförderlich ansah. Die verwendeten Erhebungsinstrumente, die meist quantitativer Art waren, konnten keine Einblicke in das Lernverhalten der Schüler ermöglichen. Zusätzlich zeigt das Beispiel Bartnitzkys, dass sich nicht jede „neue" Methode positiv auf die Motivation der Lernenden auswirken muss. Im Gegensatz zu Bartnitzky konnte Spinath (2007) in ihrer Untersuchung nachweisen, dass Schüler mit sonderpädagogischem Förderbedarf in motivationaler Hinsicht von der Arbeit mit Lerntagebüchern profitieren. Die Schüler wiesen nach einer gewissen Zeit positivere Wahrnehmungen der eigenen Person auf. Kritisch anzumerken ist die fehlende Klärung Spinaths, ob Motivation „rein" mit dem Einsatz eines Lerntagebuchs oder mit der sich auf die Motivation positiv auswirkenden Lernkultur gestärkt wurde, die zwischen Lehrern und Schülern eine veränderte Aufgaben-, Gesprächs- und Rückmeldekultur (vgl. ebd., 182) mit sich brachte.

3.3.4 Lernemotionen

Gefühle beeinflussen die Sicht darauf, wie Schüler den Unterricht und ihr eigenes Lernen wahrnehmen. Der Begriff Emotion setzt sich aus dem lateinischen „e = aus heraus" und „movere = bewegen" zusammen (vgl. Seidel 2007, 5). Das kann z.B. ausdrücken, dass aus dem Inneren heraus ein Gefühl wie Freude oder Angst den Einzelnen bewegt und zum Handeln anregt. Lernemotionen können als dispositionale emotionale Reaktionsbereitschaften oder als situative momentane Erlebenszustände beschrieben werden (vgl. Tenorth/ Tippelt 2007, 478). Emotionen sind in der Unterrichtsforschung und in der Psychologie lange Zeit nicht berücksichtigt worden (vgl. Gläser-Zikuda 2001, 63; Krapp 2005, 603). Dagegen wurde das Kind überwiegend von seiner intellektuellen Seite gesehen und aus dem Blickwinkel kognitiver Motivations- und Lerntheorien untersucht. Vom Ende der 50er Jahre an war in der Psychologie die so genannte „kognitive Wende" zu beobachten, nach der der Mensch nicht nur als „Reiz-Reaktions-Mechanismus" betrachtet wurde, sondern als selbstständig, wahrnehmendes, denkendes und handelndes Individuum (vgl. Götz/ Frenzel/ Pekrun 2007, 13). In den letzten Jahren ist ebenfalls eine „Renaissance" der Emotionsforschung (vgl. Krapp ebd.) zu verzeichnen und es gibt eine wachsende Zahl von Forschungsarbeiten, die sich mit dem Zusammenhang von Emotionen und Lernen befassen. Anfangs wurden Emotionen in der pädagogisch-psychologischen Forschung eher unter dem Aspekt der Prüfungsangst untersucht (vgl. Götz u.a. ebd.). Seit etwa den 1990er Jahren werden Emotionen jenseits von Angst in Lern- und Leistungssituationen betrachtet. Zu nennen sind hier die Arbeiten aus der allgemeinen Psychologie (Ulich/ Mayring 2003), der Verhaltensforschung (Otto/ Euler/ Mandl 2000), der Hirnforschung (vgl. Spitzer 2002; Roth 2001), der pädagogischen Psychologie (Pekrun 1998/ Gläser-Zikuda 2001), der empirischen Unterrichtsforschung (vgl. Hascher 2004) und der humanistischen/ integrativen Pädagogik (vgl. Buddrus 1995). Es fällt auf, dass der Schwerpunkt der Forschungsarbeiten eher in der Psychologie als in der Pädagogik liegt. In der Gegenwart sind pädagogische Arbeiten z.B. von Breidenstein entstanden, die einer ethnographischen Forschungsrichtung folgen und sich mit dem Verhalten von Schülern im Unterricht auseinandersetzen (vgl. ebd. 2006). Dabei werden u.a. die individuellen Haltungen und gezeigten Gefühlshaltungen betrachtet. Ebenfalls ist die Kindheitsforschung zu nennen, die einem ethnographischen Forschungsverständnis folgt sowie individuelle und soziale Bedingungen des Aufwachsens von Kindern sichtbar macht (vgl. u.a. Hössl 2006).

Die erlebten und gezeigten Gefühle hängen nicht nur von der Unterrichtsgestaltung ab, indem die Schüler z.B. Langeweile oder Unterforderung empfinden (vgl. z.B. Breidenstein ebd.), sondern können von der individuellen Beziehung zu Lehrpersonen (vgl. Hascher/ Lobsang 2004), der pädagogischen Haltung der

Lehrpersonen (Jerusalem/ Mittag 1999) und der Interaktion der Schüler untereinander (Bleicher u.a. 2001) beeinflusst werden. Schüler erleben Lernemotionen in Unterrichts- und Prüfungssituationen, in Hausaufgaben- und Einzellernersituationen, bei der Gruppenarbeit sowie bei weiteren Situationen (z.B. Einzelgesprächen), in denen Lernen und Leistungen thematisiert werden (vgl. Götz/ Zirngibl/ Pekrun 2004, 52).

Hascher berichtet, dass positive Gefühle wie Freude oder Stolz nicht zwingend lernförderlich wirken, ebenso wenig, wie negative Gefühle wie Trauer oder Wut das Lernen blockieren müssen (vgl. ebd. 2005, 614). Der genaue Zusammenhang einzelner positiver und negativer Gefühlshaltungen auf das Lernen und Leisten kann bislang noch nicht empirisch bestätigt werden (vgl. ebd.), da die einzelnen Arbeiten die Emotionen als korrelierende Variable (Ursache/ Reaktion) aufgreifen und weniger die Kausalbeziehung zwischen Emotionen und Lernen untersuchen (vgl. ebd.). Mit Blick auf bestehende Ergebnisse kann festgehalten werden, dass Emotionen in einem komplexen Bedingungsgefüge von schulischem Lernen und schulischer Leistung stehen.

Pekrun (1998) hat ein Modell zur Wirkung von Emotionen im Lern- und Leistungskontext entworfen: Emotionen beeinflussen die Leistungen eines Schülers, indem sie die Motivation und den Einsatz von Lernstrategien beeinflussen. Positiv-aktivierende und negativ-aktivierende Emotionen können die Motivation für das Lernen und Leisten bedingen. Positive Emotionen begünstigen „kreative Arten des Denkens und Lernens“ (Götz/ Frenzel/ Pekrun 2007, 15) und sind lernförderlich. Negative Emotionen hingegen fördern ablenkende Gedanken und können dazu beitragen, dass ängstliche Schüler an die Möglichkeit des Misserfolgs denken. Van Brakel hat ein Komponentenmodell emotionalen Erlebens definiert (vgl. ebd. 1994). Dabei sind die affektive als auch die kognitive Komponente emotionalen Erlebens bedeutsam: Schüler können sich über ihre Lernleistungen freuen (affektiv) und die eigenen Leistungen im Prozess kritisch werten (kognitiv). Diese Wertung beeinflusst die subjektive Sicht auf das eigene Lernen.

Emotionen beeinflussen das subjektive Wohlbefinden der Schüler im Unterricht (vgl. Hascher 2004a/ b). Sie können mehr situativ in einer bestimmten Schulsituation, allgemein im Unterricht, in der Klasse oder in der Schule geprägt sein. Nicht nur das aktuelle, sondern auch das längerfristige Wohlbefinden spielt eine Rolle. Die angesprochenen Parameter machen deutlich, dass sich hinter dem subjektiven Wohlbefinden eines Schülers in der jeweiligen Klasse, im Unterricht, in der Schule (vgl. ebd.) und in der Peergroup (vgl. Petillon 1980) eine Vielzahl an Bedeutungszusammenhängen wiederfindet. Alle hier klären zu wollen, würde den

Gesamtrahmen der Arbeit sprengen. Bedeutsam erscheint mir, dass für das Reflektieren im Unterricht die vorherrschenden Gefühlslagen und das subjektive Wohlbefinden der Schüler wichtig sind. Gleichfalls scheint die Bewertung der Schule und des Unterrichts eng mit dem aktuellen Wohlbefinden zusammenzuhängen (vgl. Gläser-Zikuda/ Fuß 2004, 30). Die Bewertung des schulischen Lernens leitet die Wahrnehmung der eigenen Fähigkeiten. Die untersuchten Arbeiten legen die Vermutung nahe, dass reflexives Lernen, wie jede schulische Lern- und Leistungssituation auch, von den individuellen Gefühlslagen beeinflusst wird.

Für die empirische Erarbeitung dieser Arbeit ist bedeutsam, dass die einzelnen Untersuchungen häufig ein Lerntagebuch als Forschungsinstrument einsetzen, um mehr über die subjektiven Perspektiven der Schüler auf den Lerngegenstand und die verbundenen Emotionen zu erfahren (vgl. Bergmann/ Eder 1995; Gläser-Zikuda 2001; Spinath 2007; Landmann/ Schmitz 2007). Die schriftliche Reflexion, wie sie z.B. in einem Lerntagebuch thematisiert wird, kann hierzu einen „festgehaltenen" Gefühlseindruck vermitteln. Forschungsarbeiten, die ein Lerntagebuch im Kontext des Unterrichts einsetzen, sind für die vorliegende Arbeit bedeutsam, denn in der geplanten ePortfolio-Plattform soll ein Lerntagebuch als Forschungsinstrument genutzt werden. Gläser-Zikuda (vgl. ebd.) nutzt ein Lerntagebuch, um mehr über Emotionen beim Lernen im Unterricht zu erfahren. Sie stellt heraus, dass positive Schulleistungen mit positiven Lernemotionen (Lernfreude), emotional-kognitiven Faktoren des Lernens (Interesse) und anspruchsvolleren Lernstrategien im Zusammenhang stehen (vgl. ebd., 169).

3.3.5 Die Rolle der Lernkultur

Wenn Gefühle und Gedanken, eigene Stärken und Schwächen sowie Verstehensprobleme im Unterricht verbalisiert werden, bedarf dies einer vertrauensvollen Lernkultur, die den eigenen Reflexionen und Emotionen konstruktiv begegnet. Es geht um eine klare Strukturierung der Unterrichtsprozesse, die die Klärung der Leistungsanforderung mit einschließt und dem Reflektieren eine Bedeutung zukommen lässt (vgl. zu Strukturierung Meyer 2004, 25f.). Dieser Unterricht beinhaltet einen Variantenreichtum an Gesprächsformen, die ein Gespräch *über* den Unterricht ansteuern und regelmäßige Rückmeldungen *über* das eigene Lernen der Schüler und *über* Aufgaben- und Themenstellungen herausfordern (vgl. Metakommunikation bei Helmke/ Weinert 1997; Helmke 2005). Ein erklärtes Ziel dieses Unterrichts ist es, das Bewusstsein und die Reflexionsfähigkeit über das eigene Lernen anzuregen. Für den Lehrer ergibt sich die Aufgabe, die Schüler zu beraten und sie bei der Förderung von metakognitiven Überlegungen zu unterstützen (vgl. Gudjons 2006, 48). Diese Tätigkeit kann unter

Umständen an Grenzen stoßen, denn individuelle Beratung im schulischen Kontext ist zeitaufwändig und erfordert ein hohes Maß an Empathie und Problembewusstsein bei den Lehrenden (vgl. Schnebel 2007, 24f.). Gleichfalls sollte die Förderung der metakognitiven Gespräche im Unterricht nicht nur aus Einzelmaßnahmen bestehen, sondern einen wesentlichen Baustein in einem internen Stufen- oder Schulcurriculum bilden und Teil von Unterrichtsentwicklung sein, die die Qualität der Lernprozesse erweitern möchte (vgl. z.B. Bastian 2007).

Neben den angesprochenen Beratungsgesprächen sind geeignete Aufgabenstellungen notwendig, die Reflexionen im Lernen ermöglichen können. Denn nur wenn die Schüler Aufgaben bearbeiten, die zum aktiven Erarbeiten und Nachdenken anregen, können Reflexionen entstehen, die sich verbalisieren lassen. Das soll nicht bedeuten, dass ein eher geschlossener Unterricht keine Anlässe zum Nachdenken über das eigene Lernen schafft. Allerdings sind die Möglichkeiten zum Reflektieren ungleich eingeschränkter als wenn ein Schüler ein Thema selbst wählt, entwickelt, mit anderen diskutiert und eine von ihm ausgewählte Themenstellung erarbeitet. Es sind auch inhaltliche Anbindungen an die Diskussion um die Qualität der Offenheit in (offenen) Unterrichtssituationen zu finden. Peschel hat unterschiedliche Dimensionen offenen Unterrichts bestimmt, zu denen neben der organisatorischen, methodischen und inhaltlichen auch die soziale und persönliche Offenheit zählen (vgl. ebd. 2005, 76). Je nach Grad der Öffnung können die Entscheidungs- und Handlungsspielräume des einzelnen Schülers im Unterricht eingeschränkt oder erweitert sein. Die einzelnen benannten Dimensionen der Offenheit bestimmen das Anregungspotential für Selbstreflexionen und tragen dazu bei, dass authentische Reflexionen im Lernen entstehen.

Der Aspekt der geeigneten didaktischen Einbettung, die auf die Reflexionen der Schüler konstruktiv einwirkt, ist in der Literatur bislang noch nicht bearbeitet worden. Als Aufgaben- und Reflexionsanlässe werden häufig vorgefertigte Prompts verwendet, die mit Leitfragen zum Reflektieren motivieren. Sie sollen das Reflektieren anregen und zur verbindlichen Nutzung beitragen. Im Zusammenhang mit dem Einsatz von Lerntagebüchern (vgl. Hübner/ Nückles/ Renkl 2007 u.a.) werden Prompts genutzt, die beim Schreiben kognitive und metakognitive Prozesse unterstützen. Als mögliche Beispiele seien hier die Leitfragen „Wie habe ich mich beim Lernen gefühlt?“ oder auch „Welche Schwierigkeiten sind bei der Erarbeitung entstanden?“ genannt. Diese Prompts ersetzen selbstverständlich nicht die übergreifenden Aufgabenstellungen des Unterrichts. Zahlreiche Studien setzen ein Lerntagebuch als Forschungsinstrument ein, um mehr über die metakognitive Bewusstheit und die damit verbundene Motivation herauszufinden. Das Lerntagebuch wird selten als integrierter Baustein bzw. als Teil des Unterrichts eingesetzt, sondern eher als Angebot an einzelne Schüler, die das Lerntagebuch „neben" dem Unterricht zu führen haben (vgl. z.B. Gläser-Zikuda 2001; Hascher/ Wepf 2007; Landmann/ Schmitz 2007). Wagner berichtet, dass alle Studien, die zur Wahrnehmung der Schüler ihres Lernens oder Unterrichtens vorliegen, mit College- oder Universitätsstudenten durchgeführt wurden (vgl. Dart/ Clarke 1991; Entwistle/ Entwistle 1991; Sheppard/ Gilbert 1991 in ebd. 1999). Vermutlich liegt dies daran, dass ältere Lernende über bessere Reflexions- und Verbalisierungsmöglichkeiten verfügen als jüngere.

3.4 Folgerungen

Die einzelnen Vorannahmen, die sich für die Entwicklung von Reflexivität im Klassenkontext verantwortlich zeichnen, haben auf die unterschiedlichen Bedingungsgefüge aufmerksam gemacht. Zu diesen vorgestellten Annahmen zählen Lernmotivationen, Lernemotionen, kognitive Entwicklungen, reflexive Erfahrungen sowie die Rolle der Lernkultur. Die detaillierte Beleuchtung des Gegenstands innerhalb dieses Kapitels lieferte eine Präzisierung des Begriffs, der nun wie folgt bestimmt werden soll:

Reflexivität beinhaltet das Nachdenken über das eigene Lernen. Das Reflektieren stützt sich auf das eigene Verhalten, die gemachten Beobachtungen und die erzielten Ergebnisse. Reflexivität beinhaltet die Fähigkeit, über das eigene Lernen zu berichten und es kritisch zu hinterfragen. Aus den gewonnen Selbsteinsichten kann das Verhalten modifiziert werden. Reflexivität bezieht die Lernerperspektive mit ein und ihre Thematisierung bedarf eines entsprechenden Unterrichts.

Im folgenden Kapitel sollen die für meine Untersuchung relevanten Aussagen zum reflexiven Lernen mit einem ePortfolio im Hinblick auf die Konzeption der Untersuchung gesichtet werden. Dies geschieht vor dem Hintergrund, das eigene Verständnis von Reflexivität und ePortfolio-Arbeit zu bestimmen.

4. Zusammenführung und Präzisierung der Forschungsfragen

In den vorherigen Kapiteln wurde der Forschungsstand bezogen auf die Themengebiete Reflexivität und Portfolio-Arbeit aufgezeigt. Ich verdeutlichte, dass die ePortfolio-Arbeit im Unterricht zahlreiche Anlässe für das selbstreflexive Lernen stiftet. Die aus den vorausgegangenen Kapiteln entstandenen Aussagen werde ich zusammenfassen und im Hinblick auf das eigene empirische Vorhaben präzisieren. Dieses Vorgehen bildet den Hintergrund für die Positionierung des eigenen Forschungsvorhabens und für die Präzisierung der Forschungsfragen.

4.1 Theoretische Zusammenführung: ePortfolio-Arbeit zur Förderung von Reflexivität

Reflexivität beim Lernen wird in der wissenschaftlichen Diskussion in unterschiedlichen Kontexten thematisiert. Dabei werden etliche Konnotationen mit Reflexivität und reflexivem Lernen in Verbindung gebracht. Gemeinsam ist diesen, dass sie Reflexionen als sinnvoll und notwendig für die Gestaltung von Lernprozessen anerkennen. In Bezug auf die Thematisierung und Artikulation von Reflexivität im Unterricht gehen etliche Arbeiten von einem Unterrichtsmodell aus, das ein besonderes Augenmerk auf die selbstregulierten Lernprozesse legt. Damit verbindet sich die Betonung der Selbstständigkeit sowie der Individualisierung im Lernen. Für die Portfolio-Arbeit im Unterricht nehmen Reflexionen einen zentralen Stellenwert ein. Reflexionen im Lernen ermöglichen es, dass eigens Gelerntes und Bearbeitetes gesichtet, geordnet, bewertet, verworfen und modifiziert wird.

Wenn Reflexionen im Unterricht thematisiert werden sollen, bedarf dies einer Unterrichtsgestaltung, die die individuelle Auseinandersetzung mit dem Gelernten intensiviert. Diese Thematisierung von Reflexionen im Unterricht muss von einer Lernkultur begleitet werden, die von Lernanlässen gekennzeichnet ist, die die Auseinandersetzung mit den eigenen Lernprozessen und -resultaten fördern möchte. Im Rahmen des Lernens mit einem Portfolio und ePortfolio nehmen Reflexionen einen zentralen Stellenwert für das Lernen ein. Aus den zitierten Ergebnissen lässt sich folgern, dass Portfolio-Arbeit Möglichkeiten zur Förderung von Reflexivität im Lernen birgt. Reflexionen sind kein zusätzliches Beiwerk, sondern sie beeinflussen die Entstehung, den Lernverlauf sowie die weitere Erstellung einer Portfolio-Arbeit. Dies zeigt sich z.B. darin, dass jede Einlage, die in ein Portfolio aufgenommen wird, von einer Reflexion begleitet wird. In der Literatur lassen sich einzelne didaktische Arbeiten finden, die über reflexives Lernen im Rahmen der Portfolio-Arbeit berichten. Unterschiedliche Reflexionsanlässe konnten bestimmt werden. Der inhaltliche Grad an Anregung schwankt zwischen einem individuellen Reflektieren bis hin zu gezielter Selbstbeurteilung, bei der eigene Leistungen in Relation zu einem Standard beurteilt werden.

Die Unterschiede, die sich aus der unterrichtlichen Nutzung von Portfolios und ePortfolios ergeben, wurden bislang in keiner Studie nachgezeichnet. Dafür steht die Arbeit mit ePortfolios noch am Anfang der Implementation. Mit dem Beispiel der aufgeführten ePortfolio-Plattformen konnte gezeigt werden, dass Reflexionen in diesen – analog zur papiergebundenen Variante –einen Stellenwert für das Lernen einnehmen. Kompetenzorientierte ePortfolio-Anwendungen, die auf vorzeigbare Kompetenzen der ePortfolio-Eigner abzielen, nutzen Reflexionen als Ausgangspunkt für Präsentationen der eigenen Fähigkeiten. Die mediale Verfügbarkeit, die sich aus dem Onlinemedium ePortfolio ergibt, ermöglicht im Vergleich zur papiergebundenen Variante, dass an unterschiedlichen Orten und zu unterschiedlichen Zeiten gelernt und gearbeitet werden kann.

Forschungsmethodologisch ist interessant, dass Portfolios und Lerntagebücher als Methoden eingesetzt werden, um Reflexionen von Lernenden näher zu untersuchen. Die damit verbundenen Studien sind allerdings selten kontextnah auf den Bereich Schule bezogen, sondern wählen ihre Untersuchungsgruppe zumeist aus dem Feld der außerschulischen Bildung, Hochschule und Erwachsenenbildung und übertragen die Ergebnisse auf den schulischen Kontext.

4.2 Didaktische Positionierung

Ausgehend von den theoretischen Überlegungen können didaktische Leitlinien herausgearbeitet werden, die bei der Konzeption der Lernarrangements zum Tragen kommen:

* Im Rahmen der eigenen Untersuchung werde ich ePortfolios als ***Kursportfolios*** einsetzen. In diesen werden die jeweiligen Schüler ihre Arbeiten und Dokumente ablegen, die im Zusammenhang mit einem übergreifenden Thema stehen. Damit folgt dieses Verständnis der weiten Fassung des Portfoliobegriffs, das im Portfolio ein Instrument zur Gestaltung von Lehr- und Lernprozessen erkennt. Das bedeutet, dass in den hier genutzten ePortfolios keine Dokumente gesammelt werden, die eine Leistungsentwicklung in mehreren Bereichen über einzelne Schul- oder Lebensjahre dokumentieren. Kursportfolios gleichen damit eher einer Kursmappe, in der zu ausgewählten Themen gelernt, Prozesse und Produkte dokumentiert werden, die im Rahmen einer übergreifenden Fragestellung entstanden sind. Reflexionen spielen eine zentrale Rolle – sie finden begleitend und resümierend am Ende der Lernprozesse statt.

* ePortfolios werden im Rahmen der Erhebungsphase als ***Lehr- und Lerninstrumente*** im Unterricht eingesetzt. Der Schwerpunkt soll auf selbstregulierten Unterrichtsvorhaben der Schüler liegen, die ein hohes Maß an Individualisierung ermöglichen. Dabei ist das ePortfolio in einen Unterricht eingebunden, der Lernberatung und Anregung von außen (Mitlernende, Lehrer) ermöglicht und die Prozessorientierung im Lernen aufgreift. Die interaktive ePortfolio-Plattform bietet hierzu ein Instrumentarium, das sich für die Bearbeitung von eigenen Fragestellungen nutzen lässt und Beratung im Lernprozess ermöglicht.

* Die Förderung von Reflexivität im Unterricht steht im Zusammenhang mit der ***Förderung von Individualisierung und Selbststeuerung*** im Lernen. Damit sind Reflexionen in einen Unterricht eingebunden, der die individuellen Lernprozesse der Schüler als bedeutsam anerkennt.

* Das Reflektieren mit dem ePortfolio besteht in der hier konzipierten Untersuchung nicht nur in der abschließenden Selbsteinschätzung des Lernens und der Lernresultate, sondern in der ***begleitenden Reflexion der Lernprozesse***. Die Anregung zum Reflektieren erfolgt über vorformulierte und offenere Prompts und nicht über standardisierte Selbstbewertungsschemata. In dieser Hinsicht sollen Reflexionen als ein Motor für den Lernprozess innerhalb der ePortfolio-Arbeit entstehen.

* Die Anregungen zum Reflektieren, die ein schriftliches Reflektieren ermöglichen sollen, müssen verständlich formuliert sein, so dass sie für die Altersgruppe geeignet sind. Da die ePortfolio-Plattform eine Eigenentwicklung ist und nicht auf ein bestehendes System aufbaut, können eigene für die Arbeit dienliche ***Prompts*** entwickelt werden. Die Reflexionen der Schüler sollen sowohl im Erstellungsprozess selbst (über das Online-Lerntagebuch, Selbstkommentierungen) als auch zum Abschluss einer ePortfolio-Arbeit (über Online-Lerntagebuch, abschließender Reflexionsbericht) möglich sein.

* Das mit dem ePortfolio-Unterricht verbundene didaktische Arrangement soll sich an bestehenden (papiergebundenen) Portfolio-Konzepten orientieren, die ein hohes Maß an ***Lernerzentrierung*** ermöglichen. Damit wird ein Lernarrangement geschaffen, das in Anlehnung an unterrichtspraktische Erfahrungen entsteht und sich in der Schulpraxis bewährt hat.

* Die von den Schülern benötigten Fähigkeiten zum selbstregulierten Lernen und zum Reflektieren können nicht per se vorausgesetzt werden und müssen deshalb im

Unterricht entwickelt werden. In dieser Hinsicht versteht sich das Lernen mit dem ePortfolio als ein ***Setting zur Förderung von Selbstregulation und Reflexivität***.

* Die Einführung in das Lernen mit dem ePortfolio muss schrittweise geschehen, so dass Schüler (und Lehrer) nicht überfordert werden, da sie mit diesen Formen des Lernens u.U. bislang noch nicht vertraut sind. Für die Lehrer ergibt sich zusätzlich die Schwierigkeit, dass sie die erlernten Kenntnisse mit dem eigenen Unterricht verknüpfen und sie an die Schüler weitergeben müssen. Neben den allgemeindidaktischen Fähigkeiten, die mit der Gestaltung einer Lehr-Lernsituation im Unterricht verbunden sind, müssen die Lehrer noch auf mediendidaktische Kompetenzen zurückgreifen, um die Nutzung des Mediums für Lern- und Reflexionsprozesse anzuregen. Besonderer Wert wird daher auf die ***sukzessive*** und über einen längeren Zeitrahmen dauernde ***Einführung*** gelegt, die Schüler und Lehrer unterstützen soll.

4.3 Präzisierung der Forschungsfragen

Portfolio-Arbeit im Unterricht wird zumeist von unterrichtspraktischen Veröffentlichungen aufgegriffen. Empirische Arbeiten zur Portfolio-Arbeit, die die Implementation eines Portfolios im Unterricht begleiten, sind im deutschsprachigen Raum unterrepräsentiert. Portfolios als Erhebungsinstrumente im Forschungsprozess sind – bis auf wenige Ausnahmen (Häcker 2006; Kolb 2006) – in der Literatur selten zu finden.

Da die Entstehung des Portfolio-Konzepts inhaltlich mit der Ablehnung von Ziffernzensuren und vergleichenden Verfahren der Beurteilung gekoppelt ist, thematisieren viele Portfolio-Konzepte den Einsatz eines Portfolios als alternatives Beurteilungsinstrument, das als Zeugnisersatz/ -ergänzung oder Bewerbungsmappe dienen kann. Forschungsarbeiten, die sich mit dem Portfolio als Lehr- und Lerninstrument auseinandersetzen, sind kaum bearbeitet worden.

Qualitative Untersuchungen, in denen das eigene Schüler-Urteil und die eigene subjektive Sicht bezogen auf das Lernen thematisiert werden, sind im Vergleich zu quantitativen Untersuchungen seltener entstanden. Vielmals werden standardisierte Untersuchungen zur allgemeinen Selbstbeurteilung im Rahmen einer vorgefertigten Skala durchgeführt oder die Selbsteinschätzung eines Schülers – bezogen auf die eigene schulische Leistung – mit der Wahrnehmung des Lehrers verglichen. Subjektive Denkmuster und individuelle Reflexionen, die im Laufe eines Lernprozesses entstehen, werden wenig thematisiert. Hier ergibt sich ein Bedarf an weiteren Forschungsarbeiten, um mehr über das Denk- und Reflexionsverhalten von Schülern zu erfahren.

Im Rahmen der Forschung um metakognitives Lernen existieren Studien, die ihre Ergebnisse zum reflexiven Lernen aus außerschulischen Untersuchungskontexten auf die Schule übertragen. Studien, die sich mit dem reflexiven Lernen von Schülern unter einer didaktischen Perspektive beschäftigen, sind kaum zu finden. Gleichfalls mangelt es einzelnen Studien an Kontextualität, die nicht gegeben ist, wenn nur „neben" dem Unterricht mit einzelnen Schülern an einem Trainingsprogramm gearbeitet wird. Somit ergibt sich für mich ein Bedarf an didaktischen Arbeiten, die die Möglichkeiten des reflexiven Lernens in realen Unterrichtssituationen bearbeiten, um weitere Erkenntnisse über das reflexive Lernen von Schülern zu erlangen.

Bislang mangelt es an didaktischen Formen, die Reflexivität nicht nur als Beiwerk betrachten, sondern reflexives Lernen von Schülern als Bestandteil eines Unterrichts verstehen, die der Thematisierung von Reflexionen einen besonderen Stellenwert beimessen. Hieraus ergibt sich für die geplante Untersuchung die Aufgabe, zu klären, inwieweit das Instrument ePortfolio zur Thematisierung von Reflexivität geeignet ist.

Der Schwerpunkt der Entwicklung und Nutzung von ePortfolios stellt der Hochschulbereich und die berufliche Fortbildung dar. Zum ePortfolio-Einsatz in der Schule existieren bislang keine deutschsprachigen Berichte, wenn man von einzelnen Projektvorstellungen absieht. Dieser Gedanke sollte auch vor dem Hintergrund gesehen werden, dass aus der unterrichtspraktischen Erfahrung geklärt werden müsste, inwieweit ein Instrument ePortfolio für die Gestaltung schulischer Lernprozesse geeignet erscheint.

Aus den skizzierten Überlegungen lässt sich ableiten, dass keine (bis wenige) Arbeiten existieren, die die beim Lernen mit einem Portfolio oder ePortfolio entstehenden reflexiven Prozesse in den Blick nehmen, eine Beschreibung der Reflexionsgelegenheiten geben sowie die Lernerperspektive der Schüler thematisieren. Des Weiteren gibt es wenige Arbeiten, die ein ePortfolio als ein Erhebungsinstrument nutzen und individuelle Einsichten in die Schülerarbeiten ermöglichen. Für den Gesamtzusammenhang des ePortfolio-Gedankens lässt sich sagen, dass keine didaktischen Arbeiten existieren, die den ePortfolio-Einsatz im Unterricht nachzeichnen. Mein Forschungsinteresse leitet sich aus einem allgemeindidaktischen und schulpädagogischen Interessenshintergrund ab, bei dem im Rahmen der vorliegenden Untersuchung bestimmt werden soll, wie Schüler mit einem ePortfolio lernen und reflektieren, wie sie über ihr Lernen und die ePortfolio-Arbeit nachdenken und wie sich das Lernen und Reflektieren für die Gestaltung von didaktischen Prozessen nutzen lässt. Das vorliegende Forschungsvorhaben stellt

weder eine medienpädagogische noch eine kognitionswissenschaftliche Arbeit dar, sondern legt seinen Schwerpunkt auf einen allgemeindidaktischen Fokus, der sich mit größtmöglicher Offenheit dem Forschungsgegenstand des reflexiven Lernens von Schülern nähert und die Perspektive der Schüler rekonstruiert. Auf der Grundlage dieser Bestandsaufnahme lassen sich die aus den empiriegeleiteten Überlegungen der vorherigen Kapitel gewonnenen Forschungsfragen bestimmen. Dabei soll das Forschungsfeld des reflexiven Lernens von Schülern näher bestimmt werden. Um einen allgemeinen Einblick über vorherrschende reflexive Fähigkeiten und Reflexionsanlässe im Lernen klären zu können, sollen folgende Fragen eine erste Bestandsaufnahme ermöglichen:
* *Wie reflektieren Schüler über ihren Lernprozess?*
* *In welchem Umfang reflektieren Schüler über ihren Lernprozess im ePortfolio?*

Für den weiteren Zusammenhang der Integration eines ePortfolios in den Unterricht soll geklärt werden, welche Anlässe zum Reflektieren entstehen und inwiefern diese durch Emotionen oder Motivationen hervorgehen bzw. begleitet werden:
* *Welche Lern-Erfahrungen mit dem ePortfolio sind Anlässe für eine Reflexion über das eigene Lernen?*
* *Welche Emotions- und Motivationslagen ermöglichen und/ oder begleiten das Reflektieren?*

Abschließend soll die Bedeutung der ePortfolio-Arbeit für das Lernen und Reflektieren geklärt werden. Dazu wird die Schülerperspektive auf das Lernen mit einem ePortfolio näher bestimmt, um Genaueres über den persönlichen Nutzen und über gewonnene Selbsteinsichten zu erfahren:
* *Welche Bedeutung schreiben die Lernenden dem Instrument ePortfolio für ihr Lernen und Reflektieren zu?*

5. *Forschungsdesign*

5.1 Forschungsmethodologische Überlegungen

In den zuvor aufgeworfenen Überlegungen wurde deutlich, dass die Untersuchung auf einen bruchstückhaften Forschungsstand aufbaut, weshalb ein explorativer Ansatz angemessen erscheint, der das Forschungsgebiet für andere Untersuchungen erschließen und Material für zukünftige Forschungsarbeiten liefern kann. Zu den Bedingungen des reflexiven Lernens konnten bislang nur Vermutungen geäußert werden, die im weiteren Forschungsverlauf noch zu prüfen sind. Mit Hilfe der intensiven Beobachtung, die mit einer systematischen Analyse verbunden ist, sollen neue Beschreibungen entstehen, die einzelne Aspekte für Erklärungsversuche zugänglich machen (vgl. Oswald 1997, 80).

Das Forschungsfeld des reflexiven Lernens (mit einem ePortfolio) im Unterricht ist einer gewissen Kontextualität verpflichtet, um – im Vergleich zu standardisierten Untersuchungen, die neben dem Unterricht durchgeführt wurden – realistische Einblicke in Formen und Inhalt des Reflektierens von Schülern zu erhalten (vgl. Flick u.a. 2005, 23). Kontextualität soll in der vorliegenden Studie bedeuten, dass die Daten zu unterschiedlichen Zeitpunkten (zu Beginn/ gegen Ende des Schuljahres) über einen längeren Zeitrahmen (ein Schuljahr) mit qualitativen Erhebungsverfahren (Schülerinterviews, Dokumentenanalyse des ePortfolios und Lerntagebuchs) in ihrem natürlichen Kontext (im Klassenkontext) erhoben werden. Damit möchte ich der Gefahr entgegenwirken, dass „neben" dem Unterricht geforscht wird oder Daten generiert werden, die ihre Entstehung nicht aus dem Lernen im Unterricht haben und deren Kontext sich nicht auf das im Unterricht unmittelbar Gelernte bezieht.

Die forschungsleitenden Fragen verdeutlichten, dass es in vielfacher Hinsicht um die subjektive Perspektive der Schüler auf ihr Lernen geht. Ein entscheidendes Kriterium liegt auf der Binnensicht der Beteiligten, die eine besondere Bedeutung für den Lern- und Forschungsprozess impliziert. Die subjektive Sicht auf das eigene Lernen, die im Rahmen des vorliegenden Forschungsprojekts erhoben wird, soll betont werden, denn es handelt sich um individuelle Sinnzuschreibungen der Lernenden und nicht um objektivierbare Sachzusammenhänge. Für meine Forschungsarbeit erscheint dieser Sachverhalt als besonders wichtig: Alle Einblicke in das Reflexionsverhalten und Lernerverhalten sind stark subjektiv durch die Beteiligten geprägt. Deswegen lassen sich keine Aussagen zur Effektivität des Lernens oder zur „Wirksamkeit" von selbstreflexivem Lernen im ePortfolio treffen. Das Erkenntnisinteresse richtet sich auf qualitative Aspekte der Reflexion beim Lernen mit dem ePortfolio. Des Weiteren werde ich keine Aussagen zum tatsächlichen und erfolgreichen Einsatz von Lernstrategien und zur handlungsleitenden Funktion der subjektiven Theorien machen können. Die Fokussierung auf die bei der Reflexion ablaufenden Prozesse und entstehenden Dokumente im ePortfolio sowie die Qualität der Lerneraussagen legen ein qualitatives Vorgehen bei der Datenerhebung nahe. Ein quantitatives Vorgehen würde dem Forschungsgegenstand nicht gerecht werden, da es mir weder um Häufigkeiten noch um Wirkungszusammenhänge geht, die sich aus den Daten ableiten lassen, sondern um die Erforschung von subjektiven Sinnzusammenhängen und deren Qualitäten (vgl. Combe 2002, 30).

Die Reflexionen der Schüler sind subjektiv geprägt. Sie sind aufgrund persönlicher Motivationen und Emotionen entstanden und beeinflussen das eigene Lernen und Verhalten im Unterricht. Diese persönlichen Lernreflexionen sind für die Schüler u.U. schwierig zu verbalisieren. Bei der Gestaltung des Forschungsdesigns ist dieser Tatsache besondere Beachtung zu schenken, um durch eine gezielte Methodik tief greifende Einsichten in persönliche Motivationslagen und Reflexionen der Einzelnen zu ermöglichen. Damit soll dieser z.T. schwierige und sensible Bereich angesprochen werden, der sich ergibt, wenn Schüler über persönliche Stärken und Schwächen im Rahmen des ePortfolios im Klassenkontext und im Rahmen der begleitenden Untersuchung berichten sollen.

Das Forschungsfeld, das sich mit Lerngeschichten und Bildungsbiografien auseinandersetzt, findet sich im Rahmen der Kindheitsforschung (Kinderforschung) und Jugendforschung (vgl. z.B. bei Schlemmer 2006; Hössl 2006; Maschke/ Stecher 2006) sowie in der Biografieforschung wieder (vgl. z.B. bei Behnken/ Zinnecker 2001; Kramer/ Busse 1999; Krüger/ Marotzki 1999). Im Rahmen der von mir geplanten Untersuchung soll – analog wie es im Rahmen der Kindheitsforschung (Kinderforschung) geschieht – die Binnensicht der Lernenden zum Gegenstand von Forschung werden (vgl. z.B. Krappmann/ Oswald 1995). Dabei werde ich diese näher beschreiben und rekonstruieren. Gleichfalls bin ich mir bewusst, dass im Rahmen der vorliegenden Arbeit keine Biografieforschung betrieben werden kann, da die Fragestellung eher in einem didaktischen Zusammenhang eingebunden ist und die Reflexionen und die Lernerbiografien nicht für sich selbst stehen, sondern immer wieder auf das Instrument ePortfolio und das Lernen mit diesem selben verweisen.

Die Sicht der Subjekte auf ihr Lernen und den Unterricht werde ich mit Hilfe des Prinzips der Rekonstruktion sichtbar machen. Da die Sicht der Subjekte nicht offenkundig zugänglich ist, soll das verstehende Nachvollziehen der Subjektperspektive auf der Basis rekonstruktiver Forschung geschehen (vgl.

Bohnsack 2003). Es geht darum, die einzelnen Lern- und Denkprozesse in den Schülerinterviews und die nicht unmittelbar zu beobachtende Gegenwart auf der Basis von Schülerdokumenten und -eintragungen auf der ePortfolio-Plattform zu verstehen. Dieses Vorgehen soll dazu beitragen, Reflexionen nachvollziehbar zu machen, die im Zusammenhang mit dem Entstehungsprozess einer ePortfolio-Arbeit oder mit dem Lernen allgemein stehen.

Um einen differenzierten Einblick in den Forschungsgegenstand zu erhalten, eignet sich eine Methodentriangulation. Sie wird in Anknüpfung an Flick (2005, 311) verfolgt, um die Erweiterung der Erkenntnis über den untersuchten (Forschungs-) Gegenstand zu ermöglichen. Dabei werde ich Triangulation nicht als Instrument zur Validierung nutzen (vgl. Denzin 1978), sondern sie soll als methodische Technik verstanden werden, die es ermöglicht aus unterschiedlichen Perspektiven und Datenquellen ein umfassendes Bild eines untersuchten Ausschnittes zu gewinnen (vgl. Combe 2002, 32). Dieses Vorgehen ermöglicht, eine „Multiperspektivität" im Forschungsprozess (vgl. Rahm u.a. 2006, 7) und soll zur Klärung beitragen. In der geplanten Untersuchung wird daher eine methodische Triangulation angestrebt, um ein möglichst umfassendes Bild über das Reflektieren und das reflexive Lernen der Schüler zu gewinnen. Qualitative Erhebungsverfahren werden als Methoden genutzt. Dazu sollen leitfadengestützte Interviews mit den Schülern zu Beginn und gegen Ende des Schuljahres sowie Dokumentenanalysen der ePortfolio-Arbeiten geführt werden. Hierzu wird im weiteren Verlauf der Vorstellung der Forschungsinstrumente noch berichtet.

Es liegt nahe, die von den Schülern erstellten reflexiven Eintragungen und Berichte zu analysieren, um durch das Originalmaterial authentische Einsichten zu gewinnen. Die von den Schülern entstehenden reflexiven Arbeiten (Eintragungen, Berichte, Lerntagebücher) sind allesamt textlicher Art, die als geschriebene und abgespeicherte HTML- oder Word-Texte auf der ePortfolio-Plattform existieren. Damit sind diese Schülerarbeiten keine elektronischen Prozessdaten (vgl. hierzu Bergmann/ Meier 2005) – wie z.B. temporale Arbeiten, die im Rahmen eines Chats entstehen können – sondern feststehende und vom Schüler geschaffene Produkte, die im Medium Internet abgespeichert wurden. Diese Originalarbeiten, die ich im Rahmen des Forschungsvorhabens analysiere, vermitteln, so die Vorannahme, – neben den Interviewaussagen – ein vielseitiges Bild vom Forschungsgegenstand. Damit kann die interpretative Arbeit sich nicht nur an Transkripten der Interviewaussagen orientieren, sondern zusätzlich auf ursprüngliches Material der Schüler zurückgreifen, das eine Nähe zum Feld aufweist.

Die vorliegende Arbeit steht im Kontext der Feldnähe zum Forschungsgegenstand (vgl. Fuhs 2007, 57f.), wobei ich reaktive Verfahren wie selbst generierte Interviews und vorbereitete Reflexionsanlässe (reflexive Berichtsformulare, vorformulierte Lerntagebücher mit Schreibanlässen usw.) einsetze, die zur näheren Bestimmung der Forschungsfragen verwendet werden (vgl. zu reaktive/ nichtreaktive Verfahren bei Marotzki 1995). Die vorbereiteten Reflexionsanlässe im ePortfolio und Lerntagebuch stehen im engen Kontext zum Unterricht. Der Zweck dieser Anlässe ist primär für die Nutzung im Unterricht und für das Lernen der Schüler zu sehen. Dennoch liegt der verbundene Zweck im Rahmen eines reaktiven Erhebungsverfahren bzw. einer reaktiven Erhebungsmethode, denn es geht darum, Schüleraussagen zum Reflektieren und zum Gelernten anzuregen, die im weiteren Verlauf des Forschungsprozesses ausgewertet werden.

Die Erhebung soll eine Nähe zum Feld aufweisen. Der Blick innerhalb der Forschungsrichtung ist primär kein intervenierender, der eine Veränderung der Praxis zur Folge haben wird, sondern ein analysierender, der Bestehendes und Entstehendes verstehen und beschreiben möchte. In dieser Hinsicht reiht sich die vorliegende Arbeit in schulpädagogische Forschungen ein, die die Sicht der an Entwicklungsprozessen beteiligten Schüler berücksichtigen möchte (vgl. Rahm u.a. 2006, 7).

Gleichfalls muss an dieser Stelle aber auch vor der Vorstellung gewarnt werden, dass Objektivität grundlegend den qualitativen Forschungsprozess als Über-Kategorie leiten könnte. An den Stellen, an denen Erhebungsverfahren vom Forscher selbst konstruiert und in diesem Zuge – wie in der vorliegenden Arbeit – didaktische Modelle/ Instrumente entwickelt werden, sind subjektive Wertvorstellungen vorhanden, die sich nicht völlig ausblenden lassen. Dieser Gedankengang soll an dieser Stelle als ein reflektiertes Vorverständnis des Forschers bezogen auf den Forschungsprozess angesprochen werden. Im Rahmen einer qualitativen Untersuchung lassen sich diese Subjektivismen nicht vermeiden. Zahlreiche Forscher schlagen vor, den Forschungsprozess nachvollziehbar zu dokumentieren, so dass möglichst viele Einsichten in das Material und in das eigene Vorverständnis zugänglich werden (vgl. hierzu Steinke 2005, 324). Diesem Anspruch soll in der vorliegenden Arbeit entsprochen werden, indem die unterschiedlichen Erhebungsverfahren und entstandenen Daten vorgestellt und diskutiert werden.

5.2 Zusammenarbeit mit den Schulen

5.2.1 Auswahl der Schulen

Die Auswahl der sechs teilnehmenden Schulen wurde seitens des Drittmittelgebers nach technisch-strukturellen (z.B. bestehende Ausstattung) und regionalen Gesichtspunkten (z.B. Lage der Schule innerhalb des Schulamtsbezirks) vorgenommen. Von Seiten der Projekt-Organisation[5] wurde die Anforderung gestellt, dass die teilnehmenden Lehrerkollegien über Erfahrungen mit selbstregulierten Lernformen sowie Erfahrungen und Bereitschaft zur Koordination mit Kollegen verfügen sollten. Diese Anforderungen standen als Hintergrund der Projekt-Ausschreibung, die im Schulamtsbezirk veröffentlicht wurde. Die Vorannahme bzgl. der Anforderungen entwickelte sich aus der Analyse von bestehenden Erfahrungsberichten mit Portfolio-Arbeit im Unterricht, die selbstreguliertes Lernen und individualisierte Lernvorhaben als Ausgangspunkt für die Nutzung von Portfolios im Unterricht anerkennen. Des Weiteren sollten Erfahrungen mit dem Einsatz eines Computers und des Internets im Unterricht vorhanden sein, um den Einsatz der ePortfolio-Plattform zu erleichtern.

An jeder ausgewählten Projektschule sollte eine siebte oder achte Jahrgangsklasse teilnehmen. Die Jahrgangsstufe ergab sich daraus, da zum einem bei den Schülern in diesem Alter entsprechende Kenntnisse im Umgang mit dem Computer bestehen und zum anderen die älteren Jahrgangsstufen durch Abschlussarbeiten und Abschlusspräsentationen sowie den Übergang in den Beruf oder die gymnasiale Oberstufe weniger zeitliche Flexibilität für die Integration eines ePortfolios in den Unterricht zur Verfügung haben. Die Alterstufe der 12- bis 16-jährigen, die in den Jahrgangsstufen 7 und 8 zu finden ist, erschien auch deshalb geeignet, da sie über größere Verbalisierungs- und Reflexionskompetenzen verfügt als jüngere Jahrgänge der Sekundarstufe.

Aus jeder Schulklasse sollte ein Lehrerteam teilnehmen, das aus mindestens drei Lehrern besteht, die in der Projektklasse unterrichten. Mit Hilfe dieser Lehrkräfte sollten die Fächer Deutsch und Gemeinschaftskunde[6] abgedeckt werden, denn in diesen Fächern – so die Annahme – werden häufig textliche Dokumente erstellt, die sich für ein kursorientiertes Portfolio eignen (z.B. eigene Texte, erstellte Broschüren, Lernplakate usw.). Neben diesen beiden Fächern konnten aber auch weitere interessierte Fachkollegen teilnehmen. In der Erprobungspraxis ergaben sich damit Schwerpunkte sowohl in den von uns intendierten Fächern Deutsch und Gemeinschaftskunde als auch in weiteren geisteswissenschaftlichen Fächern wie

---

[5] Projekt-Organisation meint die inhaltliche Leitung des Drittmittelprojekts, die in Händen der Justus-Liebig-Universität Gießen lag.

[6] In den Stundentafeln auch Sozialkunde oder PoWi (Politik und Wirtschaft) genannt.

Englisch oder Französisch und in naturwissenschaftlichen Fächern wie Biologie oder Physik. An der Erprobung sollten des Weiteren sowohl der Klassenlehrer der jeweiligen Projektklasse als auch der IT-/ Medienbeauftragte der Schule teilnehmen. Die Vorüberlegung war dabei, dass der Klassenlehrer im Idealfall mit dem Großteil seines Stundendeputats in der eigenen Klasse eingesetzt ist und dadurch flexibler den ePortfolio-Unterricht organisieren kann. Der IT-/ Medienbeauftragte der Schule sollte daneben bei technischen Fragen helfen und für Lösungen sorgen. Diese Anforderung orientierte sich an den Empfehlungen Prodericks[7] (vgl. ebd. 1998 in Falls 2001, 30). Daraus ergab sich ein Lehrerteam, das aus dem Klassenlehrer, dem IT-Beauftragten und weiteren Fachlehrern bestand, die allesamt in der Projektklasse unterrichteten.

Der Kontakt zu den Schulen erfolgte im Frühjahr 2006. Im Gespräch informierten wir über die Anforderungen zur Teilnahme und versuchten erste Fragen zu klären. Meistens nahmen am Gespräch interessierte Lehrer teil, die der Schulleiter zuvor ausgewählt hatte und die in einer siebten oder achten Klasse im kommenden Schuljahr unterrichten sollten. Innerhalb der Gespräche entstanden bei den Teilnehmenden Interesse und Bereitschaft, an den Lehrerfortbildungen und der Erprobungsphase im Schuljahr 2006/ 2007 teilzunehmen. Vorerfahrungen mit der Integration des Computers und Internets waren in allen Jahrgangsstufen und bei allen Lehrern vorhanden. Portfolio-Arbeit hingegen war nur wenigen Kollegen bekannt. Am ehesten waren Erfahrungen mit der Integration eines Portfolios im Unterricht im fremdsprachlichen Bereich zu finden, in denen z.T. das Europäische Sprachenportfolio eingesetzt wurde. Einige Kollegen berichteten vom zurückliegenden Einsatz eines Lerntagebuchs im Unterricht, das z.B. für projektorientierte Aufgabenstellungen eingesetzt wurde. Alle Kollegien berichteten von der Teilnahme an Fortbildungen zum Methodentraining nach Klippert. Nachdem die erste Kontaktaufnahme positiv verlief, wurden alle ausgewählten Kollegen einschließlich der jeweiligen Schulleiter zu einer größeren Projektpräsentation in das Staatliche Schulamt eingeladen.

Da die Koordination unter den teilnehmenden Projektlehrern einen besonderen Stellenwert einnehmen sollte, erhielten die Schulen seitens des zuständigen Schulamtes Deputatsstunden, die in das Stundendeputat der Schule verrechnet und für die Koordination untereinander genutzt wurden. Die regionalen Schulträger (hier: Landkreise) ermöglichten den teilnehmenden Schulen eine zusätzliche Computerausstattung mit entsprechender Internetverbindung, die für die jeweiligen

[7] Proderick: „The biggest barrier to electronic portfolios is the lack of technical support for teachers" (vgl. ebd. 1998 in Falls 2001, 30).

Klassen zur Verfügung stand. Dazu erhielten die Schulen entweder Computerarbeitsplätze im Klassenraum in Form einer Medienecke mit sechs bis acht PCs oder einen zusätzlichen Computerraum mit ca. 18 Schülerarbeitsplätzen oder einen Klassensatz Notebooks von ca. 16 Geräten. Jede Hardwarevariante sollte über eine Breitband Internetverbindung (LAN/ WLAN) sowie über geeignete Software verfügen (Internetbrowser, Microsoft Office oder Open Office). Die Unterschiedlichkeit der Hardwareausstattung erklärte sich daher, dass jede Schule die gewünschte Ausstattung mit dem Schulträger auf die individuellen Bedürfnisse hin abstimmen konnte und so ergab sich, dass manche Schulen eher einen zusätzlichen Computerraum und andere eine kleinere Lösung im Klassenraum bevorzugten. Die Ausstattungswünsche ergaben sich ferner aus den räumlichen Begebenheiten und der jeweiligen Klassenstärke (pro Klasse z.T. zwischen 18 und 30 teilnehmende Schüler).

5.2.2 Schul- und Klassenportraits

Die Schulen, die an der Erprobungsphase teilnahmen, befanden sich in einem hessischen Schulamtsbezirk. Dabei waren die Schulen sowohl im städtischen Raum (Oberzentrum, 85.000 Einwohner) als auch im ländlichen Raum zu finden, deren Einzugsgebiet in Gemeinden der Umgebung lag. Die einzelnen Schulen waren über den Schulamtsbezirk verteilt, so dass diese z.T. in über 70km Abstand zueinander lagen.

Schule A und B lagen im Oberzentrum und wurden von Schülern aus dem Stadtzentrum selbst wie aus Stadtteilen besucht. Bei den beiden teilnehmenden Klassen handelte es sich jeweils um siebte Realschulklassen innerhalb einer additiven Gesamtschule. Die Klassen wurden zum Schuljahresbeginn 2006/ 2007 neu zusammengestellt, da die Schule zuvor die Unterstufe oder eine Orientierungsstufe besuchten. Die jeweilige Projektklasse wurde in Schule A von 18 Schülern und Schule B von 16 Schülern besucht. An der Erprobung nahmen sowohl in Schule A als auch in Schule B die Kollegen der Fächer Deutsch, Gemeinschaftskunde, Englisch und Physik teil. In der Schülerschaft gab es einzelne Schüler, die die siebte Klasse noch einmal wiederholen mussten oder die freiwillig von einem städtischen Gymnasium auf den Realschulzweig der Gesamtschule wechselten. Beide Klassen wurden mehrheitlich von Schülern besucht, die einen Migrationshintergrund aufweisen (Türkei, ehem. Jugoslawien, ehem. Sowjetunion/ deutschstämmige Aussiedler).
Schule C lag in einer Kleinstadt und wurde von Schülern besucht, die im Stadtkern selbst oder in den Stadtteilen wohnten. Bei der Klasse handelte es sich um eine siebte Gymnasialklasse einer additiven Gesamtschule. Auch diese Klasse wurde zum Schuljahresbeginn neu zusammengestellt. Die Projektklasse wurde von 22

Schülern besucht. An der Erprobung nahmen die Kollegen der Fächer Deutsch, Englisch, Französisch, Physik und Biologie teil. In dieser Schule gab es keine Schüler, die die Klasse noch einmal wiederholen mussten. Nach Aussage der Lehrkräfte wurde die Klasse von leistungsstärkeren Schülern besucht, wenige Schüler verfügen über einen Migrationshintergrund (Türkei, ehem. Sowjetunion/ deutschstämmige Aussiedler).
Schule D lag in einer Gemeinde und wurde von Schülern besucht, die in den einzelnen Gemeindeteilen wohnen. Die teilnehmende Klasse bzw. Lerngruppe bestand aus einzelnen A- und Grund-Kursen der achten Jahrgangsstufe einer integrativen Gesamtschule. Innerhalb der Erprobung nahmen die Fach-Kollegen der Fächer Deutsch, Englisch (alle auf A-Niveau) und der Fächer Biologie, Gemeinschaftskunde, Musik, Chemie, Kunst (als Grundkurse) teil. Da die Kurs- und Grundstruktur eine unterschiedliche Schülerschaft mit sich brachte, nahmen in dieser Schule fast 40 Schüler an der Erprobung teil, wobei nicht jeder Schüler automatisch in jedem Kurs mit dem ePortfolio lernte. Die Schüler, die die A-Kurse besuchten, verfügten nach Aussage der Lehrkräfte über gute bis sehr gute schulische Leistungen, innerhalb der Grundkurse gab es zahlreiche Schüler, die die Klassenstufe noch einmal wiederholten. In der Klasse verfügten einzelne Schüler über einen Migrationshintergrund (Türkei).
Die Schulen E und F lagen in Kleinstädten in einer ländlichen Region. Die Schüler dieser Schulen müssen z.T. einen weiten Schulweg mit dem Schulbus auf sich nehmen, da die Schulen vom Wohnort weit entfernt liegen. In Schule E nahmen zwei achte Klassen aus dem Realschulzweig einer additiven Gesamtschule an der Erprobung teil. Die eine achte Klasse bestand aus 26 Schülern und die andere Klasse aus 22 Schülern. Die Fachkollegen der Fächer Deutsch, Englisch und Chemie waren beteiligt, die jeweils sowohl in der einen als auch in der anderen Klasse unterrichteten. Beide Klassen wurden von zahlreichen Schülern besucht, die die Klassenstufe noch einmal wiederholen mussten. Nach Aussage der Lehrkräfte besuchten die Klassen mehrheitlich leistungsschwächere Schüler. In der Schule F nahm eine siebte Klassenstufe einer integrativen Gesamtschule am Projekt teil. Die am Projekt teilnehmende Lerngruppe bestand aus 22 Schülern. Die teilnehmenden Lehrkräfte unterrichteten die Fächer der B-Kurse (Deutsch, Englisch) und einen Grundkurs (Religion). Innerhalb des Schuljahres kam es z.T. aber zu Veränderungen in der Schülerschaft, da einzelne leistungsstärkere Schüler in A-Kurse „umgestuft“ wurden. Diese nahmen automatisch nicht mehr in den Hauptfächern Deutsch und Englisch am Projekt teil und lernten nur noch im Grundkurs Religion mit dem ePortfolio. Nach Aussage der Lehrkräfte handelte es sich bei der Klasse um eine dem Leistungsniveau Realschule entsprechende Schulklasse. Sowohl in Schule E als auch in Schule F gab es bis auf wenige Ausnahmen keine Schüler mit Migrationshintergrund.

5.2.3 Ablauf der Untersuchung

Vor Beginn der eigentlichen Untersuchung, die im Schuljahr 2006/ 2007 stattfand, trat ich mit den beteiligten Lehrern in Kontakt, informierte sie über Ziele der begleitenden Untersuchung und bat um ihr Einverständnis. Neben dem inhaltlichen Feld des reflexiven Lernens von Schülern im ePortfolio wurden noch weitere Untersuchungen durchgeführt, die mehr die allgemeine Begleitung des Schulentwicklungsprojekts und damit auch die Lehrerperspektive in den Mittelpunkt des Interesses rückten. Dazu wird im weiteren Verlauf der Ausführungen nicht berichtet, da der gewählte Fokus die Schülerperspektive im Kontext des reflexiven Lernens betrachten wird. Vertiefende Informationen zu Einsatz und Wirkung im Unterricht finden sich bei Fink/ Gänger (2008a/ b) in der Lehrerstudie zum Projekt.

Nach der ersten Kontaktaufnahme hospitierte ich in einzelnen Klassen, um die Lehrer und die Schüler näher kennen zu lernen und um Einblicke in den Unterricht zu nehmen. Bereits im Vorfeld wurden die ePortfolio-Plattform und das dazugehörige Lernarrangement zum reflexiven Lernen entwickelt, in das schrittweise im Rahmen von Lehrerfortbildungen eingeführt wurde. Die Lehrerfortbildungen hatten zum Ziel, die Lehrer für den Einsatz des ePortfolios im Unterricht zu motivieren und sie in die Lage zu versetzen, die erworbenen Kenntnisse an die Schüler zu vermitteln. Mit dem Begriff Kenntnisse meine ich sowohl das technisch-organisatorische Handling einer ePortfolio-Plattform als auch die Notwendigkeit der Anbahnung und Gestaltung von individualisierten Lernarrangements, die den eigenaktiven Lernprozessen der Schüler eine Bedeutung schenken. Weitere Kenntnisse finden sich in der Vorstellung der Konzeption des Lernarrangements (vgl. Kap. 5.3.5).

In Absprache mit den jeweiligen Fachkollegen wurden Ziele und Entwicklungsschritte vereinbart, die im Laufe des Schuljahres erarbeitet wurden. Damit war ein offener Rahmen geschaffen, der gewisse Leitlinien enthielt. Dieser bestand darin, dass die Lehrkräfte über das Schuljahr hinweg vier ePortfolio-Einheiten durchführen sollten, die sich auf einen Zeitrahmen von bis zu sechs Wochen bezogen. Im Rahmen dieser Einheiten sind Reflexionen und das reflexive Lernen der Schüler bedeutsam für den Lern- und Erstellungsprozess einer ePortfolio-Arbeit. Im Laufe des Schuljahres wurden von mir – möglichst zeitnah an einer ePortfolio-Arbeit – Interviewgespräche mit den Schülern zu Beginn und gegen Ende des Schuljahres geführt. Die ersten Interviews, die ich führte, nutzte ich dazu, um meinen Gesprächsleitfaden zu erarbeiten und um Gesprächsanlässe zu finden, die geeignet erschienen, um über die Reflexionen der Schüler zu sprechen. Im Laufe der Eingangserhebung stabilisierte sich der Gesprächsleitfaden, so dass ein in meinen Augen geeigneter Überbau an Gesprächsanlässen entstand, der sich für ein

Eingangsgespräch als geeignet erwies. Im Rahmen der Begleitung und Analyse der Reflexionen, die über das Instrument ePortfolio geäußert wurden, konnte ich darüber hinaus über das gesamte Schuljahr hinweg den Lern- und Reflexionsprozess der Schüler über das Internet beobachten. Gegen Ende des Schuljahres – im Rahmen eines resümierenden Abschlussgesprächs – befragte ich die Schüler zu ihrem Reflexionsverhalten mit dem ePortfolio und konfrontierte sie mit meinen Beobachtungen, die ich auf der ePortfolio-Plattform machen konnte. Damit wurden drei Erhebungsverfahren durchgeführt: leitfadengestützte Interviews zu Beginn, Dokumentenanalyse der ePortfolio-Arbeiten sowie leitfadengestützte Interviews zum Ende des Schuljahres.

5.2.4 Rolle des Forschers

Im Laufe des Schuljahres war ich in regelmäßigen Abständen in den Klassen präsent und verfolgte daneben online über die ePortfolio-Plattform den Lernprozess der Schüler. Da sich die in einer Schulklasse durchzuführenden Interviews z.T. über Tage und Wochen verteilten, kam ich mit vielen Schülern ins Gespräch und sie stellten mir Fragen, die neben den eigentlichen Interviews abliefen. Bedingt durch die enge Zusammenarbeit mit den Lehrern, die sich aus den Lehrerfortbildungen ergab, entstanden Gespräche, in denen zum Ausdruck kam, dass ich weniger als außen stehender Beobachter des eigenen Unterrichts angesehen wurde. Im Rahmen dieser Gespräche, die z.T. im bzw. neben dem Unterricht abliefen, berichteten die Lehrer mir gegenüber von ihren Erfahrungen und äußerten auch Ideen und Vorschläge für die Weiterarbeit im Unterricht sowie für die Lehrerfortbildungen. Die Gefahr der Selbstbeforschung, die in der Schul- und Unterrichtsforschung gegeben sein kann, sehe ich bei der vorliegenden Forschungsarbeit allerdings nicht, da ich keinen unmittelbaren Einfluss auf das Unterrichtsgeschehen und das Lernen der Schüler genommen habe. Ich war Gast, Experte und Forscher, gleichfalls aber nicht Lehrender, der Aufträge an die Schüler stellt oder eine individuelle Lernberatung durchführt.

Anzumerken ist weiter, dass die in den Fortbildungen vermittelten Kenntnisse und Inhalte eine Vorgabe für die Unterrichtspraxis mit sich brachten. Diese Vorgaben stellten aber nur ein didaktisches Rahmenkonzept, das mit eigenen Präferenzen und Inhalten gefüllt werden konnte. Die Lehrkräfte entwickelten im Unterricht z.T. höchst differente Herangehensweisen, die sich z.B. in den Aufgabenstellungen (geschlossene vs. offene) und den unterschiedlichen Zeiteinheiten, die für ePortfolio-Arbeit zur Verfügung standen, niederschlugen. Somit kann davon ausgegangen werden, dass individuelle Schwerpunktsetzungen möglich waren, die sich auf den Unterricht und das Lernen der Schüler auswirkten.

5.3 ePortfolio-Entwicklung und Konzeption des Lernarrangements

5.3.1 Die Entwicklung der ePortfolio-Software

Die Analyse der unterschiedlichen ePortfolio-Plattformen und -Softwareangebote ergab, dass zum Zeitpunkt der Konzeption der Erhebungsphase keine ePortfolio-Plattform für eine jugendliche Zielgruppe existierte. Die am Markt befindlichen Angebote führten die Schwierigkeit mit sich, dass sie englischsprachig und für jüngere Schüler schwer verständlich sind. Zusätzlich boten die Plattformen, die eher für eine erwachsene Zielgruppe konzipiert wurden, keine vorformulierten Reflexionsanlässe an, die für Schüler der Jahrgangsstufen 7 und 8 geeignet waren. Ein zweites Argument für die Entwicklung eines eigenen ePortfolios ergab sich aus den Forderungen des Drittmittelgebers, eine Lösung auf dem landeseigenen Bildungsserver zu schaffen, der im „Besitz" der Bildungs-institutionen bleibt und bei dem die Einrichtung und Wartung mittels bestehender Mitarbeiter gelöst werden konnte. In diesem Sinne sollte die Nutzung eines ePortfolios eine gewisse Nachhaltigkeit mit sich führen, die es auch anderen Schulen ermöglichte, nach der Erprobungsphase Erfahrungen auf dem landeseigenen ePortfolio-Portal zu machen.

Die eigens entwickelte ePortfolio-Plattform „ePortfolio Hessen" bietet Möglichkeiten zur Speicherung, Dokumentation und Präsentation von Schülerarbeiten, zum Austausch und zur Zusammenarbeit, zur Selbstreflexion und zum Feedback. Dazu besaß jeder Schüler einen Zugang zu seinem personalisierten ePortfolio, das wiederum im Rahmen der Klassengemeinschaft öffentlich zugänglich war. Um die inhaltlichen Möglichkeiten deutlicher zu machen, werde ich die möglichen Lernprozesse und -produkte vorstellen, die innerhalb der ePortfolio-Plattform entstanden sind. Dazu zählen:

* Vereinbarungen und Lernziele, die zwischen Schülern und Lehrkräften geschlossen wurden,
* Schülerprodukte, die sich in digitaler Form abspeichern und/ oder erstellen ließen wie Texte, Bilder, Berechnungen, Musik, Grafiken, animierte Präsentationen usw.,
* Reflexionen und Berichte über den eigenen Lernweg und den Erstellungsprozess der abgespeicherten Produkte,
* Schriftliche Rückmeldungen zu den Schülerprodukten wie z.B. Feedback, das auf der Plattform von den Schülern und Lehrkräften gegeben wurde sowie
* ein Lerntagebuch zur Reflexion und Planung des eigenen Lernens der Schüler.

Die ePortfolio-Plattform eröffnete damit ein Werkzeug, das sich zur Förderung selbstregulierten Lernens nutzen ließ und das den Lernern ein hohes Maß an Individualisierung ermöglichte. Um die Selbstbestimmung in den Unterrichtsplanungen zu verankern, wurde ein Modell entwickelt („ePortfolio-Kreislauf"), das zur schrittweisen Erarbeitung einer Schülerarbeit beitragen sollte.

Dieses Modell wird im Rahmen der beschriebenen Lehrerfortbildungen vorgestellt (vgl. Kap. 5.3.5).

Ein wichtiger Teil des Forschungsprozess bestand, neben der didaktischen Konzeption und Durchführung von Lehrerfortbildung, in der Schaffung einer ePortfolio-Umgebung, die für den Unterricht geeignet ist und die sich im Rahmen begleitender Forschung untersuchen lässt. Auf der Grundlage unterschiedlicher Vorlagen und Anlässe (wie Feedback und Onlineberatung, Produktvielfalt der Schülerarbeiten, Vereinbarungen und Lernziellisten) sind unterschiedliche Akzentuierungen möglich – im Rahmen der empirischen Erarbeitung werde ich den Fokus auf dem reflexiven Lernen von Schülern und den damit verbundenen ePortfolio-Vorlagen richten. Der Begriff Vorlagen meint in diesem Zusammenhang die vorbereiteten Funktionsfelder innerhalb der ePortfolio-Anwendung, die übergreifende Kategorien enthalten und zum schriftlichen Reflektieren anregen. Hierzu existieren sowohl in der papiergebundenen (vgl. z.B. Volkwein 2006) als auch in der elektronischen Variante (vgl. z.B. PebblePAD 2008) aussagekräftige Beispiele. Die für das reflexive Lernen vorbereiteten Vorlagen sollten dazu beitragen, dass die Schüler über den Lernprozess im Prozess selbst (über ein begleitendes Lerntagebuch und abschließende reflexive Berichte) und resümierend (über Selbstkommentierungen einer ePortfolio-Arbeit und über das Lerntagebuch) berichten. Auf der Grundlage der im zweiten Kapitel geäußerten Bedenken (vgl. Kolb 2007, Netzwerk Portfolioarbeit 2007) bezüglich des Anbietens von standardisierten Kategorienschemata wurde auf vergleichende Selbstbewertungsschemata verzichtet, um individuelle und weniger von außen angeregte Reflexionen der Schüler zu ermöglichen. Dieser Gedankengang ist gleichfalls von Belang, da in der vorliegenden Forschungsarbeit nicht die Selbsteinschätzungen der Schüler in einem vorformulierten Raster untersucht werden sollen, das Bezug zu einem curricular abgebildeten Lernziel nimmt. Dennoch wurde das Reflektieren den Schülern nicht *ganz* frei gestellt, um über die genannten Vorlagen (Lerntagebuch, reflexive Berichte, Beschreibungen) eine Verbindlichkeit anzustreben. Hübner u.a. (2007) zeigten auf, dass diese vorformulierten Aufforderungen und Leitfragen das schriftliche Reflektieren der Lernenden anregen können.

Die ePortfolio-Vorlagen sollten eine doppelte Funktion einnehmen: Zum einen sollten sie das Reflektieren der Schüler unterstützen und prozessorientierte Reflexionen ermöglichen, zum anderen sollten sie dem Forschungsprozess dienlich sein, indem sie die Funktion eines Erhebungsinstruments einnehmen. Damit ist die Erwartung verbunden, dass mit den im ePortfolio enthaltenen Reflexionsanlässe gehaltvolle Aussagen entstehen, die analysiert werden können. Ein Vorteil des onlinegebundenen ePortfolios sehe ich darin, dass die Arbeiten und Reflexionen der Schüler vom Forscher zu jeder Zeit betrachtet werden können. Dies vereinfacht den Forschungsprozess und ermöglicht die Auswertung, ohne dass die Schüler ihre Arbeiten zu einem bestimmten Zeitpunkt dem Forscher übermitteln müssen. Im Idealfall lassen sich daraus auch Entwicklungen nachzeichnen, da zu unterschiedlichen Zeitpunkten online auf das ePortfolio und die Reflexionen zugegriffen werden kann.

5.3.2 Begleitendes Online-Lerntagebuch

Lerntagebücher können zur Vertiefung des Gelernten im Rahmen eines Portfolio-Konzepts eingesetzt werden (vgl. Brunner 2006, 77). Existierende ePortfolio-Softwareangebote integrieren ebenfalls die Funktionen von Lerntagebüchern. (z.B. in PebblePAD und Mahara existiert ein Blog-Modus). Daneben verwenden empirische Arbeiten, die sich mit dem metakognitiven Denken auseinandersetzen, ein Lerntagebuch als Forschungsinstrument (vgl. Bangert-Drowns u.a. 2004; Landmann/ Schmitz 2007). Landmann/ Schmitz konnten feststellen, dass diese als Selbstbeobachtungsinstrumente geeignet sind und Reflexionsprozesse von Schülern anregen und unterstützen können (ebd., 162). Ebenfalls im Rahmen der Schreibdidaktik (vgl. z.B. Bräuer 2003) werden Lerntagebücher (z.T. als Teil eines Portfolios) geführt, um den Lernprozess der Schüler zu thematisieren. Dahingehend habe ich mich dazu entschlossen, ein Lerntagebuch von Schülern führen zu lassen, das spontane im Lernprozess befindliche oder auch distanzierte und resümierende Reflexionen ermöglicht. Dabei wurden übergreifende Leitfragen bzw. Überschriften (auch Prompts genannt) für einen möglichen Eintrag vorbereitet, die in jedem Lerntagebuch erscheinen. Das heißt, wenn ein Schüler einen Eintrag im Lerntagebuch vornahm, öffnete sich ein Onlineformular, das entsprechend generierte Überschriften enthielt. Damit sollte die verbindliche Nutzung angeregt werden. Diese vorformulierten Überschriften konnten allerdings auch von den Schülern gelöscht werden, wenn sich im Laufe eines Lern- bzw. Reflexionsprozesses ergab, dass sie ungeeignet waren. Gleichfalls sollte das Löschen der Überschriften auch individuelle Schwerpunktsetzungen der Schüler ermöglichen. Folgende Überschriften enthielt das Onlineformular:

* Das habe ich heute getan/ gelernt:
* Das war interessant, hat Spaß gemacht:
* Dabei hatte ich Schwierigkeiten:
* Folgendes will ich bis... tun:
* Folgendes wünsche ich mir:

Die genannten Überschriften sollten persönliche Reflexionen anregen, wobei der Fokus nicht nur auf das persönliche Resümieren, sondern auch auf das prospektive

Ausblicken gelegt war. Damit wurden unterschiedliche Anlässe zum Reflektieren gegeben. Die Überschriften wurden bewusst offen gehalten, so dass unterschiedliche reflexive Berichte entstehen konnten. Es wurde kein fachdidaktischer Schwerpunkt gesucht, so dass möglichst unterschiedliche Reflexionen entstehen konnten. Dies geschah vor dem Hintergrund, dass in der Konzeptionsphase noch nicht klar war, welche fachdidaktischen Vorhaben im Unterricht mit dem ePortfolio realisiert werden sollten. Gleichfalls musste davon ausgegangen, dass es den Schüler zunächst neu erscheint, wenn zuvor noch kein Lerntagebuch geführt wurde und die damit verbundene schriftliche Artikulation von Gedachtem und Gelerntem nicht geübt worden war. Aus diesem Grund mussten die Schüler schrittweise an das schriftliche Reflektieren im Lerntagebuch herangeführt werden. Eine Eintragung im Lerntagebuch war zu jedem Zeitpunkt des Lernprozesses möglich und nicht an zeitliche Vorgaben (z.B. täglich, einmal die Woche o.ä.) gebunden. Im Idealfall konnte immer ein Eintrag entstehen, wenn es Anlass zum Reflektieren gab.

5.3.3 Beschreibungen/ Selbstkommentierungen

Begleitende Reflexionen, die sich in persönlichen Beschreibungen einer ePortfolio-Einlage widerspiegeln, werden in zahlreichen Portfolio-Konzepten (vgl. z.B. Winter 2004a, 202) genutzt. Ebenfalls bieten etliche ePortfolios die Möglichkeit zur Annotation und Kommentierung von eigenen Dokumenten (vgl. z.B. PebblePAD, Moodle mit Exabis Modul u.a.). Damit verbindet sich der Gedanke, dass Schüler innerhalb ihres Lern- und Erstellungsprozesses einer Portfolio-Arbeit reflektieren. Eine Beschreibung eines Dokuments war analog zum Lerntagebuch innerhalb einer formulierten Vorlage möglich, die bearbeitet wurde, wenn die Schüler ein neues Dokument speichern oder eine neue Arbeitsmappe anlegen wollten. Die Beschreibungen weisen Parallelen mit den in Kapitel 2 genannten begründeten Auswahlentscheidungen und den begleitenden Berichten auf (vgl. Winter ebd.; Wittek 2005). Damit sollten die Schüler angehalten werden, im Lernprozess über ein erstelltes bzw. ausgewähltes Dokument zu berichten. Diese Selbstkommentierungen konnten die Schüler anregen, über ihr Lernen und die in der Onlinemappe befindlichen Dokumente nachzudenken. Daneben ermöglichten diese Beschreibungen aber auch für den „Leser" einen Einblick in den Entstehungsprozess der Mappe. Folgende übergreifende Kategorien wurden vom System generiert, wenn ein Dokument abgelegt wurde:

* Dies zeigt mein Dokument:
* So habe ich es erstellt:
* Diese Schwierigkeiten hatte ich:
* Folgende Personen haben mir weitergeholfen:

Die vorgestellten Kategorien ermöglichten individuelle Schwerpunktsetzungen. Innerhalb der vorgegebenen Kategorien sollte ein resümierender Blick auf den Lernprozess und das Lernprodukt (hier: erstelltes Dokument) möglich sein. Der interaktive Zusammenhang der ePortfolio-Arbeit wurde mit der Kategorie „Folgende Personen haben mir weitergeholfen" angesprochen. Es war möglich zu berichten, wie die Entstehung z.B. durch ein Feedback angeregt wurde. Die vom System generierten Kategorien ließen sich – analog zum Lerntagebuch – löschen. Die Möglichkeit zur Formulierung einer (Dokumenten-) Beschreibung war zu jeder Zeit gegeben, so dass die Schüler individuell den Zeitpunkt wählen konnten, wann sie Dokumente ablegen, reflektieren oder kommentieren. Die Beschreibungen der Schüler wurden auf der ePortfolio-Plattform unmittelbar unter einem abgespeicherten Dokument angezeigt.

5.3.4 Abschließender Reflexionsbericht

Schriftliche Reflexionsberichte, die nach Abschluss einer Einheit entstehen, werden in zahlreichen Veröffentlichungen genannt (vgl. Kapitel 2.3.3). Diese können der Form nach mehr einem einseitigen Einleitungsschreiben (engl.: One Pager), einer kommentierten Inhaltsangabe (engl.: A List of Annotable Contents) oder einem persönlichen Brief an einen Leser nahe kommen. Ebenfalls finden sich in den von mir analysierten ePortfolio-Konzepten unterschiedliche Berichtsformen, bei denen die Lernenden ausgiebiger über ihren Lernprozess berichten können. Diese Berichte fokussieren den Blick der Lernenden auf den eigenen Lernprozess und illustrieren für Außenstehende das Erarbeitete. Im Rahmen der hier entwickelten Vorlage konnten die Schüler anhand von übergreifenden Leitfragen reflektieren und das Gelernte bewerten (vgl. zur Schülerselbstbewertung im Portfolio bei Ellmin 2001, 59). Die Vorlage existierte als vorformatiertes Word-Dokument (.doc), das auf der Plattform hinterlegt war. Das Ziel war es, einen möglichst umfassenden Blick auf den eigenen Lernprozess zuzulassen. Dieser Bericht ermöglichte für außenstehende Betrachter (Mitschüler, Lehrer, Forscher) einen Blick auf den Lernprozess eines Schülers im Zusammenhang mit einer ePortfolio-Arbeit. Nach der Fertigstellung einer ePortfolio-Arbeit wurden diese reflexiven Berichte in Verbindung mit der fertigen Arbeitsmappe im Klassenplenum präsentiert.

Diese Leitfragen existierten (die kursiv gesetzten Sätze und Fragen sollten zur Reflexion anregen):

* Auf welches Fach und welche ePortfolio-Mappe bezieht sich dein Reflexionstext?
* Was war die Aufgabenstellung?

Beschreibe die Aufgabenstellung! Was hast du gemacht? Wie bist du auf das Thema gekommen?

* Wie lange hast du an deiner ePortfolio-Mappe gearbeitet? Wann hast du daran gearbeitet?
Hier beschreibst du, wie lange du an dieser ePortfolio-Mappe gearbeitet/ gelernt hast!
* Was hast du erstellt? Was hast du in deiner Mappe abgespeichert?
Hierin beschreibst du kurz den Inhalt deiner ePortfolio-Mappe! Warum hast du diese Dokumente ausgewählt? Wie ist die Zusammenstellung entstanden?
* Wie bist du bei der Erstellung vorgegangen?
Woher hattest du die Informationen? Was hast du zuerst, was später erstellt? Was hat gut geklappt? Hattest du Schwierigkeiten?
* Wann hast du die Mappe für das Feedback freigegeben?
Wann war die Mappe halbfertig, wann hast du das erste Feedback bekommen?
* Welches Feedback hast du erhalten?
Wer hat dir Feedback gegeben? Was haben die anderen gesagt/ geschrieben? Was solltest du verändern oder verbessern?
* Was hast du mit dem Feedback gemacht?
Was hast du überarbeitet, nachdem du das Feedback erhalten hast? Wann war die Mappe fertig?
* Wie findest du jetzt rückblickend deine Mappe?
Beschreibe nun, wie du deine Mappe findest! Bist du damit zufrieden, findest du sie gelungen...? Auf was bist du besonders stolz?
* Was hast du dabei gelernt?
Was hast du beim Erstellen dieser Mappe gelernt? Beschreibe zum Beispiel, was für dich neu war! Was war interessant? Was möchtest du vertiefen? Über was möchtest du noch mehr erfahren?

Der Reflexionsbericht sollte Anregungen zum Reflektieren geben und unterschiedliche Lernprozesse thematisieren lassen. Sie standen am Ende einer ePortfolio-Arbeit und konnten nach der Fertigstellung einer Arbeitsmappe von den Schülern angefertigt werden. Dabei bezogen sich die übergreifenden Reflexionsfragen auf unterschiedliche Elemente, die beim Lernen eine Rolle gespielt haben (wie z.B. eigene Themenfindung, Erstellungsprozess, Anregungen u.ä.). Die vorgegebenen Kategorien forderten die Schüler zum Reflektieren auf, sie konnten allerdings auch gelöscht und mit eigenen Nennungen ergänzt werden.

5.3.5 Lehrerfortbildungen und Lernarrangements

Die gezeigten Vorlagen zur schriftlich geäußerten Reflexion verdeutlichen, dass diese ihr Potenzial nicht einfach von *selbst* entfalten. Gleichfalls wäre auch die Gefahr zu groß, dass das bloße Anbieten einer ePortfolio-Plattform zur gewünschten Nutzung beitragen kann. Um die Lehrer für diese Aufgabe zu qualifizieren, wurden sie durch Fortbildungsveranstaltungen des Instituts für Schulpädagogik und Didaktik der Sozialwissenschaften der Justus-Liebig-Universität Gießen (Arbeitsgebiet: Schulpädagogik) in die Arbeit mit ePortfolios eingeführt und im Verlauf des gesamten Schuljahres durch weitere Fortbildungen begleitet. In den Fortbildungen wechselten sich Phasen, in denen Informationen und Kenntnisse vermittelt wurden, mit Beratungs- und Coaching-Phasen ab.

An der Fortbildungsveranstaltung nahmen 30 Lehrkräfte aus sieben Schulklassen teil, wobei es sich jeweils um ein Team von drei bis fünf Lehrkräften handelte, die in einer Klasse unterrichteten und die im Schuljahr 2006/ 2007 die ePortfolio-Arbeit in ihrem Unterricht einführten. Um den Lehrern eine schrittweise Erarbeitung zu ermöglichen, wurden die Fortbildungsinhalte aufeinander aufgebaut, wobei die Fortbildungsreihe von allen 30 Lehrkräften verpflichtend zu besuchen war. Dadurch sollte eine verbindliche und sachgemäße Nutzung der ePortfolio-Plattform angeregt werden. Insgesamt fand die Veranstaltungsreihe an zehn über das Schuljahr verteilten Fortbildungstagen statt, wobei drei Veranstaltungen ganztägig (8 Zeitstunden) und sieben Veranstaltungen halbtägig (4 Zeitstunden) organisiert waren. Die nachfolgende Aufstellung verdeutlicht die inhaltliche Gewichtung und den Verlauf innerhalb des Schuljahres 2006/ 2007:

* 05.09.2006: (01) Einführungsveranstaltung (4h)
* 19.09.2006: (02) Didaktische Einführung (4h)
*21.09.2006: (03) Einführung in die Plattform/ Planung der ersten Unterrichtseinheit (8h)
* 05.10.2006: (04) ePortfolio-Kreislauf: Themenfindung, Feedback/ Planung der ersten Unterrichtseinheit (8h)
* 10.10.2006: (05) ePortfolio-Kreislauf: Feedback, Überarbeitungen, Präsentationen/ Planung der ersten Unterrichtseinheit (8h)
* 21.11.2006: (06) Erfahrungsaustausch/ Planung der zweiten Unterrichtseinheit (4h)
* 23.01.2007: (07) Individuelles Coaching des Klassenteams/ Planung der dritten Unterrichtseinheit (4h)
* 15.03.2007: (08) Individuelles Coaching des Klassenteams/ Planung der vierten Unterrichtseinheit (4h)
* 24.05.2007: (09) Präsentation von Ergebnissen (4h)
* 03.07.2007: (10) Resümee/ Evaluation (4h)

Neben der technisch-organisatorischen Einführung in die ePortfolio-Plattform, die die Funktionen (Dokumente ablegen, beschreiben, kommentieren) und die Einrichtung der Schulklassen und -fächer thematisierte, wurden die Lehrer mit den didaktischen Anforderungen an die ePortfolio-Arbeit im Unterricht vertraut gemacht. Dabei wurde das ePortfolio als ein prozessbezogenes Kursportfolio eingesetzt, das für ein oder mehrere Themen im Unterricht genutzt werden konnte. Innerhalb der Fortbildungsreihe wurde versucht, einem inhaltlichen „Übergewicht" von technischem Input vorzubeugen. In diesem Sinne wurde den Lehrern nach den einführenden Elementen ausreichend Zeit gegeben, den eigenen Unterricht mit dem ePortfolio zu planen. Die entwickelten Unterrichtsvorhaben wurden z.T. in Koordination mit anderen Lehrkräften aus dem eigenen Klassenteam geplant und realisiert sowie z.T. in Eigenregie von nur einer Lehrkraft verwirklicht. Je nach Koordinationserfahrung und -bedarf entwickelten sich somit eher fächer- und kollegenübergreifende oder fächerzentrierte Unterrichtsvorhaben. Die Aufgabe der Fortbildungsorganisation lag darin, die Lehrkräfte in ihren Planungen anzuregen und zu unterstützen. Ausdrücklich sollte auch an bestehende Unterrichtserfahrungen angeknüpft werden. Da die ePortfolio-Arbeit entsprechend Lernzeit benötigt – wir[8] gingen von bis zu sechs Schulwochen aus – wurden vier mögliche „Einheiten" für den Unterricht vorgeschlagen, die über das Schuljahr 2006/ 2007 hinweg durchzuführen waren. Das ePortfolio sollte einem wiederkehrenden Rhythmus über das Schuljahr genutzt werden. Damit „ersetzte" das ePortfolio nicht den regulären Unterricht, sondern wurde für bestimmte Themensetzungen verwendet, die z.T. eine nähere, z.T. eine weiter gefasste Verbindung zum Lehrplan aufwiesen. Dieser partielle und zum weiteren Unterrichtsgeschehen parallel ablaufende ePortfolio-Unterricht wurde in Absprache mit den Lehrerteams abgestimmt, so dass auch individuelle Schwerpunktsetzungen innerhalb eines Schuljahres ohne ePortfolio möglich waren. Zusätzlich sollten die Lehrerkollegien sukzessive Erfahrungen mit dem ePortfolio sammeln und nicht von einem zu hohen zeitlichen und organisatorischen Aufwand überfordert werden. Da in zahlreichen Veröffentlichungen immer wieder Portfolio-Konzepte (besonders Leistungsmappen/ Showcase-Portfolios) als alternative Leistungsbewertungsmethoden diskutiert werden (vgl. z.B. Winter 2004a), musste auch im Vorfeld geklärt werden, welchen Stellenwert die im ePortfolio-Unterricht entstehenden Lernprozesse und Lernprodukte innerhalb der Leistungsbewertung einnehmen sollten. Da das hier favorisierte Konzept eines prozesshaften und an wenigen Produkten orientierte ePortfolio seinen Schwerpunkt im projektorientierten Lernen gefunden hat, war damit keine Abschaffung oder Ergänzung des Zensurenzeugnisses verbunden, wie es beispielsweise mit Leistungsmappen/ Showcase-Portfolios möglich ist (vgl. hierzu Vierlinger 1999). Das ePortfolio erhielt keine gesonderte Stellung in der bestehenden Pflicht zur Erteilung von Zensuren (im Sinne eines zensurenfreien

[8] Der Begriff „wir" steht für die Fortbildungsleitung, die aus Mitarbeitern des Instituts für Schulpädagogik und Didaktik der Sozialwissenschaften der Justus-Liebig-Universität Gießen bestand (Arbeitsgebiet: Schulpädagogik, Prof. Dr. Ludwig Duncker).

Unterrichts). Daraus ergab sich für die Lehrer die Möglichkeit, sowohl den Erstellungsprozess als auch die entstandenen Produkte mit einer Zensur zu bewerten. Von unserer Seite wurde der Vorschlag unterbreitet, die abschließende mündliche ePortfolio-Präsentation, die im Plenum stattfinden sollte, zu bewerten und die Arbeit im Prozess zensurenfrei zu lassen. Dieser Vorschlag wurde von vielen, allerdings nicht von allen Kollegen angenommen, so dass das Lernen mit dem ePortfolio in mehreren Klassen von Zensuren begleitet wurde. Dieser Sachverhalt soll im Rahmen der empirischen Erhebung allerdings nicht weiter verfolgt werden.

Um die eigene Unterrichtspraxis der Lehrer anzuregen und individuelle Möglichkeiten der Vertiefung anzubieten, wurde ein Handbuch für die teilnehmenden Lehrer entwickelt, das die Arbeit mit dem ePortfolio technisch und inhaltlich begleitete (vgl. Fink 2007a). Die didaktische Unterstützung der Fortbildner mündete nach der ersten und zweiten Unterrichtseinheit in ein Coaching des jeweiligen Klassenteams (Januar/ März 2007). Darin wurden auf der Plattform beobachtete Lern- und Arbeitsprozesse besprochen und Anregungen zur Weiterarbeit gegeben (z.B. Stärkung der Feedback-Kultur, des reflexiven Lernens usw.). Auch hier lag der Schwerpunkt auf der Entwicklung von schülerzentrierten Arbeiten im Unterricht eines jeden Klassenteams. Im Laufe des Schuljahres entstanden somit bis zu vier ePortfolio-Einheiten, die in unterschiedlicher Intensität Anlässe zum Reflektieren enthielten.

Inhaltlich orientierte sich das Lernen mit dem ePortfolio an einem didaktischen Modell, das in der Praxis der Portfolio- und ePortfolio-Arbeit in ähnlicher Form Verwendung gefunden hat (vgl. z.B. Prozesskomponeten der Portfolio-Arbeit bei Häcker 2006b, 143; Prozesse beim Arbeiten mit ePortfolios bei Hilzensauer/ Hornung-Prähauser 2005, 6). Das im Rahmen dieser Fortbildungsreihe eigens entwickelte Modell wurde „ePortfolio-Kreislauf“ genannt, da das Lernen der Schüler einem zyklischen Schema folgt:

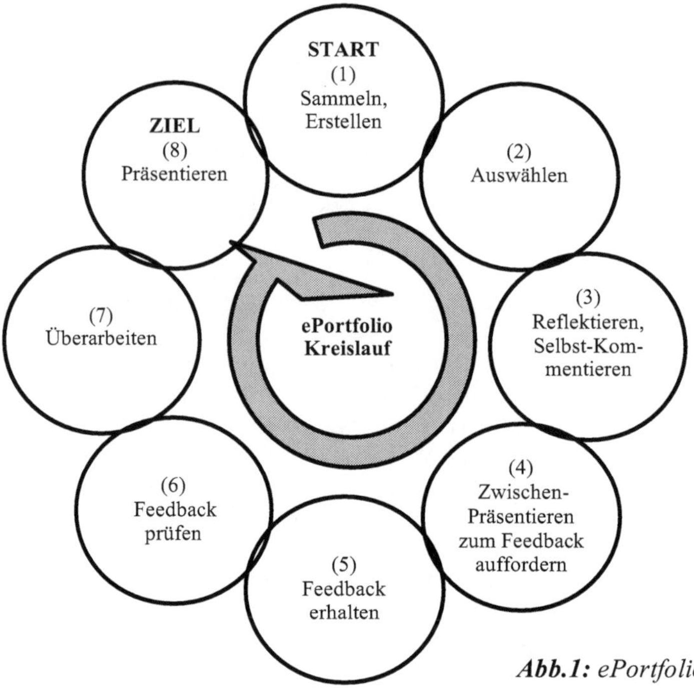

***Abb.1:** ePortfolio-Kreislauf*

Nachfolgend soll das Modell des „ePortfolio-Kreislaufs" vorgestellt werden, das den Lernprozess und die damit verbundenen einzelnen Lernschritte illustriert:

(1) Zu Beginn einer Einheit sammelten die Schüler gemeinsam in der Lerngruppe und/ oder in Koordination mit den Lehrenden Ideen, die sie in der weiteren Bearbeitung im ePortfolio realisieren wollten. Dies konnten erste Ideen sein, die in ein (persönliches) Lernziel mündeten und zum Beispiel die Bearbeitung einer selbst gewählten Aufgabe umfassten. Diese von den Schülern gewählten und mit den Lehrern koordinierten Aufgaben sollten ein hohes Maß an Selbstregulation enthalten. Die Arbeiten konnten eine Nähe zum Lehrplan der jeweiligen Klassenstufe aufweisen – es waren u.U. auch individuelle Schwerpunktsetzungen möglich. Da das ePortfolio als Methode zur Gestaltung von Lehr- und Lernprozessen genutzt wurde, sollten die Lernprozesse und -produkte im ePortfolio sichtbar werden und in den Mittelpunkt eines Beratungs- und Feedbackprozesses gestellt werden. Nach der Fixierung von Lernzielen oder der zu bearbeitenden

Aufgabe, die im Zusammenhang mit einer thematischen Arbeit stand, sollten die Schüler diese erschließen und umsetzen. Dazu waren die Schüler aufgefordert, entsprechende Informationen und Materialien zusammenzutragen, die als Ausgangspunkte oder Informationsquellen dienen konnten. Der Sammlungsprozess von Informationen und die erste Zusammenstellung wurden in dichter Absprache mit den Lehrkräften und in Anlehnung an übergreifende Kriterien realisiert, die im Unterricht erarbeitet wurden.

(2) Materialien und Dokumente, die für die Weiterarbeit genutzt wurden, mussten gesichtet und ausgewertet werden. Danach konnten erste Produkte entstehen, die aus den auf den Computern hinterlegten Softwareangeboten (z.B. Textverarbeitung, Tabellenkalkulation, Präsentation usw.) hervorgingen. Nach der ersten Erstellung von aussagekräftigen und vorstellbaren Dokumenten mussten die Schüler auswählen, welche Dokumente und Arbeiten sie zur Zwischenpräsentation vorstellen wollten.

(3) Da Reflexionen ein wesentliches Element des Lernens im ePortfolio darstellen, wurden die Schüler im dritten Schritt aufgefordert, über den Erstellungsprozess einer ePortfolio-Arbeit Auskunft zu geben. Dabei kommentierten sie ihr erstelltes Dokument anhand der oben vorformulierten Überschriften (Dies zeigt mein Dokument; so habe ich es erstellt; diese Schwierigkeiten hatte ich; folgende Personen haben mir weitergeholfen) und gaben eine kurze Inhaltsangabe.

(4) Die erstellten Schülerdokumente wurden nachfolgend in einer ePortfolio-Mappe innerhalb des jeweiligen Schulfachs (z.B. Deutsch) eingestellt, zur (Zwischen-) Präsentation veröffentlicht und für Kommentare freigegeben. Die Schüler konnten über ein spezielles Feld den Status ihrer Mappe kenntlich machen. Dazu gab es die drei Kategorien „in der Erstellung“, „in Arbeit – Kommentare erwünscht“ und „fertig“. Ein Schüler, der also ein Feedback von seinen Mitschülern oder dem Lehrer erhalten wollte, wählte die Kategorie „in Arbeit – Kommentare erwünscht“.

(5) Nachdem das Dokument online gestellt und für jeden Schüler einsehbar war, konnten die Mitschüler konstruktiv auf die entstandenen Dokumente reagieren und ein Feedback äußern, das Anregungen zur Bearbeitung ermöglichte. Ein Feedbackformular, das vorformulierte Überschriften enthielt (Das hat mir gefallen; das habe ich nicht verstanden; das habe ich vermisst; Tipps), ermöglichte die Abgabe eines Feedbacks. Neben den Mitschülern waren aber auch die Lehrkräfte gefordert, den Schülern eine Rückmeldung zu ihren Arbeiten zu geben. Ebenfalls für die Lehrkräfte existierten vorformulierte Überschriften (Äußere Form; inhaltliche Ausarbeitung; Eigenständigkeit der Arbeit; Veränderungsvorschläge). Anzumerken

ist, dass die Beratung mittels Mitlehrender und der Lehrkraft konstitutiv für zahlreiche Portfolio- (vgl. z.B. Pfeifer 2006) und ePortfolio-Arbeiten (vgl. z.B. Schaffert u.a. 2007) ist und ein zentrales Merkmal der Portfolio-Arbeit darstellt. Die vom System generierten Überschriften konnten – analog zu den an anderer Stelle vorgestellten Überschriften – gelöscht und durch eigene ergänzt werden, so dass für die Nutzer ein hohes Maß an Individualisierung gegeben war.

(6) Das erhaltene Feedback musste gelesen und geprüft werden, ob es der Intention des ePortfolio-Eigners gerecht wird und ob die geäußerten Vorschläge eine Relevanz für die Weiterbearbeitung aufweisen.

(7) Nachdem die unterschiedlichen Sichtweisen auf die ePortfolio-Arbeit bzw. -Mappe vorhanden waren, stellten sie die Grundlage für die Überarbeitungen dar. Sollte weiterhin Überarbeitungsbedarf bestehen, so konnten die einzelnen Schritte wiederholt werden, indem ein erneutes Feedback eingeholt und das Dokument optimiert wurde.

(8) Am Ende des ePortfolio-Prozesses stand die mündliche Präsentation der eigenen zusammengestellten ePortfolio-Arbeiten vor einem größeren Auditorium im Klassenplenum. Bei der Vorstellung berichteten die Schüler über ihren Lernweg und kamen auf die eigene Mappe zu sprechen. Die Vorstellung sollte sich am oben vorgestellten Reflexionstext orientieren, so dass auch an dieser Stelle Anlässe zum Reflektieren geschaffen wurden. Die abschließende Präsentation ermöglichte die Würdigung der entstandenen Arbeiten.

Damit entstanden an unterschiedlichen Stellen innerhalb des ePortfolio-Kreislaufs Anlässe zum Reflektieren des Gelernten. Diese Reflexionen orientierten sich an den vorgestellten Vorlagen (Lerntagebuch, Selbst-Kommentierungen, Reflexionsbericht) und erlaubten ein hohes Maß an individualisierter Nutzung. Für die Lehrer ergab sich die Aufgabe, diesen Prozess konstruktiv anzuregen, prozessorientierte Beratungen zur Weiterarbeit anzubieten und Zeitphasen einzurichten, an denen intensiver mit dem ePortfolio gelernt werden konnte. Diese zeitlichen und räumlichen Ausdifferenzierungen wurden aufgrund des Einsatzes eines Wochenplanes erleichtert, der unterschiedliche Aufgaben und Themensetzungen enthielt, die im Rahmen einer Schulwoche bearbeitet wurden. Ein Element dieses Wochenplans nahm die Arbeit am ePortfolio ein. Damit wurde die Arbeit an den z.T. begrenzten Computerarbeitsplätzen entzerrt und individuelle Lernzeiten konnten entstehen. Diese Individualisierung führte dazu, dass sich Lehrer verstärkt einzelnen Schülern zuwenden konnten. Der Wochenplan wurde von den Klassen häufig eingesetzt, die nicht über ausreichende Computerarbeitsplätze im

Klassenraum verfügten oder deren Lehrer eine entsprechende inhaltliche und zeitliche Flexibilisierung ermöglichen wollten. Daneben gab es aber auch Klassen, deren Schüler ausschließlich als Gesamtgruppe im Computerraum oder nur phasenweise als Gesamtgruppe zu einer gemeinsamen Einführung im Computerraum zusammenkamen.

5.4 Datenerhebung

In den zuvor aufgeworfenen Überlegungen, die im Zusammenhang mit dem Forschungsvorhaben stehen und die Klärung der Forschungsfragen zum Ziel haben, wurde deutlich, welche Kriterien für die Umsetzung des Forschungsdesigns leitend sein sollen. Im Rahmen der geplanten Erhebung ist die subjektive Sicht der Lernenden auf ihr Lernen – auf ihren Lernprozess und ihre Lernprodukte – bedeutsam. Diese inhaltlichen und forschungsmethodologischen Überlegungen sollen ihre Berücksichtungen in den Erhebungsverfahren finden. Zu diesen zählen leitfadengestützte Interviews zu Beginn der Erhebungsphase, begleitende Dokumentenanalyse ausgewählter ePortfolio-Eintragungen sowie leitfadengestützte Interviews und ePortfolio-Gespräche gegen Ende des Schuljahres.

5.4.1 Eingangserhebung

Im Rahmen der Eingangerhebung werde ich mit den Schülern ein Gespräch über ihre Einstellungen zu Schule, Lernen und Unterricht führen. Hierdurch soll ein erster Einblick in das Reflexions- und Artikulationspotential und in die vorherrschenden Einstellungen zum Lernen sowie über eigene Lernpräferenzen ermöglicht werden (vgl. zu den Begriffen Lernpräferenzen/ Lerneinstellungen: Schlemmer 2006). Im Rahmen dieses Gesprächs werde ich der Frage nachgehen, welche Bedeutung Reflexionen im bisherigen Unterricht und für das eigene Lernen eingenommen haben. Ferner soll das Erhebungsverfahren dazu beitragen, mehr über das existierende reflexive und metakognitive Wissen zu erfahren, um den Fokus für die Dokumentenanalyse und das abschließende Gespräch stärker an bestehenden Vorerfahrungen zu orientieren.

Bei der zu untersuchenden Altersgruppe ist nach den skizzierten entwicklungspsychologischen Erkenntnissen davon auszugehen, dass sie in der Lage sind, über ihr Lernen und die beim Lernen ablaufenden Reflexionen zu berichten. Im dritten Kapitel wurde gezeigt, dass zwischen dem neunten und zwölften Lebensjahr qualitative Veränderungen in den individuellen Möglichkeiten selbstkontrollierten Lernens zu beobachten sind, die die damit in Verbindung stehenden Reflexionen beeinflussen können (vgl. Hasselhorn 2004). Dabei ist davon auszugehen, dass metakognitives Wissen und metakognitive Fähigkeiten bei den Schülern vorhanden sind (vgl. Schreblowski/ Hasselhorn 2006 in Anlehnung an

Piaget 1971). Zusätzlich sehe ich die Schüler als selbstständige und autonome Persönlichkeiten an (Ackermann/ Rosenbusch 2002, 32), die in der Lage sind, ihre Subjektperspektive mir gegenüber im Gespräch zu äußern. Diese soll mittels geeigneter Erhebungsverfahren sichtbar und für die Schüler artikulierbar gemacht werden. Gleichfalls muss diese Artikulation an alltagsnahen Situationen ansetzen, um konkrete Einblicke zu ermöglichen.

Im Rahmen der Eingangserhebung wird ein teilstandardisiertes Interviewverfahren in Form eines Leitfadens eingesetzt. Das qualitative Interview soll dazu beitragen, die subjektive Perspektive der zu Beobachtenden zu erfassen und zu analysieren (vgl. Hopf 2005, 350) und diese für die weitere empirische Begleitung des Lernens und Reflektierens der Schüler im Laufe des Schuljahres zu nutzen. Das geplante teilstandardisierte Interviewverfahren wird Anknüpfungspunkte an ein fokussiertes Interview aufweisen (vgl. zu fokussiertes Interview Merton/ Kendall 1979). Fokussierte Interviews sind in ihrer Ursprungsform Gruppeninterviews, die nicht unmittelbar an die Gruppensituation gebunden sein müssen. Im Rahmen der vorliegenden Untersuchung sollen Interviewgespräche mit einzelnen Schülern geführt werden, da die Gefahr besteht, dass u.U. in der Gruppe persönliche Äußerungen zum Lernen und zu den eigenen Stärken und Schwächen vermieden werden, um gegenüber den Gleich- und Andersgeschlechtlichen zu bestehen und der „sozialen Gewünschtheit“ (Friebertshäuser 1997a, 371) zu entsprechen. Fokussierte Interviews intendieren, dass die interviewten Personen Gemeinsamkeiten haben und orientieren an diesen ein Gespräch (vgl. Friebertshäuser 1997a; Hopf 2005). In der vorliegenden Untersuchung erklärt sich die Gemeinsamkeit der Befragten daraus, dass sie allesamt in diesem Schuljahr mit einem ePortfolio lernen und reflektieren. Dieser Zusammenhang ist für die Eingangserhebung noch unerheblich, da noch keine Erfahrungen mit dem reflexiven Lernen im ePortfolio vorliegen. Bei der Abschlussbefragung wird dieser Sachverhalt bedeutsam sein. Des Weiteren soll das fokussierte Interview dazu beitragen, emotionale und motivationale Komponenten näher auszuleuchten (vgl. Friebertshäuser ebd., 378), die im Zusammenhang mit Reflexivität und reflexivem Lernen von Schülern stehen.

Der vorbereitete Leitfaden dient als Gedächtnisstütze und Orientierungsrahmen in der allgemeinen Sondierung des Themenbereichs (vgl. Witzel 1985 in Lamnek 2005, 367). Die Interviewführung soll Anregungen zu den Gesprächsgegenständen ermöglichen und auch spontane und assoziative Äußerungen zulassen (vgl. Hopf 2005, 354). Das Gespräch orientiert sich aber dennoch an mehreren fokussierten Themenstellungen, zu denen das eigene Lernen, Reflektieren und die Einstellungen zum schulischen Lernen und zu Schule allgemein zählen. Die aufgeworfenen Fragen werden alltagsnah gestaltet sein und damit den personalen Kontext (vgl. Hopf ebd.)

bezogen auf das eigene Lernen im Unterricht thematisieren. Die Befragten werden aufgefordert, ihre subjektiven Einschätzungen und Erfahrungen anhand von konkreten Schilderungen von Erlebnissen darzustellen (vgl. Friebertshäuser ebd., 376). Die Begriffe „Selbstreflexivität" und „Nachdenken über das eigene Lernen" sollen nicht betont werden, so dass die Schüler in den Interviewfragen nicht unmittelbar das Forschungsinteresse erkennen. Vielmehr wird ein Gespräch über alltagsnahe Lernsituationen geführt, in dem Anlässe zur Reflexion gegeben werden. Um das Gespräch und die Äußerungen des Gegenübers anzuregen, werden an einzelnen Stellen Phasen eines Dilemma-Interviews (vgl. Aufenanger 1991) geführt, um ergänzend alltagsnahe Situationen zu thematisieren, in denen die Schüler im Zusammenhang mit dem schulischen Lernen reflektiert haben. Diese Dilemma-Situationen sollen affektive, kognitive und wertbezogene Deutungen der Befragten unterstützen (vgl. Hopf ebd.) und zur persönlichen Vertiefung beitragen. Persönliche Erinnerungen sollen hierdurch angeregt werden, die im Zusammenhang mit zurückliegenden Erlebnissen und Lernerfahrungen gelegen haben.

Der Leitfaden beinhaltet neben den oben angesprochenen Dilemma-Situationen vor allem offene Fragen, die zuvor in keiner unmittelbaren Reihenfolge festgelegt wurden. Damit entstehen Anlässe zum Erzählen, die unterschiedliche Akzentuierungen und die Orientierung an Themenkomplexen ermöglichen. Diese vorformulierten Anlässe sind von Vorteil, da sie zu Beginn eines Gesprächs den Einstieg erleichtern. Im weiteren Verlauf der Gesprächssituationen werde ich mich vom Leitfaden lösen, um individuellere Schwerpunktsetzungen zu ermöglichen. Inhaltlich ist dieser Leitfaden auf Grundlage des im Rahmen der bisherigen Ausführungen entstandenen Vorverständnisses zum Untersuchungsgegenstand entstanden (vgl. Friebertshäuser ebd., 375). Dessen Relevanz leitet sich aus den eigenen theoretischen Vorüberlegungen und den zitierten Untersuchungen zum reflexiven Lernen von Schülern ab (siehe Kapitel 3). Der eingesetzte Leitfaden, der die äußere Struktur des Gesprächsverlaufs bestimmt, ermöglicht auch im Nachhinein eine gewisse Vergleichbarkeit der unterschiedlichen Interviewgespräche. Dies sollte auch vor dem Hintergrund betrachtet werden, dass sieben Schulklassen untersucht werden, die unterschiedliche Lern- und Reflexionserfahrungen gemacht haben.

Der Leitfaden stand im Laufe der Erhebungsphase und insbesondere in den ersten durchgeführten Interviews immer wieder im Mittelpunkt von Überarbeitungen, die zum Ziel hatten, die Gesprächsanlässe und möglichen Nachfragen zu optimieren (vgl. zum Forschungsprozess mit einem Leitfaden: Schmidt 1993). Diese Überarbeitungen trugen dazu bei, realistische und alltagsnahe Anlässe zum Erzählen zu schaffen und möglichst subjektive Sinndeutungen bezogen auf das Feld des reflexiven Lernens zu ermöglichen.

5.4.2 Dokumentenanalyse

Bei der Dokumentenanalyse handelt es sich um eine „intensive Inspektion von sinnhaltigen Materialien unterschiedlichster Art" (Terhart 1997, 34) mit dem Zweck, „wesentliche Hintergrund- und Rahmendaten des erforschten Feldes" (Friebertshäuser 1997b, 517) zu erfassen. „Dokumente sind standardisierte Artefakte, insoweit sie typischerweise in bestimmten Formaten auftreten: als Aktennotizen, (…), Entwürfe, (…), Vermerke, Tagebücher, (…)" (Wolff 2005, 503). Diese im Rahmen der vorliegenden Analyse zu bearbeitenden Dokumente sind allerdings nicht dem Zufall überlassen, sondern bestehen aus Schülereintragungen, die im Rahmen der ePortfolio-Arbeit erstellt wurden. Zu diesen Dokumenten, die Einblicke in das Forschungsfeld des reflexiven Lernens ermöglichen, zählen die reflexiven Beschreibungen der ePortfolio-Arbeiten, die auf Grundlage von vorformulierten Überschriften entstehen und Eintragungen, die im Lerntagebuch von den Schülern getätigt werden. Die didaktische Vorstrukturierung für diese zu bearbeitenden Dokumente wurde bereits im Rahmen der Konzeption des Lernarrangements vorgestellt. Die entsprechende Äußerung erfolgt in Form eines schriftlichen Eintrags in ein vorbereitetes HTML- oder Word-Dokument auf der ePortfolio-Plattform. Die Dokumente der Schüler werden als eigenständige methodische und situativ eingebettete Leistungen ihrer Verfasser anerkannt und sollen als solche zum Gegenstand der Untersuchung gemacht werden (vgl. Wolff ebd., 504).

Im Rahmen der Forschung mit Dokumenten- und Aktenanalysen wird der gegenseitige Abgleich von schriftlichen Aussagen in Dokumenten mit mündlichen Aussagen in Interviews als problematisch eingestuft, da diese dem spezifisch eigenständigen Gehalt von schriftlichen Texten nicht gerecht werden (vgl. Wolff ebd.). Das gleiche gilt, wenn Kontextinformationen (z.B. aus einem Interview) zur Klärung der Dokumentenanalyse herangezogen werden. Im Zuge der vorliegenden Untersuchung soll diese Skepsis zwar im Hintergrund bestehen bleiben, gleichfalls muss aber betont werden, dass die entstandenen Dokumente keine Zufallsprodukte sind, die individuell entstanden sind, sondern im Rahmen eines feldnahen Forschungsprozesses aus einem vorstrukturierten Unterricht hervorgegangen sind. Dahingehend sehe ich die Schülerdokumente weniger als Dokumente an, denen man sich mit einem phänomenologischen/ ethnographischen Ansatz nähern sollte, sondern eher als bearbeitete Aufträge, die aus dem Unterricht hervorgehen. Die schriftlichen Dokumente sollen als eigenständige Arbeiten der Schüler für sich stehen. Gleichfalls benötigt es aber auch das Gespräch mit den Schülern über die

Dokumente, um diese näher zu verstehen. Hierbei soll kein Abgleich des schriftlichen und mündlichen Reflexions- und Artikulationsvermögens entstehen, sondern es soll sich aus unterschiedlichen methodischen Herangehensweisen dem Forschungsgegenstand genähert werden. Die Aussagen sollen dazu beitragen, ein möglichst komplexes Bild des Forschungsgegenstands zu gewinnen. An Stellen, an denen unterschiedliche Einsichten entstehen, die zum Beispiel gegeben sind, wenn ein Schüler im Vergleich zum schriftlichen Reflektieren mündlich im Interviewgespräch differenziert reflektieren kann, soll der Kontrast zwischen Dokumententext und mündlicher Präsentation gesucht werden (vgl. hierzu Wolff ebd., 513).

Im Rahmen der Dokumentenanalyse soll eine forschungsmethodologisch interessante Textgattung analysiert werden: das Lerntagebuch. Das Lerntagebuch stellt in der vorliegenden Untersuchung ein Teil des ePortfolios dar, das von den Schülern geführt wird. Es wird dazu beitragen, dass Schüler eigene Beobachtungen und Erfahrungen durch das Aufschreiben fixieren, sortieren, gliedern und strukturieren und somit Erinnerung sowie reflektierende Bearbeitung für sich und den Forscher zugänglich machen (vgl. Fischer 1997, 693). Das Schreiben kann sich an den im Rahmen der Konzeption der Lernarrangements vorgestellten Überschriften orientieren. Das hier zu führende Lerntagebuch ähnelt sowohl einem Memo, das kurze und detaillierte Gedächtnisprotokolle über einzelne Ereignisse und Unterrichtsstunden zulässt (vgl. Bauer 1995), als auch einer prospektiven Vorschau. In beiden Perspektiven, die Anlass für einen Tagebucheintrag bilden, verbindet sich die Möglichkeit zur persönlichen Einschätzung und Bewertung des Lerngegenstands und der eigenen Leistung. Fischer weist darauf hin, dass die subjektorientierte Darstellungsweise des Tagebuchschreibens ambivalent bleibt, da die Gefahr für manche Tagebuchautoren besteht, dass Alltägliches nur schreibend verdoppelt wird oder dass Gewusstes reproduziert wird (vgl. ebd., 700 in Anlehnung an Haug 1990 und Bude 1993). Dieser Sachverhalt kann nicht vermieden werden, im Rahmen der Analyse soll er aber als forschungsmethodologisches Vorverständnis bestehen bleiben.

5.4.3 Abschlussgespräch

Im Rahmen des Abschlussgesprächs, das ich gegen Ende des Schuljahres mit den Schülern führe, werden weitere Einsichten in den Forschungsgegenstand gewonnen. Dieses Gespräch, das der Form nach einem leitfadengestützten Interview gleicht, soll resümierende Einsichten der Schüler auf das Lernen und Reflektieren mit dem ePortfolio artikulierbar machen. Möglichst konkret werde ich mit den Schülern über das Lernen und Reflektieren sprechen. Um das Gespräch auf den Lern- und Reflexionsprozess zu richten, habe ich mich dazu entschlossen, das Gespräch mit den Schülern über eine von ihnen eigens erstellte ePortfolio-Mappe zu führen. Damit soll eine neue Variante fokussierter Interviews genutzt werden, indem persönliche Dokumente zum Gesprächsgegenstand gemacht werden (vgl. Zeiher/ Zeiher 1998, 209f.). Die ePortfolio-Arbeiten ermöglichen damit ein Interviewgespräch am konkreten Gegenstand (hier: die eigene Arbeit), das dazu beiträgt, subjektive Sinnkonstruktionen zu erfassen. Des Weiteren spreche ich eigene Beobachtungen an, die ich im Rahmen der Dokumentenanalyse machen konnte. Hierdurch soll versucht werden, einen möglichst umfassenden Einblick in das reflexive Lernen von Schülern zu erhalten.

5.4.4 Ablauf der Interviewgespräche

Sowohl die Interviewgespräche zu Beginn als auch die Gespräche, die zum Abschluss des Schuljahres mit den Schülern geführt wurden, fanden meistens in einem Raum statt, der neben dem Klassenraum oder auf dem gleichen Stockwerk gelegen war. Damit war in den meisten Fällen eine räumliche Nähe zum Klassenraum gegeben. Die Gespräche leitete ich mit einer persönlichen Vorstellung ein, indem ich das Forschungsinteresse vorstellte und die Anonymität der Äußerungen zusicherte. Zusätzlich versuchte ich deutlich zu machen, dass es keine richtigen oder falschen Äußerungen gibt.

Die Interviewgespräche wurden auf Tonband aufgezeichnet. Im Anschluss an das Gespräch notierte ich mir in einer Art Forschungstagebuch persönliche Eindrücke und Besonderheiten, die mir im Gespräch aufgefallen waren (vgl. hierzu Friebertshäuser 1997a, 392). Ebenfalls versuchte ich die ersten Eindrücke mit Deutungen zu versehen. Dieses Vorgehen sollte dazu beitragen, sich über die Transkripte hinaus an das Interview und die Interviewsituation zu erinnern und im Anschluss die Auswertungsarbeit erleichtern.

5.4.5 Grenzen der Methodik

Die Interviewgespräche zum Ende des Schuljahres lieferten Einblicke in persönliche Wahrnehmungen, die vom Lernen und Reflektieren mit dem ePortfolio bestimmt sind. Damit lässt sich aber nicht erfassen, wie die Schüler Tag für Tag gelernt haben. Diese Einsicht soll mit der Hinzunahme der von den Schülern bearbeiteten Dokumente geschaffen werden. Ich bin mir bewusst, dass diese von den Schülern bearbeiteten Dokumente nur einen punktuellen Einblick geben werden. Der tatsächliche Einblick in die unmittelbare Handlungspraxis im Unterrichtsgeschehen ist damit nur ausschnitthaft gegeben. Ebenfalls ist eine Diskrepanz zwischen den im Interview geäußerten Aussagen zum eigenen Lernen und Reflektieren und dem tatsächlichen Verhalten möglich (vgl. Friebertshäuser 1997a, 371), das sich nur bedingt auf der Grundlage der entstandenen Dokumente analysieren lässt.

Eine gewisse Rolle wird sicher auch die Tatsache spielen, dass die Befragung der Schüler in der schulischen Umgebung durchgeführt wurde. Damit kann die Gesprächssituation von den Schülern als schulische Aufgabe aufgefasst worden sein, die es zu bewältigen galt. Es lässt sich nicht ausschließen, dass die Schüler Antworten gegeben haben, die – aus ihrer Perspektive betrachtet – als sozial erwünscht galten.

5.4.6 Triangulation der Erhebungsverfahren

In der Sozialforschung wird Triangulation als Betrachtung eines Forschungsgegenstands aus mindestens zwei Perspektiven bezeichnet (vgl. Flick 2005, 309). Kelle und Erzberger sprechen sich für die „Triangulation als Ergänzung von Perspektiven [aus], die eine umfassendere Erfassung, Beschreibung und Erklärung eines Gegenstandsbereichs ermöglicht" (ebd. 1999, 516). Dies wird in der Regel durch die Verwendung unterschiedlicher methodischer Zugänge realisiert. Eine Intention der Triangulation ist darin zu sehen, dass sich mit der multimethodischen Konzeption breitere und profundere Ergebnisse erzielen lassen (vgl. Lamnek 2005, 279).

Das Vorgehen soll zu einer vielschichtigen Sicht auf den Forschungsgegenstand beitragen und zum besseren Verstehen und Erklären führen (vgl. Lamnek ebd., 280). „Gerade die qualitativen Methoden spielen hier eine besonders herausragende Rolle, weil sie Erkenntnisse produzieren, gegenüber die andere Methoden blind sind" (Lamnek ebd.). In der geplanten Untersuchung geht es nicht um methodologische Triangulation im Sinne der frühen Arbeiten Denzins (vgl. ebd. 1978), die zu dem Zweck geführt wurden, um unterschiedliche Methoden gegeneinander auszuspielen und die Validität der Feldforschung zu erhöhen. Vielmehr geht es darum, der Begrenztheit der Einzelmethoden entgegenzuwirken und der Komplexität des Untersuchungsgegenstands mittels unterschiedlicher Perspektiven gerecht zu werden. Dahingehend wird das hier genutzte Zusammenspiel von Erhebungsmethoden nicht genutzt, um „objektive Wahrheiten" (Fielding/ Fielding 1986, 33) anzustreben, sondern um unterschiedliche Einsichten zu ermöglichen. Das damit verbundene forschungsmethodologische Verständnis erkennt in der Triangulation die Möglichkeit, ein differenziertes und umfassendes Bild vom Forschungsgegenstand zu erhalten. Diese Vorstellungen decken sich auch mit neueren Arbeiten, die in der Triangulation eine Strategie erkennen, um Erkenntnisse durch die Gewinnung weiterer Erkenntnisse zu begründen und abzusichern und ein komplexes Bild auf den Forschungsgegenstand zuzulassen (vgl. Flick 2005, 311). Die von Flick angesprochene Absicherung der Erkenntnisse mittels Triangulation beurteile ich – bezogen auf meine Untersuchung – eher zurückhaltend, da jede Methode ihren Gegenstand konstituiert und „simple Übereinstimmungen bei der Triangulation mehrerer Methoden bei der Untersuchung desselben Gegenstands nicht zu erwarten sind“ (Flick 2004a, 25). Mögliche Widersprüche in den Ergebnissen der unterschiedlichen Erhebungsmethoden sagen also nicht aus, dass diese fehlerhaft sind, sie machen eher auf Aspekte aufmerksam, die zuvor nicht in den Blick genommen wurden und können zu neuen Erklärungsansätzen führen. Für die Theorieentwicklung sind divergente Perspektiven darüber hinaus besonders aufschlussreich, denn sie können deutlich machen, dass beispielsweise subjektive Theorien und das eigentliche Handeln unterschiedlich ablaufen können (vgl. Flick 2005, 318).

In der hier geplanten Untersuchung wird es also darum gehen, aus der Kombination unterschiedlicher Methoden eine Vertiefung der Untersuchungsergebnisse zu erhalten. Dabei soll die Lernerperspektive bezogen auf deren reflexive Praxis innerhalb des Instruments ePortfolio genauer betrachtet wird. Die methodischen Erhebungsverfahren setzen sich wie folgt zusammen:

* Im Rahmen der ***leitfadengestützten Gespräche***, die ich ***zu Beginn des Schuljahres*** führe, sollen die subjektive Perspektive der Schüler bezogen auf Einstellungen zum Lernen und Reflektieren erhoben werden. Darin sollen subjektive Verarbeitungsmuster und Lernpräferenzen deutlich werden, die für die weitere Begleitung der Schüler ein beobachtbares Handeln erklären können. Sie schaffen darüber hinaus ein Vorverständnis in subjektive Wertigkeiten und empfundene Kenntnisse, die das eigene Lernen und Reflektieren betreffen. Daneben sollen Anlässe zur Reflexion im bestehenden Unterricht identifiziert werden, um mehr über die damit verbundenen Lernprozesse zu erfahren.

*Die ***Dokumentenanalyse*** der Eintragungen erfasst das im Rahmen der entstandenen Dokumente beobachtbare reflexive Handeln der Schüler. Der Begriff Handeln schließt die Handlungspraxis der Schüler mit ein, die im Rahmen der ePortfolio-Arbeit in Form von abgespeicherten Eintragungen sichtbar wird. Die analysierten Schülerdokumente, die authentische Quellen des dokumentierten Verhaltens darstellen, sollen eine Ergänzung zur mündlich geschilderten reflexiven Handlungspraxis der Schüler bieten und Einblicke in den Erstellungsprozess einer ePortfolio-Arbeit ermöglichen. Die Dokumentenanalyse bezieht sich auf Schülerdokumente, die ***über das gesamte Schuljahr*** hinweg entstanden sind.

****Leitfadengestützte Gespräche***, die ***gegen Ende des Schuljahres*** stattfinden, sollen die resümierende Sicht der Schüler auf die Portfolio-Arbeit entfalten lassen. Persönliche Bewertungen werden artikuliert, Erfahrungen mitgeteilt und der persönliche Nutzen der Portfolio-Arbeit für das eigene Lernen und Reflektieren resümiert. Die Aussagen der Schüler können das im Rahmen der

Dokumentenanalyse beobachtbare Handeln rekonstruieren lassen, Interpretationen korrigieren und auf divergente Perspektiven verweisen. Das Leitfadengestützte Interview gegen Ende des Schuljahres soll zum Verstehen der Lern- und Reflexionsprozesse beitragen.

5.4.7 Auswahl der beteiligten Schüler

Zu Beginn der Untersuchung setzte ich mir zum Ziel, in jeder an der Erprobungsphase teilnehmenden Schulklasse Einzelinterviews mit insgesamt vier Schülern durchzuführen (N=28). Die erste Auswahl der Schüler traf ich in Übereinkunft mit den jeweiligen Klassenlehrern. So wählte ich unter Rückgriff auf die Vorgehensweise des selektiven und theoretischen Samplings (vgl. Glaser/ Strauss 1998; Kelle/ Kluge 1999) Schüler auf Grundlage der Charakteristika Leistungsstärke in den Schulfächern (nach Einschätzung des Klassenlehrers), Migrationshintergrund und Geschlecht aus. Damit sollte allerdings weniger dem Anspruch an Repräsentativität entsprochen werden, sondern es sollte eine gewisse Breite an unterschiedlichen Varianten vorhanden sein. Der Aspekt der Leistungsstärke erschien mir vor allem auf Grundlage der vermuteten unterschiedlichen Könnenserfahrungen im schulischen Alltag interessant, die Einstellungen zum Lernen und bestehende reflexive Einsichten und Reflexionsmuster bestimmt haben. Nach der Durchführung der ersten Interviews ergänzte ich den Kreis der Schüler im Sinne des theoretischen Samplings aufgrund erster Auswertungs- und Interpretationsergebnisse und erster Theoriebildungsversuche. Es zeigte sich, dass (noch) nicht alle Leistungsgruppen in der ersten Vorauswahl berücksichtigt wurden. Deshalb wurde der Kreis um sieben weitere Schüler erweitert (N=7), die in einer Nacherhebung im Februar/ März 2007 mit dem identischen Leitfaden interviewt wurden. Die Auswahl dieser Schüler erfolgte z.T. auch daraus, da sie mir in der Beobachtung der Plattformaktivität durch besonders aktives oder passives Verhalten aufgefallen waren.

Im Laufe der ePortfolio-Arbeit im Winter 2006/ Frühjahr 2007 zeigte sich, dass die einzelnen Schulklassen mit unterschiedlicher Intensität mit dem ePortfolio arbeiteten. Einzelne Klassen kamen über das reine Ablegen von Dokumenten im ePortfolio nicht hinaus. Deswegen habe ich für die weitere Bearbeitung beschlossen, Klassen auszuwählen, die mindestens zwei ePortfolio-Einheiten im Sinne des ePortfolio-Kreislaufs (Kreislaufmodell siehe unter 5.3.5) im ersten Schulhalbjahr durchlaufen hatten. Sicher wären auch die nicht berücksichtigten Klassen für eine weitere Untersuchung interessant gewesen, allerdings mussten diese vernachlässigt werden, da es mir in der vorliegenden Untersuchung um die Entwicklung von Reflexionsfähigkeit im Rahmen der ePortfolio-Arbeit geht. Da die von Reflexionen begleitete ePortfolio-Arbeit in den nicht ausgewählten Klassen keine Bearbeitung erfahren hatte, wurden diese nicht weiterverfolgt. Daraufhin reduzierte ich den Fokus auf fünf Schulklassen – das heißt, die Schulen A, B, C, D, E (Klasse mit 26 Schülern) wurden zur Weiterbearbeitung ausgewählt, die Schulklassen der Schulen E und F wurden nicht weiterverfolgt. In den ausgewählten Schulklassen wählte ich im Zuge der Sichtung weiterer Auswertungs- und Interpretationsergebnisse einzelne Schüler (N=29) aus, die im weiteren Verlauf der Begleituntersuchung befragt und beobachtet wurden. Damit reduzierte ich den Fokus von 35 auf 29 Schüler, die verteilt in fünf Schulklassen mit dem ePortfolio lernten und reflektierten (das sind zwischen vier und sechs Schüler in einer Klasse). Gründe für die Auswahl bzw. Reduzierung der Schülergruppe lagen auch darin, ob das jeweilige Leistungsspektrum bereits mehrfach vertreten war oder ob dieses bislang unterrepräsentiert blieb. Neben den inhaltlichen Aspekten spielten aber auch forschungspraktische Gründe für das Sample eine Rolle, die darin begründet waren, ob ein Schüler im Rahmen der Befragung erkrankt war. Insgesamt versuchte ich eine möglichst differente Gruppe für das Sample auszuwählen, so dass sowohl leistungsstärkere und leistungsschwächere Schüler, als auch Schüler vertreten waren, die in unterschiedlicher Intensität ihr Lernen auf der ePortfolio-Plattform dokumentierten. Hierdurch versuchte ich ein hohes Maß an Differenz zu erreichen. Im Sinne der qualitativen Forschung soll die ausgewählte Stichprobe einer angemessenen inhaltlichen Repräsentation entsprechen (vgl. Merkens 1997, 100).

5.5 Dokumentation, Aufbereitung und Interpretation der Daten

5.5.1 Transkriptionsverfahren

Unter Transkription versteht man die graphische Darstellung ausgewählter Verhaltensaspekte von Personen, die an einem Gespräch teilnehmen (Kowal/ O'Conell 2005, 438). Dieses Gesprächsverhalten kann detailliert dargestellt werden, so dass geäußerte Wortfolgen, lautliche Gestaltungen sowie verbales und nonverbales Verhalten festgehalten werden. Damit können Transkripte die Besonderheiten eines Gesprächs auf dem Papier festhalten, wobei diese von Reduktionen gekennzeichnet sein können, die mittels selektiver Auslassungen entstanden sind (z.B. Auslassung des verbalen-/ nonverbalen Verhaltens, der Intonation usw.). Transkripte sind selektive Konstruktionen eines Gesprächs (Ochs 1979 in Kowal/ O'Connell 2005), die durch die Interpretation des Transkribierenden hervorgegangen sind, der das Gespräch in ein schriftliches System übersetzt und Reduktionen vorgenommen hat. Diese Reduktionen entstehen aus dem jeweiligen Erkenntnisinteresse, das der Forscher an den Text stellt und sind darin begründet, ob ein Gespräch in linguistischer oder literarischer Form gelesen werden soll. In dieser Arbeit werde ich mich an der literarischen Form (vgl. Kowal/ O'Conell ebd.) orientieren, die durch einen mittleren Detaillierungsgrad gekennzeichnet ist und versucht, das Gespräch nachzuvollziehen. Dabei werde ich auf Paraphrasen und sprachliche Eigenheiten nur bedingt eingehen, sofern sie dem Nachvollzug des Gesprächs dienlich sind. Deshalb werden neben der vollständigen Vertextung des Gesprächs nur diejenigen kontextuellen Daten aufgenommen, die für die Untersuchung als relevant anerkannt werden: alle verbalen und tonalen Zeichen (z.B: ne, ähm) werden literarisch umschrieben. Hauptbetonungen wie Pausen (Sprechpausen durch Komma, längere Pausen durch (…) bzw. (5 Sek. Pause) und Wortabbrüche (z.B. Ma…) werden ebenso notiert, wie nicht sprachliche hörbare Äußerungen (wie hustet, lacht).

Zu den Gesprächen wird ein Bericht (Postskriptum bei Lamnek 2005, 391) zum Interviewverlauf angefertigt, der die nicht sprachlichen Elemente und wahrgenommenen Stimmungen enthält und im Rahmen der Aufarbeitung des Transkripts genutzt wird (vgl. Friebertshäuser 1997a, 392). Dies geschieht vor dem Hintergrund, dass die Transkripte von studentischen Hilfskräften erstellt werden. Nach der Fertigstellung sollen diese mit der Tonbandaufnahme und dem eigenen Bericht verglichen werden. Friebertshäuser (vgl. ebd.) schlägt dieses Vorgehen vor, um Unklarheiten oder fehlerhafte Stellen entdecken und beseitigen zu können.

Die Auswahl der Beteiligten wird anonymisiert dargestellt, wobei bei der Auswahl der Synonyme kulturelle Zugehörigkeiten sichtbar werden sollen[9]. Die Transkription der Gespräche wird möglichst zeitnah im Anschluss an eine Aufnahme vorgenommen. Nach der Fertigstellung überprüfe ich diese mit der Aufnahme und nehme, falls notwendig, Ergänzungen vor.

5.5.2 Auswertungsverfahren

Verlauf der Auswertung

Die forschungsmethodologischen Überlegungen haben es deutlich gemacht, dass der Forschungsprozess und das Auswertungsverfahren Offenheit gegenüber den Interviewaussagen und Schülereintragungen gewährleisten sollen. Eine angemessene Auswertung der Interviewaussagen, die aus einer offenen Fragetechnik entstanden sind, kann nicht mit „vorfixierten Themenkatalogen" (Schmidt 2005, 447) interpretiert werden. Das entstandene empirische Material soll Zugang zu den impliziten subjektiven Perspektiven – bezogen auf das Feld des reflexiven Lernens – ermöglichen. Auf Grundlage der unterschiedlichen Materialsorte Interview und Schülerdokument und der damit verbundenen Materialfülle muss ein forschungspragmatischer Umgang gesucht werden.

[9] Im Rahmen der Darstellung der Interviewaussagen und ePortfolio-Eintragungen der Schüler werden die Namen der Mitschüler oder die der beteiligten Lehrer, falls sie benannt werden, anonymisiert mit X, Y, Z u.ä. dargestellt.

Daher habe ich ein Auswertungsverfahren gewählt, das sich auf inhaltsanalytische und kategoriale Zugangsweisen stützt und Einblicke in das Material ermöglichen soll. Das Vorgehen orientiert sich im Rahmen der Interviews an den vier Phasen der Auswertung nach Lamnek (2005, 402f.), das aus Transkription, Einzelanalyse, generalisierender Analyse und Kontrollphase besteht. Das Vorgehen innerhalb der Erstellung und Stabilisierung von Interviewtranskripten wurde bereits zuvor dargestellt. Nachdem die einzelnen Interviews vorlagen, unterzog ich diese einer inhaltsanalytischen Auswertung und versuchte, prägnante Textstellen zu identifizieren. In der weiteren Zusammenschau der einzelnen Interviews ging es darum, Gemeinsamkeiten zu finden und zu allgemeinen Aussagen zu kommen. Es wurden nicht nur parallele Deutungsmuster geprüft, sondern auch Differenzen untersucht. Mit Hilfe des wiederholten Lesen des Materials wurde versucht, Auswertungskategorien aus dem Material heraus zu bilden (vgl. Schmidt 2005, 448). Die Auswertungskategorien stellte ich zu einem Codierleitfaden zusammen, mit dem das erhobene Material codiert werden sollte. Die ersten Codierversuche erfolgten an ausgewählten Interviews und verfolgten das Ziel, den Codierleitfaden inhaltlich weiterzuentwickeln. Nach der Stabilisierung des Codierleitfadens versuchte ich, die einzelnen Interviews zu codieren. Dies geschah unter der Zuhilfenahme computergestützter Kategorisierungsmöglichkeiten für die Analyse qualitativer Daten (vgl. Kuckartz 2007) mit der Anwendung MAXQDA (Version 2007).

Im Laufe der Auswertung entstehende situative und persönliche Eindrücke hielt ich im Rahmen eines Interview-Memos (Memo Funktion in MAXQDA 2007: Kuckartz 2007, 100f.) sowie in einem Forschungstagebuch fest. Dies geschah vor dem Hintergrund, um sich im Laufe des Auswertungsverfahrens an Zusammenhänge erinnern zu können. Im Anschluss an die Einzelanalyse versuchte ich übergreifende Trends in den Aussagen zu finden. Unter Einschluss dieser generalisierenden Analyse ging es im weiteren Verlauf darum, Fälle und Typen zu konstruieren, die sich durch überschneidende Aussagen in den Interviews wieder fanden. Dieses Vorgehen wurde genutzt, um der Komplexität des Forschungsgegenstands gerecht zu werden und um den Verstehensprozess zu fördern. Damit war keine Verengung der Perspektive verbunden oder die Zuordnung von Schülern zu einer bestimmten Kategorie erfolgt, sondern es sollten schülerübergreifende Argumentationsfiguren identifiziert werden, die von den Schülern genannt wurden.

Zugang zum Material: Qualitative Inhaltsanalyse
Sowohl die Interviewaussagen der Schüler als auch die ePortfolio-Eintragungen sollen mit dem Verfahren der Qualitativen Inhaltsanalyse ausgewertet werden. Bei den geführten Interviews liegt es nahe, das Material mit der qualitativen

Inhaltsanalyse auszuwerten, denn sie ermöglicht es, „Kommunikationsmaterial systematisch zu bearbeiten“ (Mayring 2005b, 468) und die „Systematik methodisch kontrollierter Textauswertung“ (Mayring 2005a, 10) zu fördern, ohne vorschnelle Quantifizierungen durchzuführen.

In der folgenden Analyse wurden Texte ausgewertet, die aus einem Interviewgespräch bestanden, welches im Rahmen der Begleitung des Lernens der Schüler mit einem ePortfolio geführt wurde. Diese Interviews wurden zu Beginn und gegen Ende des Schuljahres geführt – im Rahmen der Analyse wurden sie aber getrennt voneinander ausgewertet. Das Ziel dieser Interviews lag darin, mehr über subjektive Deutungen der Schüler bezogen auf das reflexive Lernen zu erfahren. Dabei standen diese Interviews nicht für sich, sondern im Zusammenhang mit dem Pilotprojekt zum schulischen Einsatz eines ePortfolio-Systems. ePortfolio-Arbeit im Unterricht wurde durchgeführt, um – neben der allgemeinen Einflechtung eines ePortfolios in den Unterrichtsalltag – ein Instrument anzubieten, das – so die Vermutung – zur Thematisierung und Förderung von Reflexivität beitragen kann. Das Instrument ePortfolio, dessen entstandenen Dokumente als Erhebungsinstrumente Verwendung finden, soll als zusätzliche Datenquelle dienen. Das Ziel der qualitativen Inhaltsanalyse ist darin begründet, mehr über persönliche Einstellungen, Einsichten und artikulierte Kenntnisse sowie über konkrete im Material abgebildete Handlungssituationen zu erfahren, die im Zusammenhang mit dem reflexiven Lernen der Schüler stehen.

Das forschungsleitende Vorgehen orientiert sich am Text bzw. Material und hat zum Ziel, einen differenzierten Überblick über die Schüleraussagen und -arbeiten zu ermöglichen. Diese Vorgehensweise wurde eingeschlagen, um mehr über das reflexive Lernen der Schüler zu erfahren, das – so die Vermutung – in persönlichen Einstellungen und im Handlungswissen sowie in den Eintragungen im ePortfolio sichtbar wird.

Im Laufe der Analyse ging ich kategorisierend vor, indem Texte und Textabschnitte interpretiert, extrahiert, verglichen und arrangiert wurden. Dieses Vorgehen orientierte sich an der zusammenfassenden Inhaltsanalyse und öffnete sich hin zur Bildung von Kategorien, die aus dem Material hervorgingen (vgl. (vgl. Mayring 2000, 74f.; Mayring 2005b, 472). Dabei versuchte ich konzeptionelle Überschriften für die einzelnen Textsegmente zu finden und ordnete sie übergreifenden Kodierkategorien zu. Im Laufe der Auswertungen wurden diese Kategorien überarbeitet, ergänzt oder weiteren übergreifenden Kategorien zugeordnet. Die Kategorien bildete ich aus dem Material heraus (induktives Vorgehen) und versuchte möglichst konkrete, materialnahe Auswertungsaspekte aus dem Text heraus zu entwickeln (vgl. Mayring ebd., 11) und als Kategorien darzustellen. Ein identisches Vorgehen wählt auch die „Grounded Theory", die ihre Kategorien aus dem Material „gründet" (vgl. Strauss 1991). Nachdem ich etwa die Hälfte der Interviews analysiert hatte, überprüfte ich die Kategorien und nahm z.T. weitere Subsumptionen unter bestehenden Kategorien und Kategorie-Neubildungen vor. Ich versuchte, die entstandenen Kategorien in Relation zur Ausgangsfragestellung zu setzen, um damit zu prüfen, ob diese sich als tragfähig erweisen. In Auseinandersetzung mit den Texten stellte ich fest, dass nicht alle induktiven Kategorien vergleichende Aussagen zuließen. Daher erstellte ich auf der Grundlage des theoretischen Vorwissens weitere Kategorien, die in der Übereinstimmung mit Textsegmenten entstanden. Ein ähnliches Vorgehen schlägt Schmidt vor (vgl. ebd. 1997), die Auswertungskategorien aus der theoretischen Diskussion, aus Forschungsergebnissen und aus Feldnotizen ableitet. Das Kategorienschema wurde von mir zu einem aus dem Text selbst in-vivo und zum anderen aus dem theoretischen Vorwissen, aus Forschungsergebnissen und aus Feldnotizen entwickelt. Des Weiteren wurden diese durch mehrmaliges Lesen und Überprüfen sowie im diskursiven Austausch mit einem Fachkollegen stabilisiert. Nachdem die entstandenen Kategorien in den genannten „Rückkopplungsschleifen" überarbeitet und stabilisiert wurden, führte ich die endgültige Materialauswertung durch.

Ein ähnliches Vorgehen wurde für die Analyse der entstandenen Schülereintragungen im ePortfolio gewählt. Diese Dokumente bestehen aus schriftlichen Berichten, die einen individuellen Lernstandsbericht geben, der aus der Reflexion der Lerngegenstände und -ergebnisse entstanden ist. Diese Berichte sind keine zufälligen Berichte, die neben dem Unterricht entstehen, sondern ihnen geht eine Aufgabenstellung voraus. Dazu stehen Überschriften und Schreibanlässe zur Verfügung, die für alle Schüler identisch sind. Im Rahmen dieser Aufgabe können individuelle Berichte entstehen. Zu diesen hier näher zu betrachtenden Dokumenten zählen: Beschreibungen/ Auswahlentscheidungen eines abgespeicherten Dokuments (HTML-Format), Berichte, die resümierend am Ende einer Arbeit stehen (Word-Format) und Einträge im Lerntagebuch (HTML-Format). Die Beschreibungen/ Auswahlentscheidungen und der resümierende Bericht sind klassenöffentlich und können von der Klassengemeinschaft eingesehen werden, das Lerntagebuch ist privat und kann nur vom Schüler selbst und vom Klassenlehrer gelesen werden. Da die beiden erstgenannten Dokumente öffentlich sind, sind sie auch für den Lernprozess innerhalb des ePortfolio-Unterrichts bedeutsam: Für die Klassengemeinschaft ermöglichen sie einen Einblick in den jeweiligen Ist-Stand. Damit richten sich diese Berichte zwar in erster Linie an den ePortfolio-Eigner und sollen im Rahmen der Erstellung den Blick auf das eigene Lernen richten, in zweiter Hinsicht sind sie ein Ansatz für Kommunikation im Klassenkontext, denn die

Kommentarfunktion erlaubt, dass Feedback zu den entstandenen Dokumenten und Berichten gegeben werden kann. Im Rahmen der vorliegenden qualitativen Analyse der Schülereintragungen wählte ich die qualitative Inhaltsanalyse aus, um mehr über die unterschiedlichen und auf der Plattform abgebildeten reflexiven Handlungsmuster zu erfahren. Dabei sah ich die qualitative Inhaltsanalyse als geeigneten Weg an, um einen kategoriengeleiteten Blick auf die unterschiedlichen Arbeiten zuzulassen. Einen ähnlichen Weg hat auch Gläser-Zikuda gewählt, die im Rahmen einer Studie zu Lernstrategien und Lernemotionen ein Lern- und Emotionstagebuch mit der qualitativen Inhaltsanalyse ausgewertet hat (vgl. ebd. 2005, 69).

In der vorliegenden Dokumentenanalyse ging es mir weniger darum, dem Anspruch des „order all points“ (im Sinne von Wolff 2005, 512) zu entsprechen und den vom Autor gewählten Formatierungen, Zeilenabständen oder Gliederungspunkten Beachtung zu schenken, sondern um die Analyse der schriftlich geäußerten Reflexionen, in denen – so die Vermutung – sich das Handlungswissen der zu Untersuchenden offenbart. Es sollte der Frage nachgegangen werden, wie Schüler über ihren Lernprozess im Rahmen der ePortfolio-Arbeit reflektieren und welche Aspekte von ihnen thematisiert werden. Die Analyse der Dokumente erfolgte mit Hilfe der induktiven Kategorienbildung und orientierte sich am oben skizzierten Vorgehen, das in Anlehnung am Modell von Mayring durchgeführt wurde (vgl. Mayring 2000, 74f.). In der vorliegenden Dokumentenanalyse wurden Kategorien mithilfe der Technik der Zusammenfassung (vgl. Technik der Zusammenfassung im Lerntagebuch bei Gläser-Zikuda ebd., 70) aus dem Textmaterial heraus gewonnen. Dazu versuchte ich mich von den Reflexionsvorlagen des ePortfolio-Systems zu lösen und den Blick auf die individuellen Eintragungen und ausformulierten Schülerberichte zu richten. Aus diesen Eintragungen heraus formulierte ich Kategorien, die sich auf weitere Eintragungen der Schüler beziehen ließen. Das Ziel war es, eine methodisch kontrollierte Textauswertung zu erreichen, die auf Quantifizierungen verzichtet. Neben der Auswertungsarbeit an den Schülerdokumenten wurden zentrale Bearbeitungsmuster (z.B. stetige und identische Einträge, nur Stichpunkte u.ä.) notiert und Interpretationen in einem Forschungstagebuch festgehalten – diese Beobachtungen sollten im Rahmen des Abschlussgesprächs mit den Schülern näher erörtert werden. Im Zuge der Auswertungen stabilisierten sich die induktiv gebildeten Kategorien. Sie wurden zu Hauptkategorien zusammengesetzt oder revidiert, so dass sich daran die Gesamtanalyse aller ausgewählten Dokumente (Beschreibungen, resümierende Berichte, Lerntagebücher) anschließen konnte.

Zugang zum Material: Übergreifende Typenbildung
Die aus dem kategorisierenden Vorgehen gewonnenen Kernthemen und -aussagen aus den einleitenden und abschließenden Interviews sowie aus den Eintragungen der Schüler sollten einer weiteren Interpretation unterzogen werden. Das Ziel dieser Querschnittsanalyse lag im textübergreifenden Finden von Mustern im Material im Sinne der Typenbildung. Typen bzw. Typologien sind das Ergebnis eines Gruppierungsprozesses, „bei dem jene Objekte eines Untersuchungsbereiches zu Typen zusammengefasst werden, die sich hinsichtlich einer oder mehrerer Merkmalsausprägungen besonders ähneln“ (Kluge 1999, 42). Jeder Typus enthält eine möglichst hohe interne Homogenität, die das Charakteristische des Typus klar herausarbeitet (vgl. ebd., 42). Zu den Nachbartypen können fließende Übergänge existieren (vgl. ebd, 31). Auf der Ebene des Typus geht es also darum, Elemente zusammenzufassen, die sich möglichst ähnlich sind. Im Rahmen der vorliegenden Untersuchung bezieht sich der Merkmalsraum auf Elemente, die im Zusammenhang mit dem Reflektieren im ePortfolio hervorgetreten sind. Die Typisierung soll nicht verstanden werden, dass die Schüler zu bestimmten Typen zugeordnet werden, sondern vielmehr sollen schülerübergreifende Bedeutungszuschreibungen und Handlungsmuster der Lernenden zu bestimmten inhaltlichen Kategorien nachvollzogen werden. Die Typenbildung wird im Sinne von Kluge die Sinnzusammenhänge analysieren, Komplexität reduzieren und zur Erkenntnis beitragen (vgl. ebd.).

Im Rahmen dieses Vorgehens werden thematisch ähnliche Textstellen innerhalb der Interviewauswertungen und der Dokumentenanalyse miteinander verglichen sowie mit Passagen aus anderen Auswertungsergebnissen (Interviews, Dokumente) gegenübergestellt. Dieses Vorgehen orientiert sich an der zuvor beschriebenen Triangulation der Erhebungsmethoden und Datenquellen und hat zum Ziel, ein vielschichtiges Bild über den Forschungsgegenstand zu ermöglichen (vgl. Flick 2004b, 55). Typlogische Analysen empfehlen sich nach Mayring, „wenn in eine Fülle explorativen Materials Ordnung gebracht werden soll“ (ebd. 1993, 99). Dabei werden die Bedeutungszuschreibungen und Handlungsmuster in den Materialien herausgearbeitet, die als idealtyptisch für die untersuchte Gruppe gelten. Dieses Vorgehen wird mit dem Ziel verfolgt, Typen herauszuarbeiten, die über unterschiedliche inhaltliche Merkmale verfügen (vgl. Kelle/ Kluge 1999, 94; Kluge 1999, 258). Der Kontrast in der Gemeinsamkeit ist dabei ein fundamentales Prinzip der Generierung von Typiken (vgl. Bohnsack 1997, 500). Ich bin mir durchaus des Spannungsfeldes zwischen Detaillierung/ Individualität sowie dem Wunsch nach Strukturierung und Vergleichbarkeit bewusst, das sich ergibt, wenn einzelne Personen unter einem bestimmten Typus subsumiert werden. Daher versuche ich, auf einer inhaltlichen Ebene die in den Analyseergebnissen hervortretenden

Argumentationsmuster, Bedeutungszuschreibungen, Denk- und Handlungsweisen der Lernenden in ihrer Differenziertheit herauszuarbeiten und zu strukturieren sowie auf Unterschiedlichkeiten und Gemeinsamkeiten hinzuweisen. Auf der „Ebene des Typus“ werde ich nach Gemeinsamkeiten in den Bedeutungszuschreibungen und Denk- und Handlungsweisen suchen und versuchen, charakteristische und wesentliche Züge des Typus herauszuarbeiten. Auf der „Ebene der Typologie“ soll die Breite des Untersuchungsgebiets auf der Grundlage der unterschiedlichen und zueinander abgegrenzten Typen deutlich werden. Damit trägt diese deskriptive Strukturierungs- und Ordnungsfunktion der Typenbildung zur Erkenntnis der forschungsleitenden Fragen bei. Neben dieser Funktion nehmen Typologien eine heuristische Funktion ein, die die Rekonstruktion und Analyse inhaltlicher Sinnzusammenhänge ermöglichen. Das Ziel liegt darin, diese Zusammenhänge nicht nur zu beschreiben, sondern „den Sinn, der ihnen zugrunde liegt, möglichst weitgehend zu verstehen und zu erklären“ (Kluge 1999, 46). Dieser Verstehensprozess kann zur Hypothesengenerierung beitragen und die Grundlage für Konzept- und Theoriebildungen schaffen. Im Rahmen der vorliegenden Arbeit soll die Typenbildung dazu beitragen, Elemente des reflexiven Lernens von Schülern zu erkennen, die mit einem ePortfolio lernen.

Übersicht über das Vorgehen bei der Auswertung

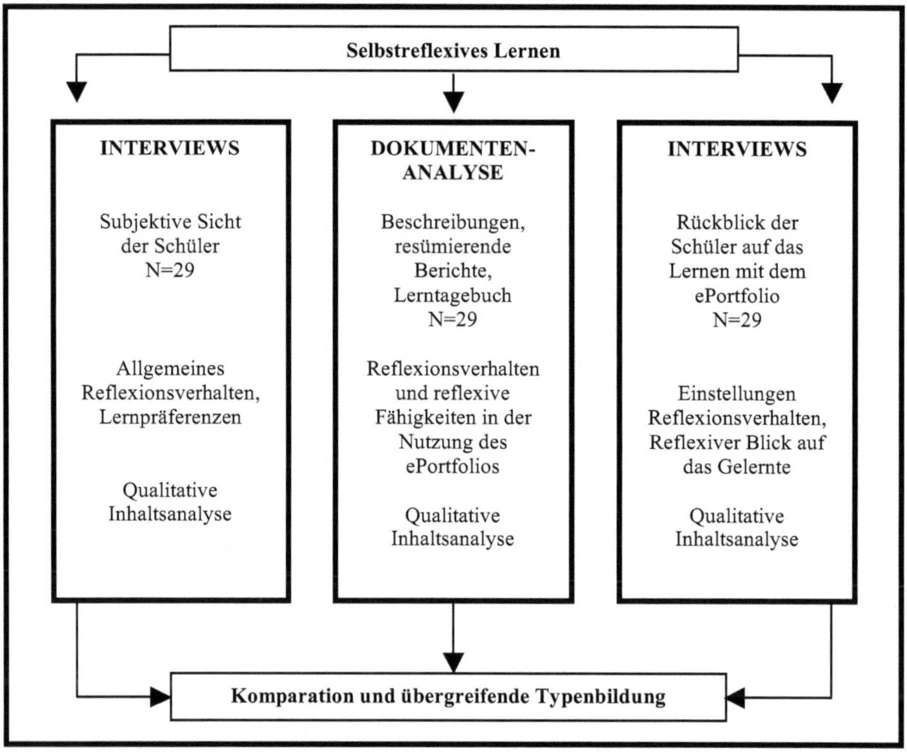

Abb. 2: *Vorgehen bei der Auswertung*

6. Selbstreflexives Lernen mit dem ePortfolio – Auswertung

Auf der Grundlage der erhobenen Daten werde ich wesentliche Aussagen und Ergebnisse zusammenfassend darstellen. Dieses Vorgehen geschieht unter der Verwendung empirischen Materials, zu denen die Interviewaussagen und Dokumenteneintragungen der Schüler gehören. Es wurde gewählt, um differenzierte Einblicke in die Aussagen und Arbeiten der Schüler zu geben.Wie im Rahmen der Vorstellung des Forschungsdesigns und der Erhebungsinstrumente gezeigt, bestand die Datenerhebung aus drei qualitativen Verfahren, die über das Schuljahr hinweg durchgeführt wurden. Zu diesen zählten:

* *Interviewgespräche zu Beginn des Schuljahres*
Diese Interviews habe ich vor dem Beginn der eigentlichen ePortfolio-Arbeit geführt (Zeitraum: Herbst 2006). Sie thematisierten Einsichten und Handlungsmuster der Schüler bezogen auf das Feld des reflexiven Lernens. Dabei wurde auch der Frage nachgegangen, in welchen Kontexten des Unterrichts Reflexionen der Schüler entstehen und welche Bedeutung sie für das Lernen einnehmen.

* *ePortfolio-Eintragungen*
Die Eintragungen der Schüler im ePortfolio hielten Reflexionen fest, die beim Lernen entstanden sind (Zeitraum: über das Schuljahr hinweg). Zu diesen Eintragungen zählten Beschreibungen der Dokumente, resümierende Berichte der ePortfolio-Arbeiten und ein Lerntagebuch, das begleitend geführt wurde.

* *Interviewgespräche zum Ende des Schuljahres*
Im Rahmen des abschließendes Interviewgesprächs (Zeitraum: vor den Sommerferien 2007) wurden die entstandenen ePortfolio-Dokumente und Eintragungen vorgestellt und besprochen.

Die Darstellung der Ergebnisse soll auf der Grundlage der aus den Daten gewonnenen Einsichten geschehen. Dazu stelle ich in einem ersten Schritt die einzelnen Ergebnisse vor, bevor ich auf übergreifende Artikulations- und Handlungsmuster zu sprechen komme. Dieses Vorgehen geschieht vor dem Hintergrund der Generierung von Typen und Typiken, die im Zusammenhang mit der artikulierten und gezeigten reflexiven Praxis der Schüler zu sehen sind.

6.1 Eingangserhebung

Im Rahmen der Eingangserhebung geht es um das Klären von persönlichen Einstellungen, die das Reflektieren im Kontext des schulischen Lernens betreffen. Die Aussagen der Schüler wurden erhoben, um mehr über bestehende Artikulations- und Handlungsmuster zu erfahren. Mit der Hilfe dieses Erhebungsverfahrens verbinde ich die Erwartung, mehr über bestehendes reflexives Wissen der Schüler zu erfahren und Einsichten in bestehende Reflexionsanlässe im Unterricht zu erhalten. Dabei ist das Erkenntnisinteresse nicht darauf begrenzt, im Sinne eines Vorher-Nachher-Modells Veränderungen zu belegen, die mit der Einführung eines ePortfolios verbunden sind, sondern vielmehr bestehende Einsichten der Schüler zu definieren und diese als Hintergrund für die weitere Erarbeitung festzuhalten. Dies geschieht unter dem erweiterten Zugriff zum Material mittels der Bildung von Typen – es soll definiert werden, welche reflexiven Einstellungen, Handlungsmuster und bestehenden Lernpräferenzen das reflexive Lernen mit einem ePortfolio begünstigt haben.

In der Analyse und Aufbereitung der Interviewaussagen werde ich bestehende reflexive Einsichten und Argumentationsmuster der Schüler betrachten. Das von mir konzipierte leitfadengestützte Interview wurde mit dem Ziel geführt, eine mögliche Breite an thematischen Komplexen im Bereich des schulischen Lernens anzusprechen. Dazu war das Interview so arrangiert, dass die Schüler über persönliche Wahrnehmungen berichten konnten. Im Laufe der weiteren Erarbeitung mussten diese allerdings verstärkt auf das reflexive Lernen der Schüler reduziert werden, da sich der inhaltliche Umfang der Interviewaussagen als zu komplex entwickelte. Dies war dann der Fall, wenn die Schüler die bestehenden reflexiven Anlässe im Unterricht und Argumentationsmuster bezogen auf das Feld des reflexiven Lernens im Gespräch vernachlässigten und allgemein über Schule, Unterricht, Lehrer- und Schülerrolle berichteten. Die entstandene Breite an Aussagen wurde – um den Fokus dieser Arbeit zu wahren – auf das Feld des reflexiven Lernens im Unterricht begrenzt. Am Rande werden auch allgemeine Aussagen zum angesprochenen Lernverhalten und zur schulischen Motivation sichtbar. Diese werden aber nicht weiter verfolgt, da der Schwerpunkt auf dem reflexiven Lernen von Schülern liegt.

6.1.1 Voraussetzungen

In den Interviewgesprächen kamen die Schüler zumeist auf Schwierigkeiten in der Bewältigung des Lernstoffs zu sprechen. Diese ergeben sich nach Selbstaussagen immer dann, wenn eine gestellte Aufgabe bearbeitet werden soll. Im Gespräch entstanden somit unterschiedliche Einblicke in persönliche Könnenserfahrungen, die zumeist unter dem Fokus der eigenen Schwächen beim Lernen sowie bei der Planung und erfolgreichen Durchführung einer Aufgabe oder in einer Prüfungssituation auftreten. Seltener berichteten die befragten Schüler über ihre Stärken. Der folgende Textausschnitt aus dem Interviewgespräch mit Marie zeigt die Wahrnehmung eigener Schwierigkeiten, die im Kontext des Anwendens einer fachlichen Leistung („hier Winkelmessen") aufgetreten sind:

Marie: [...] in Mathe, da ist dieses Winkelmessen und so, das verstehe ich auch manchmal nicht so [...] manchmal, ich weiß ja manchmal nicht, wo ich anlegen muss mit dem Geodreieck. Weil da, wir haben heute eine Zeichnung gemacht, da waren ganz viele Winkel, da wusste ich gar nicht, wo ich anlegen soll.

Die Schülerin kann im Gespräch recht konkret und nah an der zu erlernenden Fähigkeit („Winkelmessen") reflektieren und beschreiben, was ihr in der Bearbeitung der Aufgabenstellung schwer gefallen ist („weiß ja manchmal nicht, wo ich anlegen muss mit dem Geodreieck"). Der folgende Ausschnitt aus dem Gespräch mit Jan verdeutlicht die Schwierigkeiten, die er in der Prüfungsform Diktat sieht:

*Jan: [...] Rechtschreibung, Diktat, das kann ich nicht so leiden. *3* Ich lern die Wörter vorher und dann kann ich sie doch irgendwie nicht. Irgendwie, ein Diktat kann man nicht richtig üben, man muss einfach so selbst diktieren und dann können Wörter drin vorkommen, die man noch nicht mal richtig kann und deswegen. *3*.*

Jan schildert konkret eine Prüfungsvorbereitung („Ich lern die Wörter vorher", „Man muss einfach so selbst diktieren") und zeigt sich enttäuscht über die reale Anwendung des Memorierten im Diktat („kann ich sie doch irgendwie nicht"). Über ein fehlendes Sprach-Hörverständnis berichtet Sophie, die der englischsprachigen Aufgabenstellung des Buchs sowie den Anweisungen der Lehrerin nicht folgen kann und sich im Englisch-Unterricht in ihrer Beteiligung zurücknimmt:

*Sophie: [...] In Englisch kann ich sehr schlecht folgen oder so, zurückziehen tu ich mich immer, ich meld mich nie, * ja in Englisch bin ich auch so, ich kapier oft nichts, denn, wenn die, die jetzt in Englisch sagt, mach die oder das auf der oder der Seite, kann ich jetzt so manchmal page kann ich jetzt schon verstehen und number, aber manchmal versteh ich dann auch, im Buch stehen die Aufgaben ja immer auf Englisch und alles und dann versteh ich das net und dann muss ich immer meine Tischnachbarn und so fragen. Ob die es mir erklären, aber ** das kapier ich auch net so, weil ich ja auch die ganze Sprache nicht kann. * [...]*

Sophie ist in der Lage, konkret auf ihre persönlichen Schwierigkeiten einzugehen und diese in Worte zu fassen. In ihren Aussagen kommt ihre Resignation zum Tragen („kann ich sehr schlecht folgen oder so, zurückziehen tu ich mich immer"), die sich auf die Mitarbeit und allgemeine Auffassungsgabe bezieht. Neben den gezeigten mangelnden fachlichen Kenntnissen im Englisch- oder Mathematikunterricht berichten Schüler auch über individuelle Schwierigkeiten, die das eigene Arbeitsverhalten im Unterricht und im Rahmen einer Prüfungssituation betreffen. Die Schülerin Oksana berichtet über die eigene Bearbeitungszeit einer

Klassenarbeit, die es ihr nicht ermöglicht, in der gesetzten Zeitdauer von 45 Minuten fertig zu werden:

*Oksana: [...] also bei Mathe ist es halt glaub ich schon die, die Schnelligkeit, dass ich halt schon ziemlich langsam bin, und also vom, ich versteh die Aufgaben halt meistens, aber die Zeit fehlt mir dann schon manchmal. ** [...] weil zum Beispiel in der Arbeit, die wir geschrieben haben, da hab ich halt auch ziemlich wenig gehabt, weil ich * ich musste das halt alles ziemlich genau durchgucken und so, dass ich das erst verstehe, und ja, da würde da fehlt mir halt die Zeit und deswegen müsste ich lernen, ein bisschen schneller zu arbeiten.*

Aus ihrer Schlussfolgerung („die Schnelligkeit, dass ich halt schon ziemlich langsam bin") leitet sie gegen Ende des Textabschnitts ein persönliches Lernziel ab („müsste ich lernen, ein bisschen schneller zu arbeiten"). Sergej berichtet, dass seine Stärke darin liegt, Plakate „gut" gestalten zu können. Bei der Vorstellung der Plakate im Klassenkontext ist er allerdings ein „bisschen zu aufgeregt". Zur Behebung dieser Nervosität schlägt er vor, öfters einen Vortrag zu üben:

*Sergej: Ich kann ganz gut zum Beispiel Plakate gestalten und * vortragen kann ich so mittelmäßig, weil ich bin ein bisschen zu aufgeregt, wenn ich nach vorne gehe.[...] Ja, halt vielleicht mehr vorm Spiegel stehen und da halt versuchen, öfters so was vorzutragen und dann * und dann das besser vor der Klasse zu machen.*

Über die eigene Aufmerksamkeit in Mathematik berichtet Mareike. Ihr fällt auf, dass sie sich häufiger verrechnet, wenn sie sich mit ihrer Nachbarin beim Bearbeiten der Aufgaben im Unterricht unterhält:

Mareike: Also, dass ich still bin, dass ich ruhig arbeite, weil entweder rechne ich dann laut oder rede mit meiner Nachbarin, das ist dann meistens nicht so gut, ich verrechne mich dann meistens oder schreib was Falsches hin. Aber das wird dann schon wieder bestraft, wenn ich dann nach vorne gehe und sage, dass ich fertig bin und dann heißt es: „Ja, das ist aber falsch, hast ma' wieder geschwätzt, ne!?"

Ein Aspekt, den einzelne Schüler ansprechen, ist die Schwierigkeit, das im Hinblick auf eine Klassenarbeit zu erlernende Fachwissen in der Vorbereitung einzuschätzen und ausreichend zu memorieren. Im Beispiel von Jan wurde die Schwierigkeit der Vorbereitung eines Diktats im Deutschunterricht deutlich. Die folgende Aussage von Sarah macht verdeutlicht, dass sie den Umfang der zu erlernenden Inhalte unterschätzt:

Sarah: Ähm, in den Arbeiten, da lern ich zwar immer, also ich lern zwar nicht richtig viel, aber ich lerne, und zu Hause komm ich damit auch klar, und es kann auch sein, dass es das ist, dass ich meiner Mutter dann nur sage, was ich lerne, was mir leicht fällt, so dass ich damit schnell fertig bin und in den Arbeiten kommen halt auch solche Sachen vor, wo ich gar nicht dran gedacht hätte zu lernen, die mir gar nicht in den Sinn gekommen wären.

Ihre Aussage „wo ich gar nicht dran gedacht hätte zu lernen, die mir gar nicht in den Sinn gekommen wären" illustriert die Reflexionen, die im Laufe der Erarbeitung der Klassenarbeit entstehen. Dabei stellt Sarah fest, dass sie das zu erlernende Fachwissen unterschätzt hat („die mir gar nicht in den Sinn gekommen wären"). Neben der Unterschätzung spricht sie ihre Prüfungsvorbereitung an, die sie zuhause in Koordination mit der Mutter durchgeführt hat. Sie berichtet, dass sie ihrer Mutter nur über die zu erlernenden Inhalte informiert, die ihr leicht fallen („nur sage, was ich lerne was mir leicht fällt). Auch Metin hat Schwierigkeiten, das erlernte Fachwissen in der Arbeit anzuwenden:

Metin: Weil ich vor den Arbeiten, äh, die Sachen weiß, aber in den Arbeiten, in der Arbeit weiß ich dann net ganz genau die Antwort auf die Fragen.

Die Aussage Metins verdeutlicht sein Verhalten in der Prüfungssituation Klassenarbeit. Es bleibt offen, ob ihm zur erfolgreichen Bearbeitung ein benötigtes Fachwissen fehlt oder ob er das Erlernte im Kontext der Aufgabenstellung nicht anwenden kann. Aufgrund einer wiederholten Nachfrage konkretisiert er diese Situation:

*Metin: Also [...] was da steht, versteh' ich halt manchmal net. [...] Also, * manchmal ist das auch, dass ich die Fragen nicht versteh', aber * ich versteh' net, wie man das lösen kann.*

Damit wird es deutlicher, was er meint: Er versteht an einzelnen Stellen die Aufgabenstellung nicht und ist mit der Herausforderung konfrontiert, dass er die weitere Bearbeitung nicht fortführen kann, da ihm das benötigte Fachwissen fehlt. Wie bereits an anderer Stelle skizziert, fällt es den Schülern leichter, eigene Defizite und Nicht-Wissen, das im Kontext einer Prüfungssituation abgerufen werden soll, im Gespräch zu benennen. Eine mögliche Erklärung könnte in der erfahrenen Unterrichtskultur liegen, in der Reflexionen des Einzelnen zumeist im Kontext mit eigenen Defiziten artikuliert wurden. Unabhängig von diesen Überlegungen waren einzelne Schüler im Interviewgespräch in der Lage, persönliche Stärken im Kontext des Unterrichts zu benennen. Bei der Beschreibung der im Unterricht eingeführten

Methode zur Vermeidung von Rechtschreibfehlern berichtet Mareike, dass ihr die Rechtschreibung leicht fällt:

Mareike: Also, in Deutsch haben wir einen Karteikasten angelegt für wenn wir 'ne Arbeit schreiben, danach wenn wir sie zurückbekommen, die Fehler, die wir dann da drinnen haben, sollen wir dann alle auf Karteikärtchen schreiben, auf die andere Seite dann die Lösung und den Tag drauf, wenn wir dann wieder Deutsch haben, gucken wir uns die Sachen an, die wir in der Arbeit falsch gemacht haben und können wir das jetzt lösen, wenn ja kommt's einen Kasten weiter und wenn nicht, bleibt's drin. Also ich hab da echt keine Probleme mit ähm, weil ich das eigentlich alleine in Deutsch schnell hinkriege und dann kommt's von einem zum anderen."

Die Aussage „ich hab da echt keine Probleme (...), weil ich das eigentlich alleine in Deutsch schnell hinkriege und dann kommt's von einem zum anderen" verdeutlicht das Verhalten Mareikes im Kontext der erfolgreichen Bewältigung der Deutscharbeit. Damit berichtet sie von ihrem positiven Leistungsverhalten. Der folgende Textausschnitt aus dem Interviewgespräch mit Robert zeigt seine Einstellungen zum Grammatikunterricht und verdeutlicht die eigene Stärke:

Robert: In Deutsch, weil das ist von Anfang an so, dass Deutsch mein Lieblingsfach war, wenn wir da Grammatik durchnehmen, bin ich der einzige, der sich freut, die anderen heulen dann immer rum.

Interviewer: Kannst du dir erklären, womit das zusammenhängt?

Robert: Irgendwie nicht, aber es ist von Anfang an schon so gewesen. Es macht einfach Spaß, die Zeitformen einzusetzen, mir fällt das einfach leicht.

Robert spricht das eigene Interesse für die Themen des Deutschunterrichts an („mein Lieblingsfach", „es macht einfach Spaß, die Zeitformen einzusetzen"). Ihm fällt es leicht („mir fällt das einfach leicht"), grammatikalische Übungen im Deutschunterricht zu bearbeiten. Marie berichtet von dem erfolgreichen Nutzen einer Methode, die sie zum Einprägen von Jahreszahlen im Politik- sowie Geschichtsunterricht einsetzt:

Marie: Ja, in, äh, ja wo war das? In Politik und Geschichte, da kann ich leichter lernen, ich kann in Geschichte, da verbinde ich dann immer die Zahlen, was passiert ist, das verbinde ich immer mit weiß nicht, mit so einem, zum Beispiel jetzt mit so einem unsinnigen Wort zum Beispiel Eins ist dann A bei mir und 9 ist dann I, und dann mach ich AI und dann merk ich mir irgend so ein doofes Wort und dann weiß ich dieses Jahr dann eben.

Diese Methode zum Memorieren hat dazu beigetragen, dass sie Zahlen erfolgreich erinnern und abrufen kann („dann weiß ich dieses Jahr dann eben"). Die einzelnen Beispielsaussagen, die die genannten Stärken im Kontext des Unterrichts illustrieren, deuten darauf hin, dass persönliche Stärken – analog zu den Schwächen – kontextnah wahrgenommen und benannt werden. Dies spiegelt sich in den expliziten Beschreibungen wieder, in denen auf eigene Stärken zurückgegriffen wird (erfolgreiche Anwendung des memorierten Wissens in einer Klassenarbeit, allgemeine Stärke in einem bestimmten Fach).

6.1.2 Anlässe zur Reflexion

In der Eingangsuntersuchung zeichnet sich ab, dass Reflexionen die Rolle einer „Standortbestimmung" der eigenen Fähigkeiten, eingeschlagenen Lernwege, getätigten Handlungen oder Leistungen einnehmen. Sie gehen häufig über die Frage hinaus, ob ein Fachwissen verstanden wurde. Mareike spricht im nächsten Abschnitt über die Groß- und Kleinschreibung und berichtet, dass sie im Hinblick auf die Klassenarbeit im Fach Deutsch „fast gar nicht" geübt habe, da sie das entsprechende Fachwissen bereits beherrschte:

Mareike: Also, Deutsch, [...] ähm in der Arbeit davor ging's um Groß- und Kleinschreibung, da hab' ich fast gar nicht geübt, muss ich echt sagen (lacht), obwohl weil ich eigentlich wusste, ich hab' alles verstanden, hab' mir dann nomma alles angeguckt [...]

Die Aussage „obwohl ich eigentlich wusste, ich hab' alles verstanden" beschreibt das Reflektieren als Nachdenken über die eigenen Verstehensleistungen. Diese Reflexion bildete den Ausgangspunkt für weitere Lernaktivitäten, die sie mit der Aussage „hab' mir dann nomma alles angeguckt" näher beschreibt. In einer anderen Gesprächssituation merkt sie an, dass sie das im Rahmen eines Lehrervortrags vorgestellte Fachwissen in einzelnen Unterrichtsphasen nicht verstanden hat:

Mareike: [...] wir sitzen hinten in so' ner Mädchenecke und da heißt es dann „hast du's verstanden?" dann „nee, hast du's verstanden?" dann „nee" und dann hilft einer dem anderen und wieder alleine [...]

Anlass für eine Reflexion über die eigenen Verstehens- und Transferleistungen war ein Lehrervortrag, dessen Inhalte von den Schülerinnen nicht verstanden wurde. Die Reflexion über das Gehörte bildet Anlass, sich mit den Klassenkameradinnen auszutauschen und nach einer Lösung („und dann hilft einer dem anderen") zu suchen. Dieser Austausch über den vermittelten Fachinhalt verläuft aber nicht nur zwangsläufig unter Schülern ab, sondern die aus der Reflexion gewonnene Einsicht („Verstanden?" und „nee") wird auch wieder an den Lehrer zurückvermittelt:

Friederike: [...] dann geh ich halt dann noch mal schnell zum Lehrer, oder halt auch im Unterricht, wenn ich es halt da nicht verstehe, ich kann ja nicht warten bis er mich dran nimmt und ich steh da und sag öh, tut mir leid, ich weiß es nicht, ich habe es nicht verstanden.

Nicht nur in der Einschätzung der eigenen Fähigkeiten in den Kontext eines neu vermittelten Fachwissens oder in der Bearbeitung einer vom Lehrer gesetzten Aufgabe entstehen Reflexionen, sondern auch in der Einschätzung der erreichten Leistungen auf einen übergreifenden Zielzustand. Dies kann z.B. bei der Erstellung einer Aufgabe (z.B. Aufsätze, Plakate, Referate) der Fall sein. Robert berichtet vom Schreiben eines Textes. Diesen liest er sich vor der Fertigstellung noch einmal durch und achtet darauf, ob er ihn „flüssig" lesen kann:

Robert: [...]: Eigentlich nicht so. Weil ich les' ihn mir halt nomma durch, guck' auch, ob ich'n flüssig lesen kann, das heißt ich lese ihn auch schon mal laut und wenn er mir gefällt, kommt er ins Heft und ich geb'n ab.

Die Reflexion des eigenen Aufsatzes ist hier mit den Begriffen „les ihn (...) durch", „Guck' auch, ob ich'n flüssig lesen kann" und „wenn er mir gefällt" umschrieben. Die Reflexion ist stark an das inhaltliche Ziel und die Aufgabe gebunden, einen gut lesbaren Text zu verfassen. Diese Reflexion steht im Kontext zur eigenen Arbeit, der ein eigenes Qualitätsverständnis für einen gut lesbaren Text vorausgeht („wenn er mir gefällt"). In den Aussagen Julias lässt sich ein weiterer Reflexionsanlass erkennen. Sie berichtet vom Erstellungsprozess eines Plakats, das gemeinsam mit einer Mitschülerin erstellt wurde. Im Austausch untereinander nehmen die Reflexionen „über" den Text ein wesentliches Element für die Weiterentwicklung ein:

*Julia: [...] wir hatten mal Thema Römer, und da haben meine Freundin und ich haben Limes gemacht, also den Limes *, ja, und wir haben halt uns erst mal überlegt, sag ich jetzt mal, was Limes eigentlich so ist, und was man da für Sachen braucht, also, welche Themen und was dazu passt, dann haben wir ähm, hab ich zum Beispiel hab die Aufgabe gehabt im Internet zu suchen zu gucken und bei mir zu Hause und sie hatte in der Bücherei und bei sich zu Hause geguckt, ja und dann haben wir halt, ähm * da halt wichtige Sachen aus dem Internet hab ich dann raus* *genommen und hab die halt überarbeitet, hab einen Text daraus geschrieben [...] * ja und dann haben wir halt geguckt, was wir beide dann zum Beispiel wichtig fanden, sie fand zum Beispiel bei mir Sachen, Sätze oder so nicht so wichtig, da haben wir dann überlegt noch mal und haben sie dann entweder raus genommen oder drinnen gelassen, ja und dann haben wir angefangen das Plakat zu machen [...]*

Reflexionen treten auf, indem das benötigte Fachwissen und die Informationen zu Beginn gesichtet („erst mal überlegt", „was man da so braucht") und bewertet werden („welche Themen und was dazu passt"). Als erstes Produkt entsteht ein Text über den Limes. Nach der Erstellung des Textes tauschen die Schülerinnen sich über den Inhalt aus und gestalten ihn um. Dabei bewerten sie den bestehenden Text im Hinblick auf eigene qualitative Vorstellungen („haben wir (…) geguckt, was wir beide (…) wichtig fanden") und schaffen auf der Grundlage der Überlegungen das Plakat. Der Auswahl- und Erstellungsprozess, der zwischen den Schülern untereinander stattfindet, ist in vielfältiger Hinsicht von Reflexionen bestimmt („halt geguckt", „dann noch mal überlegt", „raus genommen", „drinnen gelassen"). Reflexionen der Schülerinnen begleiten den Erstellungsprozess dieses Texts bzw. Plakats und tragen zum endgültigen Erscheinungsbild bei.

In der Vorbereitung einer Klassenarbeit und in der verbundenen Planung und Bewertung der zu nutzenden Lernmethodik entstehen Anlässe zum Reflektieren. Konstantin berichtet im Interview über die Vorbereitung einer Arbeit. Er spricht die schriftliche Fixierung der Lernziele an. Nach der Erreichung eines Lernziels („hab ich verstanden") setzt er einen Haken („abhaken"), der die erreichten Leistungen dokumentiert. An inhaltlichen Stellen, an denen er das Fachwissen noch nicht entsprechend beherrscht, setzt er sich das Ziel, dieses am nächsten Tag zu vertiefen („muss ich noch mal wiederholen"):

Konstantin: [...] ich üb jetzt jeden Tag zehn Minuten oder eine viertel Stunde oder so, keine Ahnung, ja, und einhalten [...] und dann [...] auch so abhaken, das habe ich verstanden oder das muss ich noch mal wiederholen am nächsten Tag.

Die angesprochene Lernplanung dokumentiert das Erreichen eines Lernziels und bildet Anlass für Reflexionen („das hab ich verstanden"), aus der ein neues Lernziel entsteht („wiederholen am nächsten Tag"). Diese Defizitorientierung, die im Zusammenhang mit der Vorbereitung einer Klassenarbeit steht und die die noch nicht erlernten bzw. beherrschten fachlichen Kenntnisse thematisiert, ist der Ausgangspunkt für die Vorbereitung weiterer Lernschritte. Im nächsten Beispiel berichtet Alena über die Vorbereitung einer Klassenarbeit im Fach Mathematik:

Alena: In Mathe such' ich mir halt ein paar Aufgaben im Buch. [...] ja, ähm, die, die ich noch nicht so gut kann.

Der Weg zur Erschließung des Fachwissens orientiert sich an der Reflexion des zu Lernenden. Die Aussage „Aufgaben (…), die ich noch nicht so gut kann" involviert, dass in der Analyse der Aufgabenstellungen Reflexionen entstehen, die das zu erlernende Fachwissen mit den bisherigen Kenntnissen abgleichen („die ich noch nicht so gut kann"). Im nächsten Beispiel berichtet Angelina über ihre Lernmethode „Karteikärtchen", die sie für die Vorbereitung eines Vokabeltests nutzt. Dabei schafft die verwendete Methode einen Anlass für die Bewertung der eigenen fachlichen Kenntnisse, die zur erfolgreichen Bewältigung des Tests benötigt werden:

Angelina: Ich schreib mir alles auf Karteikärtchen, meistens. Also wenn es um Vokabeln geht manchmal, dann schreib' ich die auf Karteikärtchen und les mir die alle noch mal durch, wenn ich sie nicht so kann, dann leg ich sie an die Seite. Wenn ich sie gut kann, ja, dann leg ich sie dann halt weg.

Im Umgang mit einer Methode zur Memorierung des fachlichen Wissens („alles", „Vokabeln") entstehen Anlässe zur Reflexion („wenn ich sie nicht kann, dann leg ich sie an die Seite. Wenn ich sie gut kann, dann leg ich sie dann halt weg"). Das Nachdenken über das erreichte Fachwissen entscheidet darüber, ob dieses vertieft werden muss. Damit benennen die Schüler unterschiedliche Situationen, in denen sie über das eigene Lernen und den eigenen Erschließungsweg nachdenken.

6.1.3 Reflexive Praxis im Unterricht

Im didaktischen Arrangement des Unterrichts verknüpfte Anlässe zum Reflektieren werden in den Aussagen der Schüler weniger angesprochen, da das explizite und artikulierte Reflektieren im Unterricht – in der eigenen Wahrnehmung – selten stattfindet. Meistens finden die von den Schülern geäußerten Situationen im Rahmen der Vor- oder Nachbereitung einer Klassenarbeit statt und verfolgen das Ziel, die eigenen Fähigkeiten im Hinblick auf eine korrekte fachliche Leistung einzuschätzen. Diese Reflexionen machen sich am nicht erreichten Zielzustand fest, indem die eigenen Fehler oder das eigene Nichtwissen thematisiert werden. Larissa berichtet, dass die Mathematiklehrerin ihr vermittelte, die eigenen mathematischen Kenntnisse im Hinblick auf ein abgestecktes fachliches Pensum einzuschätzen, das im Rahmen einer Mathematikarbeit abgefragt wird:

Larissa: [...] da gibt uns die Frau X auch immer die Seiten, die wir lernen sollen, als jetzt schreiben wir auch demnächst wieder eine Mathearbeit und da gibt, und da hat sie uns jetzt schon die Seiten gegeben und da kann man da immer, und da sollten wir hinter die, also da sollten wir schreiben, Seite 97 zum Beispiel, und dahinter dann das kann ich oder das kann ich nicht. Und dann kann man halt gucken, wo dahinter steht das kann ich nicht. Dass man das dann einfach noch mal macht [...] Das haben wir auf einen ganz normalen Zettel geschrieben. Da haben wir die Aufgaben, die Seiten geschrieben, wo wir lernen sollen, die Seiten uns angeguckt und dann dahinter das geschrieben, „das kann ich" und „das kann ich nicht". Den [Anm.: Zettel] leg ich mir ins Matheheft und zu Hause, wenn ich lerne, dann hol ich ihn wieder raus.

Diese Liste („Zettel"), auf der das eigene Fachwissen in Relation zur sachgemäßen Anwendung bewertet wird („das kann ich oder das kann ich nicht"), steht als Hintergrund für die Vorbereitung einer Klassenarbeit. Andere befragte Schüler berichten nicht von ähnlichen Erfahrungen und Reflexionsanlässen, die im Unterricht vermittelt wurden. Dagegen berichtet ein Großteil der Schüler, dass Reflexionen im Kontext der Nachbereitung einer Klassenarbeit eine Rolle spielten. Diese Reflexionen stehen im Zusammenhang mit einem fachlichen Lernziel und thematisieren die sachgemäße Bearbeitung (z.B. korrekte Schreibweise, Übersetzung usw.). Wie Mareikes Aussage es verdeutlichte (Anm.: zum Memorieren mit dem Karteikasten bzw. einer Lernkartei, S. 164), geht es hierbei um das Memorieren. Die verbundenen Lernprozesse sind nur eingeschränkt als reflexiv zu bezeichnen, denn es geht um das folgerichtige Memorieren der Rechtschreibung und Grammatik. Das dabei ablaufende Lernen mit einer Lernkartei hat zum Ziel, auf Rechtschreibfehler aufmerksam zu machen. Dieses Vorgehen orientiert sich am Defizit und soll auf bestehende Unzulänglichkeiten in der korrekten Bearbeitung hinweisen. Die nachfolgende Aussage Alenas stellt ebenfalls die eigenen fachlichen Unzulänglichkeiten in den Mittelpunkt des Bearbeitungsprozesses:

*Alena: ** ja in Deutsch [...], wenn wir ein Diktat geschrieben haben, dann die Wörter, die wir falsch geschrieben haben, haben wir auf Kärtchen geschrieben und dann mussten wir es noch mal, dann haben wir die, ähm, und dann haben wir das halt, das was falsch geschrieben war hatten wir halt nicht hingeschrieben. Und dann sollten wir das auf einem Blatt richtig hinschreiben.*

Weitere Aussagen zu bestehenden Reflexionsprozessen im Unterricht, die die bewusste Auseinandersetzung mit Lernprozessen oder Lernprodukten fördern, werden von den Schülern nicht angesprochen. Das bedeutet nicht, dass, wie bereits intendiert, die skizzierten Beispiele nur singuläre Ereignisse zum Reflektieren darstellen. Allerdings werden diese Bearbeitungen, die im Kontext einer Klassenarbeit stehen, von den Schülern eher als Anlässe wahrgenommen, in denen sie über ihr Lernen im Rahmen des Unterrichts nachgedacht haben. Das Lernen und Reflektieren steht im Zusammenhang mit dem Einschätzen der eigenen Leistungen und der weitergehenden Vermeidung von Fehlern.

6.1.4 Eigene Leistungseinschätzungen

Das bewusste und in einem Lernprozess eingebundene Reflektieren nimmt eine untergeordnete Stellung im Unterrichtsgeschehen ein – wenn man von der Vor- oder Nachbereitung einer Klassenarbeit absieht, bei der die Thematisierung von Fehlern und Fragen eine Rolle zu spielen scheint. Diese angesprochenen Reflexionen können beschrieben werden als das Bewusstwerden des fachlichen Nicht-Wissens in Relation zu einem Leistungsniveau, das im Kontext einer Prüfungssituation zu erbringen ist. Da im Unterricht wenige Anlässe geschaffen werden, in denen Reflexionen klassenöffentlich artikuliert werden, scheint es für die Schüler schwierig zu sein, diese Meta-Perspektive auf das eigene Lernen zu beschreiben. Darüber hinaus stellt das Einschätzen der eigenen Leistungen die Schüler vor eine schwierige Aufgabe. Im Gespräch stellte sich heraus, dass viele Reflexionen im Unterbewusstsein der Schüler stattfinden und nicht näher beschrieben werden können:

Konstantin: [...] in Englisch habe ich zum Beispiel bei irgendwelchen Formen habe ich ganz oft, ich muss sie nicht lernen, sondern ich habe es, ich hab es irgendwie im Gefühl, also ich hör mir das an und dann hört sich das schlecht an und dann schreib ich es anders und meistens ist es dann richtig. Also, keine Ahnung.

„Ich hab's irgendwie im Gefühl" sagt Konstantin und bezieht es auf die korrekte Anwendung grammatikalischer Formen im Englischunterricht. Dieses „Gefühl" entscheidet darüber, ob er zur Erreichung des Zielzustands (hier: grammatikalisch korrekter Satzbau in einem englischsprachigen Aufsatz) sein Lernen modifizieren muss und ob es dem aus den fachlichen Einsichten gewonnenen Qualitätsverständnis entspricht.

Nicht alle Schüler können die unterschiedlichen Qualitäten, die mit dem Gefühl der Selbsteinschätzung in Verbindung stehen, beschreiben. Marie kann auch nach einer Nachfrage nicht über das „Gefühl" berichten:

Marie: Ei, ich hab zum Beispiel immer so ein Gefühl, ich habe eine Drei in Mathe, weil Mathe habe ich immer eine Drei gehabt, ich weiß auch nicht.

Ihr fällt es schwer, detaillierter ihre Einzelleistungen zu beschreiben, die unter der Zensur „befriedigend" subsumiert wurden. Die gezeigten Aussagen illustrieren in der vorherrschenden Breite die Schwierigkeit, eigene Leistungseinschätzungen näher zu definieren.

6.1.5 Eigene Lernmethoden

Bei der Analyse der Interviewgespräche fällt auf, dass das Nachdenken über eigene Erschließungswege und fachliche Kenntnisse zumeist im Kontext der Vor- oder der Nachbereitung einer Klassenarbeit stattfindet. Dazu haben sich die Schüler eigene Erschließungswege und Lernmethoden zur Memorierung des Fachwissens angeeignet, die bei der Vorbereitung der jeweiligen Prüfungssituation angewendet werden. Diese Methoden haben sich in vergangenen Situationen als erfolgreich erwiesen und werden deswegen auch zu neuen Prüfungsvorbereitungen genutzt. Sie basieren auf eigenen Erfahrungen (z.B. Informationen extrahieren) oder wurden vom Lehrer im Hinblick auf die Vorbereitung einer bestimmten Test-Situation eingeführt (z.B. Karteikasten). Im Rahmen dieser Vorbereitung sind Reflexionen („Was kann ich? – Was kann ich noch nicht?“) bedeutsam für die weitere Erarbeitung eines Fachgebiets. Diese Reflexionen prüfen die eigenen Nicht-Kenntnisse, die zur Erreichung eines Zielzustands noch erworben werden müssen. Um diese Kenntnisse zu erwerben, existiert ein unterschiedliches Methodenrepertoire, das zum Erlernen genutzt wird. Dabei schwankt der Grad an Ausprägung zwischen einfachem Üben und Memorieren (Stetiges Durchlesen, Auswendiglernen, Abfragen durch Mutter) bis hin zu komplexeren Leistungen, indem das Sachgebiet nach eigenen Kriterien strukturiert wird (wichtige Aussagen extrahieren, unter Überbegriffe setzen usw.). Reflexionen ermöglichen in diesem Zusammenhang, dass eigene Fähigkeiten im Hinblick auf die Erreichung eines Zielzustands eingeschätzt werden und sich hieraus die Bestätigung des Erreichten ableitet oder eine vertiefte Bearbeitung entsteht (erneut wiederholen, alternative Erschließungswege suchen usw.).

Ole berichtet über das „geplante“ Erschließen eines Sachverhalts. Er erarbeitet sich – vor dem eigentlichen Memorieren des Fachwissens – einen Plan, der als Hintergrund für die weitere Vertiefung dient:

*Ole: * Ähm, ja, ich mach mir immer so einen Plan, also an welchem Tag ich was mache [...] Zum Beispiel bei `ner Deutscharbeit, dass ich, oder bei `ner Englischarbeit, an einem Tag fang ich mit den Vokabeln an, dann die Grammatik an `nem anderen und so, so halt einteilen. ** Ja [...] dann hab ich mir das zu Hause zusammen gesucht und mir dann halt so einen Plan erstellt und hab das dann * gelernt. * Jeden Tag ein bisschen. * Jo.*

Die aus den Reflexionen der Schüler gewonnenen Lernziele werden nicht nur in Papierform festgehalten, sondern existieren auch als gedankliche Ziele, die es im weiteren Lernprozess zu erschließen gilt:

Friederike: Hm, ich sehe mir den ganzen Stoff durch, den wir gemacht haben, überlege mir, was wohl drankommen könnte, und dann nehme ich mir ein Thema und versuche dazu noch mal was zu schreiben. Wenn es jetzt zum Beispiel um Beschreibungen geht.

Das methodische Repertoire, das zur Erarbeitung des Sachwissens generiert wird, kann unterschiedlich geprägt sein. Julia berichtet in der folgenden Beispielaussage, dass sie sich das fachliche Wissen, das erlernt werden soll, aufschreibt und dieses durch stetiges Lesen memoriert. Zur Vertiefung entwickelt sie Arbeitsblätter, die sie im weiteren Verlauf bearbeitet:

*Julia: Ja, also ähm, ich schreib mir halt am Anfang [...] `nen Zettel, wo die ganze Grammatik draufsteht oder ich schreib mir auch Vokabeln auf, die ich zum Beispiel noch nicht so gut kann und [...] dann ähm, les ich äh, zum Beispiel, les ich mir alles durch, mal alles durch, * ja und dann mach ich die Arbeitsblätter, dann geh ich zu meiner Mutter, dann fragt sie mich so ein paar Sachen ab und ähm, ja, [...] dann mach ich die Arbeitsblätter noch, die kontrolliert sie dann auch und wenn ich dann immer noch nicht was verstanden hab, dann üb ich das halt noch mal [...]*

Kevin prägt sich das Sachwissen ebenfalls durch die wiederholte Erarbeitung ein:

*Kevin: Ich mach es eben immer öfters bis ich dann es richtig hier drinne hab' und [...] wenn ich dann richtig hab, dann, jo, dann *3* dann mach' ich eigentlich, äh, lern ich immer nochma so'n bisschen. [...]*

Das von ihm angesprochene „hier drinne" bezeichnet das Einprägen des Fachwissens, das in der Klassenarbeit abgerufen wird. Das skizzierte stetige Memorieren wird von vielen Schülern als Methode zur Vorbereitung einer Klassenarbeit genutzt. Dazu existieren neben dem wiederholten Durchlesen und dem Abfragen seitens der Mutter etliche Erschließungswege. Yasemin berichtet über die Vorbereitung einer Klassenarbeit, bei der sie das Sachwissen aus den Büchern und Heften auf ein Blatt überträgt und dieses mit „Kästchen" einrahmt, die sie auswendig lernt:

Yasemin: Also, ich tu mir alles aufschreiben, mal dann so Kästchen und dann lern' ich das dann so nach der Reihe. Also ich mache das in Stichpunkte aufmachen, danach tu ich vier Stück lernen, danach gibt's so fünf bis zehn Minuten Pause und dann tu ich halt den Rest lernen. [...] So fällt's mir leichter zu lernen. Statt wenn ich dann alles durchlern, dann fang' ich von vorne nach hinten an.

Angelina nutzt Karteikärtchen für das Erlernen von Vokabeln, die im Rahmen eines Vokabeltests abgefragt werden:

Angelina: Ich schreib mir alles auf Karteikärtchen, meistens. Also wenn es um Vokabeln geht manchmal, dann schreib' ich die auf Karteikärtchen und les' mir die alle noch mal durch, wenn ich sie nicht so kann, dann leg' ich sie an die Seite. Wenn ich sie gut kann, ja, dann leg' ich sie dann halt weg.

Oksana berichtet, dass sie sich in der Vorbereitung einer Klassenarbeit die Hefte von ihren Mitschülern ausleiht, um ihre Notizen mit denen ihrer Klasse zu vergleichen. Hierdurch überprüft sie, ob sie im Unterrichtsverlauf Wesentliches vergessen oder Fehlerhaftes notiert hat. Die Prüfung ihrer Notizen und der Abgleich mit denen ihrer Mitschüler ist für Oksana ein wesentliches Element in der Vorbereitung einer Klassenarbeit:

*Oksana: [...] ich schau viel, wenn wir ein Buch haben, nach dem Buch, welche Themen wir gerade durchgenommen haben und so. ** Und dann guck ich halt, ob ich viele Aufgaben habe oder auch bei meinen Mitschülern, dann leih ich mir manchmal das Heft von denen aus und guck halt, ob wir was Gleiches haben, also ob mir noch was fehlt, was sie hat und was ich nicht habe und so kontrolliere ich mich auch. *4**

Neben der Vorbereitung einer Klassenarbeit, bei denen Reflexionen als Einschätzung und Bewertung der eigenen Kenntnisse auf einen Zielzustand entstehen, berichten die Schüler von Reflexionen, die im Zusammenhang mit der eigenen Textproduktion stehen. Der Entwurf eines Textes wird mit Hilfe eines Mind-Maps erleichtert. Im Planungsprozess entstehen Reflexionen, die die eigenen Vorstellungen und Kenntnisse im Hinblick auf die inhaltlich adäquate Darstellung des Textes abschätzen und weitere Bearbeitungsschritte planen. Das Mind-Map ermöglicht, sich im Schreibprozess von den eigenen Ideen leiten zu lassen. Christine berichtet von einer Situation, bei der sie ein zurückliegendes Ereignis in Form eines eigenen Textes beschreiben sollte:

Christine: Ja, ich setz' mich dann in mein Zimmer, [...] Dann setz' ich mich dann halt an meinen Schreibtisch, mach die Tür zu, damit die anderen halt nicht dann reinkommen von meiner Familie und dann denk' ich halt nach, was ich gemacht hab' manchmal schreib' ich mir dann auch nur'n paar Stichworte, auf so an der Seite, 'ne Mind-Map oder wie das heißt und dann guck' ich halt, dass ich das alles einbau.

Diese von den Schülern genannten Lern- und Reflexionsmethoden, die zur Vorbereitung einer Klassenarbeit präferiert werden, finden allerdings nicht in allen Prüfungsvorbereitungen ihren Niederschlag. Wie angesprochen, existieren unterschiedliche methodische Repertoires, die zielgerichtet und nach dem jeweiligen Zweck angewendet werden. Reflexionen nehmen eine bedeutsame Rolle ein, indem die eigenen fachlichen Kenntnisse mit den beabsichtigten Zielen angeglichen werden. Die individuellen Aneignungswege zum Erlernen des Fachwissens sollen allerdings nicht darüber hinwegsehen lassen, dass etliche Schüler nicht in der Lage sind, über ihr Lernen und die diesbezüglichen reflexiven Überlegungen im Interviewgespräch zu berichten. Die nach den Aussagen der Lehrer bezeichneten leistungsschwächeren Schüler waren im Gespräch seltener in der Lage, ihre Lernpräferenzen und reflexiven Einsichten zu äußern. Der folgende Textausschnitt des Interviewgesprächs mit Bostjan macht darauf aufmerksam, wie schwierig es für leistungsschwächere Schüler ist, über Lernpräferenzen und -methoden Auskunft zu geben:

Bostjan: Also, ich komm' halt nach Hause, mach' halt Hausaufgaben, bis meine Mutter oder meine Schwester oder ich irgendwas zu essen machen, aber meistens wenn ich Arbeiten schreibe, macht das halt meine Schwester und dann ess' ich halt was und dann erst Hausaufgaben, dann ess' ich, dann lern' ich halt den ganzen Tag. [...] Hm...nehm' ich mir'n Buch, les' das dann durch 'ne halbe Stunde, 'ne halbe Stunde schreib' ich, dann les' ich wieder 'ne halbe Stunde und dann schreib' ich halt wieder.

Interviewer: Mhm. "Schreiben"? Was schreibst du dann auf?

Bostjan: Ja, was ich gelesen hab'. Vokabeln oder die drei Formen oder 'n Text oder irgendwas, einfach lernen. Oder was die Lehrerin gesagt hat, was dran kommt in der Arbeit. [...]

Interviewer: Hast du eine bestimmte Strategie, mit der du lernst?

Bostjan: Nee, net wirklich.

Interviewer: Arbeitest du mit 'ner Zettelbox? Karteikasten?

Bostjan: Nö.[...]

Interviewer: Wie sieht denn dann der letzte Tag vor der Arbeit aus?

Bostjan: Ja, da lern' ich dann ein bisschen mehr.

Interviewer: Kannst du das ein bisschen beschreiben?

Bostjan: Ja, zum Beispiel wenn das jetzt drei Tage vor der Arbeit ist, lern' ich vielleicht nur bis äh acht Uhr abends, wenn ich 'ne Arbeit am nächsten Tag schreibe, lerne ich halt bis halb zehn/zehn.

Unter dem Begriff Lernen („dann lern ich halt", „da lern ich dann ein bisschen mehr", „da lern ich vielleicht nur (...)") subsumiert sich in den Aussagen Bostjans ein dichtes Gepräge von Lernaktivitäten, die nicht genauer beschrieben werden können. Die Vorbereitung der Klassenarbeit besteht aus dem Lesen und Schreiben des Fachwissens. Die Phasen des Lesens und Schreibens scheinen sich abzuwechseln, obwohl sie im weiteren Verlauf des Gesprächs nicht näher erläutert werden können. Es wird nicht deutlich, inwieweit Informationen von ihm aus einem Text extrahiert und auswendig gelernt werden. Auch auf wiederholtes Nachfragen, die eigenen Lernmethoden näher zu beschreiben, geht Bostjan nicht weiter ein. Es wird deutlich, dass er das Erlernte selten prüft, reflektiert oder in Relation zu einem zu erreichenden Lernziel setzt. Zu fragen bleibt, ob er die eigenen Reflexionen nicht näher beschreiben kann oder ob er tatsächlich keine Meta-Perspektive im Lernen anwendet. Ebenfalls im Gespräch mit Metin wird nicht deutlich, welche Bedeutung Reflexionen für das Gelernte einnehmen:

Metin: Also, ich nehm' alles durch, was wir gemacht haben und üb' alles dann einzeln, dass ich dann alles kann.

Unter dem Begriff „üb", der für das Wort Üben steht, subsumieren sich Lernmethoden, die im Gespräch nicht vertieft werden. Im weiteren Verlauf des Gesprächs kommt Metin erneut auf das „Üben" zu sprechen:

Metin: [...] dass ich vor den Arbeiten, äh, die Sachen weiß, aber in den Arbeiten, in der Arbeit weiß ich dann net ganz genau die Antwort auf die Fragen. [...] Vielleicht, weil ich net alles, also, alles üb'. Aber bei Deutsch oder Englisch üb' ich immer, damit ich auch dann keine schlechte Note hab'.

Die gezeigten Aussagen von Bostjan und Metin verdeutlichen, dass keinesfalls davon ausgegangen werden kann, dass bei allen interviewten Schülern eine reflexive Bewusstheit für das eigene Lernen existiert, die sich z.B. darin äußert, dass eingeschlagene Lernwege benannt werden oder auf individuelle Schwierigkeiten eingegangen wird. Möglicherweise liegt dies an der mangelnden Artikulationsfähigkeit oder der Interviewsituation, die es verhindern, dass bestehende Reflexionen oder Lernmethoden im Gespräch vorgestellt werden.

6.1.6 Zensierungspraxis und Selbsteinschätzung

Schulische Leistungen, die meist von „Klassenarbeiten“ und der „mündlichen Mitarbeit im Unterricht“ erfasst werden, sind Teil der Leistungsbeurteilung durch Zensuren. In den Interviewaussagen wird deutlich, dass die Einschätzung der eigenen Fähigkeiten sich selten an individuellen oder fachlichen Kategorien orientiert, sondern an der bestehenden Zensierungspraxis des Lehrers im Kontext der Lerngruppe. Ole schätzt seine schulischen Leistungen bereits im Vorfeld ein und weiß dadurch, welche Noten er im Zeugnis erhält:

*Ole: Eija, das, ich weiß ja, was ich für Noten in Arbeiten hab, dass wenn ich, wenn wir drei Arbeiten in einem Halbjahr geschrieben haben und ich hab jetzt in jeder Arbeit, nh, ne Drei oder so, ist es klar, dass ich dann keine Zwei mehr oder sogar Eins kriegen kann. Von daher, wenn der Lehrer mir dann ne Drei gibt, ist das auch okay. Und die mündliche Mitarbeit zählt ja auch noch, ja und da kann man sich ja auch selber eigentlich gut einschätzen, * ja. [...] Also, er [Anm.: Lehrer] setzt die aus den schriftlichen Arbeiten und Tests zusammen und aus der mündlichen Note, und da hab ich mir zu Hause so eine Notenliste gemacht, wo ich das auch selber aufschreib, das heißt, dass ich dann die Note schon kenn, und äh, von daher ist das dann eigentlich keine Überraschung mehr so, die Noten dann. ** Jo.*

Im Interviewgespräch berichtet er von einer „Notenliste“, die es ihm ermöglicht, im Unterricht gezeigte Leistungen, die mit einer Zensur bewertet werden, entsprechend einzuschätzen. Neben dem Festhalten der Zensuren auf einer „Notenliste“ haben die Schüler mittels der bestehenden Zensierungspraxis ein Einschätzungsverhalten eigener Leistungen entwickelt, dass die eigenen Leistungen auf einer Notenskala von eins bis sechs bewertet. Christopher erläutert den Zusammenhang von erfolgreichem Lernen und „guten“ Noten:

Christopher: Wenn die Noten entsprechend gut geworden sind, wenn man sich angestrengt hat und dann werden ja auch so die Noten gemacht und das merken ja dann die Lehrer und so sieht man dann an den Noten, dass man gut gelernt hat.

Die Einschätzung der eigenen Leistungen in einer Notenskala öffnet den Blick lediglich auf einzelne Teilfertigkeiten und Verhaltensweisen. Christopher schätzt sein Leistungsverhalten auf der Grundlage erhaltener Noten ein („so sieht man dann an den Noten, dass man gut gelernt hat“). Kevin und Christopher berichten, dass sie ihre Leistungsentwicklung an den erhaltenen Zensuren ablesen können:

Kevin: Weil ich, ähm, letztes Jahr da hatt' ich, ähm, un' da ham'se uns gesagt ma, auf welcher Note ich steh', dann stand ich auf ner Vier und dann hab' ich mich sehr angestrengt dann bin ich halt auf 'ne Zwei gekommen, fast auf 'ne Eins und da hab' ich auch ganz viel gelernt und jetzt bin eigentlich ganz gut in Mathe. [...]

Christopher: Erst mal an den Noten, weil man kann ja immer die Lehrer fragen, wie man so liegt und wenn man gesehen hat wie man da unten so lag, also auf'm kleinen Schulhof [Anm.: er meint die Zeit in der Unterstufe, Klassen 5 und 6], so eher vier und jetzt so zwei bis drei, da merkt man schon, dass man sich gebessert hat.

Dahingehend illustrieren die Notenwerte ein bestimmtes Leistungsverhalten, denen ein übergreifendes Verständnis vorausgeht. In diesem Rahmen wird deutlich, dass die Note „Vier“ schlechter als die Note „Drei“ ist, die Note „Zwei“ besser als „Vier“ usw. Bei den Schülern existieren Erfahrungswerte hinsichtlich des Erreichens einer Zensur für eine bestimmte Leistung – dabei können die Schüler benennen, welches Leistungsverhalten und welche Zensuren zur entsprechenden Zeugnisnote führen („sehr angestrengt“, „viel gelernt“). Diese individuellen Vorstellungen werden selten in konkrete Begriffe gefasst. Daneben wird nicht deutlich, welche detaillierten und beschreibbaren Leistungen eine Zensur bedingen. Der folgende Textausschnitt aus dem Interview mit Mareike zeigt, wie sie über individuelle Leistungsentwicklungen des vergangenen und laufenden Schuljahres berichtet. Sie spricht die Gefahr an, schlechtere Noten auf der Grundlage eines nicht adäquaten Verhaltens zu erhalten:

*Mareike: Englisch, Physik ***, Reli, das sind eigentlich so joa, die Fächer, wo ich ähm, mich schon mehr anstrengen könnte. Aber ich bin eigentlich schon mit meiner Note zufrieden, aber ich weiß, wenn ich mich jetzt auf meiner Note ausruh', gehtse runter. Deswegen versuch' ich trotzdem, ein bisschen dabei zu bleiben, aber trotzdem weiß ich, das schaff' ich schon. [...] Ich bin mit guten, also mit 'nem guten Zeugnis in die siebte Klasse gekommen, ähm wurde eigentlich für Gymi empfohlen, aber ich wollt' auf Real gehen und dann jo, ich hab' meine Noten haben sich dann eigentlich auch nicht verändert, eben nur in Reli, Physik hab' ich ja neu dazu gekriegt, Französisch auch, in Englisch bin ich auch abgesunken, aber es is' ja nur weil ich in C-Kurs war und jetzt bin ich auf Real, also B-Kurs, da bin ich mit meiner*

Note eigentlich auch zufrieden, da hab' ich 'ne Drei. In Deutsch find' ich's cool, da hab' ich nämlich 'ne Eins, da hab' ich mich also verbessert, ähm in Mathe ja ok, in Mathe, ich weiß nich so genau wie meine mündliche Note momentan is', aber ich würd' ma sagen, da steh' ich auch auf 'ner Drei. [...]

Die unterschiedlichen Interviewausschnitte verdeutlichen, dass im Zusammenhang mit der schulischen Leistungsbewertung durch Noten Anlässe zum Reflektieren der eigenen Leistungen entstehen. Das Reflektieren findet in der Form statt, dass die gezeigten Leistungen im Rahmen einer Notenskala eingeschätzt werden. Dazu existieren Verhaltensmuster, um eine entsprechende Note zu erhalten oder zu verhindern (z.B. „sehr angestrengt“, „ganz viel gelernt“, „mich ausruh“ usw.). Gleichfalls ist davon auszugehen, dass die schulische Leistungsbeurteilung durch Zensuren die Wahrnehmung der eigenen Fähigkeiten hinsichtlich eines in einer Note festgehaltenen Leistungsverhaltens auf den Notenwert hin schmälert und u.U. dazu führt, dass ein vertieftes und nach inhaltlichen Kriterien geleitetes Reflektieren über eigene Leistungen nicht gefördert wird. Dies zeigt sich in Einzelaussagen, in denen die eigenen Leistungen im Kontext einer Zensur nicht näher beschrieben werden.

6.1.7 Austausch mit anderen – Reflexionen als Anlass

Die Aussagen der Schüler zeichneten ein Bild davon, dass es im Unterricht selbst wenige Anlässe gibt, in denen über das eigene Lernen und die dabei ablaufenden Verstehensprozesse reflektiert wird. Damit angesprochen ist die bewusste in mündlicher oder schriftlicher Form stattfindende Artikulation eines Reflexionsprozesses. Die Interviewaussagen zeigten bislang, dass im Zusammenhang mit der Vorbereitung und der Korrektur von Klassenarbeiten – zumeist ausgehend von einem Defizit (noch zu lernendes Wissen, fachlicher Fehler u.ä.) – Reflexionen stattfinden und diese bedingt geäußert werden (z.B. Lernplan mit noch zu Lernendem, Fehlerdefinition usw.). Dagegen finden am Rande und außerhalb des Unterrichtsgeschehens – nach den Berichten der Schüler – zumeist differenzierte Gespräche über das eigene Leistungsverhalten und die Verstehensleistungen statt, die von einer Reflexion angeregt werden. Die Schüler sprechen mit Freunden, Eltern und Geschwistern über das im Unterricht erlernte Fachwissen und die damit ablaufenden Verstehensleistungen. Im Rahmen eines solchen Gesprächs werden individuelle Verstehensleistungen thematisiert, wie das folgende Beispiel verdeutlicht, das eine beschriebene Szene im Unterricht schildert:

Mareike: Also, meistens mach' ich so, wir sitzen hinten in so' ner Mädchenecke und da heißt es dann "hast du's verstanden?" dann "nee, hast du's verstanden?" dann "nee" und dann hilft einer dem anderen und wieder alleine und dann heißt es "oh, ich bin fertig" und dann "Joa, ich auch". Dann fangen wir an zu schwätzen und versuchen die anderen nicht zu nerven und dann sind die anderen meistens auch schon fertig und dann wird verglichen.

Diese Gespräche finden in der Konstellation Schüler-Schüler statt. Ihnen geht eine Reflexion der eigenen Fähigkeiten und der Schwierigkeiten mit dem Thema/ der Aufgabenstellung o.ä. voraus („Hast du's verstanden? – „Nee“). Im Gespräch mit den Mitschülern wird – unabhängig vom weiteren Unterricht – nach einer Lösung gesucht, die zur Verstehensleistung beitragen kann. Im weiteren Verlauf berichtet Mareike über diese Gespräche:

Mareike: [...] Die haben dann zum Beispiel gesagt "das habe ich ja heute überhaupt nicht verstanden, hast du das verstanden?" und dann hab' ich's ihnen erklärt und dann helfen wir uns gegenseitig [...] mit den Lehrern sprechen wir da eigentlich nicht drüber.

Interessant ist, dass Mareike nicht mit den Lehrern über ihre Verstehensleistungen spricht. Von ähnlichen Erfahrungen berichtet Sophie, die ihre Freundin fragt, wenn sie die Aufgabenstellung oder den Lehrervortrag nicht verstanden hat, da sie die Nachfrage an den Lehrer scheut:

Sophie: Also wenn ich jetzt mit einer Freundin oder so etwas lern, wenn ich was nicht kapier, kann ich immer meine Freundin nachfragen, ähm, also fragen oder äh [...] dann schreibt man, [...] und so etwas und wenn man was nicht kapiert, dann sitzt man ne halbe Stunde da, bis man es kapiert hat, weil ich bin eine, die fragt nie die Lehrer, aber wenn ich jetzt `ne Freundin hab und dann reden wir auch miteinander, und dann reden wir darüber, was wir gerade machen und wenn wir was nicht verstehen, also wenn ich was nicht verstehe, dann frage ich meine Freundin und wenn die was nicht versteht, dann fragt sie mich und so kriegen wir das dann gut hin.

Im Beispiel von Sophie wird deutlich, dass diese Gespräche differenziert stattfinden. Ausgangspunkt ist die Situation „wenn man was nicht kapiert“, dabei bezieht sich dieses Nicht-Verstehen auf eine zu bearbeitende Aufgabenstellung. Entweder versucht sie, alleine die Aufgabe zu lösen („sitzt man `ne halbe Stunde da, bis man es kapiert hat“) oder bespricht sich mit einer Freundin. Aber nicht nur die Mitschüler werden in den Berichten der Schüler um Rat gebeten, sondern auch die Lehrer. Abdul berichtet, dass er in einzelnen Situationen den Lehrer um eine vertiefende Erläuterung bittet:

Abdul: Also, ich hab dann ja einen Tischnachbarn und wenn ich dann halt was nicht verstehe, dann frag ich ihn oder wenn ich es halt nicht, also gar nicht verstehe, dann geh ich zum Lehrer.

Neben den Reflexionen, die im Unterricht entstehen und die die eigenen Verstehensleistungen betreffen, berichten die Schüler von Gesprächen außerhalb der Schule. Hierin steht die eigene Auffassungsgabe im Mittelpunkt der Auseinandersetzung. Friederike berichtet, dass sie zuhause häufig mit ihren Mitschülerinnen telefoniert und auf Schwierigkeiten im Unterricht zu sprechen kommt. Sie tauscht sich telefonisch über die gemachten Hausaufgaben aus:

Friederike: Ja, oder ich bespreche das mit Freundinnen am Telefon. Lesen wir uns gegenseitig die Geschichten vor [...] das kommt häufig vor [...]

In ihrer Schilderung geht es darum, dass sich die Freundinnen untereinander ein Feedback zu entstandenen Texten geben. Die in diesem Zuge entwickelten Reflexionen vergleichen den eigenen mit dem fremden Text. Das Ziel dieses Austauschs liegt darin, den eigenen Text zu optimieren.

Einzelne Schüler berichten, dass sie Gespräche mit Eltern und älteren Geschwistern über das im Unterricht Erlernte führen. Die Hausaufgaben bilden den Ausgangspunkt für ein Gespräch. Julia erzählt im Interviewgespräch, wie sie zuhause mit Eltern und Geschwistern ihre Arbeiten (hier: Aufsatz) „diskutiert“:

*Julia: * Ja, also meistens les‘ ich es meiner Mutter vor, * und äh, die sagt mir dann auch, was ich dann vielleicht noch verbessern könnte oder, äh, was ich wegmachen soll oder was ich vielleicht dann doch noch mal ausführlicher machen soll [...], dann les ich’s halt noch mal anderen Leute vor, also zum Beispiel meinen Geschwistern oder meinem Papa oder so, * ja und die sagen also, ich diskutier (lachen) dann meistens mit denen dann auch noch mal so ein bisschen darüber, was sie halt gut finden [...]*

Julia optimiert ihren Text mit der Hilfe unterschiedlicher Anregungen. Christine berichtet davon, wie sie das Gespräch mit ihrem Bruder nutzt, um Anregungen für die Weiterarbeit zu erhalten:

Christine: Oder ich geh' halt zu meinem Bruder und frag' den, „ich hab' das und das gemacht, wie könnte ich es noch besser machen?". Der gibt mir dann halt Tipps.

Sarah erzählt, dass sie in bestimmten Fächern ihre Großmutter um Rat bittet, wenn sie die Aufgaben- oder Themenstellung nicht verstanden hat. Sie spricht über das Feedback ihrer Großmutter:

Sarah: Meine Oma war früher in äh, Politik und Wirtschaft, glaub ich war das, war sie immer ziemlich gut, [...] und wenn ich dann Hausaufgaben aufbekomme, die ich überhaupt nicht verstehe, dann lauf ich einfach mal über die Straße, klingle da und frag halt, ob sie mir helfen darf, äh, kann. [...] Sie erklärt mir, wie sie jetzt am besten gemacht hätte und wie es so besser wäre ja und dann schreib ich das so auf, zeig das ihr und dann gibt sie mir auch so etwas wie ein Feedback.

Bei der Vorbereitung einer Klassenarbeit entstehen Gespräche zwischen Schülern und ihren Eltern. Diese Gespräche weisen eine starke Meta-Perspektive auf („Was habe ich bislang gelernt?", „Welche Schwierigkeiten habe ich noch?" usw.) und begrenzen sich auf ein Abfragen des zu memorierenden Wissens oder der Kontrolle des Bearbeiteten. Konstantin berichtet vom methodischen Repertoire, das seine Mutter zur Vorbereitung einer Klassenarbeit in Englisch für ihn entwickelt hat:

Konstantin: Also, sie [Anm.: Mutter] gibt mir häufig Sätze in Deutsch vor und ich soll sie in Englisch übersetzen oder sie fragt mich Vokabeln ab, manchmal schreibt sie mir auch einen richtigen Test oder gibt mir einen Test von, einen älteren Test von anderen siebten Jahrgangsstufen, den soll ich dann machen [...] meistens vor einer Arbeit [...]

Marie notiert und strukturiert das zu erlernende Fachwissen auf einem Blatt, das sie auswendig lernt und sich von ihrer Mutter abfragen lässt:

Marie: Ich ähm, ich guck die Mappe, an, die Einheit, die wir hatten, dann schreib ich mir die wichtigsten Sachen auf ein Blatt, dann lern ich die und dann fragt mich meine Mutter noch mal ab, was wir, was darin vorkam, und ja, besondere Fragen eben.

Die angesprochenen Situationen machen deutlich, dass in unterschiedlicher Qualität über das Gehörte, Gelernte und Bearbeitete reflektiert wird. Wie die ausgewählten Textstellen zeigen, existiert eine mehrfach erprobte Gesprächskultur, die zwischen Schülern untereinander, mit Eltern und Geschwistern den reflexiven Blick auf die eigenen Leistungen werfen lässt und diese öffentlich thematisiert. Die Beispiele verdeutlichen aber auch, dass diese Gespräche nicht in jeder Situation und auch nicht von jedem Schüler identisch geäußert werden. Hierbei scheint es unterschiedliche Anlässe zu geben (Lehrervortrag, fertig gestellter Text im

Entwurfstadium, Vorbereitung einer Klassenarbeit usw.), die einen Anreiz für Reflexionen bei den Schülern und den Beteiligten (Mitschüler, Eltern, Geschwister) entstehen lassen. Der Form nach sind diese Reflexionen – wie in anderen Situationen auch – eine artikulierte Standortbestimmung der eigenen Fähigkeiten und Verstehensleistungen, sie schätzen die eigene Leistung in Relation zu einer zu erreichenden fachlichen Leistung ein („Habe ich die Aufgabenstellung verstanden, so dass ich diese bearbeiten kann?", „Ist der Text verständlich geschrieben und beinhaltet er die fachlich notwendigen und korrekten Informationen?") und bieten Anlässe zur Vertiefung („Noch mal durchlesen"), Bearbeitung („Text überarbeiten") oder zur Nachfrage („Könnten Sie es noch mal erklären?"). Diese bewussten und artikulierten Reflexionen der Schüler sind zwar neben dem Unterricht für das individuelle Lernen bedeutsam, im Unterricht selbst werden sie aber nicht thematisiert – einzelne Schüler scheuen die öffentliche Thematisierung der eigenen Verstehensleistungen.

6.1.8 Fazit

In den Schüleraussagen wurde deutlich, dass in unterschiedlichen Situationen über das eigene Lernen und Verstehen im Kontext des schulischen Lernens nachgedacht wird. Reflexionen und Reflexionsanlässe, die von den Schülern beschrieben wurden, nehmen den Charakter einer Standortbestimmung ein. Sie knüpfen an die eigenen Fähigkeiten, eingeschlagenen Lernwege, getätigten Handlungen, entstandenen Produkte und zensierten Leistungen an und bewerten diese im Hinblick auf einen zu erreichenden Zielzustand. Dass dieser Zielzustand selten individueller und eher im Kontext eines im Unterricht zu erreichenden Lernziels eingebunden ist, dürfte deutlich geworden sein. Von daher stehen Reflexionen im Unterricht verstärkt im Kontext einer zu erreichenden bzw. bereits erreichten fachlichen Leistung, die von außen bestimmt ist (z.B. Lernziel des Unterrichts, Lehrplan, eigenes Qualitätsverständnis des Lehrers/ des Schülers).

Öffentlich artikulierte Reflexionen, die im didaktischen Arrangement des Unterrichts eingewoben sind und deren Artikulation eine Bedeutung für die Gestaltung von Lernprozessen erhält, werden von den Schülern nicht angesprochen. Das bedeutet allerdings nicht, dass die Unterrichtsgestaltung die Reflexionen der Schüler nicht als bedeutsam erachtet – im Gespräch wird von singulären Anlässen berichtet, in denen Reflexionen geäußert wurden. Bei den beschriebenen Anlässen handelte es sich um im Unterricht thematisierte Reflexionen, die ihren Ausgangspunkt in der Vor- und Nachbereitung einer Klassenarbeit genommen haben. Reflexionen sollten die Thematisierung des Nicht-Wissens sowie die Vermeidung von fachlichen Fehlern anregen. Die genannten Anlässe ermöglichen es, dass auf der Grundlage eines näher beschriebenen Defizits Reflexionen entstehen, die eine weitere Aktivität auslösen (z.B. fachliches Wissen anlesen, Fehler memorieren u.ä.). Diese singulären Anlässe, im Rahmen derer bewusst über das eigene Lernen im Kontext einer Klassenarbeit nachgedacht wird, sind allerdings nicht die einzigen Situationen, in denen Reflexionen der Schüler stattfinden. Auch in Lernprozessen selbst finden Reflexionen statt. Diese ergeben sich dann, wenn das im Unterricht zu erlernende Fachwissen nicht verstanden wird bzw. mit den zur Verfügung stehenden Verstehens- und Könnensleistungen nicht verknüpft werden kann. Reflexionen entstehen in diesen Situationen und gleichen die eigenen Fähigkeiten und Verstehensleistungen mit dem Gehörten oder neu zu Erarbeitenden ab. Ebenso ist der Fall, wenn Schüler eine Aufgabe erarbeiten sollen (z.B. Text verständlich formulieren, Aufgabe lösen u.ä.). Reflexionen treten in dieser Form als ein Resümee im Lernprozess auf und bewerten die eigenen Leistungen.

Als Hintergrund für die reflexiven Standortbestimmungen stehen das erlernte Fachwissen und die eigenen Fähigkeiten zur Verfügung. Dieser Hintergrund ist in der Vergangenheit generiert und erlernt worden. Er hält auf einer individuellen Ebene fest, was richtig und was falsch, was genau oder ungenau und was verständlich oder unverständlich ist. Dieses fachliche Wissen definiert, was einen gut zu lesenden Text ausmacht oder was für einen verständlichen Vortrag an Zusatzinformationen benötigt wird. Dieses Wissen kann sich aus den fachlichen oder tradierten Standards (im Beispiel Text: ganze Sätze schreiben, Einhaltung eines Erzählstrangs, Anwendung der Rechtschreibung usw.) speisen sowie auf eigene Vorstellungen zurückgreifen, die sich in der Vergangenheit als erfolgreich erwiesen haben (im Beispiel Text: Absatzgliederung, Satzbau-Konstrukt usw.; Beispielaussage: „mir gefällt“ – „was wir wichtig fanden“). Dieser fachliche Hintergrund trägt dazu bei, die eigenen Fähigkeiten im Hinblick auf die Erreichung eines Zielzustands einzuschätzen und in neuen Lernsituationen anzuwenden.

Nicht nur die eigenen Könnens- und Verstehensleistungen, die zur Gestaltung von Lernprozessen angewendet werden, sind Anlass für Reflexionen, sondern auch der Weg zur Erschließung des Fachwissens. Es geht meist darum, das zu erlernende Wissen im Hinblick auf das zur Verfügung stehende methodische Repertoire einzuschätzen und auszuwählen. Dazu existieren über Jahre hinweg erworbene Erfahrungswerte bezüglich einer möglichen Methodik, die zur Erarbeitung genutzt wird. Dieses Vorgehen entscheidet, ob es zur Memorierung von Vokabeln geeignet erscheint, einen Karteikasten zu führen und Vokabeln auswendig zu lernen oder Vokabeln nur zu lesen, ohne sie explizit zu memorieren.

Die methodenorientierte Erarbeitung eines Sachverhalts steht ebenfalls als Hintergrund des methodischen Repertoires zur Verfügung. Diese Methoden wurden im Laufe der Schulzeit erworben und haben sich als erfolgreich erwiesen. Wie für das fachliche Wissen gilt auch hier, dass neben den erlernten Methoden auch eigene Herangehensweisen gewählt werden, die selbst entwickelt und in der Vergangenheit erfolgreich angewendet wurden. Dieses Methodenrepertoire kann spezifisch zur Vorbereitung, im Lernprozess selbst und für die Nachbereitung eingesetzt werden. Als Beispiele können hier das Schreiben eines Mind-Maps, das Verfassen eines Lernplanes, das Memorieren mit einem Karteikasten u.ä. genannt werden. Diese Methoden sind z.T. vom Lehrer eingeführt und z.T. aus der eigenen Beschäftigung mit der Thematik entwickelt worden. In ihrer Anwendung wurden sie wegen des erfolgreichen Einsatzes in vorherigen Lernprozessen bestätigt.

Wie bereits angesprochen, nimmt die öffentliche Artikulation von Reflexionen im Lernen eine eher untergeordnete Stellung im Unterricht ein. Daher kann von der Ausnahme der Vor- und Nachbereitung einer Klassenarbeit nur bedingt von einer existierenden Lernkultur gesprochen werden, in denen Reflexionen bedeutsam für die Gestaltung von Lernprozessen sind. Gleichfalls finden Reflexionen der Schüler stetig unterbewusst im Unterricht statt. In den Beispielen konnte gezeigt werden, dass diese in der Vorbereitung, im eigentlichen Lernprozess selbst und in der Nachbereitung auftreten. Interessant scheint, dass diese Standortbestimmung der eigenen Leistungen und Verstehensleistungen häufig offen artikuliert wird. Hierzu existiert eine dichte Gesprächskultur zwischen den Schülern untereinander (im Sinne von: „Kannst du mir das erklären?"), mit Eltern und Geschwistern (im Sinne von: „Schau mal, was ich erarbeitet habe") sowie mit den beteiligten Lehrern (im Sinne von: „Habe ich nicht verstanden…"). Mit den beiden erstgenannten Personengruppen wird häufig über die eigenen fachlichen Verstehensleistungen gesprochen, mit dem Lehrer selbst scheuen einzelne Schüler das Gespräch.

Aus den genannten Motiven und Anlässen lässt sich verallgemeinernd sagen:
* Reflexionen nehmen eine Standortbestimmung für das Lernen ein. Sie vergleichen das zu Erlernende mit dem zur Verfügung stehenden Fachwissen, das zur Bearbeitung der Thematik bereit steht. Daraus entwickeln sich Ziele für die Vertiefung der Fachinhalte und Bearbeitungswege (Methoden).
* Reflexionen tangieren die zur Verfügung stehenden methodischen Erschließungswege und ermöglichen die Analyse und Auswahl geeigneter Verfahren.
* Die Artikulation der getätigten Reflexionen findet in der Konstellation Schüler-Schüler, Schüler-Eltern-Geschwister und Schüler-Lehrer statt.

Das nachfolgende Schaubild illustriert das bestehende Reflexionsverhalten der Schüler:

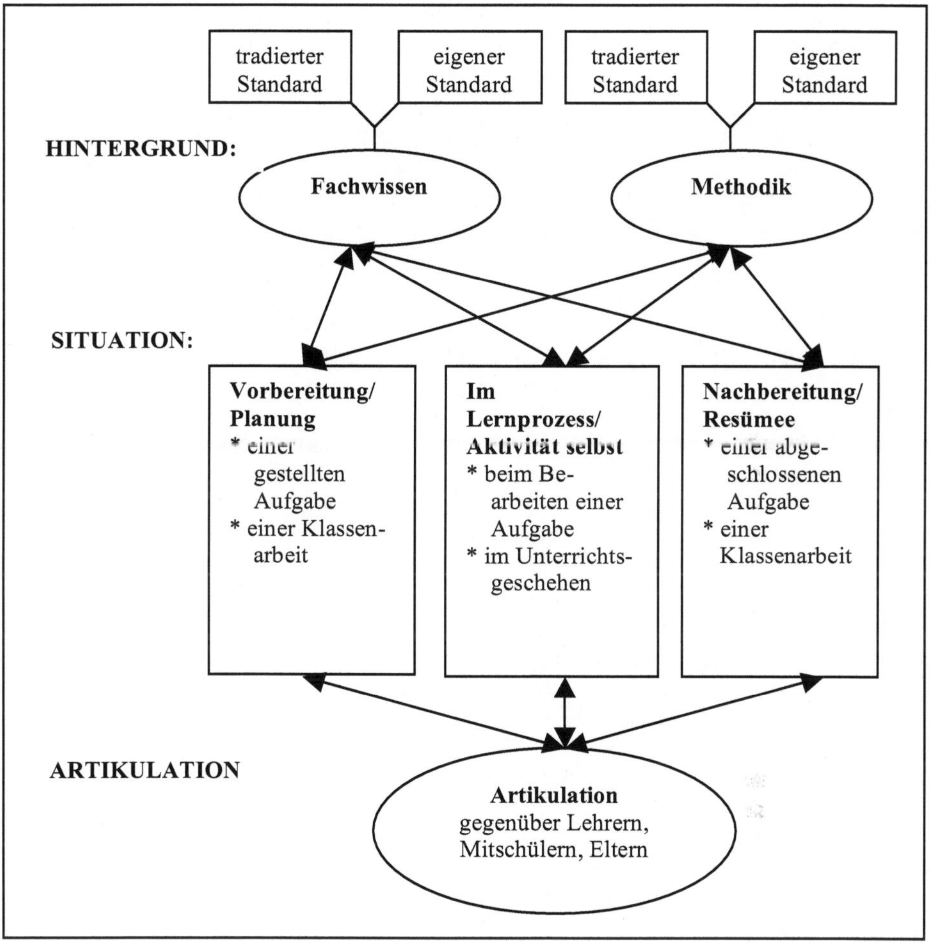

***Abb. 3:** Reflexionsverhalten der Schüler im Unterricht*

Die in der Mitte des Schaubilds illustrierte Situation im Unterricht steht als Ausgangspunkt für die Reflexionen (hier: Vorbereitung/ Planung, Lernprozess/ Aktivität, Nachbereitung/ Resümee). In dieser Situation reflektieren die Schüler im Lernprozess über das, was es zu verstehen, vorbereiten, erarbeiten oder nachbereiten gilt. Der zu erreichende Zielzustand (z.B. erfolgreiche Vorbereitung einer

Klassenarbeit, das Schreiben eines lesbaren und nachvollziehbaren Textes, Nachbereitung einer Klassenarbeit u.ä.) wird mit den zur Verfügung stehenden Ressourcen (erlerntes Fachwissen/ Fähigkeiten und Methodik) abgeglichen. Die genannten Ressourcen können aus dem Unterricht heraus erlernt worden sein oder sind aus der eigenen Beschäftigung entstanden und haben sich als erfolgreich erwiesen. In der Bearbeitung einer Situation entstehen Ziele, die es im weiteren Verlauf zu erreichen gilt (das Memorieren der Vokabeln, Entwickeln eines Textes, Verstehen des Lehrervortrags u.ä.). Die Reflexionen der Schüler stellen eine Standortbestimmung der eigenen Fähigkeiten dar – sie klären und definieren, entwickeln Erschließungsmöglichkeiten und -wege. Sie können gegenüber den Mitschülern, Eltern, Geschwistern und Lehrern benannt werden und bilden den Ausgangspunkt für ein Gespräch.

Insgesamt lässt sich sagen, dass diese Standortbestimmungen ein eher defizitorientiertes Bild auf die eigenen Fähigkeiten und Verstehensleistungen werfen. Damit verbindet sich der Blick auf das, was noch nicht beherrscht wird und was es im weiteren Verlauf zu erlernen gilt. Eine Klärung für diese Sichtweise könnte in der vermehrten Praxis der Thematisierung und Reflexion von Nichtwissen und Fehlern im Kontext einer Klassenarbeit liegen, in der ein bestimmtes Verhalten angewendet werden muss (z.B. Rechtschreibung, bestimmtes Sachwissen usw.). Im Gespräch konnte ein Großteil der Schüler über die eigenen Stärken und Schwächen im Kontext des schulischen Lernens berichten. Dadurch konnten unterschiedliche Einsichten in subjektiv wahrgenommene Könnenserfahrungen entstehen. Auf der Grundlage der unterschiedlichen Schüleraussagen kann allerdings nicht gefolgert werden, dass die befragten Schüler über breites reflexives Erfahrungswissen verfügen. Eher wird deutlich, dass sich bei den Schülern reflexive Einsichten und Lernpräferenzen entwickelt haben, die im Interviewgespräch in unterschiedlicher Qualität artikuliert werden.

Die Regulation eines Lernprozesses wird z.T. aus den gemachten Selbstbeobachtungen (z.B. „ich weiß es noch nicht und muss es deswegen memorieren“) gespeist. Daher ergibt sich bei den Schülern die Einsicht, für eine Prüfungssituation bestimmte Sachverhalte memorieren zu können. Der Erschließungsweg wird z.T. durch reflexive Einsichten beeinflusst und z.T. aus der Erfahrung, was sich in vorherigen Situationen als erfolgreich erwiesen hat. Dazu existieren unterschiedliche Herangehensweisen an die fachlichen Kenntnisse, die sich in den erlernten und selbst entwickelten Lernmethoden widerspiegeln (Texte wiederholt lesen; Lautlesen; Lückentexte entwickeln und ausformulieren; Abfragen-Lassen durch Eltern, Geschwister oder Freunde; Karteikartensystem mit Begriffen, die memoriert werden müssen usw.).

Im Hinblick auf die im Schuljahresverlauf folgende unterrichtliche Arbeit mit einem ePortfolio kann auf der Grundlage der bisherigen reflexiven Selbsteinsichten bei einem Großteil der Schüler davon ausgegangen werden, dass sie in der Lage sein werden, ihr Lernen in den vorbereiteten ePortfolio-Dokumenten (Beschreibungen, resümierende Berichte, Lerntagebuch) zu beschreiben und zu reflektieren.

6.2 Dokumentenanalyse – begleitende Untersuchung

Im Rahmen der ePortfolio-Arbeit im Unterricht entstanden schriftliche Eintragungen im ePortfolio, die hier als Schülerdokumente bezeichnet werden. Diese Eintragungen hielten Reflexionen fest, die im Lernprozess (zu Beginn, begleitend, resümierend) mit dem ePortfolio entstanden sind. Die Verschriftlichung der Reflexionen stellte ein wesentliches Element der ePortfolio-Arbeit dar. Im Rahmen der folgenden Analyse sollen die reflexiven Handlungsmuster der Schüler betrachtet werden. Zu diesen zählen:

* *reflexive Beschreibungen* eines abgelegten Dokuments, einer abgelegten Arbeitsmappe (in der Portfolio-Literatur auch als begründete Auswahlentscheidungen zu finden)
* *resümierende Beschreibungen* einer ePortfolio-Arbeit, einer Auswahl an Schülerdokumenten (Reflexionsbericht, in der Portfolio-Literatur wird auch von einem Einleitungsschreiben an einen potentiellen Leser oder einem Arbeitsbericht gesprochen)
* *begleitendes Lerntagebuch*, das individuell geführt wurde und zusätzlich Reflexionen ermöglichte sowie die Metaperspektive auf das Reflektieren und Lernen thematisierte (in der Portfolio-Literatur empfohlen, um Reflexionen im Rahmen von Portfolio-Arbeit zu intensivieren)

Die genannten Vorlagen zur Reflexion werden als Forschungsinstrumente genutzt, um einen Einblick in den von Reflexionen begleiteten Lernprozess zu erhalten. Dabei sollen Anlässe zum Reflektieren im Lernprozess mit Hilfe der reflexiven Beschreibungen, zum Abschluss einer Einheit in den resümierenden Beschreibungen und vorausblickend als auch rückblickend im Lerntagebuch entstehen. In den folgenden Auseinandersetzungen sollen die gezeigten Nutzungsmuster beschrieben werden. Dieses Vorgehen wird mit der Erwartung verbunden, den im Rahmen der ePortfolio-Arbeit entstehenden Reflexionsraum inhaltlich näher beschreiben zu können.

In einem ersten Schritt betrachte ich die entstandenen reflexiven Einträge in den vorbereiteten HTML-Feldern im Hinblick auf das Nutzungsverhalten der Schüler. Dies geschieht, um zu erfahren, wie das vorbereitete didaktische Arrangement

„ePortfolio“ und die damit verbundenen Reflexionsanlässe von den Schülern genutzt wurden. Nach der Darstellung der Nutzungsmuster in der vorliegenden heterogenen Breite werde ich in einem zweiten Schritt die Eintragungen analysieren, um zu zeigen, welche Anlässe zur Reflexion die ePortfolio-Arbeit und die vorbereiteten Dokumente geboten haben und welche individuellen Auseinandersetzungen mit dem eigenen Lernen im ePortfolio-Unterricht entstanden sind. Hierdurch wird die entstandene Qualität näher fokussiert.

Bei den folgenden Textausschnitten handelt es sich um die Original-Eintragungen der Schüler. Um die Lesbarkeit zu erleichtern, habe ich lediglich die zusammengeschriebenen Wörter getrennt geschrieben bzw. an passenden Stellen Leerzeichen eingefügt (lerntauch = lernt auch). Die Groß- und Kleinschreibung (z.B. das Wort „angabe“), Kommata sowie weitere sprachliche und grammatikalische Fehler werden unverändert belassen.

6.2.1 Nutzungsverhalten

Beschreibungen der Mappen und abgelegten Arbeiten

Immer dann, wenn die Schüler ein Dokument im ePortfolio abspeicherten, bestand die Möglichkeit, dieses zu beschreiben. Diese Beschreibungen sollten zum Reflektieren anregen und den eigenen Blick sowie den Blick der Leser einer Mappe auf den Inhalt und den Erstellungsprozess der Arbeit richten. Bei der Analyse fällt auf, dass die zu den abgespeicherten Dokumenten angefertigten Beschreibungen von den Schülern heterogen angefertigt wurden. Es gibt Schüler, die detailliert über einen Erstellungsprozess berichten, wie auch Schüler, die nur in Stichpunkten und zum Teil oberflächlich über den Lern- und Erstellungsprozess ihrer ePortfolio-Arbeit Auskunft geben. Diese divergente Qualität der Nutzung werde ich mit der Hilfe von Beispielen illustrieren. Oksana berichtet im ihrem Eintrag recht oberflächlich über den Erstellungsprozess ihrer ePortfolio-Arbeit, die im Deutschunterricht unter dem Thema „Freizeitparks“ entstanden ist. Dazu nutzt sie die vorgegebenen Überschriften und beschreibt die wahrgenommenen Aktivitäten:

Oksana, 05.02.2007, Mappenbeschreibung, Deutsch
Mappe „Präsentationsmappe über Freizeitpark Phantasialand“
Dies zeigt mein Dokument:
über das Phantasialand
So habe ich es erstellt:
mit einem programm das sich power point nennt und mit dem man präsentationen erstellen kann
Diese Schwierigkeiten hatte ich:
bei nix

Folgende Personen haben mir geholfen:
meine freundin x und andere

Oksanas Beschreibung vertieft nicht das Bearbeitete, noch klärt sie genauer, was erstellt wurde und wie der Lernprozess gestaltet war. Eine noch kürzere Beschreibung einer ePortfolio-Arbeit findet sich bei Christopher, der die vorgegebenen Kategorien löschte und lediglich einen Satz formulierte:

Christopher, 22.05.2007, Mappenbeschreibung, Sozialkunde
Mappe „Referat Rauchen"
In diesem ordner sehen sie unser Referat Rauchen wo X, Y und Christopher dran gearbeitet haben.

Ein ähnliches Bearbeitungsmuster findet sich in der folgenden Eintragung von Wladimir, der die angewendete Software (ppp für Powerpoint und Word) aufzählt. Genauere Angaben über die Lerninhalte, Bearbeitungswege oder aufgetretenen Schwierigkeiten werden nicht thematisiert:

Wladimir, 23.04.2007, Mappenbeschreibung, Deutsch
Mappe „Lärm von Wladimir"
Dies zeigt mein Dokument:
2 ppp über lärm
So habe ich es erstellt:
mit word
Diese Schwierigkeiten hatte ich:
keine
Folgende Personen haben mir geholfen:
niemand es war einfach

Die gezeigte nur an Stichpunkten orientierte Beschreibung einer ePortfolio-Arbeit findet sich in mehreren analysierten Schülerarbeiten wieder. Bemerkenswert ist, dass bei Einzelnen wie Christopher und Wladimir die bestehende Qualität dieser Beschreibungen im Laufe weiterer Arbeiten reproduziert wurde. Damit entstehen auch für die weiteren Beschreibungen inhaltlich verkürzte Darstellungen, die nur an wenigen Punkten orientiert den Inhalt oder den damit verbundenen Lernprozess beschreiben. Unabhängig von diesen Beispielen zeigte ein Großteil der untersuchten Schüler ein differenzierteres Artikulationsverhalten, das mittels der nachfolgenden Beispiele illustriert wird. Michael berichtet detailliert über den erstellten Text und den damit verbundenen Lernprozess:

Michael, 25.04.2007, Mappenbeschreibung, Deutsch
Mappe „Der Mann der niemals zu spät kam.“
Dies zeigt mein Dokument:
Die Inhaltsangabe zu: "Der Mann der niemals zu spät kam."
So habe ich es erstellt:
Ich habe mir die Geschichte durchgelesen und mir dann Gedanken gemacht welche Textabschnitte wichtig sind und welche ich nicht unbedingt in die Inhaltsangabe aufnehmen muss.
Als ich mir dann überlegt hatte was für die Inhaltsangabe wichtig ist, habe ich angefangen die Inhaltsangabe zu schreiben.
Diese Schwierigkeiten hatte ich:
Ich hatte Schwierigkeiten alles im Präsens zu schreiben, weil manche Sätze ziemlich schwer sind sie im Präsens auszudrücken.
Folgende Personen haben mir geholfen:
Frau X & Herr Y

Im Eintrag gibt Michael einen Einblick über den eigenen Lernweg („habe mir die Geschichte durchgelesen [...] Gedanken gemacht, welche [...] nicht in die Inhaltsangabe muss [...] was [...] wichtig ist habe ich angefangen [...] zu schreiben“) und kommt auf Schwierigkeiten zu sprechen („alles im Präsens auszudrücken weil manche Sätze ziemlich schwer sind“). Der von ihm formulierte Eintrag thematisiert Reflexionen, die bei der Bearbeitung der Inhaltsangabe („Der Mann der niemals zu spät kam“) aufgetreten sind.

Weniger detailliert berichtet Xenia in der folgenden Beschreibung. Sie kommt auf Hilfsmittel (wie Software, Wörterbücher) zu sprechen, die sie bei der methodischen Erschließung verwendet hat. Der eigentliche Inhalt ihrer Erarbeitung oder der Lernprozesse selbst werden nicht thematisiert, wenn man von der methodischen Seite der Erschließung („ein paar Wörterbücher“) absieht:

Xenia, 05.06.2007, Mappenbeschreibung
Mappe „Lärm“
Wie habe ich das erstellt:
Ich habe es durch Microsoft Word erstellt und den Mind-Map habe ich durch den Mind-Manager erstellt.
Wer mir geholfen hat:
Mir hat die X geholfen besser gesagt wir haben ungefähr ein viertel zusammen gemacht. Ein paar Wörterbücher haben mir auch geholfen wie z.b leo.org oder pons.
Was hat Spaß gemacht:

Mir hat eigentlich alles sehr gut gefallen am meisten das mit dem Mind-Map.
Wo hatte ich Schwirigkeiten gehabt:
Ich hatte bei gar nix Schwirigkeiten gehabt alles war gut.

Im Vergleich zu Michael hat Xenia die vorgegebenen Überschriften gelöscht und durch ähnlich lautende ersetzt (z.B.: „Dabei hatte ich Schwierigkeiten" zu „Wo hatte ich Schwirigkeiten gehabt" [Rechtschreibfehler im Original). Der von ihr formulierte Bericht gibt lediglich über die Erstellung der Dokumente mithilfe entsprechender Software (Microsoft Word, Mind-Manager), einzelner Onlinewörterbücher und der Unterstützung einer Freundin Auskunft. Es wird nicht deutlich, ob die Arbeit beispielsweise im Englisch- oder Französischunterricht angefertigt wurde und was zum eigentlichen Inhalt dieser Mappe mit dem Titel „Lärm" gehört. Eine ähnliche medial-technische Perspektive auf den Erstellungsprozess zeigen die Eintragungen von Kevin:

Kevin, 09.12.2006, Mappenbeschreibung, Allgemein
Mappe „Aufgemotzte Autos"
Dies zeigt mein Dokument:
So habe ich es erstellt: Ich habe im Internet nach Bilder geschaut dabei hatte ich aber nicht so viel Glück weil die Bilder sich nicht runterladen lassen!!!!!
Diese Schwierigkeiten hatte ich: Ich hatte eigentlich nicht so viel Schwierigkeiten nur das die Bilder sich nicht runterladen lassen wolten
Folgende Personen haben mir geholfen: Meine Freunde haben (X, Y usw.) haben mir sehr viel geholfen

Den Schreibanlass „Dies zeigt mein Dokument" hat er nicht genutzt. Vielmehr berichtet er über die Suche nach geeignetem Bildmaterial, das er zur Bearbeitung der ePortfolio-Arbeit „Aufgemotzte Autos" genutzt hat. Er kommt auf Schwierigkeiten zu sprechen, die darin lagen, dass sich die im Internet recherchierten Fotoaufnahmen nicht abspeichern ließen („runterladen"). Alle vorgegebenen Schreibanlässe der Dokumentenbeschreibung nutzt Christine, die insgesamt einen recht kurzen und an einzelnen Stellen nur stichwortartigen Text formuliert hat:

Christine, 09.12.2006, Mappenbeschreibung, Chemie
Mappe „Aggregatzustände und Stoffeigenschaften"
Dies zeigt mein Dokument:
Aggregatzustände und Stoffeigenschaften
So habe ich es erstellt:
Mit Word

Diese Schwierigkeiten hatte ich:
Ich wusste anfangs nicht genau was Aggregatzustände sind
Folgende Personen haben mir geholfen:
XY, Wikipedia und Google

Neben einer kürzeren inhaltlichen Beschreibung, die sich auf die Aussage „Aggregatzustände und Stoffeigenschaften“ und „Ich wusste anfangs nicht genau was Aggregatzustände sind“ beschränkt, nimmt auch bei Christine die technisch-mediale Seite der Erstellung („mit Word“, „Wikipedia und Google“) einen wesentlichen Teil ihrer Ausführungen ein. Interessant ist, dass das Hilfsangebot der Suchmaschine „Google“ und der Internetenzyklopädie „Wikipedia“ als Personen auf der gleichen inhaltlichen Ebene wie ihre Mitschülerin XY genannt werden. Eine weitere Art, wie Schüler die Mappenbeschreibungen angefertigt haben, zeigt Lenas Eintrag:

Lena, 19.03.2006, Mappenbeschreibung, Deutsch
Mappe „Lesen“
Wir haben uns ein buch aus der Lernwerkstadt ausgeliehen und hatten zeit dies in einer woche durchzulesen und eine zusammenfassung und eine buchbeschreibung zu dem ausgeliehnem buch zu schreiben!! dann haben wir von unserem PC patner ein feetback der buchbesprechung und der inhaltsangabe bekommen und die inhaltsangabe und die buchbesprechung verbessert!

Lena berichtet kurz, allerdings detaillierter und in ganzen Sätzen, über ihren eigenen Erstellungs- bzw. Arbeitsprozess. Ausgangspunkt für die ePortfolio-Arbeit war eine anzufertigende Buchbesprechung einer selbst gewählten Lektüre aus der schulischen Lernwerkstatt (Anm.: eine Schulbibliothek mit Internet-Arbeitsplätzen). Im Anschluss an die Erstellung der Dokumente (Buchbesprechung, Inhaltsangabe) wurden diese mit der Unterstützung eines Feedbacks, das vom PC-Partner („PC patner“) gegeben wurde, überarbeitet („verbessert“). Dabei spricht sie das im Rahmen der Konzeption der Lehrerfortbildung vorgestellte didaktische Modell des ePortfolio-Kreislaufs indirekt an, das sich aus Phasen der Erstellung, des Feedbacks und der Überarbeitung der Dokumente zusammensetzt.

Die aufgezeigten Beschreibungen der ePortfolio-Mappen haben die heterogene Breite der Nutzungsmuster illustriert. Es finden sich – wie gezeigt – stichpunktartige und kürzere sowie ausformulierte und detaillierte Eintragungen. Die vorgegebenen Kategorien und Schreibanlässe wurden von den Schülern in bestehender Form genutzt, umgestellt, verändert oder gelöscht. Daneben existieren Auslassungen, indem Kategorien nicht gelöscht, aber auch nicht näher beschrieben werden. Eine

Entwicklung ist in den einzelnen Beiträgen nicht zu erkennen, d.h. bestehende Eintragungen, die im Rahmen einer ersten Einheit getätigt wurden, sind in ähnlicher Qualität auch bei späteren Eintragungen reproduziert worden. Daher lassen sich keine qualitativen Veränderungen in den von mir analysierten Schülerbeispielen belegen. Anzumerken ist, dass der Umfang der ePortfolio-Mappen in jeder Klasse bei vier bis sechs ePortfolio-Einheiten lag – das bedeutet, dass in gleicher Anzahl Beschreibungen der Mappen entstehen konnten. Über den Verlauf von vier bis sechs Mappen lassen sich damit keine größeren Veränderungen beobachten.

Reflexionsberichte
Als Reflexionsberichte werden die schriftlichen Berichte bezeichnet, die von den Schülern nach Abschluss einer ePortfolio-Einheit formuliert wurden. Inhaltlich sollen diese Berichte den eigenen Lern- und Erstellungsweg einer ePortfolio-Arbeit thematisieren. Dazu konnten die Schüler auf vorformulierte Leitfragen zurückgreifen, die als Schreibanlässe dienten. Beim ersten Blick auf die entstandenen Berichte fällt auf, dass nicht alle Schüler und Schulklassen in gleicher Intensität die entsprechenden reflexiven Berichte verfasst haben. Dieser Sachverhalt lässt sich analog zu den oben skizzierten Beschreibungen der Dokumente beobachten. Im Rahmen des abschließenden Interviews kann hierzu noch nach weiteren Beweggründen gesucht werden. Es lässt sich festhalten, dass ein unterschiedliches Nutzungsverhalten existiert, das in einem ersten Schritt mittels der nachfolgenden Beispiele aufgezeigt werden soll. Um dem Charakter der Original-Dokumente in der Darstellung zu entsprechen, wurde die Schreibweise (Rechtschreibung, Grammatik, Zeichensetzung) – analog zur Vorgehensweise bei der Darstellung des Nutzungsverhaltens der Beschreibungen der ePortfolio-Mappen – nicht verändert. Um die Lesbarkeit zu erhöhen, wurden Leerzeichen und unnötige Absätze entfernt und mit dem Ziel strukturiert, zusammenhängende Abschnitte zu bilden.

Bei der Analyse der Reflexionsberichte wird deutlich, dass sich ein Großteil der Schüler von den vorgegebenen Leitfragen löste und einen eigenen Text verfasst hat. Allerdings gibt es auch Ausnahmen in der Nutzung, so dass Überschriften z.T. bestehen blieben oder in den Text kopiert wurden, wie das nachfolgende Beispiel verdeutlicht. In ihrem Eintrag berichtet Charlotte über den Erstellungsprozess der ePortfolio-Arbeiten, die im Französisch-Unterricht entstanden sind:

Charlotte, 22.06.2007, Reflexionstext, Französisch
Mein Reflexionstext - Reflexionsfragen
0. Auf welches Fach und welche ePortfolio-Mappe bezieht sich dein Reflexionstext?

Mein Reflexionstext bezieht sich auf das Fach Französisch, mein Reflexionstext bezieht sich auf das Thema „faire du bruit".
1. Was war die Aufgabenstellung?
Wir haben verschiedene Aufgaben zum Thema Lärm bekommen. Wir sollten Texte schreiben, Vokabeln übersetzen, lesen und ein MindMap erstellen.
2. Wie lange hast du an deiner ePortfolio-Mappe gearbeitet? Wann hast du daran gearbeitet?
Ich habe ca. 2 Woche an meinen Arbeitsblättetern gearbeitet, in dem Zeitbereich von 11. mai bis 29. mai.
3. Was hast du erstellt? Was hast du in deiner Mappe gespeichert und abgelegt?
In meiner Mappe sind auch noch Sachen vom letzen Halbjahr, aber unter anderem habe ich das Arbeitsblatt Lärm in verschiedenen Stufen (nicht fertig, fast fertig,...) und ein MindMap zum Thema Lärm in meiner Mappe.
4. Wie bist du bei der Erstellung vorgegangen?
Woher hattest du die Informationen? Was hast du zuerst, was später erstellt? Was hat gut geklappt? Hattest du Schwierigkeiten?
Ich habe die Vokabeln auch unter anderem mit Pons übersetzt, ich habe eigentlich alles nach der Reihe gemacht und am Ende das MindMap. Es hat eigentlich alles ganz gut geklappt, aber ich konnte es nicht immer Hochladen.
5. Wann hast du die Mappe für das Feedback freigegeben?
Nach der ersten Woche habe ich die Mappe für Feedback freigegeben.
8. Wie findest du jetzt rückblickend deine Mappe?
Ich finde meine Mappe eigentlich ganz gut, ich bin mit allem fertig geworden, und habe die Aufgaben richtig erfüllt.
9. Was hast du dabei gelernt?
Was hast du beim Erstellen dieser Mappe gelernt? Beschreibe zum Beispiel, was für dich neu war! Was war interessant? Was möchtest du vertiefen? Über was möchtest du noch mehr erfahren?
Ich habe gelernt eigenständig zu arbeiten, ich fand es interessant selber eine Geschichte ohne Vorgaben zu schreiben.

Charlotte hat im Rahmen des Französischunterrichts mehrere Dokumente zum Thema „Lärm" erstellt, die sie in ihrer ePortfolio-Mappe abgespeichert hat. Die Aufgabe wurde vom Lehrer gestellt („wir haben [...] Aufgaben bekommen [...] Wir sollten [...]") und beinhaltete das Bearbeiten von mehreren Arbeitsblättern („meinen Arbeitsblättetern"). Der entstandene Reflexionstext gleicht vom Aufbau und Umfang her einem Arbeitsblatt, dessen Fragen von Charlotte in der entsprechenden Spalte beantwortet wurden. Insgesamt ist in den Antworten keine weitergehende Vertiefung des Gelernten zu erkennen. Sie beschreibt kurz den Vorgang des Bearbeitens („übersetzt", „nach der Reihe") und geht an wenigen Stellen auf die

Lerninhalte (Texte, Vokabeln, Mind-Map) ein, ohne diese genauer zu beschreiben. Interessant ist ferner, dass sie die Leitfragen sechs bis sieben auslässt und aus der Vorlage entfernt hat. Diese wurden vorbereitet, um den Erstellungs- und Feedbackprozess zu thematisieren. In der weiteren Bearbeitung nennt sie vor allem die zeitliche Dimension („nacheinander“, „nach der ersten Woche“, „fertig“), ohne diese weitergehend zu beschreiben. Ihr persönliches Fazit der entstandenen ePortfolio-Arbeit („ich habe gelernt eigenständig zu arbeiten, ich fand es interessant selber eine Geschichte ohne Vorgaben zu schreiben“) thematisiert das Erarbeitete und die damit verbundene Motivationslage („fand es interessant“). Ein ähnlich an den Leitfragen orientierter Text findet sich in Maries ePortfolio. Die Leitfragen hat sie aus dem Text entfernt und die Beantwortung durch eine entsprechende Nummerierung („0., 1., 2.“ usw.) gekennzeichnet:

Marie, 25.08.2007, Reflexionstext, Allgemein
Mappe „Schule vor 100 Jahren“
0. Mein Reflexionstext bezieht sich auf das Fach Geschichte und in der ePortfolio-Mappe Deutsch!
1. Wir sollten uns ein Thema vor 100 Jahren aussuchen. Ich habe mir Schule vor 100 Jahren ausgesucht.
2. Meine ePortfolio-Mappe hat 1-2 Monat gedauerd habe dort eigendlich nur in der Schule gearbeitet.
3. Ich habe Schule vor 100 Jahren erstellt z.b. Klassenräume und Schulsachen
4. Ich habe die Sachen von dem Internet die Adresse weiß ich leider nicht mehr.
5. Ganz fertig hatte ich sie am 6.6.2007, Kommentare habe ich am 5.6.2007 bekommen.
6. Habe Feedbacks bekommen von U, V, W, X, Y, Z sie haben geschrieben das meine Präsentation gut war und das ich ein alten Stundenplan noch einfügen könnte.
7. Ich haben die Feedbacks bearbeitet
8. Jetzt finde ich die Mappe schön aber ich finde sie zu kurz!!!
9. Ich habe gelernt schneller mit dem Computer zu Arbeiten.

Marie betrachtet den Erstellungsprozess der ePortfolio-Arbeit aus wenigen Perspektiven, die sie nicht vertieft (z.B. eigentliches Thema, Zeitphase, Zusammenarbeit). Ausgangspunkt ist die Bearbeitung der selbst gewählten Aufgabe „Schule vor 100 Jahren“, die in den Fächern Deutsch und Geschichte als fächerübergreifendes Projekt realisiert wurde. Im Gegensatz zu Anna konnte sie sich das Thema im Rahmen eines Überthemas („vor 100 Jahren“) selbst auswählen. Dazu hat sie eine Präsentation erarbeitet, die das Thema „Schule vor 100 Jahren“ beinhaltet und die im ePortfolio abgespeichert wurde. Die vorgegebenen Leitfragen hat sie aus dem Text entfernt und die Ausarbeitung an der Nummerierung orientiert.

Die daraus entstandenen Aussagen zum Lern- und Erstellungsprozess geben diesen – wie angesprochen – nur oberflächlich wieder. Ähnliche Beispiele finden sich auch bei anderen Schülern, die sich insgesamt schwer von der vorformatierten Vorlage lösen konnten. Dieses Verhalten wird in allen Klassen gezeigt. Eine differenzierte Bearbeitungsform findet sich im Beispiel von Mareike, die in ihrem Reflexionstext über die Erstellung eines Textes zu einem selbst gewählten Thema („Thema Drogen") im Sozialkundeunterricht berichtet:

Mareike, 03.07.2007, Reflexionstext, Sozialkunde
Mappe „Präsentationsmappe"
Ich habe zusammen mit X und Y in Sozialkunde ein Referat gestaltet. Wir haben uns für das Thema Drogen entschieden. Wir fanden das, dass ein sehr wichtiges Thema im Leben eines Jungendlichen ist. Wir haben ungefähr einen Monat an diesem Referat gearbeitet. Vor allem in Sozialkunde-, Frei- (bzw. Vertretungs-) Stunden haben wir an diesem Projekt gearbeitet. Wir haben uns dann überlegt, dass wir eine PowerPoint Präsentation machen wollen. Diese war bei mir und die ganze Texte die wir sagen wollten bei der Y gespeichert. Wir haben viel im Internet recherchiert. Bei manchen Sachen hatten wir dennoch Schwierigkeiten! Zum Beispiel einen aus dem Internet gezogenen Text umzuschreiben. Natürlich bekamen wir auch ein Feedback. Dieses bekamen wir von X und Y! Sie fanden unser Projekt gut! Nur ein paar Sachen haben sie bemängelt. Manchmal war der Satzbau nicht ganz richtig! Danach arbeiteten wir fleißig am Satzbau. Ungefähr 2 Wochen später war die Mappe komplett fertig! Eigentlich bin ich sehr zufrieden mit unserem Referat. Aber man sagt ja immer es hätte noch besser sein können! Besonders gut fand ich unseren Tagebucheintrag von einem Drogenabhängigen. Wir haben vor allem gelernt ordentlich zu arbeiten.

Im Vergleich zu Charlotte und Marie hat sich Mareike von der Vorlage stärker gelöst und einen zusammenhängenden Text formuliert. Sie berichtet über den Erstellungsprozess ihrer ePortfolio-Arbeiten, die aus einer Powerpoint-Präsentation und einem Vortragstext („die Texte die wir sagen wollten") hervorgegangen sind und auf der Plattform abgespeichert wurden. Neben dem Verlauf ihrer Erarbeitungsphase kommt sie auf Schwierigkeiten („Text umzuschreiben") und die Anregungen ihrer Mitschüler („Satzbau") zu sprechen. Einen ähnlichen dichten Bericht der eigenen Arbeit findet sich bei Xenia. Sie besucht die gleiche Klasse wie Charlotte und berichtet über die ePortfolio-Arbeit im Französischunterricht. Im Vergleich zu Mareike konnte Xenia sich ein Thema nicht selbst wählen, sondern erstellte eine Zusammenstellung von Dokumenten, die durch einen Arbeitsauftrag des Lehrers hervorgegangen sind:

Xenia, ohne Datum, Reflexionstext, Französisch
Mappe „Lärm“
Dieser Reflexionstext bezieht sich auf den Fach Französisch. Ich habe es in der Mappe Französisch abgeschpeichert. Wir sollten ein paar Arbeitsblätter bearbeiten wo wir viele interessante Aufgaben lösen mussten. Es waren ungefähr 20 Aufgaben. Bei der letzten Aufgabe mussten wir einen Mind-Map anlegen mit Wörtern die zu Lärm gehören. Ich habe ungefähr zwei Wochen daran gearbeitet und zu Hause auch. Ich habe eine neue Präsentations-Mappe angelegt mit dem Namen: Lärm, wo ich meine Arbeitsblätter und den Mind-Map abgelegt habe.
Ich bin folgendermaßen vorgegangen: Als erstes habe ich mir die Lernzielvereinbarung angeschaut und durchgelesen, danach wusste ich was ich in der ersten, zweiten Stunde machen muss. Als nächstes habe ich mir die Arbeitsblätter angeschaut und fing an zu Arbeiten. Ich habe nicht alles gleich auf einmal gemacht, sondern in jeder Stunde habe ich nur das bearbeitet, was in der Lernzielvereinbarung stand. Ich wusste eigentlich fast alles, wo und was ich ausführen sollte. Wenn ich aber ein paar Wörter nicht verstanden habe hat mir ein Wörterbuch geholfen. Am leichtesten fand ich den Mind-Map, das hat mir auch eigentlich am besten gefallen. Ein paar Schwierigkeiten hatte ich bei dem Dialog „ Dans une chambre d'hôtel“. Ich wusste erstmal gar nicht was ich da schreiben soll. Aber danach fielen mir ein paar Sachen ein. Als ich mit den Arbeitsblättern fertig war habe ich es in die Mappe hochgeladen und zum Feedback frei gegeben. Danach habe ich ein paar Kommentare von meinen Mitschülern bekommen und manchen habe ich auch ein paar Kommentare geschrieben. Ich habe von fünf Mitschülern Feedbacks bekommen von der V, W, X, Y und Z. Am meisten haben sie mir geschrieben, dass ich alles sehr sorgfältig und ein sehr gutes Arbeitstempo hatte. Ich finde meine Mappe eigentlich ganz schön, aber ich denke manche Aufgaben hätte ich besser lösen können. Ich habe bei den Arbeitsblättern sehr vieles gelernt, wie man diese Aufgaben lösen muss oder was diese Wörter bedeuten. Für mich war eigentlich fast alles neu weil wir noch nie so was gemacht haben. Wir mussten schon einmal ein paar Arbeitsblätter bearbeiten aber die wurden eigentlich noch nie dann bewerten aber dieses Mal wird es bewertet und das finde ich sehr gut, weil ich dann sehen kann an welchen Aufgaben bzw. Fehlern ich noch arbeiten muss.
Ich möchte nächstes Mal mehr Ideen für den Dialog haben, da es öfters bei mir so ist das ich im Deutschen viele Ideen habe, es aber nicht ins Französische umsetzen kann. Hiermit bedanke ich mich bei meinen Mitschülern die mir geholfen haben!!!

Xenia berichtet ausführlich über den Bearbeitungsprozess und geht auf die einzelnen Bearbeitungsschritte ein, die sie vollzogen hat. Sie spricht die eigenen Erfolge („am leichtesten fand ich“) und Schwierigkeiten an, die sie im Lernprozess wahrgenommen hat („ich wusste erst einmal gar nicht“, „da es öfters bei mir so ist das ich im Deutschen viele Ideen habe, es aber nicht ins Französische umsetzen kann“). Ein wiederkehrendes Motiv in ihren Ausführungen ist der Aspekt der Rückmeldung durch Feedback – sie nennt diese auch „Kommentare“, „Feedbacks“ und „Bewerten“. Das angesprochene Feedback schätzt sie („finde ich sehr gut, weil ich dann sehen kann“) und erklärt, dass sie dadurch in ihrer Bearbeitung bestätigt wurde („dass ich alles sehr sorgfältig und ein sehr gutes Arbeitstempo hatte“). Daneben berichtet sie über Lösungsstrategien in der Anwendung („Wenn ich aber ein paar Wörter nicht verstanden habe hat mir ein Wörterbuch geholfen“). Neben diesen dichteren Berichten, in denen die Schüler den Lernprozess detailliert beschreiben, existieren Reflexionstexte, die ebenfalls in einer zusammenhängenden Textform entstanden sind und die allerdings oberflächlich über das eigene Lernen im Zusammenhang mit der ePortfolio-Arbeit berichten:

Bostjan, 15.06.2007, Reflexionstext, Sozialkunde
Mappe „Jugendschutzgesetzt“
Unser text bezieht sich auf das Fach deutsch und Sozialkunde. Für Sozi sollten wir ein Referat machen eine Gliederung und eine Zusammenfassung. Wir haten ungefähr 1 Monat zeit .wir haben in Sozialkunde eine powere point Präsentation angefertigt wir haben es in der Sozimappe gespeichert die infomationen haben wir hauptsächlich aus dem internet.
Als erstes haben wir Informationen gesammelt danach haben wir eine Power point Präsentation gemacht. gut geklappt hat die Präsentation. Das Feedback bekamm ich am 27.03.07. geschrieben hat mir das Feedback X ich bin damit zufreiden. ich habe gelernt wie man pp Präsentationen macht

Lediglich über den Titel „Jugendschutzgesetzt“ (Anm.: Originalschreibweise) lässt sich der Inhalt der Arbeiten erfahren, wobei nicht deutlich wird, um welche Dokumente es sich handelt. Zu Beginn spricht Bostjan von Referat, Gliederung und Zusammenfassung, im weiteren Verlauf seiner Ausführungen dann von einer Powerpoint-Präsentation. Die Beschreibung ist recht kurz geworden, so dass der Erstellungs- und Feedbackprozess nur am Rande beschrieben wird. Einen ähnlichen Text hat Jan formuliert, der über unterschiedliche ePortfolio-Arbeiten berichtet („Lärmtext“, „Freizeitpark“, „EU-Länder“), die er in den Fächern Deutsch und PuW (Politik und Wirtschaftskunde) angefertigt hat. Im Gegensatz zu Bostjan berichtet er ausführlicher, geht dabei allerdings nicht näher auf das von ihm Bearbeitete und Erlernte ein:

Jan, 02.07.2007, Reflexionstext, Deutsch
Mappe „Lärm"
Es bezieht sich auf das Fach Deutsch und Puw. Wir sollten über einen Freizeitpark in Deutschland berichten. Wir sollten eine Powerpoint Präsentation herstellen. Wir haben auch noch zwei Lärmtexte in Deutsch geschrieben. Ich habe einen Text in Word geschrieben. In Puw haben wir eine PowerPoint Präsentation gemacht über alle Eu-Länder. Ungefähr 3 Wochen habe ich an jeder Präsentation gearbeitet. Ich habe viele Dateien im E-Portfolio erstellt da ich manchmal meinen Usb stick vergessen habe. Ich hatte die Informationen aus dem Internet. Ich hatte dabei keine Schwierigkeiten. Die Mappe war halbfertig als ich sie auf den Status halbfertig gestellt habe. Ich habe nicht viele Feedbacks bekommen meistens stand nur etwas das ich eine besser Farbe bei meiner Schrift nehmen soll. Ich habe eine andere Schriftfarbe gemacht oder sonstiges. Ich bin auf die ganze Mappe stolz weil ich sie selber gemacht habe. Ich finde die Freizeitparkmappe am besten sie ist mir am besten gelungen. Ich habe gelernt das man in eine PowerPoint Präsentation nicht so viel Text schreiben soll. Es war interessant das man ein bisschen über die Freizeitparks lernt ich kannte mich noch nicht so gut damit aus. Ich würde gerne noch mehr über die EU-Länder erfahren.

Jan berichtet über den Erstellungsprozess der unterschiedlichen Dokumente, ohne diese zu beschreiben. Diese der Form nach eher übergreifenden Berichte, die sich auf mehrere Arbeiten beziehen, verdeutlicht die von einzelnen Schülern eingeschlagene Nutzung. Im Rahmen der eigenen Beschreibung wird über den Lernverlauf berichtet, ohne dabei auf gewonnene Einsichten oder Schwierigkeiten einzugehen.

Die ausgewählten Dokumententexte haben einen Einblick in das vorherrschende Nutzungsverhalten ermöglicht. Es wurde deutlich, dass die Berichte inhaltlich heterogen gestaltet sind. Hier lassen sich analoge Handlungsmuster zu den zuvor skizzierten Dokumenten-Beschreibungen ablesen: das heißt, es existieren sowohl Reflexionsberichte, die eher stichpunktartig verfasst wurden, als auch zusammenhängende Texte. Die Schüler orientieren sich in unterschiedlicher Qualität an den vorgegebenen Leitfragen und können sich von diesen lösen. Innerhalb dieser Beschreibungen existieren qualitative Unterschiede hinsichtlich der Detailliertheit an Beschreibungen des Lern- und Erstellungsweges einer ePortfolio-Arbeit. Dabei werden Erkenntnisgewinne und Schwierigkeiten thematisiert. Eine inhaltliche Entwicklung in den Eintragungen konnte auf der Grundlage der vorherrschenden Materiallage nicht nachgezeichnet werden, so dass im Laufe des Schuljahres ähnliche Reflexionstexte verfasst wurden. In einem zweiten Schritt sollen im weiteren Verlauf der Analyse die entstandenen Schüler-Eintragungen untersucht werden. Dies geschieht, um zu erfahren, welche Reflexionen im Rahmen des Lernens mit einem ePortfolio entstanden sind, die über die begleitenden Reflexionsvorlagen (Beschreibungen, Reflexionstext) artikuliert wurden. Bevor dieses Vorgehen eingeschlagen wird, möchte ich jedoch erst das Nutzungsverhalten des Lerntagebuchs vorstellen.

Lerntagebuch

Die ePortfolio-Arbeit der Schüler wurde durch das Führen eines Lerntagebuchs begleitet. Dieses Tagebuch bestand aus einem HTML-Bereich der ePortfolio-Plattform, in dem Anlässe zum Nachdenken und zum schriftlichen Artikulieren gegeben wurden. Hierzu existierten Leitfragen, die zum Eintragen anregten. Der Tagebuchbereich war ein geschützter Bereich im ePortfolio, der nur für den Schüler selbst und den Klassenlehrer zugänglich war. Für alle anderen interessierten Mitschüler waren die Einträge im jeweiligen ePortfolio nicht einsehbar. Immer dann, wenn Anlass zum Reflektieren im Lerntagebuch bestand, konnten die Schüler einen Eintrag formulieren. Damit entstanden Einträge in unterschiedlicher Qualität, die aus einer zeitlich versetzten Nutzung (täglich, wöchentlich, partiell usw.) hervorgingen. Das Lerntagebuch sollte – neben den reflexiven Beschreibungen der Dokumente und abschließenden Berichten – die Schüler zum Reflektieren anregen. Dabei scheint die Frage für das Forschungsvorhaben von Interesse, welche Situationen im Lernen mit einem ePortfolio von den Schülern im Lerntagebuch thematisiert werden. Der Einsatz und die Nutzung des Lerntagebuchs als Forschungsinstrument soll darüber hinaus das im Rahmen der ePortfolio-Arbeit mögliche Lernen der Schüler dokumentieren, um nähere Einsichten zum artikulierten Lernverhalten zu erhalten. In einem ersten Schritt soll – analog zur vorherigen Vorgehensweise – die aufgetretene Breite an möglichen Lerntagebuch-Einträgen vorgestellt werden. Ein Großteil der Schüler hat das Lerntagebuch geführt, wenn Anlass bestand, über den momentanen Lernprozess zu berichten. Der Lerntagebucheintrag von Nora illustriert diese Nutzungspraxis. Sie berichtet über die ePortfolio-Arbeit „Stadtgeschichte von Gießen“:

Nora, 30.04.2007, Lerntagebuch
Rückblick
Das habe ich heute getan/gelernt:
Ich habe erst überlegt was über was ich machen will. Ich wollte erst meinen Stammbaum machen aber ich fande dann die Geschichte von Gießen Interessanter. Ich habe mich dann im Internet über Gießen erkundigt.
Das war interessant, hat Spaß gemacht:
In Wikipedia standen Sachen die Interessant waren
Dabei hatte ich Schwierigkeiten:

Ich hatte Schwirigkeiten Informationen zu finden
Folgendes will ich bis... tun:
Ich will bis nägste Woche schon mal eine Grundlage haben wo die ganzen Informationen drin sind und das dann noch mal überarbeiten
Folgendes wünsche ich mir:
Das meine Präsentation sehr gut und Interessant wird.

Im Eintrag thematisiert sie das Finden einer geeigneten Themenstellung, die sie im Rahmen des ePortfolio-Unterrichts realisieren möchte. Daneben berichtet sie von der ersten Informationsrecherche zur „Geschichte von Gießen". In den Eintragungen orientiert sie sich an den Kategorien und beantwortet diese in der vorgegebenen Reihenfolge. Sie spricht sowohl die Lerninhalte als auch den Erschließungsweg an. Dieses Nutzungsmuster des Lerntagebuchs findet sich bei einem Großteil der analysierten ePortfolios wieder. Auch der folgende Eintrag von Friederike verdeutlicht ein ähnliches Führen des Lerntagebuchs:

Friederike, 25.05.2007, Lerntagebuch
Rückblick
Das habe ich heute getan/gelernt:
wir haben diese woch in dem pc raum an dem arbeitsblatt in französisch weitergemacht und ich muss noch ein bisschen machen dann bin ich fertig. am donnerstag haben wir am physik projek weitergemacht wo ich auch nich mehr viel zu tun hab. außerdem haben wir in PuW eine neue präsentationsmappe angelegt und einen text die superklasse geschrieben.
Das war interessant, hat Spaß gemacht:
den text die superklasse zu schreiben hat am meisten spaß gemacht weil da jeer seine meinung zu einer superklasse schreiben konnte.
Dabei hatte ich Schwierigkeiten:
es sind keine schwierigkeiten aufgetreten...
Folgendes will ich bis... tun:
ich will bis nächste woche die physik präsentation fertig machen und bis nächste woche die französisch arbeitsblätter.

Im Gegensatz zu Nora hat Friederike einen Wochenrückblick formuliert, der weniger aus einer Situation des Lernprozesses berichtet, sondern vielmehr einen resümierenden Blick auf die Arbeiten wirft, die im Laufe der Schulwoche erarbeitet wurden. Sie spricht mehrere Fächer an (Französisch, Physik, PuW), in denen Arbeiten für das ePortfolio entstanden sind. Interessant ist, dass sie durchgängig die Kleinschreibung anwendet – ein Muster, das auch von anderen Schülern gezeigt wird. Die Kategorie „Folgendes wünsche ich mir:" hat sie aus dem Formular gelöscht und nicht bearbeitet. In etlichen Lerntagebucheintragungen finden sich Arbeitsberichte. Hierin berichten die Schüler zumeist über Aktivitäten, die im Unterricht von ihnen bearbeitet wurden. Das folgende Beispiel zeigt einen Eintrag von Jan, der recht kurz über das Feedbackgeben auf der ePortfolio-Plattform berichtet:

Jan, 20.04.2007, Lerntagebuch
Rückblick
Das habe ich heute getan/gelernt: Wir haben Feedbacks über die Texte die wir geschrieben gegeben.
Das war interessant, hat Spaß gemacht: Das wir immer andere Texte lesen könnten es gab auch lustige Texte.
Dabei hatte ich Schwierigkeiten: Ich hatte keine Schwierrigkeiten.

Im gezeigten Eintrag wird nicht deutlich, auf welche Lerninhalte sich das Feedbackgeben bezieht. Die Aussage „Das wir immer andere Texte lesen könnten“ beschreibt die interaktiven Möglichkeiten der Online-Plattform, die es erlaubt, auf die Dokumente der Mitschüler zuzugreifen. Damit sind die Dokumente im Rahmen der Klassengemeinschaft öffentlich und können von den anderen Mitschülern betrachtet und kommentiert („Feedback“) werden. Dieser Aspekt wird von einzelnen Schülern im Lerntagebuch aufgegriffen, so dass Berichte entstehen, die die erlernten Inhalte und bearbeiteten Sachverhalte vernachlässigen und über die Möglichkeiten des Feedbackgebens berichten. Felix hat in seinem Beitrag die vorgegebenen Kategorien zu Teilen gelöscht und nur einzelne beschrieben. Daneben wurden aber auch Kategorien komplett gelöscht und eigene Texte im Rahmen des HTML-Feldes formuliert. Der folgende Auszug aus dem Lerntagebuch von Alena verdeutlicht diese Form, die sich nicht an vorgegebenen Kategorien orientiert. Sie formuliert in ganzen Sätzen eine Art Zusammenfassung des Erarbeiteten und Gelernten, wobei der Aspekt der Erschließung eines selbst gewählten Themas („Gliederung“) betont wird:

Alena, 21.02.2007, Lerntagebuch
Rückblick
In Sozi machen wir in letzter Zeit das Thema "Umweltschutz". Wir haben uns in Gruppen eingeteilt und haben ein Thema dazu ausgewahlt, ich zum Beispiel habe Treibhauseffekt gewählt. Wir sollen eine Gliederung zu diesem Thema erarbeiten und das geht so:
1.Man stellt fragen zu dem Thema (10-20 Fragen)
2. Man teilt diese Fragen in Gruppen ein und findet Überschriften dafür.
3. Man setzt die Überschriften in eine Sinnvolle Reihenfolge.

4. Man versucht die Fragen zu beantworten, dazu im Internet oder Büchern nachschauen.

Im Beispiel von Alena wird deutlich, dass ein Lerntagebucheintrag das im Unterricht neu Erlernte („...und das geht so:") thematisieren kann. Ihr Bericht über die geeignete methodische Herangehensweise („Gliederung") an ein Thema illustriert die eigene Wahrnehmung dessen, was es festzuhalten gilt. Der Textauszug des Lerntagebuchs von Abdul illustriert eine Zusammenfassung des Gelernten bzw. Gehörten:

Abdul, 17.04.2007, Lerntagebuch, Physik
Rückblick
Heute haben wir gelernt wie man die Brennweite von Sammellinsen berechnet. Wir haben auch gelernt wo man Linsen noch überall verwendet. Wenn man zwei Sammellinsen hintereinander legt und dann Licht durch die Sammellinsen strahlt, dass die Brennweite verkürzt wird. Man setzt Linsen auch noch in Foto apparaten, Teleskopen und noch einige andere dinge. Wenn eine Sammellinse stärker gekrümmt ist ist der Brechungswinkel stärker.

Ebenfalls wie im Bericht von Alena, geht Abdul nicht näher auf den Lernprozess ein, sondern berichtet über das im Unterricht Erfahrene und neu Erlernte. Die Form dieser freien Einträge, die sich nicht an den vorgegebenen Kategorien orientieren, ist seltener zu finden. Bei einzelnen Schülern mehren sich allerdings solche der Form nach eher *eigenen* Beschreibungen. Neben diesen kürzeren Berichten, die sich an bzw. nicht an den Kategorien des Lerntagebuchs orientieren, sind bei einzelnen Schülern auch differenzierte Erzählungen entstanden. Christine berichtet über einen Projekttag, der in ihrer Klasse stattgefunden hat und im Rahmen dessen mit dem ePortfolio gearbeitet wurde.

Christine, 24.04.2007, Lerntagebuch
Rückblick
Das habe ich heute getan/gelernt:
Als erstes bekam ich den Auftrag Stichwörter aus dem bekannten Text von Paul Maar zu schreiben. Bevor ich das erledigt hatte, las ich den Text. Danach öffnete ich Word und nahm nur die Stichwörter zu hilfe, damit ich einen eigenen Text daraus ziehen konnte. Bevor ich meine Inhaltsangabe auf meinem USB-Stick speicherte, überarbeitete ich meinen Text und verbesserte die Fehler. Dabei halfen mir X und Y. Ich erstellte eine Präsentationsmappe in Deutsch und habe meine Inhaltsangabe hochgeladen. Ich war nun mit meiner Arbeit fertig und gab nicht nur den Leuten aus meiner Gruppe ein Kommentar sogar den anderen. Als erstes hatte

ich es falsch gemacht mit den Kommentaren, doch Herr Z half mir auf den richtigen Weg zu kommen. Nachdem ich vielen Mitschülern ein Kommentar gegeben hatte, half ich X bei ihrem Text. Ich hatte sogar mein Bild geändert.
Das war interessant, hat Spaß gemacht:
Ich fand es toll das wir die Inhaltsangabe mit Computer schreiben konnten, da es mir selbst in der Freizeit Spass macht, mit Rechnern zu arbeiten.
Dabei hatte ich Schwierigkeiten:
Ich hatte als erstes die falsche Zeitform genommen und habe es doch dann geändert, weil Z mich drauf hingewiesen hat.
Folgendes wünsche ich mir:
Mich würde es freuen, wenn wir wieder einen Projekttag hätten wo wir am PC arbeiten dürften.

In ihrer Beschreibung orientiert sich Christine weitestgehend an den vorgegebenen Kategorien – eine Ausnahme bildet die Kategorie „Folgendes will ich bis ... tun:“, die von ihr gelöscht wurde. Neben einer Verlaufsbeschreibung ihrer Lerntätigkeit (Kategorie „Das habe ich heute getan/ gelernt“) beschreibt sie Schwierigkeiten („falsche Zeitformen“), die in der Bearbeitung aufgetreten sind und auf die sie durch ein Feedback eines Mitschülers aufmerksam wurde. Einen ähnlich differenzierten Bericht hat Michael erstellt, der sich im Gegensatz zu Christine von den vorgegebenen Kategorien gelöst hat und einen zusammenhängenden Eintrag formulierte:

Michael, 24.04.2007, Lerntagebuch, Projekttag
Rückblick
Wir bekamen eine Aufgabe die daraus bestand aus einem Text den wir bekommen hatten, eine Inhaltsangabe zu schreiben und dann ins E-Portfolio zu stellen damit andere ein Kommentar abgeben können. Das dient dazu damit ich selber besser sehen kann was ich falsch mache oder noch besser machen könnte. Ich fing also damit an mir den Text durchzulesen und mir zu überlegen, welche Textabschnitte wichtig sind um sie zu erwähnen. Als ich das getan hatte begann ich, den Einleitungssatz der Inhaltsabgabe zu formulieren und anschließend schrieb ich die Inhaltsangabe fertig. Nachdem ich die Inhaltsangabe fertig geschrieben hatte, habe ich die Arbeiten von zwei Schülern mit denen ich in einer Gruppe war, gesehen und kommentiert. Dass mussten alle Schüler gruppenintern machen. Meine Inhaltsangabe wurde auch von zwei Schülern bewertet und kommentiert. Nach diesem Schritt wusste ich dann, was ich besser machen kann und was ich nicht so ausführlich schreiben muss. Als nächstes kam dann, die verbesserte Version der Inhaltsangabe. Ich musste also die vorherige Inhaltsangabe noch einmal nach den Tipps die ich bekommen hatte bearbeiten und erneut in die E-Portfolio Plattform

stellen. Daraufhin haben dann zwei Mitschüler meiner Inhaltsangabe ein Abschlusskommentar gegeben und ich gab ihnen ebenfalls ein Kommentar. Der Tag hat mir gut gefallen weil, ich gerne mit Computern arbeite. Ich finde es auch gut, dass andere meine Arbeiten kommentieren dürfen und ich ihre kommentieren darf weil, ich finde das man dadurch sehr viel lernen kann wenn Mitschüler mir dabei helfen meine Arbeiten zu verbessern.

Der Eintrag von Michael illustriert den Verlauf eines Schulvormittages, im Rahmen dessen mit dem ePortfolio gelernt wurde. In der Erzählung berichtet er vom Feedback- und Überarbeitungsprozess seiner Dokumente und kommt auf die erhaltenen Anregungen zu sprechen („nicht so ausführlich schreiben“). Ähnlich differenzierte Beiträge lassen sich in anderen analysierten ePortfolios beobachten. Wenn auch die Lerntagebucheinträge in der gezeigten Qualität das Bild vermitteln, alle Schüler wären in der Lage gewesen, ihr Lernen zu verbalisieren, so kann nicht gefolgert werden, dass dies typisch für alle Schüler gewesen ist. Neben den illustrierten Beispielen existieren auch Lerntagebucheinträge von Schülern, denen es – so die Vermutung – schwer gefallen ist, einen Eintrag zu formulieren und Erfahrenes, Gelerntes oder Gedachtes zu reflektieren. Inhaltlich gehen diese Einträge selten über einen Satz hinaus und berichten über eine Aktivität:

Ole, 16.10.2006, Lerntagebuch, Gesellschaftslehre
Rückblick
16.10.06 GL "Jugend und Recht" weitergearbeitet

Ole, 17.10.2006, Lerntagebuch, Gesellschaftslehre
Rückblick
17.10.06 GL "Jugend und Recht" fertiggestellt

Die beiden Einträge sind zeitlich versetzt entstanden (16.10.2006 und 17.10.2006). Der Titel „Jugend und Recht“ beschreibt eine ePortfolio-Arbeit, die im Gesellschaftslehre-Unterricht („GL“) entstanden ist. Neben den beiden Verben „weitergearbeitet“ und „fertiggestellt“ lassen sich keine weiteren Aktivitäten erkennen, die näher beschrieben werden. Ähnliche Formulierungen finden sich im Lerntagebuch von Bostjan:

Bostjan, 28.02.2007, Lerntagebuch, Deutsch
Das habe ich heute getan/gelernt:
einen text ausgefüllt
Das war interessant, hat Spaß gemacht:
///

Dabei hatte ich Schwierigkeiten:
///
Folgendes will ich bis... tun:
///
Folgendes wünsche ich mir:
///

Bostjan hat im Gegensatz zu Ole alle Kategorien bestehen lassen und nur das Feld „Das habe ich heute getan/gelernt“ für einen entsprechenden Eintrag genutzt. Dazu hat er eine Beschreibung des Getätigten („einen text ausgefüllt“) angefertigt, die – wie im Beispiel von Ole – nicht näher klärt, was bearbeitet, gelernt oder wahrgenommen wurde. Die nicht erfolgte Beantwortung weiterer Kategorien hat er jeweils durch drei Querstriche („///“) gekennzeichnet.

Zusammenfassung der Nutzungsmuster
Die gezeigten Beiträge im Lerntagebuch ermöglichen einen Einblick in die unterschiedlichen Nutzungsmuster der Schüler. Es wurde deutlich, dass sowohl ausführliche und erzählende als auch kurze und stichpunktartige Beiträge entstanden sind. Eine größere inhaltliche Entwicklung lässt sich in den analysierten ePortfolios nicht erkennen, so dass davon ausgegangen werden kann, dass ein gezeigtes schriftliches Artikulationsverhalten im Lerntagebuch über das Schuljahr hinweg in den meisten Fällen reproduziert wurde. Wenige Schüler waren in der Lage, ihr gezeigtes Verhalten zu modifizieren. Diese bilden aber Ausnahmen in der Gesamtgruppe. Es bleibt zu fragen, welche Anregungen oder Anlässe zu einer veränderten Nutzung beigetragen haben. Aus den Dokumenten lassen sich hierzu keine Aussagen entnehmen, so dass nicht deutlich wird, aus welchen Gründen Einträge in einem anderen Nutzungsmuster verfasst wurden. Zu fragen bleibt auch, inwieweit das bestehende schriftliche Artikulationsverhalten und die damit verbundenen Fähigkeiten, die beim Verfassen eines schriftlichen Eintrags in einem Lerntagebuch benötigt werden, eine differenziertere schriftliche Artikulation des Gelernten verhindert haben. An dieser Stelle lassen sich noch keine verifizierbaren Aussagen machen – unter Einschluss der abschließenden Interviews soll dieser Frage nachgegangen werden.

In einem ersten Schritt habe ich die Breite der entstandenen Eintragungen vorgestellt, wobei der Schwerpunkt auf der äußeren Form gelegen hat (Formulierungen, Umfang, Formatierungen). Die Beispiele machen auf unterschiedliche Qualitäten aufmerksam, die in den analysierten Schüler-Arbeiten zu finden sind. Dieser erste Überblick über die unterschiedlichen schriftlichen Artikulationen bildet das Hintergrundverständnis für die weitere Analyse. In dieser wird es darum gehen, die getätigten Reflexionen über das eigene Lernen zu untersuchen.

Das folgende Schaubild illustriert das Nutzungsverhalten der Schüler:

	Beschreibungen der abgelegten Arbeiten	**Resümierende Beschreibungen**	**Begleitendes Lerntagebuch**
Anregung/ Orientierung der Einträge	an Leitfragen/ Kategorien orientierte Eintragungen vs. individuellere Eintragungen		
Umfang/ Qualität	unpräzise, verkürzte Beiträge vs. präzise, detaillierte Beiträge		
Inhalt	Bericht über Bearbeitetes Bericht über Gelerntes Bericht über Technisch-Mediales Bericht über individuelle Schwierigkeiten, die beim Lernen aufgetreten sind Bericht über Überraschendes und Irritierendes Bericht über die Rolle des Feedbacks und der Beratung durch andere Mitschüler		
Zeitpunkt	immer dann, wenn ein bzw. mehrere Dokumente in einer ePortfolio-Mappe abgelegt (abgespeichert) wurden; zeitlich betrachtet eher zum Abschluss	zum Abschluss einer ePortfolio-Arbeit vs. gegen Ende des Schuljahres bzw. nach dem Abschluss mehrerer ePortfolio-Arbeiten	täglich/ wöchentlich/ partiell

Abb. 4: *Nutzungsverhalten der Vorlagen zur Reflexion*

Innerhalb der einzelnen schriftlichen Berichte, die auf der Grundlage der vorbereiteten Reflexionsanlässe entstanden sind, haben sich die Schüler sowohl ganz als auch zu Teilen an den vorbereiteten Leitfragen orientiert. Daneben sind Berichte entstanden, die mehr individuell gestaltet sind. Die Beiträge liegen in heterogener Qualität vor, so dass sowohl vom Umfang und von der inhaltlichen Betrachtung her eher kürzere als auch detaillierte Lernwegsbeschreibungen entstanden sind. Der im Schaubild verwendete Begriff vs. („versus“) soll bewusst auf die Unterschiedlichkeit hinweisen. Daneben existieren Mischformen, in denen

Beiträge sowohl kurz als auch detailliert formuliert werden. Innerhalb dieser Reflexionsanlässe werden zahlreiche Aspekte von den Schülern thematisiert, die mit dem eigenen Lernen im Kontext stehen. Neben Berichten über Bearbeitetes und Gelerntes werden auch individuelle Schwierigkeiten angesprochen, die beim Lernen von den Schülern wahrgenommen wurden. Neben den individuellen Berichten über Gedachtes und Gelerntes existieren Auseinandersetzungen, die die technisch-mediale Seite der ePortfolio-Arbeit aufgreifen (z.B. Onlineplattform, Internet usw.). Die Schüler haben zu unterschiedlichen Zeitpunkten und zu unterschiedlichen Anlässen ihre Einträge formuliert. Dies geschah sowohl im Lernprozess selbst als auch zum Abschluss einer ePortfolio-Arbeit. Damit konnten Reflexionen zu unterschiedlichen Zeitpunkten entstehen, die in den vorbereiteten didaktischen Arrangements (Beschreibungen, resümierende Beschreibungen, begleitendes Lerntagebuch) schriftlich fixiert wurden.

6.2.2 Analyse der entstandenen reflexiven Eintragungen

In der folgenden Analyse werde ich die entstandenen reflexiven Eintragungen näher untersuchen. Ging es bei der vorherigen Darstellung um das Identifizieren und Illustrieren von Nutzungsmustern, so geht es mir in der folgenden Darstellung um das Erkennen von Qualitätsunterschieden in den Eintragungen. Dabei soll der Frage nachgegangen werden, in welcher Ausprägung reflexive Eintragungen in den dafür vorbereiteten Vorlagen (Beschreibungen, resümierende Beschreibungen, Lerntagebuch) entstanden sind. Dieses Vorgehen wird eingeschlagen, um tiefere Einblicke in die reflexiven Handlungsmuster der Schüler zu erhalten. Damit sehe ich die Textgattungen (Anm.: die oben genannten Vorlagen) als eine Einheit an, die zum Reflektieren anregen sollen. An Stellen, an denen es sich verdichtet, dass Reflexionen an bestimmte Reflexionsanlässe (z.B. Lerntagebuch) gebunden sind, sollen diese angesprochen werden. In der nachfolgenden Darstellung werde ich – analog zur vorherigen Vorgehensweise – die Schülerdokumente aufgreifen und sie in ihrer ursprünglichen Gestalt (Format, Rechtschreibung, Grammatik, Kommasetzung u.ä.) belassen.

Reflexionen als Bericht über das Bearbeitete – „Ich habe an meiner Präsentation gearbeitet“

In den Portfolio-Eintragungen werden unterschiedliche Reflexionen thematisiert. Zu diesen zählen in der Mehrzahl schriftlich geäußerte Berichte über das Bearbeitete im Kontext einer Lernaktivität, die in Verbindung mit dem ePortfolio vollzogen wurde. Diese Eintragungen benennen die bearbeiteten Aufgaben und schildern den Erstellungsprozess. Dabei wird das neu Gelernte oder das mit bestehendem Vorwissen Verknüpfte nicht erläutert. In Einzelfällen werden Schwierigkeiten thematisiert, die im Zusammenhang mit der Erstellung der ePortfolio-Arbeiten aufgetreten sind. Die angesprochenen Schwierigkeiten beziehen sich seltener auf das eigene Leistungsvermögen, sondern vielmehr auf äußere Faktoren, die sich als herausfordernd erwiesen haben (Informationsdichte im Rahmen der Recherche, Schwierigkeiten beim Up- und Download von ePortfolio-Dokumenten usw.). Ein Bericht über das Bearbeitete findet sich bei Abdul:

Abdul, 20.02.2007, Lerntagebuch, Sozialkunde
Wir sollten uns ein Thema aussuchen, dass Frau X an die Tafel geschrieben hatte. Ich nahm das Thema Klimawandel. Ich bin allein in meiner Gruppe. Ich habe meine Gliederung schon fertig.

Dieser Eintrag beschreibt den aus der Perspektive des Schülers wahrgenommenen Verlauf einer Sozialkundestunde, wobei im zweiten Teil des Eintrags eine vollzogene Handlung beschrieben wird (Gliederung zum Klimawandel). Einen ähnlichen Verlaufsplan des Erarbeiteten skizziert Bostjan in seinem Lerntagebuch:

Bostjan, 13.02.2007, Lerntagebuch, Deutsch
heute habne wir in deutsch erst die buchforstellung hochgeladen und die andrern die das hatten haben hatten eine kurzerzählung gemacht für das buch. Danach mussten wir die kurzerzählung vortragrn, und wir wurden noch in gruppen eingetteilt aber das haben wir nicht geschafft deswegen werden wir in der nächten stunde das mmit den gruppen zu ende machen

Diese Beschreibungen thematisieren den Verlauf einer Unterrichtsstunde, gehen allerdings nicht auf die beim Lernen gewonnenen Einsichten oder entstandenen Schwierigkeiten ein. Verdichtet findet man diese Berichte über das Bearbeitete in allen Reflexionsvorlagen wieder – das heißt, sowohl im Lerntagebuch, in den reflexiven Beschreibungen als auch im resümierenden Bericht sind in dieser Qualität Eintragungen verfasst worden. Einen inhaltlichen Schwerpunkt nimmt in diesen Beschreibungen die technisch-mediale Seite der ePortfolio-Arbeit ein. Das heißt, es werden vollzogene Handlungen oder Geschehnisse angesprochen, die z.B. mit dem Abspeichern eines Dokuments in Verbindung stehen oder die den interaktiven Aspekt des Feedbackgebens betreffen:

Christine, 12.02.2007, Lerntagebuch
Das habe ich heute getan/gelernt:
ich habe ein neues Bild hochgeladen

Fatma, 06.06.2007, Lerntagebuch
Rückblick
Das habe ich heute getan/gelernt:
Ich habe heute kommrentare an x und y geschrieben und mir präsentationen von anderen angekuckt

Diese medialen Betrachtungen der eigenen ePortfolio-Aktivität werden in zahlreichen ePortfolio-Eintragungen sichtbar. Der Bericht über das Getätigte findet Anknüpfungspunkte an der medialen und interaktiven Seite der ePortfolio-Arbeit. Die vorbereiteten Vorlagen enthielten für die Schüler die Möglichkeit, über die beim Lernen entstehenden und wahrgenommenen Schwierigkeiten zu berichten. Dazu waren Kategorien und Prompts vorgegeben, die als Schreib- und Reflexionsanlässe dienten. Schüler, die verstärkt Berichte über das Bearbeitete anfertigten, neigten in der Bearbeitung der Kategorien und Prompts dazu, eher unpräzise über wahrgenommene Schwierigkeiten zu berichten und machten diese selten an eigenen Verstehensleistungen, sondern eher an der technisch-medialen Seite fest. Das heißt, in ihren Beschreibungen berichteten sie über Schwierigkeiten, die z.B. mit einer Software, dem Medium Internet oder der Plattform aufgetreten sind:

Abdul, 15.06.2007, Reflexionstext
Wir hatten ein wenig Schwierigkeiten mit der Powerpoint Präsentation.

Friederike, 10.11.2006, Lerntagebuch
Dabei hatte ich Schwierigkeiten: hintergrundbild groß zu bekommen

Robert, 24.04.2007, Lerntagebuch
Dabei hatte ich Schwierigkeiten:
Ich hatte Schwirigkeiten, mit dem Reinsetzten von der Inhaltsangabe ins ePortfolio, weil der PC den ich hatte gesponnen hat und ich es bestimmt zehn mal versucht habe, es reinzusetzen und es als nicht geklappt hat. Das hat mich voll angekotzt.

Die gezeigten Textausschnitte verdeutlichen die von den Schülern wahrgenommenen Schwierigkeiten im Kontext der technisch-medialen Erstellung eines Dokuments. Daneben besteht bei einzelnen Schülern die Tendenz, keine weitergehenden Angaben zu machen:

Sarah, 28.03.2007, Mappenbeschreibung
Diese Schwierigkeiten hatte ich:
Es gab für mich keine Schwierigkeiten

Konstantin, 09.12.2006, Mappenbeschreibung
Diese Schwierigkeiten hatte ich:
--

Kevin, 13.02.2007, Lerntagebuch
Dabei hatte ich Schwierigkeiten:
Ich atte eigentlich KEINE schwierigkeiten

Zu fragen bleibt, ob es tatsächlich keine Schwierigkeiten in der Bearbeitung gab oder ob diese als Schwierigkeiten nicht wahrgenommen wurden. Es wird deutlich, dass diejenigen Schüler, die zumeist das Verhalten zeigten, über das Bearbeitete zu berichten, weniger auf die im Lernprozess entstandenen Schwierigkeiten zu sprechen kamen. Die illustrierten Berichte über das Bearbeitete, die über die entsprechenden Vorlagen (Beschreibungen, resümierende Berichte, Lerntagebuch) geäußert wurden, finden sich in zahlreichen ePortfolios wieder. Die Verlaufsbeschreibungen einer Lernhandlung nehmen eine mögliche Ausprägungsform ein. Reflexionen treten in der Form auf, indem sie das Bearbeitete wiederholt Revue passieren lassen. Der Grad an inhaltlicher Tiefe innerhalb der gezeigten Einträge orientiert sich an wenigen Punkten, die weniger die eigene Rolle und Verstehensleistung thematisieren, sondern ausgehend von einer vollzogenen Handlung das Erreichte rückblickend schildern.

Reflexionen als Berichte über das Gelernte –
„Ich habe vor allem gelernt, ordentlich zu arbeiten"

Umfassendere reflexive Darstellungen des im Rahmen der ePortfolio-Arbeit Gelernten finden sich in Eintragungen wieder, die den Lernweg illustrieren sowie vollzogene Handlungen, gewonnene Einsichten und entstandene Ergebnisse thematisieren. Sie unterscheiden sich von den zuvor skizzierten Berichten über das Bearbeitete darin, dass sie detaillierter über den eigenen Lernprozess Auskunft geben und die eigene Person sowie die gewonnenen Einsichten aufgreifen. Diese Lernwegsbeschreibungen finden sich verdichtet in den resümierenden Berichten einer ePortfolio-Mappe und im Lerntagebuch wieder. In ihnen werden Reflexionen thematisiert, die in Lernprozessen aufgetreten sind. Der folgende Textabschnitt aus der resümierenden Beschreibung einer ePortfolio-Arbeit zeigt eine Lernwegsbeschreibung, die über die Erstellung eines Referates berichtet:

Alena, 03.07.2007, Reflexionstext, Sozialkunde
Mappe „Präsentationsmappe"
Wir haben ein Referat erstellt, zu dem Thema Drogenabhängigkeit, so haben wir gearbeitet: Wir haben einen Text erstellt an den wir in Sozi und Deutsch gearbeitet

haben. Als erstes sollten wir eine Gliederung erstellen. Dann sollten uns einen Text aus dem Internet holen und diesen umschreiben. Nun sollten wir uns eine Powerpointpräsentation oder ein Plakat machen. Wir mussten uns Kärtchen machen auf denen wir Stichpunkte schrieben. Wir haben etwa 1 Monat für die Vorbereitung gebraucht. Wir haben einen langen Text erstellt (indem es um das Thema Drogenabhängigkeit geht) und diesen haben wir umgeschrieben, danach haben wir in immer mehr verkürzt, bis nur noch Stichpunkte für die Kärtchen übrig blieben. Zu der Gliederung und der Zusammenfassung haben wir ein Feedback bekommen (von X und Y), dort stand drin, dass alles ganz gut ist, doch es ein bisschen unübersichtig wäre, wir haben die Kritik angenommen und den Vorschlag umgesetzt. Ich selber war letztendlich zufrieden mit Allem. Ich habe sehr viel über das Thema gelernt und finde es interessant, wie einfach es eigentlich ist ein Referat zu erarbeiten.

Alena berichtet über die Erstellung des Referats, wobei sie die entstandenen Produkte (Kärtchen, Gliederung, Zusammenfassung) aufzählt und diese nicht näher beschreibt. Der Arbeitsauftrag wurde vom Lehrer vorgegeben, so dass bestimmte Schritte zu absolvieren waren. Im Rahmen der Ausführungen berichtet sie über Anregungen, die sie von Mitschülerinnen erhalten hat („doch es ein bisschen unübersichtig [unübersichtlich] wäre“) und kommt auf den persönlichen Lernzuwachs zu sprechen („wie einfach es eigentlich ist ein Referat zu erarbeiten“). Hierin wird der Unterschied zu den eher unpräzisen Berichten über das Bearbeitete deutlich. Ein ähnlicher Beitrag ist im ePortfolio von Larissa zu finden:

Larissa, 15.06.2007, Reflexionstext, Sozialkunde
Mappe „Zusammenleben in der Familie“
In Sozi haben wir meistens an unserm Thema „zusammenleben in der Familie“ gearbeitet. Die Aufgabenstellung war das Referat vorzubereiten, dafür haben wir ca. 2 Wochen gebraucht. Währendessen haben wir gelernt besser in Gruppen zu arbeiten und währen des Referats frei zu sprechen und nicht abzulesen. Wir haben z.B. die Gliederung, die verbesserte Gliederung, die Zusammenfassung und die powerpointpräsentation in der ePortfolio-Mappe abgespeichert. Die Feedbackmappe haben wir vor ca. einem Monat frei gegeben und daraufhin gleich ein Feedback von X, Y und Z bekommen. Nachdem ich das Feedback gelesen hatte, habe ich versucht die Kritik der anderen Schüler in meine Mappe umzusetzen. Rückblickend finde ich meine Mappe schön, ich finde sie ist mir gut gelungen und ich bin stolz darauf das dass sie einigermaßen ordentlich ist. Insgesamt habe ich in den Wochen sehr viel über das Thema Zusammenleben in der Familie gelernt.

Larissa berichtet ebenfalls über die im Lernprozess gewonnenen Einsichten („gelernt besser in Gruppen zu arbeiten und währen des Referats frei zu sprechen und nicht abzulesen"). Interessant ist, dass sie innerhalb des Eintrags – neben der detaillierten Beschreibung des Lernwegs – über den wahrgenommenen Lernzuwachs berichtet. Ihre Darstellung dokumentiert eine persönliche Stellungnahme, die aus Reflexionen über den Lern- und Erstellungsweg hervorgegangen ist. Reflexionen, die als Lernwegsbeschreibungen im Rahmen der ePortfolio-Arbeit schriftlich geäußert werden, geben detailliert über die eigenen Denk- und Entscheidungsprozesse Auskunft:

Michael, 25.04.2007, Reflexionstext, Deutsch
Mappe „Der Mann der niemals zu spät kam."
Ich habe mir die Geschichte durchgelesen und mir dann Gedanken gemacht welche Textabschnitte wichtig sind und welche ich nicht unbedingt in die Inhaltsangabe muss.
Als ich mir dann überlegt hatte was für die Inhaltsangabe wichtig ist habe ich angefangen die Inhaltsangabe zu schreiben.

Michael berichtet über die beim Erstellen einer Inhaltsangabe im Deutschunterricht abgelaufenen Überlegungen, die den Ausgangspunkt für die weitergehende Bearbeitung bildeten. Darin spricht er die Auswahlentscheidungen an, die für die Erstellung seiner Inhaltsangabe leitend waren („Gedanken gemacht welche Textabschnitte wichtig sind").

Eigener Beitrag und persönlich Gelerntes
In den Eintragungen der Schüler werden innerhalb der ePortfolios reflexive Handlungsmuster deutlich, die das Erlernte und den dabei gewonnenen Erkenntnisgewinn thematisieren. In diesem Kontext werden softwaretechnische Einsichten, Einsichten zum Qualitätsverständnis des Internets, erlernte Fähigkeiten und Fachinhalte angesprochen, die zuvor noch nicht beherrscht, wahrgenommen oder erfahren wurden. Beispiele für einen softwaretechnischen Erkenntnisgewinn werden in den folgenden Ausschnitten deutlich:

Jan, 02.07.2007, Reflexionstext, Deutsch
Mappe „Lärm"
Ich habe gelernt das man in eine PowerPoint Präsentation nicht so viel Text schreiben soll.

Abdul, 15.06.2007, Reflexionstext, Sozialkunde
Mappe „Reflexionstext"
Wir haben gelernt eine Powerpoint Präsentation zu erstellen.

Da das Medium Powerpoint häufig zur Gestaltung von ePortfolio-Dokumenten genutzt wurde (im Sinne einer Software zur Darstellung von Arbeitsergebnissen), konnten die Schüler im Laufe der schulischen Erprobungsphase Erfahrungen mit dieser Software sammeln. Mehrere Schüler äußern hierzu einen Erkenntnisgewinn in den Reflexionsvorlagen der ePortfolio-Plattform. Im Laufe des Schuljahres haben sich Erfahrungswerte entwickelt, die die Qualität der Internetquellen betreffen. Jan spricht die in seinen Augen mangelnde Qualität an, die auf die Gestaltung seiner ePortfolio-Arbeit Einfluss genommen hat:

Jan, 02.07.2007, Reflexionstext, Physik
Mappe „Präsentationsmappe"
Ich habe gelernt das man im Internet nicht immer die besten Informationen bekommt.

Neben diesen Berichten, die im Zusammenhang mit einer verwendeten Software oder dem Internet stehen, äußern die Schüler auch persönlichere Einsichten, indem der gewonnene Erkenntnisgewinn geschildert wird. Folgender Textausschnitt verdeutlicht dieses Handlungsmuster:

Mareike, 03.07.2007, Reflexionstext, Sozialkunde
Mappe „Präsentationsmappe"
Wir haben vor allem gelernt ordentlich zu arbeiten.

Die Aussage „Wir haben vor allem gelernt ordentlich zu arbeiten" bezieht sich auf den Erstellungsprozess einer ePortfolio-Arbeit, deren Produkte und Prozesse im ePortfolio dokumentiert wurden. Der folgende Textausschnitt aus dem Reflexionstext von Larissa illustriert den persönlichen Erkenntnisgewinn, der sich sowohl auf die Möglichkeiten der Zusammenarbeit in der Gruppe, auf die Präsentation eines Referats als auch auf die erlernten Fachinhalte bezieht:

Larissa, 15.06.2007, Reflexionstext, Sozialkunde
Mappe „Zusammenleben in der Familie"
Währendessen haben wir gelernt besser in Gruppen zu arbeiten und und währen des Referats frei zu sprechen und nicht abzulesen. (...) Insgesamt habe ich in den Wochen sehr viel über das Thema Zusammenleben in der Familie gelernt

Weitere Erkenntnisgewinne werden in den nachfolgenden Einträgen deutlich:

Angelina, 01.02.2007, Lerntagebuch
Rückblick
Was habe ich gelernt?
ja...ich habe gelernt mir die Arbeit ein zu teilen und nicht alles auf einmal zu machen.

Lena, 15.06.2007, Reflexionstext, Sozialkunde
Mappe „Zusammenleben in der Familie“
Die Gliederung hat uns hat uns sehr bei der Erarbeitung der Zusammenfassung geholfen.

Nicht nur im Rahmen eines Erarbeitungsprozesses entstehen Reflexionen, die schriftlich geäußert werden, sondern auch in der Auseinandersetzung mit neu erlernten Fachinhalten, die thematischer Bestandteil der ePortfolio-Arbeiten sind:

Ole, 07.05.2007, Lerntagebuch, Physik
Rückblick
Dass es vier verschiedene Wirkungen des elektrischen Stroms gibt. Mir waren diese vier unterschiedlichen Arten noch nicht bekannt.

Xenia, ohne Datum, Reflexionstext, Französisch
Mappe „Lärm“
Ich habe bei den Arbeitsblättern sehr vieles gelernt, wie man diese Aufgaben lösen muss oder was diese Wörter bedeuten. Für mich war eigentlich fast alles neu weil wir noch nie so was gemacht haben.

Diese Auseinandersetzungen mit den Fachinhalten werden ebenfalls in weiteren ePortfolio-Eintragungen deutlich. Die gewonnenen Perspektiven auf den Lerngegenstand werden in Relation zu den bestehenden Fähigkeiten und Einsichten gesetzt.

Thematisierung von Schwierigkeiten
Neben dem Blick auf den persönlichen Erkenntnisgewinn thematisieren die Schüler in den vorbereiteten didaktischen Arrangements Schwierigkeiten, die im Lernen und in der Auseinandersetzung mit einer Aufgabenstellung aufgetreten sind. Dabei ist der Blick auf die eigenen und zur Verfügung stehenden Ressourcen (Fähigkeiten, Verstehensleistungen u.ä.) gerichtet:

Christine, 09.12.2006, Mappenbeschreibung, Chemie
Mappe „Aggregatzustände und Stoffeigenschaften“
Diese Schwierigkeiten hatte ich:
Ich wusste anfangs nicht genau was Aggregatzustände sind

Mareike, 19.04.2007, Lerntagebuch, Mathematik
Rückblick
Eigentlich kann ich alles ganz gut. Das eintigste was mir noch ein bisschen schwer fällt ist die Winkel auszumessen wenn nur ger zum Beispiel von Gamma angegeben ist.

Oksana, 29.05.2007, Mappenbeschreibung, Französisch
Mappe „Fair du bruit“
Diese Schwierigkeiten hatte ich:
Bei den dialogen hatte ich meine schwierigkeiten da ich erst alles übersetzen musste um es zu verstehen

Innerhalb dieser Einträge werden rückblickend die im Lernprozess aufgetretenen und in der eigenen Wahrnehmung konstatierten Schwierigkeiten geschildert. Diese Situationen sind bei der Bearbeitung eines Dokuments entstanden, das im ePortfolio abgespeichert wurde. Neben diesen fachlichen Lernsituationen werden Schwierigkeiten angesprochen, die ihren Ausgangspunkt in persönlichen Kenntnissen und Einstellungen genommen haben. Larissa berichtet im Lerntagebuch über die Vorstellung ihrer ePortfolio-Ergebnisse – sie spricht von der Präsentation eines Referats:

Larissa, 16.05.2007, Lerntagebuch, Deutsch
Rückblick
heute haben wir in deutsch mit den referaten angefangen [...] es hat spaß gemacht das referat vorzu bereiten, aber bei der präsentation selbst, war ich dann sehr aufgeregt, und habe mich ab und zu verhaspelt

Ebenfalls im Lerntagebuch berichtet Bostjan über die Schwierigkeit, sich im Unterricht angemessen zu konzentrieren, um ein Lernplakat zu gestalten:

Bostjan, 30.01.2007, Lerntagebuch
Dabei hatte ich Schwierigkeiten:
Ich fand die bearbeitung der plakaten etwas schwierig weil ich mich garnet konzentrieren konnte

Neben diesen persönlichen Herausforderungen, die im ePortfolio thematisiert werden, berichten die Schüler über die Auswahl eines geeigneten Lernvorhabens, das sie im Rahmen der ePortfolio-Arbeit bearbeiten möchten. Die Themenfindung steht im Kontext des didaktischen Rahmenmodells der ePortfolio-Arbeit (Kreislaufmodell, siehe 5.3.5), bei dem die Schüler ausgehend von einem selbst gewählten Thema eine eigene Fragestellung verfolgen, die sie im ePortfolio dokumentieren möchten. Im Rahmen dessen können unterschiedliche Lernprodukte entstehen, zu denen u.a. die bereits an anderer Stelle angesprochenen Powerpoint-Präsentationen zählen. Kevin und Fatma berichten im Lerntagebuch über die Schwierigkeit, ein geeignetes Thema zu finden:

Kevin, 30.04.2007, Lerntagebuch
Rückblick
Ich hatte schwierigkeiten mir ein Thema auszusuchen. Ich hatte bestimmt 6 stück bevor ich das Telefon ausgewählt habe.

Fatma, 30.04.2007, Lerntagebuch
Rückblick
Dabei hatte ich Schwierigkeiten:
als erstes wußte ich nicht welches thema ich nehmen sollte dann hab ich das thema aramär genommen

Neben dem Finden von Themenstellungen sprechen die Schüler über die Schwierigkeit, im Rahmen der gesetzten Zeitdauer die einzelnen ePortfolio-Arbeiten und -Dokumente fertig zu stellen. Die Einhaltung dieses Zeitrahmens ist deswegen von Relevanz, da die Arbeiten für ein Feedback freigegeben oder der Klassengemeinschaft präsentiert werden sollen:

Charlotte, 19.01.2007, Lerntagebuch
Rückblick
Dabei hatte ich Schwierigkeiten:
In der kurzen Zeit fertig zu werden.

Friederike, 01.06.2007, Lerntagebuch
Rückblick
Dabei hatte ich Schwierigkeiten:
im zeiplan zu bleiben

Die Textausschnitte verdeutlichen die in den ePortfolio-Dokumenten gezeigten reflexiven Handlungsmuster bezogen auf die Artikulation von Schwierigkeiten und persönlichen Herausforderungen. Diese Äußerungen werden sowohl im Lerntagebuch, als auch in den Beschreibungen der Dokumente sowie in den resümierenden Berichten der ePortfolio-Arbeiten deutlich. Die qualitative Divergenz der unterschiedlichen Schülereintragungen zeigt sich bei einem Großteil der Schüler, die verstärkt differenziertere Berichte über das Gelernte angefertigt und Schwierigkeiten oder Hürden in der Bearbeitung thematisiert haben. Dass dies nicht bei allen Schülern der Fall ist, dürfte deutlich geworden sein.

Anregungen von außen
Wie bereits im Rahmen der Lernwegsbeschreibungen gezeigt, beeinflussen die Anregungen durch ein Feedback die Weiterentwicklung der ePortfolio-Dokumente. Sie werden von den Schülern geschätzt und stellen Anlässe für Reflexionen dar. Das Feedback der Mitschüler untereinander beeinflusst den weiteren Lernprozess. Im Rahmen der zur Verfügung stehenden Vorlagen werden diese Anregungen thematisiert, wobei diese reflexiven Berichte mehrheitlich in Form einer Lernwegsbeschreibung verfasst werden. Die folgenden Eintragungen thematisieren die Anregungen für die äußere Gestaltung einer ePortfolio-Arbeit:

Xenia, 02.07.2007, Reflexionstext, Deutsch
Mappe „Präsentationsmappe"
Danach bekamen wir Kommentare von unseren Freunden, und wo sie uns gesagt haben wir sollen da z.B. nicht so ne grelle Farbe nehmen, haben wir es dann geändert.

Alena, ohne Datum, Reflexionstext, Sozialkunde
Mappe „Präsentationsmappe"
Zu der Gliederung und der Zusammenfassung haben wir ein Feedback bekommen (von X und Y), dort stand drin, dass alles ganz gut ist, doch es ein bisschen unübersichtig wäre, wir haben die Kritik angenommen und den Vorschlag umgesetzt.

Daneben werden inhaltliche Ergänzungen und Optimierungsvorschläge thematisiert, die von den Mitschülern geäußert wurden:

Marie, 25.08.2007, Reflexionstext, Allgemein
Mappe „Schule vor 100 Jahren"
Habe Feedbacks bekommen von U, V, W, X, Y, Z sie haben geschrieben das meine Präsentation gut war und das ich ein alten Stundenplan noch einfügen könnte.

Neben der äußeren Form und der Ergänzung durch weitere Dokumente werden Hinweise zur inhaltlichen Überarbeitung gegeben, die die fachliche Korrektheit der abgelegten Dokumente betreffen:

Christine, 24.04.2007, Lerntagebuch
Rückblick
Dabei hatte ich Schwierigkeiten:
Ich hatte als erstes die falsche Zeitform genommen und habe es doch dann geändert, weil X mich drauf hingewiesen hat.

Friederike, 20.06.2007, Reflexionstext, Französisch
Mappe „Lärm"
Sie haben mir geschrieben wo ich mich vertippt hatte und das sie den Rest aber eigentlich ganz gut fanden. Daraufhin habe ich nachgeschaut und das verbessert was sie mir geschrieben haben.

Einzelne Schüler bewerten in ihren Eintragungen die von den Mitschülern erhaltenen Anregungen. Michael berichtet im Lerntagebuch über die wahrgenommene Qualität des Feedbackgebens und -bekommens:

Michael, 24.04.2007, Lerntagebuch
Rückblick
Ich finde es auch gut, dass andere meine Arbeiten kommentieren dürfen und ich ihre kommentieren darf weil, ich finde das man dadurch sehr viel lernen kann wenn Mitschüler mir dabei helfen meine Arbeiten zu verbessern.

Insgesamt entstehen mehrere Einträge, die die Anregungen von Mitschülern thematisieren. Dieses interaktive Element, das im Rahmen der ePortfolio-Arbeit den Lernprozess und die Weiterarbeit an einer ePortfolio-Mappe beeinflusst, wird von den Schülern als bedeutsam wahrgenommen und in allen vorbereiteten didaktischen Arrangements geäußert.

Klären des Ist-Stands und das Setzen von Lernzielen –
„Ich möchte noch mehr über die Aramäer rausfinden"
Neben dem von Reflexionen begleitenden Rückblick auf Gelerntes entwerfen die Schüler eigene Lernziele im Lerntagebuch. Diese Beschreibungen nehmen den Ausgangspunkt am zu Erreichenden oder bereits Erreichten und formulieren ein selbst gesetztes Ziel, das es zu erschließen gilt. Persönlichere Ziele lassen sich in den folgenden Ausschnitten erkennen:

Marie, 08.05.2007, Lerntagebuch
Vorschau
Ich muss 2 Kommentare schreiben und nehme die Feedbacks bekommen habe auf und überarbeite dann nach denn Feedbacks meine Inhaltsangabe. (...) Wen ich vertig damit bin mache ich an meiner 100Jahr Präsentation weiter

Jan, 26.01.2007, Lerntagebuch
Vorschau
Ich will meine Arbeit in Bio hochladen und das Kommentar von Herrn X lesen damit ich weiß was er geschrieben hat.

Die Lernaktivität steht im Kontext mit dem Geben und Erhalten von Feedback, dem Abspeichern von Lernprodukten und dem Anfertigen und Zusammenstellen von ePortfolio-Arbeiten. Die geplanten Handlungen werden in Relation zu den zeitlichen Ressourcen gesetzt. Folgender Auszug aus dem Lerntagebuch von Konstantin veranschaulicht die Planung einer Aufgabe („Bericht über die EU-Länder“) in Relation zu einem selbst gesetzten Zeitrahmen („nächsten Freitag“):

Konstantin, 26.01.2007, Lerntagebuch
Vorschau
Folgendes will ich bis nächsten Freitag tun:
Meinen Bericht über die EU-Länder fertigstellen

Ein ähnliches Bearbeitungsmuster zeigt Friederike, die sich einen größeren Zeitrahmen gesetzt hat:

Friederike, 29.03.2007, Lerntagebuch
Vorschau
bis nach den osterferien die bio präsentation fertig haben

Neben der Einordnung in eine zeitliche Dimension benennen die Schüler fachliche Inhalte, die sie im Rahmen der ePortfolio-Arbeit vertiefen möchten. Diese Inhalte stehen im Zusammenhang mit dem eigenen Vorhaben, z.B. der Erstellung eines Textes, einer Powerpoint-Präsentation u.ä.:

Nora, 22.05.2007, Lerntagebuch
Vorschau
Ich will noch mehr Informationen über den Weltkrieg und sonst noch mit Gießen in den 50 gern jahren

Fatma, 06.06.2007, Lerntagebuch
Vorschau
ich möchte noch mehr über die aramär rausfinden vor 100 hundert ich weiß biss jetzt schon das sie von den türken umgebracht wurden und ich hab auch ein lied gefunden dazu wo die alles sagen was mit den aramärn passiert ist

Die gezeigten Textauszüge, in denen Lernziele formuliert werden (z.B. differenzierte Informationen über ein Sachgebiet u.ä.), verweisen auf ein Lernziel, das im Kontext einer fachlichen Thematik steht. Sie finden sich in zahlreichen analysierten Lerntagebüchern wieder. Daneben existieren auch einzelne ePortfolio-Eintragungen, die wenig differenziert über die zu erreichenden Ziele reflektieren:

Sarah, 05.12.2006, Lerntagebuch
Vorschau
Folgendes will ich bis morgen tun:
fertig werden
Folgendes wünsche ich mir:
fertig werden

Konstantin, 03.11.2006, Lerntagebuch
Vorschau
Folgendes wünsche ich mir:
Viel Spaß.

Wladimir, 01.06.2007, Lerntagebuch
Rückblick
Folgendes will ich bis ... tun:
mein eportfolio weiter machen

Die Gründe für dieses Handlungsmuster lassen sich auf der Grundlage der vorliegenden Dokumente nicht erkennen. Es lässt sich lediglich beobachten, dass einzelne Schüler – analog zu den eher resümierenden Blicken auf das Gelernte und Bearbeitete – nur verkürzte Ziele in den dafür vorbereiteten Vorlagen äußern. Im Zuge der Durchführung der abschließenden Interviewgespräche soll versucht werden, dieses Handlungsmuster der Schüler zu verstehen und nach Gründen für die Bearbeitung zu suchen.

6.2.3 Zwischenresümee: Dokumentenanalyse

Reflexionen sind in den Schülerdokumenten in unterschiedlicher Qualität thematisiert worden. Dabei haben die Schüler über die im Lernen mit einem ePortfolio ablaufenden Lernprozesse berichtet. Die Reflexionen der Schüler wurden mittels des vorbereiteten didaktischen Arrangements angeregt und im Rahmen der zur Verfügung stehenden HTML-Felder bzw. Dokumente schriftlich fixiert. Dass dabei unterschiedliche Nutzungsmuster entstanden sind, habe ich deutlich gemacht. Die Beschreibungen der abgelegten Mappen, die Reflexionstexte und das Lerntagebuch ermöglichten zu unterschiedlichen Zeitpunkten im Lernprozess (zu Beginn, begleitend und resümierend) Anlass zur Thematisierung des eigenen Lernens. Bei der näheren Fokussierung der Nutzung treten drei übergreifende reflexive Handlungsmuster hervor, die sich in unterschiedlicher Qualität beobachten lassen. Reflexionen werden resümierend als Berichte über das Bearbeitete und als Berichte über das Gelernte festgehalten. Daneben setzen die Schüler sich Lernziele, die sie in der weiteren Erarbeitung erreichen möchten.

Berichte über das Bearbeitete stellen eine Form der in den ePortfolio-Dokumenten anzutreffenden Qualität der Reflexionen dar. Die Schüler berichten über den Verlauf einer Tätigkeit, die im Kontext der ePortfolio-Arbeit vollzogen wurde. Diese Verlaufsberichte schildern eine vollzogene Tätigkeit, ohne dabei auf bei der Bearbeitung gewonnene Einsichten oder entstandene Schwierigkeiten einzugehen. Anlass für die Reflexion bildet ein vollzogener Bearbeitungsschritt. Verstärkt finden sich diese reflexiven Berichte über das Bearbeitete im Kontext von Beschreibungen wieder, die auf technisch-mediale und interaktive Aspekte der ePortfolio-Arbeit zu sprechen kommen und unter diesem Fokus über eine vollzogene Aktivität berichten (z.B. Dokumente abspeichern, Feedback erteilen, Informationen recherchieren u.ä.).

Reflexionen als Berichte über das Gelernte vertiefen stärker das im Lernprozess Befindliche und das Erreichte und beziehen eine persönliche Perspektive in der Darstellung mit ein. Diese zeichnet sich dadurch aus, dass eigens Wahrgenommenes und Empfundenes thematisiert und der Fokus auf die eigenen Verstehens- und Verhaltensleistungen gerichtet werden. Sie sind eine Lernwegsbeschreibung, die den eigenen Lernprozess beschreibt und die Gestaltung einer eigenen ePortfolio-Arbeit reflektiert. In diesen Beschreibungen wird der empfundene individuelle oder fachliche Erkenntnisgewinn thematisiert. Erfahrungen werden artikuliert, die im Zusammenhang mit der ePortfolio-Arbeit entstanden sind. Im Zuge der Erstellung dieser Beschreibungen werden Schwierigkeiten thematisiert, die im Lernprozess aufgetreten sind und sich auf persönliche Verstehens- und Verhaltensleistungen beziehen. Neben der Auseinandersetzung mit der eigenen Person in der Gestaltung einer Lernsituation wird das Nachdenken und Reflektieren zusätzlich durch die Auseinandersetzung mit den Anregungen von außen befördert, indem Mitschüler ein Feedback zu den im ePortfolio dokumentierten Schülerprodukten äußern. Diese Anregungen sind ein konstitutives Element in der interaktiven Plattform, die zum

Austausch einlädt. Sie fördern die Wahrnehmung auf die eigenen Lernprozesse und erstellten Produkte und intensivieren die Auseinandersetzung mit den persönlichen Stärken und Schwächen.

Neben dem reflexiven Blick auf Bearbeitetes und Gelerntes lässt sich eine zweite reflexive Betrachtungsrichtung beschreiben, die von den Schülern gezeigt wird. Diese Betrachtung prüft das Bestehende und gleicht es mit einem zu erreichenden Zielzustand ab, der thematisch und strukturell an die Weiterentwicklung der Produkte gebunden ist, die im ePortfolio dokumentiert werden. Es lässt sich das Formulieren von Zielen beobachten (Anm.: zumeist im Lerntagebuch), die es zu erschließen gilt. Diese Praxis ist von Reflexionen gekennzeichnet, die das Bestehende mit einem möglichen Zielzustand überprüfen und weitere Wege zur Erschließung und Modifizierung generieren, die in einen zeitlichen Rahmen eingebunden sind (z.B. bis morgen, nächste Woche u.ä.). Den Ausgangspunkt für diese reflexiven Überlegungen bildet der zu gestaltende Lernprozess.

Die zu beobachtende Qualität der im ePortfolio dokumentierten reflexiven Handlungsmuster illustriert folgendes Schaubild:

Qualität der im Rahmen der ePortfolio-Arbeit schriftlich dokumentierten Reflexionen		
Reflexionen als…	…Berichte über das Bearbeitete	…Verlaufsberichte über eine Tätigkeit
		…das Bearbeitete unter einem technisch-medialen und/ oder interaktivem Aspekt
	…Berichte über das Gelernte	…Lernwegsbeschreibungen – eigene Rolle und Handlungspraxis im Lernprozess bzw. im Kontext mit der Gestaltung einer ePortfolio-Arbeit
		…Eigener Beitrag/ persönlich Gelerntes (individuell, fachlich, medial-technisch)
		…Thematisierung von Schwierigkeiten (Bearbeitung, Verhaltensleistungen, Nicht-Wissen, zeitlicher Rahmen)
		…Anregung von außen – durch andere auf eigene Stärken und Schwächen hingewiesen
	…Klären des Ist-Stands und Setzen von Zielen	... Blick zurück und nach vorne – weitere Lernaktivität, fachliches Interesse

Abb. 5: *Qualität der reflexiven Handlungsmuster*

Damit lassen sich in den analysierten Dokumenten unterschiedliche reflexive Handlungsmuster erkennen, die von den Schülern in der Bearbeitung der Vorlagen gezeigt werden. Ausgehend von einer Situation im Lernprozess (Beginn, im Prozess selbst oder gegen Ende) wird das eigene Lernen wahrgenommen, reflektiert und darüber berichtet. Diese reflexiven Handlungsmuster lassen sich keinesfalls bei allen Schülern gleichermaßen beobachten. Vielmehr zeigt sich in den ePortfolios eine unterschiedliche Breite des Nutzungsverhaltens. Dass dabei auch stichpunktartige Berichte und Eintragungen entstanden sind, die keine Reflexionen festhalten, dürfte deutlich geworden sein. Eine Erklärung dieser Handlungsmuster lassen die extrahiert analysierten ePortfolio-Dokumente nicht zu. Deswegen sollen die Interviewaussagen der Schüler, die im Rahmen der Abschlussbefragung erhoben wurden, zur Ergänzung herbeigezogen werden, um Näheres über die reflexive Praxis zu erfahren.

6.3 Abschlussgespräche zum Ende des Schuljahres

Die abschließenden Interviewgespräche mit den Schülern sollen die beobachteten reflexiven Handlungsmuster vertiefen und einen vielschichtigen Blick auf das reflexive Lernen der Schüler ermöglichen. Ein Abschlussgespräch findet sich in der Literatur z.B. bei Pfeifer 2006, die eine abschließende Werkbetrachtung mit den Schülern durchführt. Es geht zumeist darum, dass die Schüler über ihr Lernen und den Erstellungsprozess ihrer Portfolio-Mappe berichten. Kolb hat im Rahmen ihrer Forschungsarbeit eine Gruppendiskussion (halbstandardisiertes Interviewverfahren) mit Schülern durchgeführt, die im Unterricht mit Portfolios in der Grundschule gelernt haben (vgl. ebd. 2007, 145). Im Gespräch hat sie die reflexive Praxis der Schüler thematisiert (z.B. im Hinblick auf den eigenen Lernprozess). Im Gegensatz zu Kolb habe ich mich dazu entschlossen, Einzelgespräche mit den Schülern zu führen, im Rahmen derer sie „über" eine ausgewählte ePortfolio-Arbeit berichten. Der Grund für ein Einzelgespräch liegt in der stärkeren Fokussierung im Hinblick auf eine ausgewählte Schülerarbeit, die vom jeweiligen Schüler erstellt wurde. Zusätzlich finden diese Gespräche „vor" dem Computer-Bildschirm statt und erlauben daher nur den Blick auf die Dokumente seitens eines eingeschränkten Betrachterkreises, der sich aus dem Interviewten und dem Interviewer zusammensetzt. Im Gespräch sollen die Schüler eine selbst gewählte ePortfolio-Mappe vorstellen – über die Auswahl können sie selbst entscheiden. Die Aufgabe des Interviewers sehe ich darin, auf die Vorstellung der Mappe einzugehen und zu versuchen, auf die beim Lernen mit dem ePortfolio ablaufenden Lernprozesse zu sprechen zu kommen. Hierdurch möchte ich klären, welche Rolle Reflexionen im Lernen mit dem ePortfolio eingenommen haben.

Im Verlauf des Gesprächs lösten sich die Schüler von der Vorstellung der ePortfolio-Arbeit und kamen auf übergreifende Zusammenhänge zu sprechen, die von ihnen wahrgenommen wurden. Damit konnte ich Selbstaussagen in Bezug auf das reflexive Lernen anregen, die zuvor noch nicht thematisiert wurden. Das Gespräch glich in der Gesprächsführung einem fokussierten Interview, bei der die eigene ePortfolio-Arbeit, die beschriebene Lernaktivität und deren Bewertung im Mittelpunkt standen.

In der folgenden Darstellung werde ich auf der Grundlage der aus den Interviewgesprächen gewonnenen Einsichten zum reflexiven Lernen in einem ersten Schritt zentrale Aussagen zusammenfassend darstellen. Dies geschieht mit der Erwartung, näher zu klären, welche Reflexionen und Reflexionsanlässe entstanden sind. Ich möchte der Frage nachgehen, welche Emotions- und Motivationslagen beim Lernen leitend gewesen sind, die den Ausgangspunkt für eine schriftliche Reflexion im ePortfolio bildeten. Zusätzlich werde ich klären, welchen Anteil das vorbereitete didaktische Arrangement für die Entwicklung von Reflexionen genommen hat. In einem zweiten Schritt möchte ich die zuvor auf der Grundlage der Dokumentenanalyse gewonnenen Einsichten und entstandenen Fragen prüfen. Mit diesem Vorgehen möchte ich klären, warum einzelne Schüler das ePortfolio nicht oder nur selten geführt haben.

6.3.1 Reflexionen in der Auseinandersetzung mit Lerngegenständen und Lernresultaten

Im Gespräch berichten die Schüler über die von ihnen wahrgenommenen Reflexionen, die beim Lernen mit dem ePortfolio entstanden sind. Die damit verbundenen Anlässe und Möglichkeiten für das reflexive Lernen entstehen z.T. auf der Grundlage des vorbereiteten didaktischen Arrangements und z.T. unabhängig von den vorstrukturierten Bereichen, die Reflexionen anregen sollen. Der Status der interaktiven Plattform, die jedem Schüler einen eigenen ePortfolio-Bereich zuweist, ermöglicht den zeit- und ortsunabhängigen Zugriff auf alle ePortfolios. Das eigene wie auch fremde ePortfolio kann zu jedem Zeitpunkt und von jedem Ort aus, der über einen Internetzugang verfügt, betrachtet, bearbeitet (Anm.: nur das eigene ePortfolio) oder kommentiert werden (Anm.: die ePortfolios der Mitschüler).

Vergleichen

Die Schüler berichten, dass sie die Möglichkeit des Vergleichens und Einordnens der im ePortfolio dokumentierten Lerngegenstände und -resultate mit denen der Mitschüler genutzt haben. Es entstanden Anlässe zum Reflektieren, indem die eigenen Lernprozesse und Lernleistungen mit denen der Mitschüler verglichen wurden. Jan berichtet über die Möglichkeit des flexiblen Zugangs zu den unterschiedlichen Dokumenten und Arbeiten der Mitschüler:

Jan: So, wie soll ich sagen, man konnte bei den anderen auf die ePortfolio-Seite gehen und konnte dann nachschauen, was der gemacht hat, und man musste nicht immer an das Heft von dem gehen, und man konnte von jedem an das Heft gehen und nicht nur von gewissen Personen.

Lena schildert ihre Zugangsweise zu den ePortfolios der Klassengemeinschaft:

Lena: [...] ja, also wenn ich hier auf den Namen von 'ner anderen Schülerin gehe und dann zum Beispiel neben stehen ja die Fächer dann, gehe ich zum Beispiel auf Deutsch und dann sehe ich ja da die Arbeiten, Matheverbesserung oder irgendein Referat oder so und das kann ich mir dann alles von denen angucken.

Interviewer: Du schaust dir das an und dann? Was machst du dann?

Lena: Dann kann ich das mit meiner Arbeit dann vielleicht vergleichen und was die vielleicht besser gemacht haben und dann bei mir verbessern.

Sie spricht von „vergleichen“ und „besser gemacht haben“ und beschreibt den Reflexionsanlass, der sich mit Hilfe des interaktiven Zugriffs der Mitschüler-ePortfolios ergeben hat. Lena vergleicht die eigenen Arbeiten mit denen ihrer Mitschüler und nutzt die gewonnene Einsicht zur weiteren Überarbeitung. Die folgenden Sequenzen aus den Interviews mit Larissa und Lukas zeigen den Aspekt des Einordnens, Relativierens und Optimierens der ePortfolio-Arbeiten.

Larissa: Wenn ich einen Eintrag abgeschlossen habe, habe ich manchmal bei den anderen Schülern noch mal geguckt, was die da stehen haben und dann habe ich versucht meinen Eintrag noch mal zu ergänzen.

Lukas: [...] man lernt auch von anderen, man lernt halt eben nur, wenn man zusammen mit anderen arbeitet und so. Und da kann man halt eben mal gucken, was hat der so geschrieben und was hat die geschrieben und so. Ja, und dann lernt man halt eben dadurch auch noch mal und dann schreibt man das in `nem anderen Text wieder besser [...]

Dieses Vergleichen der eigenen Lerngegenständen und -resultaten mit fremden ist von den Schülern zu unterschiedlichen Zeitpunkten durchgeführt worden. Dabei geht es weniger um das Kopieren von Informationen per „Copy-and-Paste“ oder um das Abschreiben von in identischer Form vorliegenden Produkten, sondern um das Anregen lassen für eigene ePortfolio-Arbeiten. Lukas beschreibt diesen Sachverhalt mit der Aussage „dann schreibt man das in `nem anderen Text wieder besser“. Neben dem Anregungspotential, das die ePortfolio-Arbeit für das eigene Lernen birgt, bietet der Vergleich der ePortfolios die Möglichkeit, offene Stellen und Fragen zu fokussieren. Julia schildert eine Situation, bei der sie eigene Aufgaben mit denen ihrer Mitschüler verglichen hat:

Julia: [...] Manchmal ist es so, wenn man zum Beispiel jetzt, wenn man irgendwas lernen soll, das man nicht hat, dann kann man schon mal gucken, zum Beispiel bei `ner anderen Person, die halt auch in der Klasse ist, hat die das auch so wie ich!? Oder man kann halt vergleichen [...]

Über eine ähnliche Situation berichtet Abdul, der die ePortfolios seiner Mitschüler nutzt, um sich über Hausaufgaben zu informieren:

Abdul: Wenn ich nach Hause komme und nicht ins Hausaufgabenheft reingeschrieben hab′ und dann guck′ ich ja auch manchmal bei meinen Klassenkameraden und so was die alles in ePortfolio gemacht haben, vielleicht war da was Neues. [...]

Insgesamt lässt sich ein hohes Anregungspotential in den Arbeiten der Mitschüler erkennen, die für das eigene Lernen und die weitere Erstellung einer ePortfolio-Arbeit genutzt werden. Dabei vergleichen die Schüler die eigenen Arbeiten mit denen der Mitschüler. Dies geschieht mit dem Ziel, die Qualität der eigenen Arbeiten einschätzen und bewerten zu können.

Prüfen und Verändern

Die angesprochene Prüfung der eigenen Lerngegenstände ist ein reflexives Handlungsmuster, das sich erkennen lässt. Diese Handlung wird mit dem Ziel ausgeführt, die eigenen ePortfolio-Arbeiten weiterzuentwickeln. Das Vorgehen wird begünstigt, da sich die abgelegten Dokumente leicht überarbeiten lassen. Ein Word-Dokument oder eine Powerpoint-Präsentation sind im Gegensatz zu einem mit der Hand geschriebenen Text leicht umzugestalten. Dieser Sachverhalt ermöglicht die flexible Bearbeitung, so dass die entstandenen Arbeiten stetig verändert werden können. Die Produkte nehmen damit einen prozesshaften Charakter ein, der sich im Laufe der gewonnenen Erfahrungen verändern kann. Über die Verfügbarkeit ihres ePortfolios und die stetige Ansicht der eigenen Dokumente berichtet Larissa:

Larissa: [...] also ich fand's schön, dass man sich da immer noch mal angucken konnte, was man in den letzten Tagen so gemacht hat, also es ist ja so, dass wenn man auf'n Zettel schreibt, das verschwindet ganz schnell im Ranzen und der Zettel wird weggeworfen und das kann hier nicht passieren.

Larissa spricht den von ihr wahrgenommenen Funktionsumfang der ePortfolio-Plattform an, der es erlaubt, Dokumente zu sammeln, zu archivieren und zu unterschiedlichen Zeitpunkten einzusehen. Lukas spricht ebenfalls die bestehende Verfügbarkeit seiner ePortfolio-Arbeiten an:

Lukas: Also [...] im Heft, da ist es halt eben so, da schreibt man einfach was rein und das guckt man sich eigentlich kaum nochma an. Und wenn man jetzt ins ePortfolio reingeht, mit meinem Namen und so und dann seh ich ja meine ganze Mappen alle und so und wenn ich dann irgendwas wissen will, geh ich einfach nur auf Deutsch und dann hab ich da alle Mappen, alle die ich hab. Und im Heft muss ich immer voll lange nachgucken, wo das jetzt genau steht, weil ich meist da auch keine Überschrift drüber schreibe, ja [...]

Meistens bildet die spontane Betrachtung und Beschäftigung mit der zurückliegenden ePortfolio-Arbeit Anlass für eine weitergehende Überarbeitung. Der nachfolgende Textausschnitt aus dem Interviewgespräch mit Oksana verdeutlicht die eigene Überarbeitungspraxis:

Oksana: Also bei meiner Freizeitparkpräsentation, da habe ich letztens reingeguckt und da habe ich auch gesehen, dass manche Sachen nicht gut waren und habe das dann ausgearbeitet. [Anm.: der nachfolgende Textausschnitt zeigt eine Aussage von Oksana, die zeitlich versetzt im Interviewgespräch entstanden ist, sie steht im Zusammenhang mit der obigen Aussage:] Also wenn ich Zeit habe, guck´ ich mal rein, was man so verändern könnte und dann mach ich's wenn ich Zeit habe oder wenn nicht, dann lasse ich's. [...] Ja, also wenn sie mir selbst gefallen, dann lass´ ich es eigentlich eher und wenn sie mir nicht so gefallen, dann überarbeite ich sie wieder.

Diese Handlungspraxis geht mit einem Qualitätsverständnis für die angemessene Darstellung der Lernresultate einher („manche Sachen nicht gut waren"; „wenn sie mir selbst gefallen"), das für die Überarbeitungen leitend ist („und wenn sie mir nicht so gefallen, dann überarbeite ich sie wieder"). In der folgenden Interviewsequenz berichtet Lena über das Löschen von bestehenden Lerntagebuch-Einträgen, die sie mit zunehmender Erfahrung als unpassend empfunden hat:

*Lena: Ja, es ist auch manchmal vorgekommen, dass ich mir den Eintrag ´ne Woche später angeguckt hab und hab´ dann festgestellt, dass das ja totaler Mist ist, den ich da geschrieben habe und dann hab´ ich ihn gelöscht. [...] Also ins Lerntagebuch schreibt man ja, was man im Unterricht gemacht hat und das man da in diesem text eben nur das geschrieben hat, was eigentlich total unwichtig ist und das Wichtige hat man vergessen und das ist mir dann erst ´ne Woche später oder so aufgefallen. [...] Ähm...***zum Beispiel in der Mathestunde ist es ja wichtig, dass man halt reinschreibt irgendwie auch so Aufgabenbeispiele und nicht nur so was wie "heute hat die Lehrerin Scheiße gemacht" oder "heute war ich sehr unruhig", sondern dass man da Beispiele hinschreibt, was man gemacht hat.*

Ihre Aussage „das ist mir dann erst ´ne Woche später oder so aufgefallen" illustriert das zeitlich versetzte Prüfen und Reflektieren des Bearbeiteten im Kontext ihres Lerntagebuchs. Bei der Prüfung war, wie im Beispiel von Oksana gezeigt, ein eigenes Qualitätsverständnis für einen geeigneten Eintrag leitend, das darüber entschied, wie und in welcher Vertiefung („was eigentlich total unwichtig ist und das Wichtige hat man vergessen") reflektiert wird. In der folgenden Textsequenz, die aus dem Interviewgespräch mit Marie stammt, wird das gewachsene Qualitätsverständnis für einen Eintrag im Lerntagebuch deutlich:

Marie: [...] dann vergleiche ich immer wie ich früher und wie ich jetzt schreibe, früher war alles irgendwie so komisch. [...] Da habe ich immer in so komischen Sätzen geschrieben, heute würde ich schreiben "Ich habe an meinem Projekt gearbeitet, das Projekt heißt my hero und ich habe Spaß daran gehabt, Bilder reinmachen, den Text über meinen Bruder schreiben".

Aber nicht nur im Zuge der Nutzung des Lerntagebuchs entsteht ein eigenes Qualitätsverständnis, sondern auch in der Auseinandersetzung mit den eigenen Lernresultaten. Beim Betrachten ihrer ePortfolio-Mappe, die sie im Französisch-Unterricht geführt hat, äußert sich Xenia im Interviewgespräch zur Qualität der bestehenden Mappe:

Xenia: [...] als ich das erste Mal die Mappe gemacht habe, ich habe die schon längst nicht mehr angeguckt, da fand ich die noch ganz schön, jetzt finde ich die langweilig wegen den vielen Texten. Am Anfang war sie ganz schön, aber jetzt nicht mehr.

Interviewer: Würdest du heute was anders machen?

Xenia: Ja, ich würde nicht so viele Texte 'reinmachen. [...] Weil jetzt habe ich zum Beispiel Ihnen das gezeigt und fand's ein bisschen langweilig, so viele Texte, das liest man nicht wirklich gerne.

Die Beispiele illustrieren das im Laufe der ePortfolio-Arbeit gewachsene Bewusstsein für einen Eintrag und die Zusammenstellung der ePortfolio-Arbeiten. Unpassende Einträge und Arbeiten werden ergänzt und zu Teilen gelöscht, so dass sie dem gewachsenen Qualitätsverständnis entsprechen. Wie angesprochen, zeigt sich hierin das eher prozesshafte Verhältnis zu den eigenen Lernresultaten, das sich dadurch auszeichnet, dass das ePortfolio einer stetigen Reflexion und Überarbeitung ausgesetzt ist. Die angesprochenen reflexiven Elemente verdeutlichen den prozesshaften Charakter der ePortfolio-Arbeit. Zumeist finden sich in den ePortfolios Produkte (Berichte als zusammenhängende Texte, Powerpoint-Präsentation usw.), die sich flexibel bearbeiten lassen. Die Schüler sind zu mehreren Zeitpunkten damit beschäftigt, die ePortfolio-Arbeiten zu prüfen und sie in Relation zur Klasse und zum eigenen Anspruch zu setzen. Hierdurch entsteht eine besondere Qualität des Reflektierens über das Bearbeitete und Gelernte.

Strukturieren und Ordnen
Die Struktur der Plattform, die neben der zeitlich und räumlich unabhängigen Verfügbarkeit einen stetigen Zugriff auf eigene und fremde ePortfolio-Arbeiten erlaubt, ermöglicht die Dokumentation der Lernprozesse und lädt zur Reflexion des Gelernten und zum Austausch über die eigenen Lernresultate und -gegenstände ein. Die Dokumentation des eigenen Lernfortschritts und der erstellten Produkte orientiert sich an der äußeren Struktur, die durch verbindlich festgelegte Dokumenten-, Annotations- und Feedback-Bereiche strukturiert ist, die sich in jedem beteiligten Fach wieder finden (z.B. ePortfolio-Bereich für die Fächer Deutsch, Mathematik und Sozialkunde u.ä.). Damit soll die verbindlichen Nutzung angeregt und eine Orientierung für die Lerner ermöglicht werden. Ole schildert im abschließenden Gespräch über die von ihm wahrgenommene Qualität der ePortfolio-Arbeit:

Ole: [...] ich hab' hier 'ne bessere Übersicht als im Heft, ich kann hier die einzelnen Fächer anklicken und hab' gleich die Ordner was wir gemacht haben und kann's mir angucken [...]

Die Aussage „'ne bessere Übersicht als im Heft" schildert den Aufbau und die Struktur der Plattform durch Fächer (Deutsch, Mathematik u.ä.) und Ordner (ePortfolio-Mappen, die Dokumente aufnehmen können). Diese äußere Struktur wird nach Aussagen der Schüler genutzt, um die entstandenen Lernresultate zu dokumentieren. Es entwickelt sich ein an der äußeren Struktur der Plattform orientiertes Qualitätsverständnis, das sich auf die übersichtliche Darstellung, Anordnung und Annotation der Dokumente bezieht. Das heißt, die Schüler strukturieren ihre Mappen, indem sie die Dokumente selbst kommentieren und diese – dem Erstellungsdatum folgend – ablegen, so dass der Lernprozess deutlich wird (was ist zu Beginn entstanden, was später usw.). Mareike berichtet über die von ihr geschaffene Struktur:

Mareike: Ähm ...auf was ich geachtet hab'...heehee ich könnte jetzt sagen "auf's hochladen", aber hab' ich ja nicht (lacht) ...ähm, aber vor allen Dingen, dass meine Kommentare von anderen drin stehen und das ich eben so richtig übersichtlich bin und alles hier so schön geordnet steht.

„So schön geordnet" beschreibt das Handlungsmuster bezogen auf die Dokumentation ihrer ePortfolio-Arbeiten. Auch in den folgenden Interviewauszügen betonen die Schüler die Strukturierung ihrer Dokumente:

*Sergej: Ja, weil man da die Sachen halt abspeichern kann und die nicht durcheinander sind und halt gut geordnet *** und das man da halt immer reingucken kann, was man gemacht hat vor drei Monaten oder einem Jahr. [...] man erstellt ja neue Dateien [...] und wenn man 'nen Ordner anlegt, dann kann man das ordnen und hat das Wichtigste zum Thema.*

Lena: Das halt alles in der Reihenfolge da steht und das es auch nicht so durcheinander ist und irgendwelche noch Zeichen vor oder hinter der Schrift, ja das halt Kommentare da sind und das es halt nicht so da hingehuscht ist, dann guckt man da auch viel eher hin, finde ich, weil da findet man auch eher was wieder.
Julia: [...] kann man schön gliedern und ähm in die einzelnen Unterpunkte einteilen und es ist noch mal 'ne schöne Übersicht, also wie man hier oben halt, also das finde ich auch sehr gut, da kann man im Schnellblick noch mal sehen, wie man's erarbeitet hat [...]

Larissa: [...] also hier das Zusammenleben der Familie steht halt oben und hier sind alle Punkte dazu und hier Zusammenleben in der Familie...und hier und hier, es ist halt alles drin und man kann alles sehen, was wir dazu gemacht haben. Reflexionstext, Zusammenfassung, Gliederung.

Interviewer: Auf was hast du immer besonderen Wert gelegt?

Larissa: Dass es übersichtlich ist.

Die Schüler sprechen die Dokumentation ihrer Lernresultate in einer selbst gewählten Zusammenstellung an, die sich an den strukturellen Möglichkeiten der ePortfolio-Plattform orientierte. Gleichfalls lässt sich aber nicht sagen, dass die bestehende Struktur einen Automatismus eröffnet hätte, der allen Schülern zu einer strukturierenden Anordnung verholfen hätte. Mit Blick auf die zuvor vorgestellten Ergebnisse der Dokumentenanalyse kann gesagt werden, dass unterschiedliche Nutzungsmuster und dokumentierte Reflexionen entstanden sind. Aus den Interviewaussagen lässt sich ablesen, dass im Zuge der Beschäftigung mit der ePortfolio-Plattform ein eigenes Qualitätsverständnis für die Zusammenstellung der Dokumente entstanden ist. Dieser Prozess ist von Reflexionen begleitet, indem die Mappe kritisch geprüft wird, ob sie dem eigenen Qualitätsverständnis entspricht und ob sie einen geordneten Überblick für Mitschüler ermöglicht. Die zweite Perspektive, die die Betrachtungsrichtung eines möglichen Interessierten (z.B. die Mitschüler, die Lehrer) vorweg nimmt und die Mappe entsprechend strukturiert, findet sich in den folgenden Aussagen von Lena wieder:

Lena: Ähm...weil im Heft...da liest es ja nicht jeder und im Heft bin ich auch nicht so ordentlich (lacht), weil ähm da guckt nicht jeder rein und im ePortfolio kann ja jeder aus der Klasse deine Startseite aufrufen und in dein Profil reingehen und gucken und dann ist das schon schön, wenn da alles ordentlich ist.

Interviewer: Hatte dieser Gedankengang eine besondere Bedeutung für dich, also zu sagen „ich muss es ordentlich machen"?

Lena: Ja, eigentlich schon. Ich fänd's auch nicht so schön, wenn's nicht so ordentlich wär' [...]

Neben den Mitschülern, die angesprochen werden und auf das jeweilige ePortfolio zugreifen, um sich einen Überblick über das Bearbeitete der Klassenkameraden zu verschaffen, berichten einzelne Schüler, dass sie ihre ePortfolio-Arbeiten strukturiert haben, da sie auch für den Lehrer zugänglich sind:

Julia: man ähm hat auch ähm mehr gelernt, alles ordentlich zu machen und rechtzeitig etwas fertig zu machen, weil im ePortfolio kann's ja jeder sehen, wenn man's im Heft hat, kann's der Lehrer mal sehen oder ja da fällt's nicht so auf, wenn man mal was nicht hat, im ePortfolio muss man es ordentlich [...] machen [...]

Ole spricht ebenfalls die öffentliche Einsichtnahme durch seine Klassenkameraden an, die ihn motivierte, sich umfassender mit denen im Rahmen des ePortfolio-Unterrichts entstandenen Dokumenten auseinanderzusetzen:

Ole: [...] wenn man jetzt mit ePortfolio arbeitet und man schreibt irgendein Dokument und setzt es ins ePortfolio so und dann können es die anderen ja bewerten und das is' ja anders als in einem Heft, da kann ich eigentlich nur reingucken und hier kann das die ganze Klasse oder sogar die ganzen A-Kurse und ähm, da will man schon 'nen guten Eindruck hinterlassen, jetzt nicht so dass man zu faul ist, mal 'ne halbe Seite mehr zu schreiben, deshalb glaube ich, dass man sich da auch mehr Mühe gibt als anders, das glaub' ich schon.

Arrangieren und Optimieren

Das von den Schülern angesprochene strukturierende und ordnende Element der ePortfolio-Arbeit, scheint eine herausragende Rolle im Lernen mit dem ePortfolio zu spielen. Die Öffentlichkeit im Klassenkontext ist bedeutend, denn sie regt zum Reflektieren, Lernen, Überarbeiten und Arrangieren ein. Reflexionen regen zur „empfängerbewussten" Darstellung an. Neben der äußeren Strukturierung der Dokumente auf der ePortfolio-Plattform, werden auch diese Prüfungen unterzogen.

Ausschlaggebend ist hierfür ein eigenes Qualitätsverständnis, das mit Hilfe der zunehmenden Erfahrungen und Anregungen von außen entwickelt wurde. Ein nicht lesbarer Text, der aus vielen Fremdwörtern besteht und per Copy-and-Paste aus dem Internet eingefügt wurde, ist – nach Aussagen der Schüler – für die Mitschüler schwierig zu verstehen. Das heißt, die Schüler müssen z.B. sprachliche Ausdrücke verwenden, die für die Klassengemeinschaft verständlich sind. Diese empfängerbewusste Ausarbeitung schult die Textproduktionsfähigkeiten und den reflexiven Blick auf das, was zu bearbeiten ist. Der reflexive Vorausblick, der die Suche nach geeigneten Informationen im Internet und die Erstellung eines eigenen Lerngegenstands (hier: Text) leitet, wird im Gespräch mit Abdul deutlich:

Abdul: Zum Beispiel gibt man bei Google ein, gibt ein also „Lichtbrechung" zum Beispiel und dann stehen da ja dann immer Texte, die man selber eigentlich nicht versteht und die nicht einfach in Word rein kopieren und speichern, also das bringt ja dann eigentlich nix [...] also manche Sätze hab' ich stehen lassen, manche habe ich auch verbessert.

Interviewer: Warum hast du sie verbessert?

Abdul: Weil man sie sonst nicht verstehen würde. [...] Dass es meine Mitschüler alle verstehen können, also das nicht irgendwelche Fachwörter darin vorkommen, die keiner kennt.

Die Aussage „dass es meine Mitschüler alle verstehen können“ nimmt ein zentrales Element für die Erstellung des Textes zum Thema „Lichtbrechung“ ein. Diese verständliche Ausarbeitung betrifft nicht nur einen Text, sondern auch die Erstellung einer Powerpoint-Präsentation:

Metin: Ähm ... also ganz am Anfang unser erstes Thema, da mussten wir eine Präsentation vorbereiten und das konnten wir uns aussuchen, über was wir das machen und da musste ich was erklären und das war ja so, ich wusste das ja selber schon und am Ende war ich mir sicher, dass die das verstehen würden, aber dann haben die das net verstanden [...]

Interviewer: Und wie machst du das jetzt, damit die anderen alles verstehen?

Metin: Dass ich das dann deutlicher erkläre und jetzt krieg ich ja auch Feedbacks, da schreiben die ja dann, wenn die etwas nicht verstehen und dann ändere ich das halt und schreibe das so, dass man es versteht.

Gegen Ende des ersten Abschnitts wird die Verunsicherung deutlich, die Metin widerfahren ist, als er dachte, seine Mitschüler hätten die auf der ePortfolio-Plattform hinterlegte Powerpoint-Präsentation verständlich empfunden. Er musste feststellen, „dass die [Anm.: Mitschüler] das verstehen würden, aber dann haben die das net verstanden“. Im zweiten Abschnitt berichtet er über die gewonnene Erfahrung und den Versuch, deutlicher zu erklären und zu beschreiben. Im Beispiel von Metin lässt sich die mit der Zeit gewonnene Einsicht zeigen, Lerngegenstände in einer gewissen Qualität aufzuarbeiten. In den Aussagen wird deutlich, dass sich die Schüler für die sachgemäße Zusammenstellung ihrer Arbeiten verantwortlich fühlen und diesbezüglich detaillierte Überlegungen anstellen:

Julia: Ähm, ja also ich hab′ viel Wert darauf gelegt, dass die Texte sinnvoll sind, dass meine Mitschüler die Texte verstehen, dass es auch nicht einfach irgendwie ein Text ist, nicht irgendwie, ich meine Gestaltung spielt keine so große Rolle, aber dass man irgendwie sich das irgendwie gerne anguckt, weil ich denk mal das man, wenn man was mit den Augen sieht, wenn's schön gestaltet ist, dann lockt das eher mal das anzugucken. Ja, mit Bildern halt das Ganze versehen, da leg′ ich schon viel Wert drauf, weil ich das auch an mir selber sehe, wenn irgendwas schön gestaltet ist, dann geh′ ich drauf zu und lese es oder gucke es mir an. Ja und ich hab′ auch Wert darauf gelegt, ähm, dass ich's ähm nicht irgendwo von ′ner Seite kopiere, sondern dass ich es bearbeite und das ich dann am Ende, dass ich es dann verstanden habe.

Neben dem allgemeinen Textverständnis spricht Julia über die Zusammenstellung und visuelle Aufbereitung ihrer Dokumente. Sie kommt auf Überlegungen zu sprechen, die für die Gestaltung leitend gewesen sind („weil ich denk mal [...], wenn's schön gestaltet ist, dann lockt das eher mal das anzugucken“). Ebenfalls spricht sie sich gegen ein mögliches Copy-and-Paste von Informationen aus dem Internet aus und nennt das eigene Verständnis („dass ich es dann verstanden habe“) als leitende Kategorie für die Erstellung eines Textes. Insgesamt zeichnet sich in den Aussagen eine gewisse Verantwortlichkeit für das eigene Lernen und die im ePortfolio zu dokumentierenden Lernresultate ab. Die Erstellung von Dokumenten wie Word-Texten und Powerpoint-Präsentation nimmt *ein* Element innerhalb der ePortfolio-Arbeit ein, die öffentliche Präsentation derer zum Abschluss einer Einheit ein anderes. Wie bei der Vorstellung des didaktischen Arrangements (Kapitel 5.3.5) gezeigt, präsentieren die Schüler nach der Fertigstellung ihrer Mappen diese der Schulklasse im Plenum. Im Gespräch berichten sie über die damit ablaufenden Überlegungen hinsichtlich der angemessenen Darstellung der Sachinhalte:

Friederike: [...] ich hab' mich richtig damit beschäftigt, was die einzelnen Fremdwörter überhaupt sind, auch in der Physik. Da habe ich, ich wusste die ganze Zeit, irgendwie hatten wir das Thema Frequenz schon mal durchgenommen, aber ich wusste es nicht mehr. Und dann hab' ich ne Zeit lang überlegt und dann hab' ich gedacht, so geht das nicht und jetzt find ich's raus. Da hab ich mehr drüber nachgedacht, auch gerade wenn ich 'nen Vortrag halten muss, muss ich das Wort ja auch erklären können, wenn ich das dann habe.

Friederike schildert die bei der Vorbereitung der Präsentation ablaufenden reflexiven Momente, die Anlass gaben, sich verstärkt mit dem Fachwissen auseinanderzusetzen. Die Reflexionen waren von der Frage geleitet, ob das im Rahmen des Vortrags vorzustellende Sachwissen („Thema Frequenz") verständlich ist, so dass es im Klassenplenum beschrieben werden kann („muss ich das Wort ja auch erklären können"). Zu einer ähnlichen Einschätzung kommt Konstantin:

Konstantin: Ich finde, bei der ePortfolio kann man sehr viel selbst entscheiden, ob das einen Sinn macht oder nicht, jetzt wie gesagt bei dem Thema mit Wales, wenn du das Zeug einfach nur rein kopierst und dann sagst, ja habe ich gemacht und fertig, dann macht das keinen Sinn, weil du weißt nichts mehr über Wales.

Interviewer: Und wo hat es Sinn gemacht, kannst du ein Beispiel vielleicht geben?

Konstantin: Ganz klar bei Physik und Bio, da haben wir eine gemeinsame, das war diese Präsentation über Lärm, weil da konnte man nicht viel aus dem Internet halt raus kopieren was man nicht verstanden hat, weil im Endeffekt, wenn man es präsentiert, mussten wir so wenig Text wie möglich machen und wir mussten alle Bilder praktisch selbst beschreiben und wenn du dann das nicht wusstest, was du aus dem Internet kopiert hast, warst du arm dran.

Im Textausschnitt spricht Konstantin das Erstellen von Powerpoint-Präsentationen an, deren Inhalte (Thema „Wales" und Thema „Lärm") er zusammengestellt hat. Im Fall von Konstantin war es entscheidend, Inhalte zu wählen, die er mündlich erklären kann. Die intensive Beschäftigung mit den Inhalten und die Vermeidung der direkten Übernahme der Informationen leiteten in vielen Fällen den Erstellungsprozess der Dokumente.

Anregen lassen und Perspektiven gewinnen

Das Nachdenken über die eigenen Lerngegenstände und -resultate wurde – wie gezeigt – von der klassenöffentlichen Struktur der ePortfolio-Arbeit begleitet. Sie führte dazu, sich intensiver mit der eigenen Erarbeitung auseinanderzusetzen. Dieses

Vorgehen wurde mit einer gewissen Verantwortlichkeit für die eigene Erstellung der ePortfolio-Arbeiten verbunden, die im Gespräch für den jeweiligen Aspekt (z.B. Inhalt, Gestaltung, Struktur) benannt werden. Reflexionen entstehen, indem sie eigene Lerngegenstände im Hinblick auf die Verständlichkeit für die eigene Person und für Dritte analysieren sowie Schritte für die Modifizierung ableiten. Dieses reflexive Moment entsteht aus der öffentlichen Einsichtnahme und wird durch die bestehende Möglichkeit unterstützt, ein Feedback zu den Produkten (und auch Prozessen) der Mitschüler zu äußern und zu erhalten. Damit bestehen die erzielten Lernresultate nicht für sich, sondern sie bilden den Mittelpunkt eines Überarbeitungsprozesses, der von Kommentaren der Mitschüler angeregt wird. Christopher berichtet über Unsicherheiten in der Einschätzung der Qualität eigener Dokumente:

Christopher: Aber wenn man seine eigene Meinung so hat, dann weiß man nämlich immer nie, sieht das auch für die anderen gut aus und wenn man dann von den anderen so'n Feedback kriegt, dann weiß man ja da, so'n bisschen fehlt noch so und dann kann man das noch einfügen, so, wenn man dann am Computer sitzt.

Diese Anregung („so'n bisschen fehlt noch"), die die Schüler von ihren Mitschülern erhalten, motiviert zur weitergehenden Vertiefung und Beschäftigung mit dem Lerngegenstand, wie der folgende Ausschnitt aus dem Interviewgespräch zeigt:

Sarah: Wenn ich was vergessen habe, was mir nicht eingefallen ist, dann ist das schon gut wenn's immer noch mal einer sieht, zum Beispiel bei dem Namen und ähm, damit man halt noch was ändern kann, ich finde, wenn man einen Kommentar bekommt, gibt das einem auch immer Mut weiterzumachen.

Sarah spricht vom „Mut weiterzumachen", in der sich die aus dem Feedback gewonnene Motivation für das Lernen mit dem ePortfolio erkennen lässt. Diese Anregungen finden – wie gezeigt – in den meisten Fällen zwischen Schülern und Schülern statt. Der Feedback-Prozess ist in der Klasse verzweigt, so dass sowohl Feedback empfangen als auch gegeben wird. In den Interviews berichten die Schüler über die Perspektiven, die sie mit der Hilfe eines erhaltenen Feedbacks gewonnen haben. Dieser spezifische Austausch der Schüler motiviert zur weitergehenden Vertiefung und wird als hilfreich für das eigene Lernen empfunden. Dabei wird nicht nur der Austausch der Schüler untereinander geschätzt, sondern auch der Austausch mit dem Lehrer:

Xenia: Weil dann hat halt der Lehrer, der war dann nicht so wie ein Lehrer halt bei dem Kommentar, sondern wie ein Mitschüler, der dir einen Kommentar schreibt und sagt was nicht so schön und was schön war, das fand ich halt voll schön.

In den Aussagen Xenias wird ihre Wahrnehmung der Lehrerrolle deutlich, die im Rahmen der ePortfolio-Arbeit von den Lehrkräften gezeigt wurde. Diese Anregungen von außen werden von den Schülern als motivierend empfunden. Das Potential dieser Anregungen liegt darin, eigenes Lernen zu reflektieren und alternative Wege der Erschließung einzuschlagen:

Fatma: Also zum Beispiel bei Inhaltsangaben in Deutsch, das ist gerade unser Thema, da schreiben wir Inhaltsangaben im Word-Programm und dann laden wir die auf die Platte und ich finde das irgendwie besser. Wenn wir dann Kommentare von den Lehrern und von Mitschülern kriegen, die geben ja auch einem Tipps. Zum Beispiel wenn ′ne Freundin bei mir hinschreibt: "Das hättest du besser machen können" oder "Im ersten Satz ist ein Rechtschreibfehler", so Sachen sieht man ja selber gar nicht.

Fatma spricht die gewonnene Einsicht an („so Sachen sieht man ja selber gar nicht“), die mit dem Erhalt des Feedbacks („Tipps“) verbunden gewesen ist. Die Anregungen der Mitschüler helfen ihr, die eingeschlagene Bearbeitung zu modifizieren und Rechtschreibfehler zu beheben. Die produktorientierte Sicht auf den Lerngegenstand, die die Überarbeitung und Optimierung der entstandenen Produkte zum Ziel hat, wird auch in folgenden Textausschnitten deutlich:

Christine: Ja, dass halt, dass halt, mehr dadurch gelernt, also, da hat man halt gemerkt, was man für Fehler gemacht hat, so ich habe jetzt was z.B. in Deutsch hochgeladen, hatte etwas mit den Zeitformen falsch gemacht, da hat jemand halt geschrieben, hier du hast was mit den Zeit, die Zeiten vertauscht und so, und dann habe ich halt geguckt und dann habe ich es halt verbessert [...]

Ole: [...] wenn man was hochgeladen hat und ein anderer schreibt einen Kommentar, dann merkt man ja auch selber, was man für Fehler gemacht hat und kann die ja dann ändern, das ist eigentlich auch ganz gut [...]

Christine und Ole nennen in ihren Ausführungen die nicht korrekte Bearbeitung eines Sachverhalts in den auf der ePortfolio-Plattform abgespeicherten Dokumenten („hochgeladen“). Durch ein Feedback („Kommentar“, „geschrieben“) wurden sie auf diesen Sachverhalt aufmerksam („halt geguckt“, „dann merkt man ja“). Diese nähere Betrachtung richtet sich aber nicht nur auf die entstandenen Produkte, wie die eigenen Texte, sondern auch auf den gesamten Lernprozess, der mit der Erstellung einer ePortfolio-Arbeit verbunden ist. Hier regt das Feedback zur vertieften Auseinandersetzung mit den möglichen Lerninhalten an:

Metin: Zum Beispiel bei meiner Präsentation über meine Heimatstadt, da muss ich also, ich habe im Internet nicht viel darüber gefunden, aber wegen den Feedbacks ist mir dann noch eingefallen, was ich noch schreiben könnte.

Der anregende Charakter der Feedbacks hat dazu geführt, sich stärker und differenzierter mit der gewählten Thematik („meine Heimatstadt") auseinandersetzen und alternative Zugänge zu finden, die das Gewählte vertiefen („ist mir dann doch eingefallen, was ich noch schreiben könnte"). Diese Anregungen von außen werden geschätzt und positiv bewertet:

Julia: [...] es waren aber auch Kommentare zum Beispiel, dass man einen Text zum Beispiel mehr verkürzen kann und das hat man dann halt so geholfen, weil man selber empfindet zum Beispiel Sachen als wichtig oder ja und dann wird der Text halt ziemlich lang und dann sagen die Schüler "Ja, das und das hättest du kürzen können, das war nicht so interessant" ähm, es ist eigentlich schon immer sehr hilfreich.

Julias Aussage „weil man selber empfindet zum Beispiel Sachen als wichtig" beschreibt die eigene Perspektive auf den Lerngegenstand und die Bewertung dessen („als wichtig"). Mit der Anregung von außen hat sie die Möglichkeit erhalten, das entstandene Produkt („Text") zu modifizieren („kürzen"). Diese mögliche Modifizierung wird auch in der Aussage von Christopher deutlich, der mit der Hilfe eines Feedbacks sein Dokument („Gliederung") anreichern konnte:

Christopher: Bei der Gliederung, da ham wir zum Beispiel nur die Gliederung aufgeschrieben und nicht noch so Bilder oder so was. Und auch die Unterfragen, die man da vorher stellen musste, die haben wir nicht geschrieben. Da ham die geschrieben, ähm „ihr müsst... ähm, eure Gliederung ist etwas kahl..." oder so, „ihr könntet noch die Unterfragen dazu schreiben" und dann ham wir das gemacht.

Die Aussage „und dann ham wir das gemacht" beschreibt die Aktivität, die sich aus der Anregung ergeben hat. Bedeutsam ist, dass diese Anregungen für die weitere Bearbeitung der eigenen Arbeiten eine erhöhte Beachtung finden:

Michael: Also jetzt auch bei der Inhaltsangabe, ich habe auch gedacht, die wäre gut, so wie sie geschrieben wurde und dann habe ich noch Kommentare mit

Verbesserungsvorschlägen gekriegt und dann achte ich auch immer auf die Punkte mir dann genannt wurden [...]

„Und dann achte ich auch immer auf die Punkte" zeigt das reflexive Handlungsmuster, das für die Gestaltung der Lernprozesse (hier: Überarbeitung eines Sachverhaltes) leitend gewesen ist. Die Schüler überarbeiten das Erstellte auf der Grundlage der geäußerten Anregungen. Dieser Anregungscharakter, der durch die erhaltenen Feedbacks der Klassengemeinschaft entsteht, führt zu Reflexionen der eigenen Lernprozesse und Lerngegenstände. Diese Anlässe zur Reflexion, die im Zusammenhang mit der Erstellung einer ePortfolio-Arbeit auftreten, stehen im Kontext mit dem Lernen mit der interaktiven, klassenöffentlichen Plattform. Der hiermit verbundene interaktive Status, der es erlaubt, entstandene Lernresultate zu präsentieren und zu annotieren, beeinflusst die weitere Gestaltung der Lernprozesse. Im Zuge dieser Auseinandersetzungen entstehen Anlässe, über das eigene Lernen und die entstandenen Produkte nachzudenken. Reflexionen entstehen, indem die eigene ePortfolio-Arbeit im Hinblick auf die empfängerbewusste Darstellung und fachlich angemessene Aufarbeitung eingeschätzt und bewertet wird. Darauf aufbauend entstehen weitere Reflexionen in der Modifizierung des Bearbeiteten. Der Prozess des Reflektierens am selbsterstellten Produkt erhält zusätzlich Unterstützung durch die bestehenden Anlässe zum Geben und Erhalten von Feedback. Diese Form der schriftlichen Rückmeldung, die über ein Kommentarfeld geäußert wird, regt die Sicht auf das eigene Lernen und die eigene Erstellungspraxis einer dokumentierten ePortfolio-Arbeit an. Die Praxis des Feedback-Gebens und -Erhaltens ist für die Schüler mit großer Lernmotivation verbunden, die sich in der Wertschätzung der damit verbundenen Anregungen auszeichnet. Auf der Grundlage des von den Schülern in den Interviewgesprächen Gesagten kann damit festgehalten werden, dass ePortfolio-Unterricht unterschiedliche Reflexionen ermöglicht. Dabei ist der Blick sowohl auf das Bestehende und Erreichte wie auch auf die Weiterentwicklung dessen gerichtet.

6.3.2 Reflexionen im Lernprozess

In einem zweiten Schritt werde ich klären, welche Anlässe zum reflexiven Lernen mittels der vorbereiteten Vorlagen entstanden sind und welche Lernprozesse reflektiert wurden. Dieses Vorgehen soll dazu beitragen, die im Rahmen der Dokumentenanalyse gezeigten Nutzungsmuster zu verstehen. Im Lerntagebuch konnte von den Schülern zu unterschiedlichen Anlässen und Zeitpunkten Einträge getätigt werden. Dazu existierte ein Lerntagebuch-Bereich auf der ePortfolio-Plattform, der für jeden Schüler das Führen eines eigenen Lerntagebuchs ermöglichte. Wie bereits in Kapitel 5.3.2 angesprochen, existierte das Lerntagebuch in einem geschlossenen Bereich der Plattform, der für die Mitschüler nicht zugänglich war. Die Analyse des Nutzungsverhaltens, das sich auf der Grundlage der entstandenen Dokumente (hier: Lerntagebuch-Eintragungen) erkennen ließ, zeigte eine heterogene Breite der Nutzung. Dabei entstanden Eintragungen, die das Gelernte und Erfahrene in unterschiedlicher Qualität thematisierten und reflektierten. Die Reflexionen standen im Zusammenhang mit einer in der Bearbeitung befindlichen ePortfolio-Arbeit.

Erkennen und Formulieren
von Lernzielen und Zwischenergebnissen im Lerntagebuch
Grundlegend kann auf der Grundlage der Dokumentenanalyse davon ausgegangen werden, dass jeder Schüler das Lerntagebuch zu unterschiedlichen Anlässen im Lernprozess geführt hat. Folgende Aussage Maries verdeutlicht ein mögliches Nutzungsverhalten:

Marie: Ich habe geschrieben ganz am Anfang, bevor ich am Projekt arbeite, was ich machen möchte und dann am Ende wenn ich fertig bin, was ich gemacht hab' und bis wann ich was noch machen möchte.

Maries Bericht illustriert die reflexive Praxis im Lerntagebuch, die zu unterschiedlichen Zeitpunkten im Lernprozess zu einem Eintrag geführt hat. Sie berichtet über die Formulierung von Lernzielen („was ich machen möchte"), das Berichten über das Bearbeitete („was ich gemacht hab'") und das Festsetzen von weiteren Lernzielen, die in einem zeitlichen Rahmen zu erreichen sind („bis wann ich was noch machen möchte"). In ihrer Aussage scheint das Lerntagebuch und das damit verbundene Reflektieren des Bearbeiteten und Gelernten im Lernprozess eingebunden zu sein. Dass die geäußerten Ziele Orientierung für die weitere Erarbeitung bieten, zeigt der folgende Ausschnitt aus dem Interview mit Charlotte:

Charlotte: Ja, dann weiß man halt, wie man voran gekommen ist und was man in letzter Zeit dann halt gelernt hat [...] Wenn man zum Beispiel an dem einen Tag hm, in Deutsch weiter gearbeitet hat und am nächsten Tag in Französisch weiter arbeitet und hm, dann nicht mehr so genau weiß, wo man in Deutsch war, also wie weit man da gekommen ist, und das noch nicht hochgeladen hat, dann kann man da nachgucken.

Die festgehaltenen Zwischenergebnisse ermöglichen eine Standortbestimmung des bislang Erreichten. Das Festhalten von Bearbeitetem wird aber nicht nur im Kontext des Lernprozesses genutzt, sondern auch in zeitlich übergreifenden Zusammenhängen:

Ole: Also ich hab'n Überblick, wann ich was gemacht hab'. Das ist so wie wenn man beim Heft immer jeden Tag das Datum an Rand schreibt [...] so hat man die bessere Übersicht über's Jahr, wenn ich jetzt zum Beispiel in Musik wissen will, was wir da gemacht haben, dann geh' ich zwei Monate zurück und dann kann ich da gucken, also man hat den besseren Überblick, was man gemacht hat, ob's einem gefallen hat.

Die Aussage von Marie, Charlotte und Ole sollten das angesprochene Nutzungsverhalten des Lerntagebuchs illustrieren, das zu unterschiedlichen Zeitpunkten zu einem Eintrag führte und das Nachdenken über das eigene Lernen und Bearbeitete angeregt hat. Damit entstanden Eintragungen im Lerntagebuch, bei denen persönliche Lernziele, wahrgenommene Lernresultate oder Arbeitsergebnisse festgehalten wurden. Wie mit den Aussagen von Marie und Charlotte gezeigt, verwendete ein Großteil der Schüler das Lerntagebuch als „Erinnerungsstütze“ im Lernprozess der ePortfolio-Arbeit. Alena schildert dieses Vorgehen und setzt es in Relation zur bestehenden Praxis der Heftführung:

Alena: [...] im ePortfolio schreib' ich ja noch mal was ich machen will oder was ich gemacht hab' und im Heft schreib' ich ja so was gar nicht hin. Da lern' ich einfach und habe auch nicht die Erinnerung, dass ich noch irgendwas machen will.

Sie spricht das Anregungspotential des Lerntagebuchs an, das ihr im Umgang mit dem Heft in dieser Qualität nicht widerfahren ist („im Heft schreib' ich ja so was gar nicht hin). Dabei benennt sie das mit der ePortfolio-Arbeit verbundene Lernen, bei dem sie eigene Lernvorhaben realisierte („dass ich noch irgendwas machen will“). Dieses Vorgehen findet sich bei Nora wieder:

Nora: [...] ich habe ja immer reingeschrieben... ja ich finde jetzt noch mehr Informationen über den Weltkrieg und dann habe ich das auch wirklich gemacht, wenn ich das nicht aufgeschrieben hätte, dann hätte ich das auch nicht gemacht.

Ihre Aussage „wenn ich das nicht aufgeschrieben hätte“ zeigt die beim Schreiben und Lesen der Einträge im Lerntagebuch entstandene Lernmotivation. Ihr Eintrag hält neben dem Gelernten auch persönliche Lernziele fest, die es im weiteren Lernprozess zu erschließen gilt. Es zeigt sich, dass das Lerntagebuch bei vielen Schülern im Lernprozess eingebunden ist:

Marie: Ich guck' immer, bevor ich anfange zu arbeiten, noch mal rein, was ich geschrieben habe [...]

Marie schildert ihr Vorgehen bei der Bearbeitung einer von ihr selbst gewählten ePortfolio-Arbeit. Ihr Eintrag hält wahrgenommene Zwischenergebnisse im Kontext des zu gestaltenden Lernprozesses fest und verschafft Orientierung bei der Weiterarbeit.

Explizieren von Sachinformationen im Lerntagebuch
Neben der Nutzbarmachung des Lerntagebuchs bei der Gestaltung und Reflexion von Lernprozessen, die im Zusammenhang mit einer ePortfolio-Arbeit stehen, wird dieses auch genutzt, um fachliches Wissen zu memorieren (z.B. für Tests, Klassenarbeiten u.ä.). Wie bereits mit Oles Aussage gezeigt, verwenden die Schüler das Lerntagebuch zum episodischen Festhalten von neu gelernten Sachinformationen, die im Unterrichtsgeschehen vom Lehrer vermittelt wurden:

Alena: [...] ich hab' wenn ich ins ePortfolio gegangen bin, habe ich da reingeschaut, zum Beispiel bei den Mathe-Aufgaben, da stand ja dann, wie's geht und ich hatte ja immer ein Beispiel und ähm...da habe ich halt, wenn ich vergessen hatte, wie's geht, habe ich da halt noch mal ein Beispiel.

Die von Alena angesprochene Situation steht nicht im Zusammenhang mit der ePortfolio-Arbeit, sondern mehr mit der Bearbeitung von Aufgaben des regulären Mathematikunterrichts, in dem das Lerntagebuch Verwendung findet. Diese Einträge werden getätigt, um z.B. das für eine Lernsituation erforderliche Sachwissen (z.B. Lösungsweg, weitergehende Sachinformationen u.ä.) festzuhalten:

Lukas: [...] meiste Zeit schreibt man da rein, was man im Unterricht gemacht hat [...] das kommt einem ja dadurch in den Kopf wieder [...] da lernt man das auch noch mal und so, was da noch mal gemacht hat genau, so, und dann ist das halt nochmal bisschen länger im Kopf abgespeichert.

Die Aussage „dann ist das halt nochmal bisschen länger im Kopf abgespeichert" illustriert das Memorieren von Sachinformationen, die in bestimmten Lernsituationen abgerufen werden. Neben dem Festhalten des für die weitere Bearbeitung und Nutzung notwendigen Sachwissens im Kontext einer rezeptiven Handlungspraxis, werden auch verbindliche Erarbeitungs- und Abgabetermine im Lerntagebuch notiert:

Ole: In Kunst da sollten wir...ich glaub' wir sollten ein Bild fertig machen mit Picture Publisher und ich glaub' ich wusste nicht mehr bis wann wir das Bild fertig haben sollen, so und da hatte ich geguckt und ich hatte zum Glück vorher einen Eintrag gemacht ins Lerntagebuch, wo drin stand bis zum so und so Vielten sollten wir das Bild abgeben, das hat mir dann auch geholfen, sonst hätte ich ja den Abgabetermin nicht mehr gewusst.

Die angesprochene Abgabe des am Computer zu erstellenden Bildes wird von Ole mit einem Termineintrag im Lerntagebuch festgehalten. Die von ihm angesprochene Nutzung steht, wie im Beispiel von Lukas und Alena gezeigt, nicht im Zusammenhang mit einem Lerngegenstand, der im ePortfolio dokumentiert wird. Der Unterricht bindet lediglich das Lerntagebuch ein, indem die Schüler Einträge zum im Kunstunterricht Erfahrenen vornehmen. Diese Handlungspraxis wird von weiteren Schülern angesprochen, die ähnliche Einträge verfasst haben. Sie entstehen weniger aus dem Lernprozess an einer ePortfolio-Arbeit heraus, sondern halten das im regulären Unterricht Erfahrene fest. Neben dem allgemeinen Festhalten von Sachinhalten werden diese Einträge zur Vorbereitung von Klassenarbeiten genutzt.

Diese beiden reflexiven Handlungspraxen verdichten sich in den Aussagen der Schüler. Dabei wird das Lerntagebuch in zwei möglichen Ausprägungsformen genutzt, die sich mit Hilfe der Schüleraussagen zeigen lassen: Entweder ist das Lerntagebuch ein Teil der mit der ePortfolio-Arbeit verbundenen Lernprozesse oder eine eigenständige Methode, die in ausgewählten Lernsituationen (Erfahrenes, Sachwissen im Hinblick der Klassenarbeit) verwendet wird. Damit ist auch die Art und Weise verbunden, wie und zu welchen Anlässen die Schüler über ihr Lernen nachdenken.

Vergegenwärtigen im Lerntagebuch

Mit der Hilfe des Lerntagebuchs entstehen für die Schüler Einsichten in das eigene Lernen und das im Unterricht Erfahrene. Die nachfolgende Sequenz aus dem Gespräch mit Christine verdeutlicht die aus der Nutzung des Lerntagebuchs gewonnene Einsicht:

Christine: Ei ja, da guckt man, also wenn man jetzt auf dieses Lerntagebuch geht, dann soll man auch schreiben, wie man irgendwie gelernt hat und dann guckt man auch mal selber, was man gemacht hat. Das stimmt halt schon. Dann denkt man halt echt mal drüber nach, wie man gelernt hat [...] also ich habe halt aufgeschrieben, was ich so gemacht habe aber das wusste ich ja selber schon, was ich lern oder nicht. Mir ist halt nur aufgefallen, dass ich relativ wenig lern.

Christine berichtet, dass ihr mit dem Lerntagebuch bewusst wurde, dass sie „relativ wenig lern[t]“. Das Führen des Lerntagebuchs hat dazu beigetragen, die aus der eigenen Wahrnehmung konstituierten Lernresultate zu vergegenwärtigen und zu bewerten. Diese Vergegenwärtigung des Gelernten wird auch bei Mareike deutlich:

Mareike: Es ist so, dass man halt alles im ePortfolio [Anm.: sie meint das Lerntagebuch] mal aufschreibt und dann erst mal noch mal selber denkt, also dass man zum Beispiel bei den Mathe-Aufgaben sag' ich jetzt mal, ähm ... denkt, denkt man, man hat die Prozentrechnung verstanden, aber in Wirklichkeit ist es halt ganz anders und wenn man das dann im ePortfolio [Anm.: Lerntagebuch] noch mal so aufschreibt, dann war das immer „stimmt, das ist ja so und so".

Sie spricht von „stimmt, das ist ja so und so" und beschreibt die Vergegenwärtigung des Gelernten beim Verfassen eines Eintrags. Diese getätigten Einträge sind für die Entwicklung von Lernmotivation bedeutsam. Friederike skizziert auf Nachfrage hin das motivationsfördernde Potential des Lerntagebuchs:

Interviewer: Du hast gesagt, du hast dir dann noch mal die alten Einträge angeschaut und auch drüber gelacht, empfandest du dieses Nachdenken über das, was du gemacht hast, als sinnvoll?

Friederike: Ja. Das hat mir noch mal den Anschub gegeben, das wirklich bis zu der Woche dann fertig zu machen. Zu der Woche, wo ich's jetzt dann eingegeben hatte und dann hatte ich es aber auch wirklich fertig.

Ihr Eintrag hat dazu geführt, den selbst gesetzten Zeitplan für die Fertigstellung der ePortfolio-Arbeit einzuhalten („Anschub gegeben, das wirklich bis zu der Woche dann fertig zu machen"). Wie bereits in der Dokumentenanalyse gezeigt, sind im Rahmen des vorbereiteten didaktischen Arrangements vom Umfang her mehr Einträge im Lerntagebuch entstanden als in den Reflexionstexten oder den Mappenbeschreibungen.

Vergegenwärtigen in den resümierenden Beschreibungen und Annotationen

In der folgenden Interviewpassage berichtet Xenia über die Erstellung des Reflexionstexts. Das Gespräch orientiert sich an einer ePortfolio-Arbeit, die sie vorstellt:

Xenia: [...] ich habe erst mal ganz am Anfang geschrieben, für welches Fach das ist, ähm wo ich das abgespeichert habe, wie viele Aufgaben das waren, was mir eigentlich Spaß gemacht hat und so und dann habe ich die ganzen Schritte beschrieben, wie ich vorgegangen bin, weil das war sehr wichtig. Dann habe ich geschrieben, welche Fehler, also wo ich was nicht verstanden habe [...]

Sie berichtet über den Verlauf der Erstellung des Reflexionstexts und geht auf vollzogene Schritte und persönliche Hindernisse ein. Friederike spricht im nachfolgenden Textausschnitt die eigene Handlungspraxis im Kontext des Reflexionstexts an:

Friederike: Also, ich hab halt geschrieben, wie wir angefangen haben, dann ähm mit was es losging, was alles für Aufgaben drin waren, von wem ich alles Kommentare bekommen hab', nachdem ich eigentlich die Hälfte der Zeit eingestellt hatte, was in den Kommentaren drinstand, was ich in der Präsentation verändert hatte.

Interviewer: Hattest du vorher schon mal einen Reflexionstext geschrieben?

Friederike: Ne, noch gar nicht.

Interviewer: Wie findest du das?

Friederike: Eigentlich ist es ganz sinnvoll. Ist halt noch mal über die Arbeit nachdenken, was hat man zuerst gemacht, wie hat man's gemacht, was hat man für Kommentare bekommen, was hat man verbessert ... sinnvoll ist es allemal.

Im letzten Abschnitt zeichnet sich eine Bewertung der eigenen Praxis ab. Sie führt das Nachdenken über den eigenen Lernprozess an („was man zuerst gemacht hat" und „wie hat man's gemacht") und bewertet es mit der Aussage „sinnvoll ist es allemal". Mareike kommt zu einer ähnlichen Einschätzung:

Mareike: Ich fand's eigentlich gut, man hat so überlegt, man hat so viel gemacht zu dem Referat, hat so viel gesucht, war auf vielen Seiten, also es war ja 'ne ganze Zeit, die wir an dem Referat gesessen haben und man hat sich dann eben noch mal so erinnert.

In ihrer Aussage nimmt das im Rahmen des Verfassens des Reflexionstexts entstehende Nachdenken über das eigene Lernen und die Erstellungspraxis einer ePortfolio-Arbeit (von ihr Referat genannt) ein zentrales Element ein. Diese von den Schülern in den Interviews skizzierte Handlungspraxis wird auch von weiteren Mitschülern angesprochen. Insgesamt kann im Hinblick auf die Aussagen der Schüler gefolgert werden, dass die vorbereiteten Angebote wie Lerntagebuch, resümierende Reflexionsberichte (Reflexionstexte) und die Beschreibungen der Dokumente (Mappenbeschreibungen) das Reflektieren über das eigene Lernen und das im Unterricht Erfahrene intensivieren konnten. Zusätzlich haben die angebotenen Vorlagen zur verbindlichen Nutzung beigetragen. Dabei standen die Vorlagen im Kontext einer ePortfolio-Arbeit, die sich am Kreislaufschema (siehe

Kapitel 5.3.5) orientierte und im Rahmen derer Reflexionen bedeutsam für den Lerngegenstand waren. Die ePortfolio-Arbeit bestand zumeist aus einem selbstständig zu erarbeitenden Lernvorhaben, das zu entwickeln und zu dokumentieren war. Die Reflexionen, die im Lernprozess bei der Planung und Erstellung der Arbeiten entstanden sind, wurden im Lerntagebuch, in den Mappenbeschreibungen und im Reflexionstext festgehalten. Damit verdichten sich in den Aussagen der Schüler Reflexionsanlässe, die von den vorbereiteten Vorlagen sowohl zu Beginn, begleitend, als auch zum Ende der ePortfolio-Arbeit angeregt wurden. Die Betrachtungsrichtung orientierte sich

* bei der Planung eines Lernvorhabens am zu erreichenden Lernziel und den dazu benötigten Fähigkeiten und Kenntnissen
* in der Bearbeitung selbst, in der Sichtung und Vergegenwärtigung des Lernprozesses und der -resultate
* zum Abschluss einer Arbeit am Lernresultat und den damit verbundenen abgeschlossenen Lernprozessen, die bewertet werden.

Diese Form des Reflektierens konnte bei denjenigen ePortfolio-Arbeiten entstehen, die aus einem eigenen Lernvorhaben hervorgingen und die von einem Online-Austausch begleitet wurden. Daneben werden von den Schülern aber noch andere reflexive Handlungspraxen angesprochen, die sich auch in den analysierten Dokumenten verdichten. Die Schüler hielten im Lerntagebuch erinnernswertes Fachwissen fest, das im Unterricht vermittelt wurde. Diese Form der Nutzung steht weniger im Zusammenhang mit den oben gezeigten Lernprozessen, die Anregung zum Nachdenken über das Gelernte bieten, sondern notiert lediglich das erfahrene Fachwissen, um es zu einem späteren Zeitpunkt erneut abzurufen (z.B. Vorbereitung einer Klassenarbeit). Damit existieren zwei von den Schülern angesprochene reflexive Nutzungsmuster, die in den vorbereiteten Vorlagen zur Reflexion gezeigt werden.

6.3.3 Hinderliche Bedingungen

Bei der bisherigen Darstellung war der Blick auf diejenigen Schüler gerichtet, die das ePortfolio zur Thematisierung von Reflexionen im Lernen verwenden konnten. Der Fokus war auf diejenigen Schüler gerichtet, die im Rahmen der ePortfolio-Arbeit von Reflexionen begleitete Lernprozesse dokumentierten und kommentierten. Andere Schüler dagegen haben das ePortfolio und die damit verbundenen Möglichkeiten des Reflektierens nur eingeschränkt genutzt. Die gezeigten Handlungsmuster sollen auf der Grundlage der entstandenen Dokumenteneintragungen und der Interviewaussagen interpretiert werden. Hierbei ist die Frage von Belang, welche individuellen Fähigkeiten, Lernmotivationen und welcher Unterricht die Thematisierung von Reflexionen ermöglicht, begleitet oder verhindert haben. Dieses Vorgehen wird auch vor dem Hintergrund gewählt, um die in Kapitel 3.3 aufgeworfenen Überlegungen zu den Bedingungen der Entwicklungen von Reflexivität im Kontext des Unterrichts zu klären.

Lernmotivationen
Ein Teil der Schüler, die das ePortfolio und die dafür vorbereiteten Reflexionsvorlagen selten geführt haben, berichten im Gespräch über die mangelnde Motivation in Bezug auf die Nutzung des ePortfolios. Konstantins Motivationslage in Bezug auf das Führen des Lerntagebuchs ist dadurch bestimmt, dass er es scheut, umfassendere Berichte über das Gelernte im Lerntagebuch zu verfassen:

Konstantin: Weiß nicht, ich kann, wenn ich beim Lerntagebuch was eintragen soll, weiß nicht, dann mir fällt nicht viel ein, was wir da gemacht haben.

Interviewer: Nur um zu verstehen, was du gesagt hast: Du sagst, du kannst dich dann schlecht daran erinnern, was du gemacht hast?

Konstantin: Also, weil wenn wir da z.B. in Kunst kann ich mir immer daran merken, weil da haben wir nur eine Stunde, aber so was wie Deutsch, da gehen wir teilweise zwei oder drei Stunden hintereinander rein und wenn ich dann sagen soll, was ich da gemacht habe, keine Ahnung, also, das würde einen langen Text geben, ja. [...] Ja und das habe ich dann, schreibe ich nicht rein.

Interviewer: Warum?

Konstantin: Zu faul. Ja, und meistens kriegen wir eine viertel Stunde und das würde mir nicht reichen, und da mache ich lieber die wichtigen Daten und dann lass ich es.

Seine Antwort im letzten Abschnitt des Textauszugs („Zu faul“) illustriert die eigene Nutzungspraxis des Lerntagebuchs. Er scheut es, einen umfassenderen Eintrag zu machen, da ihm die Erinnerung an das Erlernte fehlt („dann fällt mir nicht viel ein“). Im weiteren Verlauf des Gesprächs scheint es, als sei das Verfassen eines Eintrags im Lerntagebuch für ihn durchaus vorstellbar („wenn ich dann sagen soll, was ich da gemacht habe [...] das würde einen langen Text geben“). Auf der Grundlage der mangelnden Motivation macht er dennoch keine Einträge und konzentriert sich nur auf die „wichtigen Daten“ und schreibt stichpunktartige Einträge. In den nächsten beiden Interviewauszügen berichtet Christopher über die mangelnde Motivation für die ePortfolio-Arbeit und benennt die hohe Schriftlichkeit als Hürde:
Christopher: Na ja, am Anfang fand ich das cool, dass wir mit Computer arbeiten. Ich find auch jetzt noch gut, dass wir mit Computer arbeiten, aber... das wird

irgendwie la... ähm... nicht langweilig... ich weiß nicht, wie man's sagen soll... Man geht einfach net gern drauf, weil's viel zu viel Arbeit ist. Ähm... wenn ich jetzt Hausaufgaben mache, dann mach ich meine Hausaufgaben zu Hause und da muss ich dann erst noch mal an den Computer und dann bis das alles irgendwie hochgeladen ist und so was. Also, ich find das macht nur mehr Arbeit, als die Sache wert ist [Anm.: Weiter im Gesprächsverlauf]Aber wenn man da im ePortfolio so schreiben muss, da muss man ja richtig viel schreiben. Und das ist mehr Arbeit und... Ich mein als Kind, wenn man das mittags macht, da hat man ja auch noch was anderes vor, außer dann da so'n Feedback für's ePortfolio zu schreiben.

In Christophers Aussagen ist die mangelnde Motivation für die ePortfolio-Arbeit erkennbar, da das mit dem ePortfolio verbundene Lernen in der eigenen Wahrnehmung zu zeitintensiv ist („viel zu viel Arbeit", „mehr Arbeit", „man hat ja auch noch was anderes vor"). In der Begründung seiner gezeigten Handlungspraxis sticht der Aspekt der hohen Schriftlichkeit hervor („da muss man ja richtig viel schreiben"), der es verhindert, sich stärker zu beteiligen („so'n Feedback für's ePortfolio zu schreiben") und die eigenen Lernprozesse und -produkte schriftlich zu reflektieren. Wie Christopher konnte sich auch Bostjan wenig für das Lernen mit dem ePortfolio begeistern:

Interviewer: Wie hat dir das zurückliegende Schuljahr mit dem ePortfolio-Unterricht gefallen?

Bostjan: Ja, eigentlich nicht so gut. Mir hat das eigentlich nicht so viel geholfen und, äh, also damit umgehen kann ich eigentlich ganz gut, aber trotzdem, mit dem Spaßfaktor ist das jetzt auch net so groß. Es muss eigentlich Spaß machen, aber trotzdem, bisschen schon. Und ich fand das eigentlich nicht so besonders toll.

Interviewer: „Mit dem Spaßfaktor ist das eigentlich nicht so besonders hoch". Wie meinst du das? Kannst du das ein bisschen beschreiben?

Bostjan: Ja, das ist eigentlich so eher langweilig, weil das ist für mich eigentlich nur Zeitverschwendung am ePortfolio zu arbeiten, daheim. In der Schule geht's ja noch, aber daheim ist es für nur, ähm Dings, Zeitverschwendung.

Interviewer: Kannst du das ein bisschen beschreiben, vielleicht mit `nem Beispiel, wo du sagst „das ist Zeitverschwendung" [...]?

Bostjan: Hm, mal nachdenken... im Moment nicht, aber wenn wir... äh, zum Glück kriegen wir da nicht so oft Hausaufgaben auf, im ePortfolio, weil ich glaub, wenn *wir auch Hausaufgaben aufkriegen würden, vielleicht wär's dann `n bisschen interessanter, aber im Großen und Ganzen find ich das Programm nicht so toll.*

Interviewer: An was machst du das fest, dass du das nicht so toll findest?
Bostjan: Ja, ei da, was man jetzt damit lernen kann. Also, ich jedenfalls nicht. Was ich auf jeden Fall jetzt davon lernen kann.

Interviewer: Du sagst, dass du nichts damit lernen kannst. Wie meinst du das?

Bostjan: Ja, jetzt zum Beispiel wenn man, ähm, die Formel da sagt, äh, in der Art „ihr müsst jetzt die Mathearbeit da rein speichern", also die Verbesserungen, und wenn ich das mach, da lern ich eigentlich nichts dabei. Was eigentlich für mich wieder ist, dass ich's wieder ins Heft mach.

Bostjan spricht vom mangelnden „Spaßfaktor", der seine Motivation beeinträchtigt hat. Insgesamt erscheint in seinen Aussagen ein utilitaristisches Verständnis der ePortfolio-Arbeit, das die Möglichkeiten für das eigene Lernen und Reflektieren nicht erkennt. Dabei wird dem Lernen als Memorieren und Einprägen von Sachinformationen eine besondere Bedeutung geschenkt. Das zu erlernende Fachwissen, das im Rahmen der Berichtigung der Mathematikarbeit thematisiert wurde, hat er im ePortfolio notiert und stellt enttäuscht fest „da lern ich eigentlich nichts dabei". Im Fall von Bostjan scheint es, dass die vorherrschenden Vorstellungen vom Lernen die eher eigenaktive Arbeit mit dem ePortfolio verhindern lassen. Diese Argumentationsmuster lassen sich auch in den nachfolgenden Interviewausschnitten erkennen, die im Zusammenhang mit einem mangelnden Verständnis bezüglich der Möglichkeiten für das eigene Lernen im Interviewgespräch gezeigt werden. Daneben sprechen die Schüler die Arbeitsaufträge des Lehrers an („ihr müsst jetzt die Mathearbeit da rein speichern").

Hinderliche Einstellungen
In einzelnen Interviewgesprächen zeichnet sich ab, dass bestehende Vorstellungen des schulischen Lernens das reflexive Potential der ePortfolio-Arbeit verhindern ließen. Diese Vorstellungen machen sich an der bestehenden Lern- und Unterrichtskultur fest, die das Memorieren von Sachwissen erfordert. Für diese Form der (Prüfungs-) Vorbereitung eignet sich nach Selbstaussagen das ePortfolio nicht. Christopher kann diesen Sachverhalt im Gespräch benennen:

Christopher: Ich will jetzt nicht sagen, dass dadurch meine Noten schlechter geworden sind, aber irgendwie, ich hab damit nichts gemacht, mit dem ePortfolio. Im Unterricht haben wir halt ab und zu mal rein geschrieben, aber zu Hause, ich hab genauso gelernt wie am Anfang auch. Weil ich irgendwie mit dem ePortfolio nicht lernen kann, weil man schreibt ins Lerntagebuch rein und das ist ja dafür da, dass man noch mal reingucken kann, dass man sich das noch mal angucken kann. Aber das hab ich nicht genutzt, weil... das bringt's mir irgendwie nicht. Ich guck mir das an, was ich in meinem Heft stehen hatte und rechne Aufgaben zum Beispiel aus dem Mathebuch. Und das bringt mir mehr, als wenn ich da noch mal nachgucke. Weil da in Mathe zum Beispiel, da ham wir so andere Verbesserungen. Da ham wir Tabellenverbesserungen. Weil wenn ich mir die anguck', da steht zum Beispiel „konnt ich nicht"... aber ja, das bringt mir irgendwie nichts. Da kann ich mal gucken, was ich nicht konnte, ja, aber ich mach dann, die Übungen mach ich aus meinem Mathebuch.

Im Textausschnitt spricht Christopher die mit dem ePortfolio verbundene Arbeit mit dem Lerntagebuch an. In seiner Klasse wurde – wie bei der Darstellung der Nutzungsmuster gezeigt – das Lerntagebuch für das Festhalten von Sachinformationen genutzt, die im Hinblick auf eine Klassenarbeit zu memorieren waren. Diese Praxis des Führens des Lerntagebuchs als eine Art Notizheft, in dem Aufgabenstellungen festgehalten wurden, hat in der Vorbereitung einer Klassenarbeit für Christopher keinen Erkenntnisgewinn gebracht. Enttäuscht stellt er fest: „weil… das bringt's mir nicht“. Die Nutzung des Lerntagebuchs, die von der Mathematiklehrerin angeregt wurde, hat die eigene Wahrnehmung der ePortfolio-Arbeit und der damit verbundenen reflexiven Praxis („da [Anm.: Lerntagebuch] steht zum Beispiel ‚konnt ich nicht‘“) beeinträchtigt („das bringt mir irgendwie nichts“). Daher erscheint es auf der Grundlage der Aussagen nachvollziehbar, dass wenig bis keine Reflexionen im ePortfolio und Lerntagebuch von Christopher geäußert wurden. Neben der utilitaristischen Aufwand-und-Nutzen Relevanz, die er anspricht, wird für einzelne Schüler die Sinnhaftigkeit der mit dem ePortfolio verbundenen reflexiven Lernprozesse nicht deutlich. Ebenfalls wie Christopher macht Bostjan seine Aussage am Führen des Lerntagebuchs fest:

Bostjan: Ja, geht so. [...] Eigentlich auch ganz selten, weil... ich wusst' eigentlich nicht, was das bringen soll [...] man geht da einfach hin, schreibt man was hin, macht einfach wieder aus, weil das ist ja eigentlich nicht so besonders. Hingehen, hinschreiben, heute haben wir ja in Deutsch was gelesen, ich fand das nicht so toll und fertig halt [...] es war schwer halt so... Dings zu schreiben, äh, dieses Lerntagebuch zu schreiben.

Interviewer: [...] Kannst du beschreiben, was daran schwierig für dich war?

Bostjan: Ei ja, das schreiben... ich wusst' nicht, was ich schreiben soll und so.

Neben der mangelnden Motivation („was das bringen soll", „nicht so besonders") über die Bostjan berichtet, wurde ihm im Rahmen der Arbeit mit dem Lerntagebuch die Sinnhaftigkeit des schriftlichen Festhaltens von Lernprozessen und eigenen Überlegungen zum Gelernten („ich wusst' eigentlich nicht, was das bringen soll") nicht bewusst. Er deutet an, dass es ihm schwer gefallen ist, Einträge im Lerntagebuch zu verfassen („ich wusst' nicht, was ich schreiben soll"). Die fehlende Sinnhaftigkeit verdeutlichen auch Wladimirs Interviewaussagen:

Interviewer: Hast du mit dem Lerntagebuch gearbeitet?

Wladimir: Ja, also wir müssen ja jede Woche einmal eintragen, da hab' ich schon viel damit gearbeitet. [...] Ja, ich hab' halt eingetragen, was wir so gemacht haben in den letzten Wochen, was mir gefallen hat, was mir nicht gefallen hat, was ich spannend fand.

Interviewer: Was hast du mit den Einträgen dann gemacht, als du sie gemacht hast, danach dann?

Wladimir: Hochgeladen.

Interviewer: Und dann?

Wladimir: Gar nix.

Interviewer: Hast du dir die noch mal angeguckt?

Wladimir: Nö, nicht wirklich.

Interviewer: Hast du zu den Einträgen 'ne Rückmeldung von den Lehrern bekommen?

Wladimir: Nee, ich glaube nicht.

Interviewer: Weißt du, warum du dann diese Einträge überhaupt gemacht hast?

Wladimir: Ich weiß nicht, vielleicht für uns selber, dass wir mal gucken, was wir so gemacht haben, ich weiß nicht.

Interviewer: Aber du hast es nicht gemacht?

Wladimir: Nö.

Interviewer: Warum?

Wladimir: Ich weiß nicht, keine Lust, der Lehrer hat uns ja auch nicht gesagt, dass wir da immer gucken sollen.

Interviewer: Was hat er gesagt dazu?

Wladimir: Der hat nur gesagt, „wir gehen jetzt hoch, macht eure Einträge", fertig.

In Wladimirs Aussagen werden zahlreiche Ebenen deutlich, die zur Nutzung des Lerntagebuchs beigetragen haben. Die Einträge sind weniger von der eigenen Entscheidung abhängig, sondern sind vom Lehrer angeregt worden und mussten in einem festgelegten zeitlichen Rahmen getätigt werden („wir gehen jetzt hoch, macht eure Einträge, fertig"). Dabei scheint es, als ob das Lerntagebuch – motiviert aufgrund des Impulses des Lehrers (hier: Aufforderung des Lehrers) – bearbeitet werden musste („müssen ja jede Woche einmal eintragen", „Hochgeladen – Gar Nix"). Die in der Interviewsequenz angesprochene Handlungspraxis verdichtet das im Rahmen der Dokumentenanalyse Wahrgenommene. Die anfängliche Aussage „da hab´ ich schon viel damit gearbeitet" kann auf der Grundlage der beobachteten Dokumenteneinträge nur eingeschränkt bestätigt werden.

Ablenkung durch das Medium Internet

Neben den skizzierten Haltungen und Verwendungszusammenhängen, die das Reflektieren im ePortfolio-Unterricht beeinflussen, berichten einzelne Schüler, die wenige Eintragungen vorgenommen haben, über die erfahrene Ablenkung durch das Medium Internet. Da das ePortfolio über das Internet zu erreichen ist und individuelle Informationsrecherchen zumeist erst im Internet durchgeführt wurden, ergaben sich Anlässe, sich in bzw. auf Internetseiten zu verlieren:

Christopher: [...] Weil am Computer, da denkt man ständig „Oh ja, das ist Computer, das können wir ausnutzen" und so was... [...]

Die Aussage „das können wir ausnutzen" bezieht sich auf den Internetzugang, der neben der Arbeit am ePortfolio genutzt wurde, um auf Inhalte und Seiten zuzugreifen, die nicht im Zusammenhang mit der Erstellung einer ePortfolio-Arbeit gestanden haben. Ebenfalls berichtet Sophie über die eigene Arbeitseinteilung und die Möglichkeit, im Unterricht Online-Spiele zu spielen:

Interviewer: Hast du zuhause am ePortfolio gearbeitet?

Sophie: Nicht so richtig, nur auf'm Stick, weil ich hab' zuhause kein Internet.

Interviewer: Aber auf dem Stick hast du mal was bearbeitet?

Sophie: Ja, da hab' ich bearbeitet, so was wir halt machen sollten in der Schule, hab' ich dann kopiert und zuhause bearbeitet, dann konnte ich hier in der Schule spielen (lacht).

Der Ausdruck „Stick" meint einen USB-Stick, der von den Schülern als Datenspeicher verwendet wurde und der es ermöglichte, auch ohne heimischen Internetzugang an den auf dem Stick gespeicherten ePortfolio-Arbeiten weiterzuarbeiten (z.B. Texte o.ä.). Diese konnten in der Schule auf die Plattform geladen werden („in der Schule hab' ich dann kopiert"). Ole, der im Laufe des Schuljahres seine im ePortfolio dokumentierten Reflexionen sowohl vom Inhalt als auch vom Umfang her steigern konnte, berichtet über die Praxis des Spielens am Computer:

Ole: Also, die Lehrer müssen auf jeden Fall beachten, dass die Schüler auch das machen, was sie sollen, weil das ist im Computerraum anders als im Klassenraum. Im Klassenraum ist nicht viel anders, aber hier gehen die dann auf Spielseiten und so Zeug. [...]

Dieses von den Schülern angesprochene Ablenkungspotential der ePortfolio-Arbeit, das darin besteht, sich vom Internet und seiner unterrichtsfremden Angebote abzulenken, wird von allen Schülern angesprochen. Ein Großteil berichtet über die Möglichkeit, beim Lernen selbst oder nach Abschluss einer Lernaktivität am Computer zu spielen oder nach Informationen zu suchen, die mehr private Interessen betreffen. Einzelnen aktiveren Schülern ist es allerdings eher möglich, die Ablenkung auszublenden und sich auf die eigenen ePortfolio-Arbeiten bei der Recherche im Internet zu konzentrieren.

Lernzeiten und Zugangszeiten zum Internet

In zwei der begleiteten Schulklassen deutet es sich an, dass die Schüler zu wenig Zeit für die ePortfolio-Arbeit verwendet haben, da die Unterrichtsgestaltung nur kleinere Zeitfenster vorgesehen hat. Diese mangelnde zeitliche Dimension, die für die eigene Lernaktivität zur Verfügung stand, wird als negativ empfunden.

Konstantin spricht die Lernzeit an, die für die Erstellung einer ePortfolio-Arbeit zur Verfügung stand:

Konstantin: Konstant, wenn man ein Thema anfängt, halt bestimmte Stunden sagen, da und da gehen wir rein, wir haben jetzt, ich weiß nicht mehr in welchem Fach, auf jeden Fall hatten wir ein Thema, da sind wir am Anfang rein gegangen und dann haben wir einen Monat oder so gewartet und dann sind wir wieder rein gegangen und ich saß so da, „Oh, scheiße, wo war ich denn jetzt geblieben?“, das war nicht schön.

Der Ausdruck „rein gegangen“ bezeichnet den Zugang zum Internet und damit auch zum ePortfolio, der für die Klasse von Konstantin über einen eigens eingerichteten Computerraum ermöglicht wurde. Über ähnliche Erfahrungen berichtet Oksana:

Oksana: Eigentlich ganz gut, nur wir waren nicht so oft beim ePortfolio und dann mussten wir das Lerntagebuch schreiben und wussten gar nicht worüber. Weil wir in der Woche manchmal gar nicht im Computerraum waren oder nur einmal und dann wussten wir halt nicht, was wir schreiben sollen, weil wir's ja nicht nur von einer Stunde beschreiben können.

In Oksanas Aussage wird – analog zu Konstantin – die ausschließlich im Computerraum stattfindende ePortfolio-Arbeit deutlich. War der Umfang der Zugangszeiten zum Computerraum begrenzt, so war es für die Schüler schwierig, erneut an bestehende Arbeiten anzuknüpfen oder einen Lerntagebuch-Eintrag zu formulieren. Eine ähnlich kritische Sicht auf den zeitlichen Umfang äußert Michael:

Michael: Hm, also ich mein, wir haben es halt ziemlich wenig gemacht. Es waren vielleicht vier Stunden, die wir daran gemacht hatten. So richtige. Sonst waren wir halt nur mal kurz da, aber das hätten wir einfach mal mehr machen sollen. Wir haben nur eine richtige Mappe eigentlich in Deutsch gemacht, ein Projekt am ePortfolio- Tag, aber ansonsten haben wir eigentlich nicht großartig was gemacht.

Michaels Klasse hat als einzige Gruppe in der untersuchten Stichprobe einzelne, wenige ePortfolio-Sequenzen realisiert. Er spricht von „nur eine(r) richtige(n) Mappe“, die als „ein Projekt am ePortfolio-Tag“ erarbeitet wurde. Dabei handelt es sich um einen projektartigen Schultag. Wie bei den beiden anderen Schülern auch, arbeitete die Schulklasse von Michael in einem Computerraum, der von seiner Klasse genutzt werden konnte. Der Zugang zum Computerraum bildete die Voraussetzung dafür, dass die Schüler an ihrem ePortfolio arbeiten konnten. Andere Schulklassen hingegen, die über Medienecken mit einzelnen Computern im

Klassenraum verfügten, berichteten nicht über die fehlenden Zugangszeiten, da die Schüler individueller den Weg zum ePortfolio finden konnten und die Lehrer häufiger einen Zugang ermöglicht haben. Dieser Aspekt scheint nicht unerheblich für das Lernen mit einem ePortfolio zu sein. Da sich die Aussagen von einzelnen Schülern in dieser Hinsicht verdichten, scheint dieser Sachverhalt die Anlässe und Möglichkeiten für das reflexive Lernen zu beeinflussen.

Bestehende Lernkultur und ePortfolio-Arbeit

Der „traditionelle" Unterricht, in dessen Rahmen in festen Rhythmen Klassenarbeiten geschrieben werden, nimmt eine feste Bezugsgröße in den individuellen Unterrichtsvorstellungen ein. Dieser wird von memorierenden Lernformen begleitet, indem Sachinformationen im Hinblick auf die Darstellung in einer Klassenarbeit eingeprägt werden. Im Zuge der anfänglichen Erhebungsphase konnte gezeigt werden, dass dieser Unterricht bedeutsam für die Wahrnehmung des Gelernten und Bearbeiteten ist. Einzelne Schulklassen haben – unabhängig von den Empfehlungen der Fortbildungsleitung – das ePortfolio und insbesondere auch hier das Lerntagebuch genutzt, um Elemente des memorierenden Lernens aus dem regulären Unterricht im ePortfolio fortzuführen. Die gezeigte Praxis begrenzte sich – wie im Rahmen der Dokumentenanalyse gezeigt – auf das Festhalten des Fachwissens. Das heißt, einzelne Lehrerkollegien haben das ePortfolio und die vorbereiteten Vorlagen zur Reflexion für die Vorbereitung einer Klassenarbeit oder zum allgemeinen Festhalten von Fachinformationen führen lassen. Zahlreiche Schüler haben aus diesem Grund identische Inhalte notiert, die weniger aus der eigenen Beschäftigung entstanden sind und die als Auftrag vom Lehrer verbindlich zu erarbeiten waren. Diese äußere Lenkung wird in der folgenden Aussage von Sergej beschrieben:

Interviewer: Was habt ihr dann am Ende gemacht, als es fertig war?

*Sergej: Öhm...***auf den nächsten Auftrag gewartet [...] wir mussten es hier einstellen, also ins ePortfolio und dann hat sich das der Lehrer angeguckt halt und wer nix hat, hat halt 'ne schlechte Note bekommen.*

Diese ausführende Praxis wird von der Zensierungspraxis des Lehrers begleitet, bei der das Entstandene auf die Vollständigkeit hin bewertet wird („wer nix hat, hat halt 'ne schlechte Note bekommen"). Die Bedeutung des Nachdenkens über das eigene Lernen wird von Sergej nicht thematisiert, im Rahmen seiner Ausführungen geht es um das folgerichtige Erarbeiten eines gestellten Auftrags, dessen Bearbeitung („hat sich das der Lehrer angeguckt") Grundlage für die Leistungsbeurteilung durch

Zensuren bildete. Ein weiteres Beispiel für die aus den Aussagen der Schüler zu entnehmende Unterrichtsgestaltung verdeutlicht der folgende Interviewausschnitt:

Larissa: Also, ePortfolio hat ja die Aufgabe, dass es beim Lernen hilft und mir hat es eigentlich nicht geholfen, man musste halt nur Sachen doppelt machen oder so, ja.

Interviewer: Das musst du mir beschreiben, „man muss Sachen doppelt machen"?

*Larissa: Ja, wie soll ich das jetzt am besten erklären? ***Also, man muss ähm... der Lehrer hat eben gesagt, man muss die und die Aufgabe ins ePortfolio machen, aber man hätte vielleicht die Hälfte von der Zeit gebraucht, wenn man es im Heft gemacht hätte. Mit dem ePortfolio dauern viele Sachen viel, viel länger.*

Interviewer: Wo ist dir das so gegangen, hast du da ein praktisches Beispiel?

Larissa: Zum Beispiel bei Matheverbesserung, also Verbesserung von Mathearbeiten, da dauert's ewig, bis man die im ePortfolio verbessert hat, ähm... zuhause, wenn man das als Hausaufgabe macht, würde es vielleicht eine halbe Stunde dauern und da ist das im ePortfolio doch viel mehr länger.

Larissa stellt enttäuscht fest, dass ihr das Lernen mit dem ePortfolio „nicht geholfen“ hat, da sie „Sachen doppelt“ machen musste und sie die vom Lehrer gestellten Aufgabenstellungen sowohl im Arbeitsheft als auch im ePortfolio bearbeiten musste. Dabei handelte es sich um die „Verbesserung von Mathearbeiten“, bei der die gemachten Fehler und die damit verbundenen Berechnungen als Word-Dokumente im ePortfolio abgespeichert wurden. Larissa nennt ebenfalls den zeitlichen Zusammenhang und erkennt darin einen großen Aufwand für Aufgaben, die sie für gewöhnlich im Arbeitsheft bearbeitet. Dahingehend hat der Lehrer von Larissa einen bestehenden Arbeitsauftrag des Unterrichts ergänzend im ePortfolio bearbeiten lassen. Dieses Vorgehen entspricht, wie in den anderen Beispielen gezeigt, nicht der Intention der Fortbildungsleitung. Es muss u.U. davon ausgegangen werden, dass sich die von den Schülern berichtete Praxis der ePortfolio-Arbeit, die das Dokumentieren von Berichtigungen der Klassenarbeiten beinhaltet, negativ auf die Lernmotivation ausgewirkt hat („mir hat es eigentlich nicht geholfen“). Hierzu konnten nur geringe Anlässe zum Reflektieren entstehen. Die Berichtigungen im Word-Format regten weniger zum Feedback an, da das Festhalten der korrigierten Berechnungsweise weniger Anlass zum Austausch darstellt als eine vergleichbare ePortfolio-Arbeit, die ein individuelles, projektartiges Lernvorhaben dokumentiert.

Fazit

Die Aussagen der Schüler geben einen Einblick in die ePortfolio-Arbeit im Unterricht. Daraus lässt sich ein Bedingungsgefüge erkennen, das sich positiv auf die Förderung von Reflexionen im Lernen auswirken kann. Zu diesen Faktoren zählen die individuellen Verstehens- und Verhaltensleistungen der Schüler, die didaktische Gestaltung des Unterrichts und die zeitliche Flexibilisierung und Rhythmisierung der ePortfolio-Arbeit.

Das nachfolgende Schaubild verdeutlicht die von den Schülern angesprochenen Faktoren, die die Entwicklung von Reflexivität im Lernen begleitet haben. Diese treten in zwei Ausprägungsgraden auf – sie finden sich sowohl in individuellen Verstehens- und Verhaltensleistungen als auch in äußeren Faktoren wieder. Die Verwendung von Originalzitaten aus dem Interviewgespräch soll zur Illustration beitragen:

Entwicklung von Reflexivität im Kontext des Lernens mit einem ePortfolio
- individuelle Verstehens- und Verhaltensleistungen -

Lernmotivation	* „zu faul“ * „zu viel Arbeit“ * „muss man richtig viel schreiben“
Bestehende Vorstellungen und hinderliche Einstellungen	* „dadurch sind meine Noten schlechter geworden [...] in meinem Heft [...] Aufgaben [...] das bringt mir mehr“ * „weil ich irgendwie mit dem ePortfolio nicht lernen kann“ * „das bringt mir irgendwie nichts“ * „ich wusst‘ nicht, was ich schreiben soll“ * „hochgeladen [...] gar nix [...] fertig“
Ablenkung durch das Medium Internet	* „das können wir ausnutzen“ * „dann konnte ich hier in der Schule spielen“ * „hier gehen die dann auf Spieleseiten“
- äußere, strukturelle Faktoren -	
Lernzeiten und Zugangszeiten	* „Oh, scheiße, wo war ich denn jetzt geblieben“ * „waren nicht so oft beim ePortfolio [...] dann wussten wir halt nicht, was wir schreiben sollen“ * „wir haben eigentlich nicht großartig was gemacht“
Unterstützung und Beratung	* „die helfen uns gar nix“ * „ich hab‘ manchmal das Gefühl, dass die das gar nicht interessiert, was wir da gerade an den Computern machen“
Unterricht und ePortfolio-Arbeit	* „auf den nächsten Auftrag gewartet“ * „wer nix hat, hat halt `ne schlechte Note bekommen“ * „man musste Sachen doppelt machen“

Abb. 6: *Hinderliche Bedingungen*

Die von den Schülern angesprochenen Aspekte illustrieren die hinderlichen Faktoren, die zur gezeigten reflexiven Handlungspraxis beigetragen haben. Mit Blick auf die Interviewaussagen kann nicht davon ausgegangen werden, dass alle Aspekte gleichermaßen das Lernen und Reflektieren beeinflusst haben. Jedoch verdichten sich bei einzelnen Schülern, die identische Schulklassen besuchten, ähnliche Nutzungs- und Argumentationsmuster. Die beiden Schüler Christopher und Bostjan, die wenig ausführlich ihr Lernen im ePortfolio dokumentiert und reflektiert haben, zeigen ähnliche Einstellungen in Bezug auf die ePortfolio-Arbeit, die seitens der Unterrichtsgestaltung des Lehrers bestimmt gewesen sind. Im Laufe des Schuljahres wirkte sich dies hinderlich auf die Entwicklung von Lernmotivation aus. Der Mehraufwand, der in ihren Augen mit dem Verfassen von Einträgen im

Lerntagebuch und in Reflexionstexten verbunden gewesen ist, hat sich im Hinblick auf die Bewältigung einer Klassenarbeit nicht als erfolgreich erwiesen. Zusätzlich scheint es im Interview so, als ob die Schüler mit dem Aspekt der hohen Schriftlichkeit überfordert gewesen sind. Ole und Sophie berichten vom hohen Ablenkungspotential, das die ePortfolio-Arbeit mit sich bringt. Dies ergibt sich dann, wenn die Schüler das Medium Internet nutzen, um Spiele zu spielen. Hier muss gerade für diejenigen Schüler, die insgesamt wenige Dokumente erstellt haben, die Herausforderung entstanden sein, sich auf die ePortfolio-Arbeit zu konzentrieren. Konstantin und Oksana sprechen im Interview die mangelnden Zugangszeiten zum Computerraum an. Dieser zeitliche Rahmen betrifft auch die gegebenen Anlässe zur Reflexion. In einzelnen Schulklassen verhinderte dieser Sachverhalt die intensivere Beschäftigung mit dem eigenen Lernen. Vor diesem Hintergrund muss davon ausgegangen werden, dass es einzelnen Schülern schwer gefallen ist, in einem zeitlich begrenzten Rahmen mit dem ePortfolio zu lernen und die dabei ablaufenden Prozesse zu reflektieren.

Für die Entwicklung von Reflexivität im Kontext der ePortfolio-Arbeit ist die Unterrichtsgestaltung ausschlaggebend. Christophers und Bostjans Aussagen deuten darauf hin. Ein Unterricht, der eher das memorierende Lernen fördert, bietet weniger Anlässe zum Reflektieren im Kontext des ePortfolios, als ein Unterricht, in dem individuelle Lernvorhaben realisiert, dokumentiert und diskutiert werden. Diese Tatsache lässt sich nicht ganz bestätigen, da im Rahmen der Untersuchung nicht die Lehraktivität des Lehrers beobachtet wurde. Aus den Aussagen einzelner Schüler, die im Vergleich zu den anderen Befragten über ähnliche Tendenzen in der Unterrichtsführung berichten, lässt sich aber ein Bild von Unterricht erkennen, in dem dieser z.T. weniger Anlässe zum Reflektieren gegeben hat. Mit Hilfe der Hinzunahme der Dokumentenanalyse ergibt sich ein aussagekräftiges Bild, das auf der Grundlage der Interviewaussagen bestätigt werden kann. Damit werden mehr Reflexionen angeregt, wenn die Schüler eigene Vorhaben im ePortfolio realisieren und diskutieren (durch Feedback) können. Daneben wirkt sich die Bearbeitung von „zusätzlichen" Arbeitsaufträgen hinderlich auf die Lernmotivation aus (z.B. Verbesserung der Mathematik-Arbeit, Lerntagebucheintrag über einen Lösungsweg).

6.4 Zusammenführung der empirischen Ergebnisse

In der folgenden Auseinandersetzung werde ich die bislang isoliert dargestellten Ergebnisse der Dokumentenanalyse und des Abschlussgesprächs zusammenführen. Dieses Vorgehen wird mit dem Ziel beschritten, die erzielten Ergebnisse festzuhalten sowie die reflexiven Handlungsmuster der Schüler zu verstehen. In einer ersten Zugangsweise soll eine Typisierung der reflexiven Handlungsmuster vorgenommen werden, bevor im zweiten Zugang die angesprochenen reflexiven Lernanlässe identifiziert werden sollen. Dies geschieht, um zu klären, welches individuelle Verständnis des eigenen Lernens sowie welche Unterrichtsgestaltung das reflexive Lernen der Schüler begünstigt haben.

6.4.1 Typisierung reflexiven Handlungsmuster

Wie in Kapitel 5.5.2 (Auswertungsverfahren) angesprochen, geht es bei der Bildung von Typen nicht darum, möglichst eindeutige im Material zu findende Aussagen zu generieren oder Schüler zu bestimmten Typen zuzuordnen. Vielmehr sollen übergreifende Bedeutungszuschreibungen und Handlungsmuster der Lernenden zu inhaltlichen Kategorien aufgezeigt werden. Die Typenbildung soll das allgemeine Verstehen fördern, Komplexität reduzieren, Sinnzusammenhänge analysieren und zur allgemeinen Erkenntnis (vgl. Kluge 1999, 42) über den Forschungsgegenstand des reflexiven Lernens beitragen.

Typ 1 – Beispielaussage: „So Sachen sieht man ja selber gar nicht“

Im hier als Typ 1 „So Sachen sieht man ja selber gar nicht“ beschriebenen Merkmalsraum verdichten sich Aussagen und Handlungsmuster, die die ePortfolio-Arbeit und die damit verbundene reflexive Praxis wertschätzen. Diese Wertschätzung ist aus der intensiven Bearbeitung des vorbereiteten didaktischen Arrangements (Mappen-Prinzip des ePortfolios, Öffentliche Einsichtnahme, Möglichkeit zur Reflexion und zum Feedback) entstanden. Die Aussage „so Sachen sieht man ja selber gar nicht“ zeigt ein Nutzungsverhalten, das das Feedback für eine ePortfolio-Arbeit als hilfreich für die weitere Gestaltung der Lernprozesse anerkennt. Schüler, die dieses reflexive Handlungsmuster zeigen, haben einen Unterricht erfahren, in dem eigene, projektartige Lernvorhaben realisiert werden konnten, die von Feedback der Mitschüler angeregt wurden. Diese Lernvorhaben ermöglichen eine eigene Schwerpunktsetzung (Konstantin: „kann man sehr viel selbst entscheiden“). Innerhalb dieser Anlässe zur Reflexion treten fünf übergreifende reflexive Handlungsmuster hervor, die die Gestaltung der mit dem ePortfolio verbundenen Lernprozesse betreffen. Zu diesen zählen:

* das Vergleichen der eigenen im ePortfolio dokumentierten Lernprozesse mit denen der Mitschüler,
* das Prüfen und Relativieren der mit dem ePortfolio verbundenen Lernprodukte und -prozesse und die damit verbundene Modifizierung,
* das Strukturieren und Ordnen der erstellten Produkte, die im ePortfolio dokumentiert werden,
* das Arrangieren und Optimieren der abgespeicherten Dokumente im Hinblick auf die eigene Einsichtnahme und die der Mitschüler,

* das Anregen lassen und Perspektiven gewinnen durch die geäußerten Anregungen der Mitschüler und die ePortfolios der Mitschüler.

Diese reflexiven Handlungsmuster stehen im Zusammenhang mit einem eigenen Lernvorhaben. Diese zeichnen sich durch eine individuelle Schwerpunktsetzung aus. und finden in größeren zeitlichen Einheiten statt. Die Erstellung von Zwischenprodukten ist Teil der ePortfolio-Arbeit. Feedback und Anregungen von außen regen zum Nachdenken über das Bearbeitete an. Über diese Lernprozesse wird im Lerntagebuch berichtet, über sie wird ein Reflexionstext angefertigt oder sie werden im Rahmen einer Mappenbeschreibung festgehalten. Vom Umfang her halten diese Eintragungen detailliert die eigene Perspektive auf den Lernprozess fest. In der Qualität dieser Aussagen lassen sich verstärkt Berichte über das Gelernte finden, indem im Zuge der ePortfolio-Arbeit Gelerntes reflektiert wird. Diese Berichte schildern das Erarbeitete und gehen auf die gewonnenen Einsichten ein. Neben dem Blick auf den zurückgelegten Lernweg wird das Lerntagebuch genutzt, um persönliche Lernziele zu formulieren. Insgesamt nimmt die Vergegenwärtigung des eigenen Lernens einen besonderen Stellenwert für die Gestaltung der Lernprozesse ein. Wie angesprochen, wird dieses reflexive Handlungsmuster von der Anregung der Mitschüler beeinflusst, indem ein Feedback zu den entstandenen Arbeiten geäußert wird. Diese Außenperspektive ist für die Gestaltung des eigenen Lernvorhabens hilfreich und schafft eine Grundlage, das Bearbeitete zu prüfen und zu überdenken. In dieser Hinsicht ist auch die Aussage von Julia zu verstehen, die viel „Wert darauf gelegt [hat], dass ich [sie] es dann verstanden habe [hat]“, um den Mitschülern die im ePortfolio dokumentierten Produkte in entsprechender Qualität zu präsentieren. Die angesprochene Außenperspektive, die das Lernen und Reflektieren wesentlich beeinflusst, wird von den Schülern geschätzt und stellt ein wesentliches Element für die Entwicklung von intrinsischer Lernmotivation dar. In den Aussagen der Schüler verdichten sich, im Gegensatz zu den noch zu zeigenden Typen, wenig Anzeichen, dass das Lernen und das damit verbundene Reflektieren von einzelnen Faktoren beeinträchtigt wurden. Stellenweise werden die mangelnde Motivation, besonders für den Aspekt der Schriftlichkeit, die Ablenkung durch das Medium Internet sowie fehlende Lern- und Zugangszeiten genannt. Insgesamt betrachtet, beeinflussen diese Faktoren nur im geringen Umfang das Reflektieren der Schüler.

Typ 2 – Beispielaussage: „Ich hab‘ hier `ne bessere Übersicht“

Die unter Typ 2 subsumierten reflexiven Handlungsmuster stehen im Zusammenhang mit Lernprozessen, die stellenweise Anlässe zum reflexiven Lernen ermöglichen. In der Wahrnehmung der Schüler stehen diese Anlässe sowohl in Verbindung mit einem eigenen Lernvorhaben, als auch mit den von außen formulierten Aufträgen aus dem regulären Fachunterricht. Die zweite Verwendung, die seitens des Lehrers angeregt wird, nutzt das ePortfolio als Speicher für erstellte Aufgaben, die allerdings nicht im interaktiven Austausch der Klassengemeinschaft stehen. Die Anlässe zum Reflektieren und zur Nutzung des vorbereiteten didaktischen Arrangements sind eingeschränkter als im Merkmalsraum von Typ 1. Das Leitmotiv dieses Typus, das sich in der Schüleraussage „Ich hab‘ hier `ne bessere Übersicht“ ausdrückt, skizziert die aus eigener Wahrnehmung der Schüler entstandene Sicht auf die eigenen Lernresultate durch die Möglichkeit der Speicherung. Die Dokumentation des Entstandenen spiegelt sich auch in den wahrgenommenen reflexiven Handlungsmustern wieder. Zu diesen zählen:
* das Notieren von Sachinformationen im Lerntagebuch und im ePortfolio. Diese werden im Hinblick auf die Vorbereitung einer Prüfungssituation memoriert,
* das Vergleichen der eigenen im ePortfolio dokumentierten Produkte (hier: mehr Produkte als Prozesse) mit denen der Mitschüler,
* das Erhalten von Perspektiven durch die Feedbacks der Mitschüler, die zu einem entstanden Dokument (z.B. ein Aufsatztext) geäußert werden.

Die reflexiven Handlungsmuster, die in Typ 2 zusammengefasst werden, lassen einen Unterschied zu Typ 1 erkennen. Der interaktive Aspekt nimmt bei Typ 1 einen höheren Stellenwert für das weitere Lernen ein. Gleichfalls kann mit Blick auf die dokumentierten Eintragungen der Schüler und die in den Interviews angesprochenen Sachverhalte davon ausgegangen werden, dass neben des Austauschgedankens das ePortfolio auch als Speichermedium für die Bearbeitung von verbindlichen Arbeitsaufträgen genutzt wurde (Bostjan: „Ihr müsst jetzt die Mathearbeit da rein speichern“). Daneben wird das ePortfolio – hier insbesondere das Lerntagebuch – eingesetzt, um Sachinformationen festzuhalten, die im Hinblick auf die Vorbereitung einer Klassenarbeit bedeutsam sind. Es entstehen in den dafür vorbereiteten Vorlagen zur Reflexion Berichte über das Bearbeitete, die den Erstellungsweg eines Dokuments oder rückblickend die Erarbeitung im Unterricht schildern (z.B. Texte, Tabellen, Powerpoint-Präsentation u.ä.). An Stellen, an denen der Unterricht individuellere Schwerpunktsetzungen ermöglicht (z.B. im Kontext eines eigenen Lernvorhabens), entstehen Berichte über das Gelernte, die detaillierter über den eigenen Erkenntnisgewinn Auskunft geben. Diese Berichte werden dazu genutzt, um sich einen Überblick über den individuellen Lernfortschritt zu verschaffen (Sarah: „dann weiß man halt, wie man voran gekommen ist“). Vereinzelt werden auch Ziele formuliert, die im Zusammenhang mit der Erstellung eines Dokuments (z.B. Powerpoint-Präsentation) stehen oder die den zeitlichen Rahmen einer Arbeitsphase betreffen (z.B. Fertigstellen eines Dokumentes bis zu einem bestimmten Zeitraum). Häufig erleben die Schüler, deren Reflexions- und Argumentationsmuster unter Typ 2 subsumiert werden, einen Unterricht, der wenige Anlässe zum Reflektieren ermöglicht. Im Mittelpunkt der ePortfolio-Arbeit steht ein verbindlicher Arbeitsauftrag, der für die gesamte Klasse gleichermaßen zu bearbeiten ist und dessen Bearbeitung im ePortfolio dokumentiert wird. Reflexionen sind innerhalb dieses Unterrichts nicht bedeutsam für die weitere Gestaltung der Lernprozesse.

Typ 3 – Beispielaussage: „Weil ich irgendwie mit dem ePortfolio nicht lernen kann“
Die unter der leitenden Überschrift dieser Fallkonstruktion zu entnehmende Aussage „weil ich irgendwie mit dem ePortfolio nicht lernen kann“ verdeutlicht eine Resignation der Schüler. Diese Handlungspraxis ist mit der Herausforderung konfrontiert, dass der Unterricht wenige Reflexionen zulässt. Die eigene reflexive Handlungspraxis ist davon bestimmt, dass die Schüler, vielmals durch den Impuls des Lehrers angeregt, einen Eintrag vornehmen müssen. Sergejs Aussage „auf den nächsten Auftrag gewartet“ beschreibt die diesbezügliche Aufgabengestaltung. Häufig werden Sachinformationen festgehalten, die im weiteren Verlauf des Unterrichts zu memorieren sind. Dagegen werden eigene Lernresultate oder zu erschließende Lernziele selten formuliert. Diese Berichte über das Erarbeitete oder im Unterricht Erfahrene sind von inhaltlichen Auslassungen gekennzeichnet. Für den weiteren mit dem ePortfolio verbundenen Lernprozess sind diese Reflexionen nicht bedeutsam, obgleich nach Aussage der Schüler z.T. von den Lehrern die Wichtigkeit des regelmäßigen Reflektierens betont wird. In der Wahrnehmung der Schüler führt diese Praxis, im Vergleich zu den beiden anderen Typisierungen, zu eingeschränkten reflexiven Nutzungsmustern. Zu diesen zählen:
* das Notieren im Lerntagebuch oder das Abspeichern von Dokumenten mit dem Ziel, diese im Hinblick auf die Vorbereitung einer Klassenarbeit aufzurufen und zu memorieren,
* das Vergleichen der eigenen Dokumente mit denen der Mitschüler, im Rahmen dessen Reflexionen als ein Relativieren der eigenen Arbeiten entstehen können.

Insgesamt nimmt die Einsicht der eigenen Dokumente zur Vorbereitung einer Klassenarbeit eine zentrale Bedeutung ein. Dabei werden die Sachinformationen auf der Grundlage der getätigten Einträge und abgespeicherten Dokumente memoriert. Die Reflexionen orientieren sich am zu memorierenden Fachwissen und seiner angemessenen Reproduktion. Diese im ePortfolio dokumentierten Arbeitsergebnisse stehen weniger im Mittelpunkt einer aktiven Auseinandersetzung mit dem eigenen Lernen, sondern sie stehen für sich. Über die gesammelten Dokumente entsteht selten ein Austausch mit den Mitschülern. Einzelne berichten, dass sie die Dokumente zur Einsicht für den Lehrer in entsprechender Qualität erstellt haben (Larissa: „Der Lehrer hat eben gesagt, man muss die und die Aufgabe ins ePortfolio machen"). Diese wahrgenommenen reflexiven Handlungsmuster, die von der starken Lenkung von außen beeinflusst werden, führen zu motivationalen Verhaltenseinstellungen (z.B. in Bezug auf das Lerntagebuch). Die verbundene Resignation lässt sich aus der erfolglosen Nutzung des ePortfolios zur Vorbereitung einer Klassenarbeit erklären. Einzelne Schüler berichten enttäuscht, dass das Memorieren anhand der Einträge nicht erfolgreich verlaufen ist, da sich die erhaltenen Noten verschlechtert haben. Im Gegensatz zum Merkmalsraum der Typen 1 und 2 korreliert in den wahrgenommenen reflexiven Handlungsmustern eine erfahrene Unterrichtsgestaltung, die kleinschrittige Aufgaben im ePortfolio dokumentieren lässt, mit einem mangelnden Verständnis der Lernenden für das Reflektieren. Unter Einschluss der Ergebnisse aus dem einführenden Interview muss davon ausgegangen werden, dass bestehende Vorstellungen vom reflexiven Lernen im Unterricht im Rahmen der ePortfolio-Arbeit reproduziert wurden. Diese gezeigten Reflexionen orientierten sich zumeist auf den Kontext der Vorbereitung einer Klassenarbeit oder der Bearbeitung einer Fragestellung im Unterricht (z.B. Text, Aufsatz, Plakat u.ä.). Wie die Unterrichtsgestaltung oder die tradierten Vorstellungen der Schüler die Reflexionen im Detail beeinflusst haben, lässt sich auf der Grundlage der Einzelergebnisse nicht sagen. Grundsätzlich kann davon ausgegangen werden, dass sie einen erheblichen Einfluss auf die reflexive Praxis innerhalb der ePortfolio-Arbeit genommen haben. Daneben haben noch andere Einflussgrößen auf die Motivation der Schüler eingewirkt. Wie bei den anderen beiden Typen auch, kann die Ablenkung durch das Medium Internet oder die fehlenden Lern- und Zugangszeiten das reflexive Lernen beeinflusst haben.

Typisierung in der Übersicht

Die Bildung der drei Typen verfolgt das Ziel, die in den Reflexionsvorlagen gezeigte und in den Interviews angesprochene reflexive Praxis der Schüler zu verstehen. Sie illustrieren beispielhaft die mögliche Breite an Reflexivität, die im Kontext des Lernens mit einem ePortfolio gezeigt und wahrgenommen wurde. Die individuelle Nutzung des Arrangements wurde hauptsächlich von der angesprochenen Lern- und Aufgabenkultur beeinflusst. Damit kann im Hinblick auf die erzielten Aussagen nicht davon ausgegangen werden, dass auf der Grundlage, dass das ePortfolio im Unterricht eingeführt wurde, alle Schüler identische reflexive Handlungsmuster ausgebildet haben. Der Grad an vertiefter und stetiger Reflexion konnte mit der stärkeren Nutzung des ePortfolios entwickelt werden. So berichten Schüler, deren wahrgenommenen reflexiven Handlungsmuster sich in Richtung des Merkmalsraums von Typ 1 verdichten, von zahlreicheren Reflexionen als diejenigen, die sich unter dem Merkmalsraums von Typ 3 subsumieren lassen. Das nachfolgende Schaubild illustriert den mit dem jeweiligen Typus verbundenen Merkmalsraum in einer tabellarischen Darstellung:

Typisierung der gezeigten und von den Schülern wahrgenommenen reflexiven Handlungsmuster:			
Typen	**Typ 1** **„So Sachen sieht man ja selber gar nicht"** **(Fatma)**	**Typ 2** **„Ich hab' hier `ne bessere Übersicht"** **(Ole)**	**Typ 3** **„Weil ich irgendwie mit dem ePortfolio nicht lernen kann"** **(Bostjan)**
Wahrgenommenes reflexives Handlungsmuster, das im Interview deutlich wurde	**Lerngegenstand, Lernresultat** * Vergleichen * Prüfen und Verändern * Strukturieren und Ordnen * Arrangieren und Optimieren * Anregen lassen und Perspektiven gewinnen **Lernprozess** * Festhalten von Lernzielen und Zwischenergebnissen im Lernprozess * Vergegenwärtigen des eigenen Lernens	**Lerngegenstand, Lernresultat** * Notieren und Memorieren * Vergleichen * Anregen lassen und Perspektiven gewinnen **Lernprozess** * Festhalten von Lernzielen und Zwischenergebnissen im Lernprozess * Vergegenwärtigen des eigenen Lernens * Festhalten von Sachinformationen	**Lerngegenstand, Lernresultat** * Notieren und Memorieren * Vergleichen **Lernprozess** * Explizieren von Sachinformationen
Gezeigtes Handlungsmuster in den Vorlagen, das von Reflexionen begleitet wurde	Verstärkt Berichte über das Gelernte, z.T. Berichte über das Bearbeitete sowie das Formulieren von Lernzielen – mehrheitlich differenzierte Berichte	Sowohl Berichte über das Bearbeitete, als auch Berichte über das Gelernte, abhängig von der übergreifenden Aufgabenstellung bzw. vom Lernvorhaben sowie das Formulieren von Lernzielen – z.T. unpräzise	Berichte über das Bearbeitete, weniger intensive Auseinandersetzungen, mit Auslassungen und unpräzisen Berichten

Wahrgenommene Lernsituationen	*eigene Lernvorhaben:* Konstantin: „kann man sehr viel selbst entscheiden", Julia: „Wert darauf gelegt [...], dass ich es dann verstanden habe", Fatma: „so Sachen sieht man je selbst gar nicht"	*z.T. eigene Lernvorhaben/ z.T. Arbeitsaufträge, die aus dem Unterricht entstehen (Mischform):* Sarah: „dann weiß man halt, wie man voran gekommen ist" Sergej: „Arbeit [...] in Chemie, [...] habe ich halt eine Woche vorher geguckt", Bostjan: „ihr müsst jetzt die Mathearbeit da rein speichern"	*Arbeitsaufträge, die aus dem Unterricht entstehen und deren Ergebnisse im ePortfolio dokumentiert werden:* Sergej: „auf den nächsten Auftrag gewartet", Larissa: „der Lehrer hat eben gesagt, man muss die und die Aufgabe ins ePortfolio machen"
Angesprochener interaktiver Austausch über die Plattform	Wichtiges Element im Lernen, Außenperspektive im Hinblick auf die Reflexion und Gestaltung von Lernprozessen notwendig und hilfreich	Außenperspektive für eigene Lernvorhaben notwendig, für andere Arbeitsaufträge eher unerheblich	Für sich existent, teilweise für den Lehrer (Rechtfertigung, Leistungsbeurteilung) Außenperspektive nicht notwendig, Rückmeldungen für die Weiterentwicklung eher unbedeutend

Abb. 7: *Typisierung der reflexiven Handlungsmuster*

6.4.2 Potential des reflexiven Lernens mit dem ePortfolio

Im Rahmen der Auswertung der Ergebnisse und der damit verbundenen Typisierung fallen besonders die Typen 1 und 3 mit ihren Merkmalsräumen ins Auge. Typ 3, dessen Merkmalsraum bereits in den hinderlichen Faktoren für die Entwicklung von Reflexivität im Kontext der ePortfolio-Arbeit deutlich wurde, ist bereits ausgiebig vorgestellt worden. In der folgenden Auseinandersetzung soll das mit der ePortfolio-Arbeit verbundene Potential für das reflexive Lernen skizziert werden. Diese vertiefte Sichtung der in den Interviews deutlich gewordenen reflexiven Handlungsmuster soll die in der ePortfolio-Arbeit möglichen Anlässe zum reflexiven Lernen in den Mittelpunkt rücken.

In den Interviewaussagen wird häufig der interaktive Aspekt der ePortfolio-Arbeit angesprochen. Dieser ermöglichte es, dokumentierte Lernprodukte und -prozesse in der Klasse öffentlich zu machen. Die Veröffentlichung und die damit verbundene

Einsichtnahme beeinflusst in etlichen Fällen die Entwicklung von Lernmotivation. Der reflexive Blick auf das eigene Lernen setzt bereits im Erstellungsprozess an und prüft, verwirft, bestätigt und arrangiert, was der Klasse in der entsprechenden Qualität gezeigt werden soll. Dazu besteht die Möglichkeit, in den dazu vorbereiteten Vorlagen eigene Lernziele zu formulieren, Zwischenergebnisse im Lernprozess festzuhalten oder anhand der getätigten Einträge das Gelernte zu reflektieren.

Sind die Lernprodukte und -prozesse in der ePortfolio-Mappe veröffentlicht, beeinflusst die Anregung von außen, die zumeist mittels eines schriftlichen Feedbacks geäußert wird, die Art und Weise, wie Schüler über ihr Lernen und ihre ePortfolio-Arbeiten nachdenken. Diese Überlegungen werden in den dafür vorbereiteten Vorlagen zur Reflexion thematisiert. Die reflexiven Lernprozesse, die sich im Rahmen von ePortfolio-Arbeit rekonstruieren lassen, verdeutlicht das folgende Schaubild:

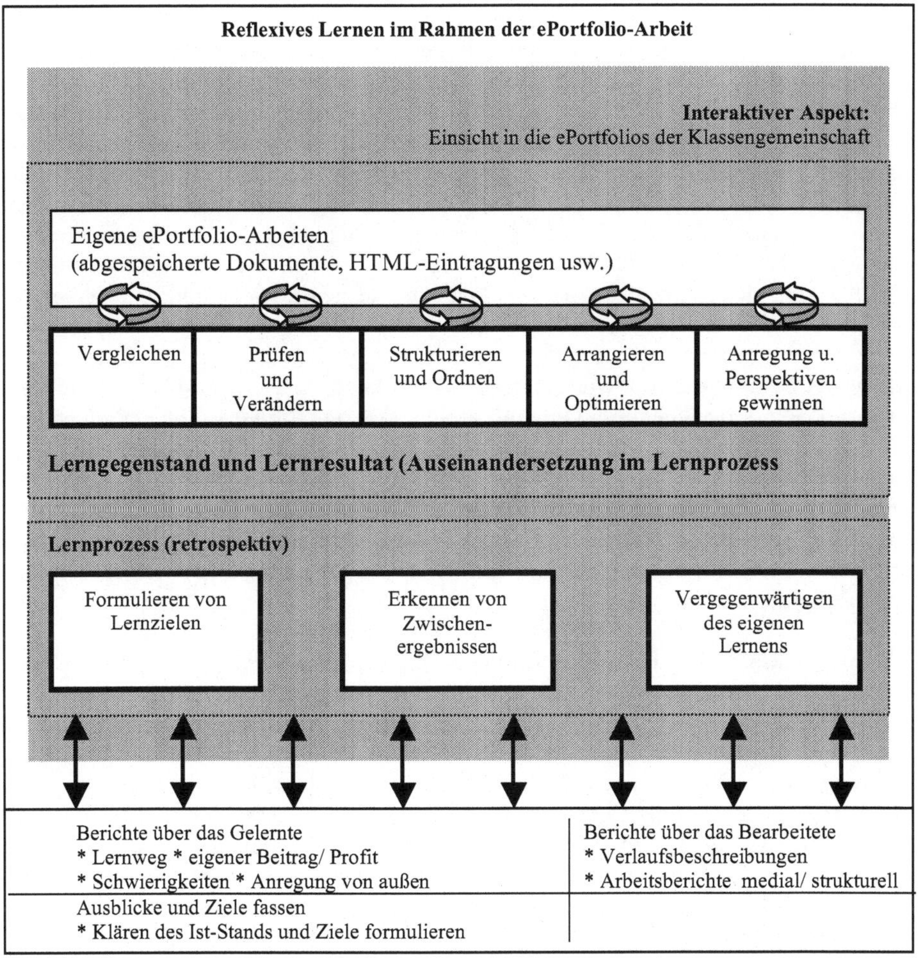

Abb. 8: *Reflexives Lernen im Rahmen der ePortfolio-Arbeit*

Hintergrund für Reflexionen bildet der interaktive Aspekt der ePortfolio-Arbeit. Im Zuge der Auseinandersetzung mit den als ePortfolio-Arbeiten bezeichneten Lernprodukten und -prozessen, die im ePortfolio dokumentiert sind, entstehen Anlässe zur Reflexion des Bearbeiteten und Gelernten. Diese lassen sich mit den damit verbundenen reflexiven Blickrichtungen beschreiben wie „Vergleichen“,

„Prüfen und Verändern“, „Strukturieren und Ordnen“, „Arrangieren und Optimieren“ und „Anregen lassen und Perspektiven gewinnen“. Die reflexiven Betrachtungsrichtungen knüpfen an den Lerngegenständen und Lernresultaten an. Im Rahmen des vorbereiteten didaktischen Arrangements zur Reflexion des Bearbeiteten und Gelernten (Lerntagebuch, die Beschreibungen der Dokumente und Mappen, Reflexionstexte) können diese vergegenwärtigten Lernprozesse aus der Retrospektive reflektiert werden. Im weiteren Verlauf werden Lernziele formuliert, die es zu erschließen gilt. Diese Reflexionen entstehen in der Auseinandersetzung mit der dafür vorbereiteten Vorlage und intensivieren die Art und Weise, wie die Schüler über den Lernprozess nachdenken und wie sie diesen zukünftig gestalten.

Wie bei der Analyse der Schülerdokumente deutlich wurde, entstanden Berichte über das Bearbeitete, Berichte über das Gelernte sowie Berichte über Zukünftiges und noch zu Erreichendes. Die mit diesen drei inhaltlichen Entwicklungslinien verbundenen Qualitäten lassen unterschiedliche Akzentuierungen erkennen, die von den Schülern schriftlich artikuliert wurden. Damit verdichten sich die im Interviewgespräch thematisierten mit den gezeigten reflexiven Handlungsmustern, in denen es um das Festhalten des Lerngegenstands, der Lernprozesse und Lernresultate geht. Hier haben die Schüler aus dem Lernprozess heraus berichtet und reflektiert.

Als erster Reflexionsanlass, der aus der reflexiven Praxis der Schüler rekonstruiert werden kann, ist das „Vergleichen“ zu nennen. Vergleichen meint das Betrachten und die damit verbundene Prüfung der eigenen im ePortfolio dokumentierten Lerngegenstände mit denen der Mitschüler, die auf der Grundlage bereits dokumentierter Lernresultate deutlich werden (Erstellungsprozess allgemein). Die Betrachtung der fremden ePortfolio-Produkte und -Prozesse führt dazu, dass die eigenen reflektiert und in ihrer Qualität bestätigt oder modifiziert werden. Dieser Vergleich ermöglicht, dass die gewonnenen Eindrücke zur Anregung der eigenen Vorhaben beitragen können (fachlich z.B. Textproduktion; in Bezugnahme auf die allgemeine Dokumentation des Lernens im ePortfolio z.B. Strukturierung und Illustration des Lernprozesses im vorbereiteten didaktischen Arrangement). Das folgende Schaubild illustriert diesen Vergleich:

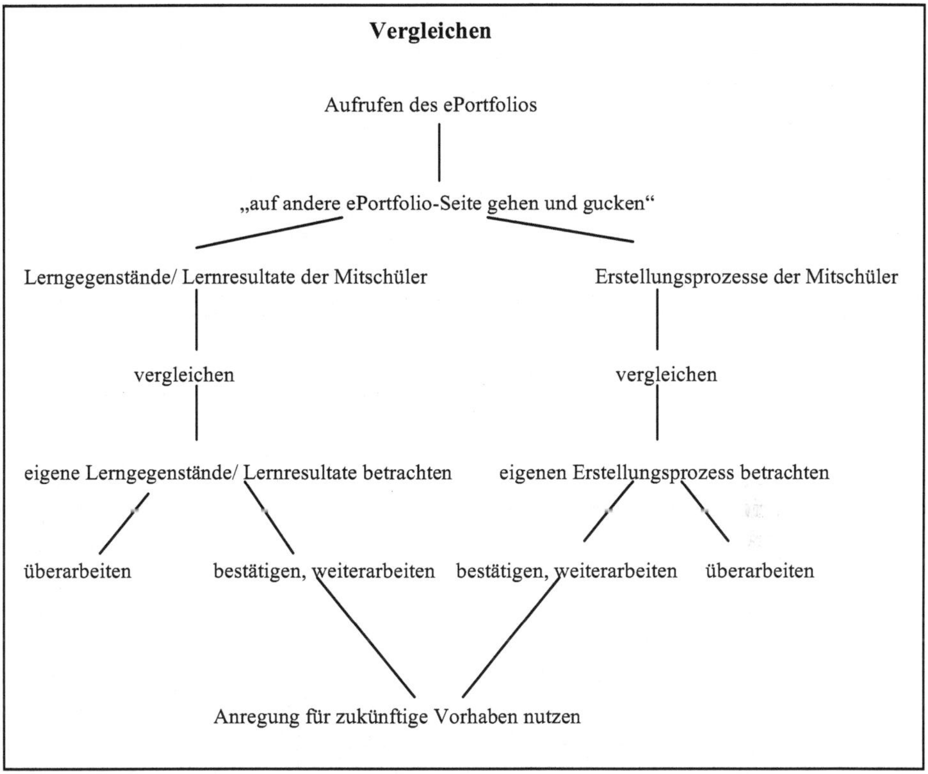

Abb. 9: *Vergleichen*

Neben dem Vergleich der eigenen mit den fremden Lernprozessen nimmt das Prüfen und Verändern der eigenen Lernresultate sowie das Ergänzen der Annotationen und schriftlich festgehaltenen reflexiven Überlegungen einen weiteren Reflexionsanlass im Rahmen der ePortfolio-Arbeit ein. Diese Handlungspraxis setzt sich mit den entstandenen und im ePortfolio dokumentierten Lerngegenständen auseinander und prüft, was dem eigenen Qualitätsempfinden einer angemessenen Darstellung und Präsentation entspricht. Das Verständnis speist sich sowohl aus der fachlichen und inhaltlichen Angemessenheit eines Sachverhalts als auch aus einer über die Zeit gewonnenen Erfahrung bezüglich der sachgemäßen Darstellung. Entspricht die wahrgenommene Qualität den eigenen Vorstellungen, so werden die Arbeiten bestätigt. Entsprechen sie nicht, so werden sie verworfen oder überarbeitet. Dieser Überarbeitungsprozess kann zu unterschiedlichen Zeitpunkten einsetzen, wobei manche Schüler berichten, dass auch nach der ersten Fertigstellung eines Produktes (z.B. Aufsatztext) und der damit verbundenen Dokumentation des Lernprozesses (z.B. Reflexionsbericht, Annotationen) Prüfungen des Bestehenden und Modifizierungen entstehen. Der Prozess der Veränderung der ePortfolio-Arbeiten wird zusätzlich dadurch begünstigt, dass die entstandenen Produkte wie Word-Texte, Power-Point-Präsentation und HTML-Eintragungen auf der Plattform sich leicht verändern oder ergänzen lassen. Das folgende Diagramm illustriert die mit dem „Prüfen und Verändern" verbundene reflexive Handlungspraxis im Kontext der ePortfolio-Arbeit:

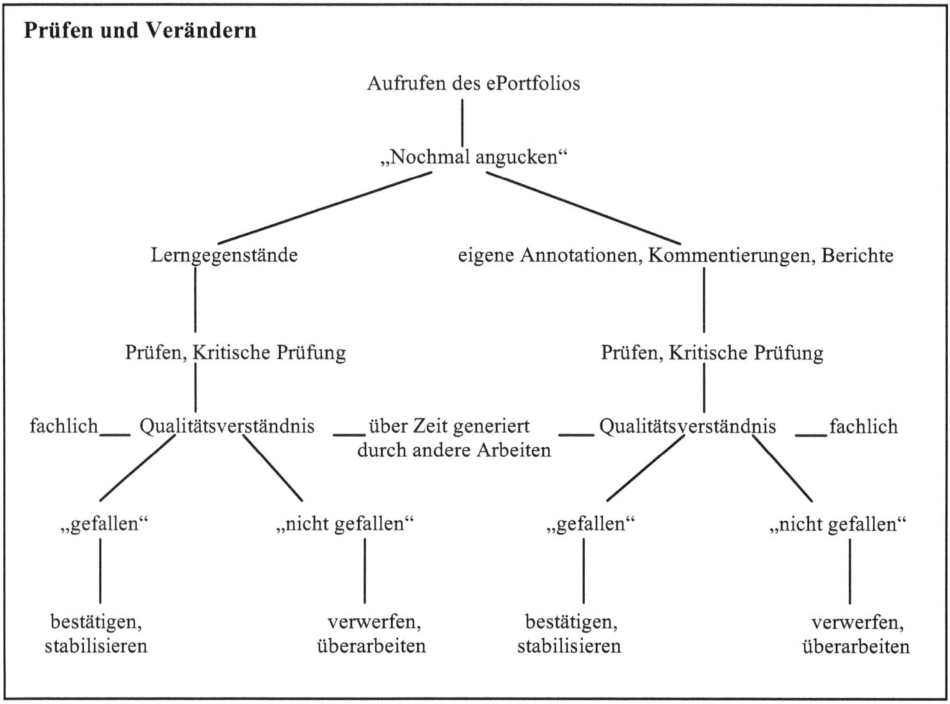

***Abb. 10:** Prüfen und Verändern*

Die Auseinandersetzung mit den eigenen Lerngegenständen und -resultaten wird mit der Hilfe des folgenden Reflexionsanlasses initiiert, der sich aus der wahrgenommenen und im Interview angesprochenen reflexiven Handlungspraxis der Schüler rekonstruieren lässt. Hierbei handelt es sich um das „Strukturieren und

Ordnen“ der eigenen Arbeiten. Diese Betrachtungsrichtung führt dazu, dass in der Gesamtdarstellung der Dokumente eine – in den eigenen Augen – übersichtliche Darstellung und Anordnung entsteht. Die angesprochene „Strukturierung und Ordnung“ prüft wiederum das Bestehende und reflektiert es im Hinblick auf eine entsprechende Darstellung. Dazu dient ein eigenes Qualitätsverständnis für die sachgemäße Anordnung der mit dem Lernprozess verbundenen Lerngegenstände und begleitenden Annotationen. Die Vorwegnahme der Außenperspektive, die das eigene Erstellte und Dokumentierte mit den Augen des fremden Betrachters prüft, wirkt sich stark auf die Erstellung und Anordnung der ePortfolio-Arbeiten aus. Die damit verbundene Reflexion, die aus der Prüfung der eigenen dokumentierten Arbeiten hervorgeht, führt wiederum zu einer Modifizierung des Dokumentierten. Diese kann an mehrern Stellen im Rahmen der Erstellung einer ePortfolio-Arbeit ansetzen. Anlass zur Reflexion, der sich aus dem „Strukturieren und (An-) Ordnen“ der Dokumente im ePortfolio ergibt, wird durch folgendes Schaubild illustriert:

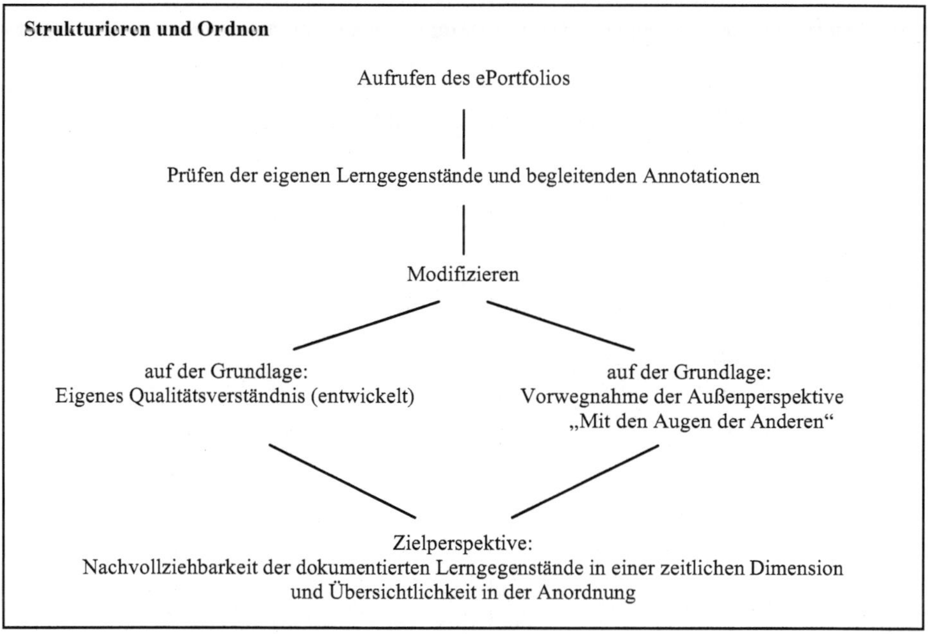

***Abb. 11:** Strukturieren und Ordnen*

Bezog sich das „Strukturieren und Ordnen“ auf die äußere Darstellung und Anordnung innerhalb der Struktur der ePortfolio-Plattform, so findet sich im „Arrangieren und Optimieren“ mehr die weitergehende Entwicklung der im ePortfolio gespeicherten Dokumente wie Texte, Präsentationen, Bilder usw. Diese Vorgehensweise prüft und reflektiert die eigenen Arbeiten im Hinblick auf eine angemessene Darstellung und überarbeitet sie mit dem Ziel, sie inhaltlich und äußerlich weiter zu optimieren. Dabei hängen die Prüfung und die damit verbundene Reflexion der eigenen Arbeiten von unterschiedlichen Variablen ab, die die weitere Gestaltung des Bearbeiteten beeinflussen. Zu diesen zählt allen voran die Verständlichkeit der erstellten Dokumente, so dass diese von den Schülern selbst und den Mitschülern verstanden werden können. Ein von Fremdwörtern gespickter Text, dessen Inhalt zu Teilen aus dem Internet übernommen wurde, wird z.B. für die Klassenöffentlichkeit nicht zu verstehen sein, so dass dieser entsprechend angepasst werden muss (z.B. sachgemäße und sprachlich angemessene Darstellung der Textinformationen u.ä.). Die gleiche Blickrichtung führt auch dazu in der Entstehung befindliche Dokumente, wie Word-Texte oder Powerpoint-Präsentationen, entsprechend zu formatieren oder zu illustrieren, so dass diese die allgemeine Aussagekraft der eigenen Arbeiten unterstützen. Die mit dem „Arrangieren und Optimieren“ angesprochenen Auswahlentscheidungen beeinflussen die Erstellung und die weitergehende Modifizierung der Lernresultate, die im ePortfolio eingestellt und präsentiert werden. Dieses „Arrangieren und Optimieren“ gestaltet sich wie folgt:

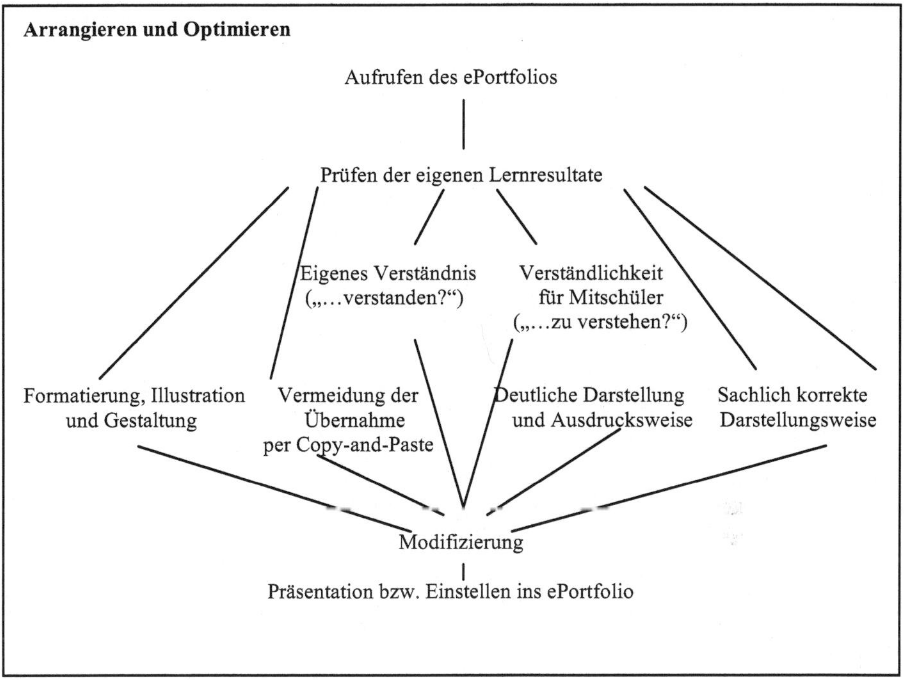

Abb. 12: *Arrangieren und Optimieren*

Wie in den Aussagen der Schüler gezeigt, nimmt der Status der Klassenöffentlichkeit einen großen Einfluss, wie die Schüler über ihr Lernen und die im Zuge der ePortfolio-Arbeit entstandenen Dokumente reflektieren. Zusätzlich beeinflussen die Anregungen von außen, die über die Feedbackfunktion geäußert werden, wie die Schüler über ihr Lernen und die im Rahmen der ePortfolio-Arbeit erstellten Lernresultate nachdenken. Diese Anregungen von außen können sowohl von den Klassenkameraden als auch vom Lehrer zielbezogen zu den entstandenen Lernresultaten geäußert werden. Die Möglichkeit der Anregung von außen wird seitens der Schüler geschätzt und als ein hilfreiches Element der ePortfolio-Arbeit benannt. Die aus dem Feedback gewonnenen Anregungen stehen zu Beginn des Überarbeitungsprozesses unter einer Prüfung, indem die erhaltenen Aussagen hinsichtlich ihrer Plausibilität untersucht werden. Wird das Feedback als weiterführend anerkannt, stellt es den Ausgangspunkt für weitere Modifizierungen dar, die zum Ziel haben, die eigenen Lernresultate zu optimieren. Hierdurch entstehen Produkte, die mit der Unterstützung von außen entstanden sind und die aufgrund dieser reflektiert wurden. Dieses wahrgenommene reflexive Handlungsmuster, welches im Rahmen der ePortfolio-Arbeit ausgebildet wird, verdeutlicht das nachfolgende Schaubild:

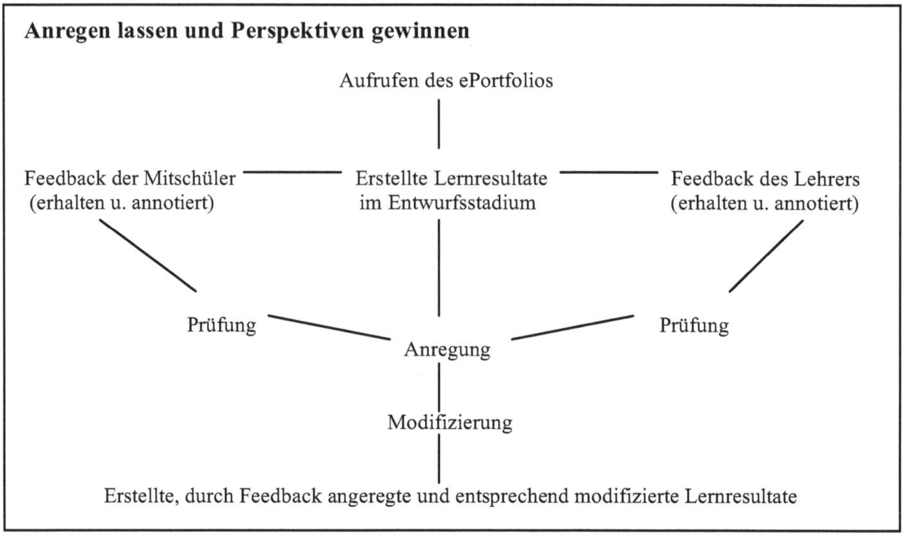

***Abb. 13:** Anregen lassen und Perspektiven gewinnen*

Die fünf skizzierten Reflexionsanlässe entstehen zumeist in der Auseinandersetzung mit eigenen und fremden Lerngegenständen und -resultaten, die im ePortfolio von den Schülern dokumentiert werden. Dabei führt der Status des Interaktiven und der Klassenöffentlichkeit dazu, dass die erstellten Lernresultate entsprechend erstellt, reflektiert und modifiziert werden. Im Rahmen der vorbereiteten Vorlagen, zu denen das Lerntagebuch, die resümierenden Berichte und begleitenden Beschreibungen zählen, entstehen in der Auseinandersetzung weitere Reflexionsanlässe, die auch im Interview von den Schülern angesprochen werden. Es lässt sich aus den Aussagen der Schüler erkennen, dass die begleiteten Anlässe zur Reflexion die reflexiven Momente im Lernen intensivieren. In dieser Hinsicht ermöglichen die vorbereiteten Vorlagen einen Anlass zur schrittweisen Distanzierung und Reflexion der Lernprozesse. In der Auseinandersetzung mit den zu schreibenden Lerntagebuch-Einträgen oder den resümierenden Berichten erfolgen diese Vergegenwärtigung und Bewertung der eigenen Lernprozesse und -resultate. Aber nicht nur im Hinblick auf Erarbeitetes oder Erfahrenes setzen diese Reflexionen an, sondern auch in der prospektiven Voraussicht auf das zu Erreichende. Hier haben die Schüler, wie in den Interviews und der Dokumentenanalyse gezeigt, das ePortfolio – und hier insbesondere das Lerntagebuch – genutzt, um aus dem bereits laufenden Lernprozess heraus oder vor dem noch zu gestaltenden Lernprozess, Lernziele aufzuwerfen und zu formulieren, die in der weiteren Erarbeitung eine Berücksichtigung finden sollen. Damit begleiten die Vorlagen das Lernen und können zur Vergegenwärtigung der Lernprozesse und zur Intensivierung der Reflexionen beitragen.

Wie bereits angesprochen, ist die prospektive Voraussicht auf ein selbst gesetztes Lernziel bedeutsam für das weitere Lernen. Damit Lernziele erst einmal erkannt und benannt werden können, bedarf es den kritischen Blick auf die erstellten Lernresultate sowie auf den erreichten oder noch zu erreichenden Lernprozess. Diese reflexive Betrachtungsrichtung führt dazu, dass sich die Schüler des Ist-Stands bewusst werden. Der Ist-Stand hängt aber nicht nur von den Lernresultaten und zu erreichenden Lernprozessen ab, sondern wird zusätzlich von äußeren Faktoren wie der Unterrichtsgestaltung und personenvariabler Dispositionen (Interesse, Motivation) und Ressourcen (individuelle Fähigkeiten) bestimmt. Dieser Rahmen wirkt sich auf die Wahrnehmung des eigenen Lernstands aus und schafft die Grundlage für das Erkennen und das Formulieren von Lernzielen, die im Rahmen der ePortfolio-Arbeit berücksichtigt werden. Diese selbst gesetzten Lernziele werden im Lerntagebuch festgehalten sowie von einzelnen Schülern im Laufe der eigenen Erarbeitung aufgerufen und überprüft. Das zuvor gezeigte Handlungsmuster „Prüfen und Verändern“ greift auf diese Einträge im Lerntagebuch zurück. Das folgende Schaubild illustriert das Erkennen und Formulieren von Lernzielen im Rahmen der ePortfolio-Arbeit:

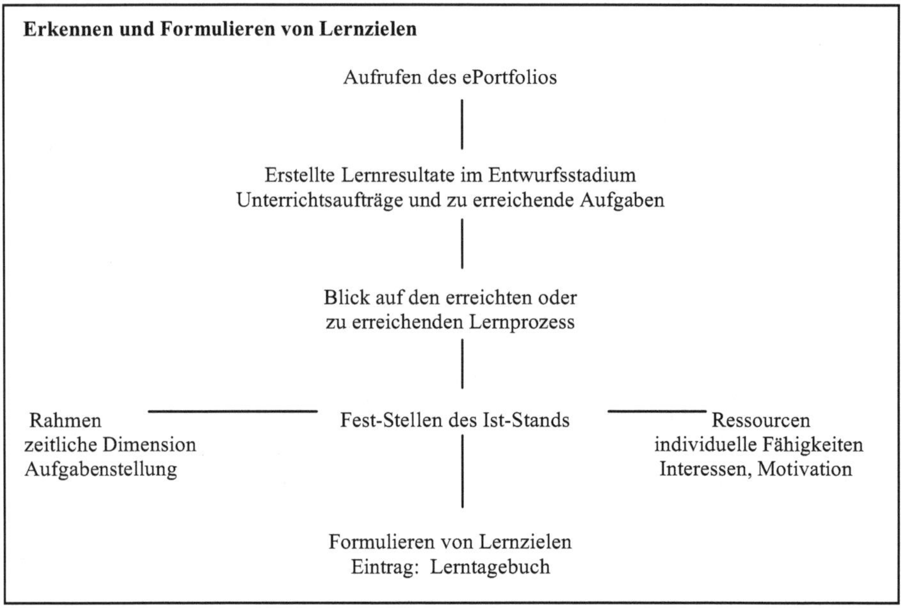

Abb. 14: *Erkennen und Formulieren von Lernzielen*

Neben der prospektiven Aussicht auf das zu Erreichende nimmt auch der Blick auf bereits Erreichtes eine Bedeutung für die Gestaltung von Lernprozessen ein. Die Wahrnehmung der Zwischenergebnisse wird ebenfalls von den vorbereiteten Reflexionsvorlagen begünstigt. Diese wahrgenommenen Zwischenergebnisse beziehen sich in den meisten Eintragungen auf Lernresultate, die sich noch im Entwurfsstadium befinden. Zu diesen können größere und zusammenhängende Arbeitsergebnisse (z.B. Powerpoint-Präsentationen mit Begleittexten und weiteren Materialien), aber auch kleinere und einzelne Arbeitsergebnisse (z.B. ein Aufsatztext) zählen. In der Auseinandersetzung mit den gesetzten Lernzielen, die vom Lehrer vorgegeben wurden oder die selbst gesetzt werden, erkennen die Schüler den Arbeitsstand ihrer Lernresultate. Neben dem Vergleich der eigenen Lernresultate mit den Lernzielen nimmt auch der Vergleich mit den Lernresultaten der Mitschüler eine besondere Stellung im Erkennen ein. Dieses Erkennen ist davon abhängig, inwiefern die von den Mitschülern gezeigten Lernresultate auf die eigene Herangehensweise und Fragestellung übertragbar sind. Damit ermöglicht der Vergleich der eigenen Lernresultate mit denen der Mitschüler das Erkennen eigener Zwischenergebnisse in der damit verbundenen Qualität. Beim Schreiben eines

Lerntagebuch-Eintrags oder resümierenden Berichts werden diese Zwischenergebnisse wahrgenommen und in den dafür vorbereiteten Vorlagen artikuliert, wie das folgende Schaubild zeigt:

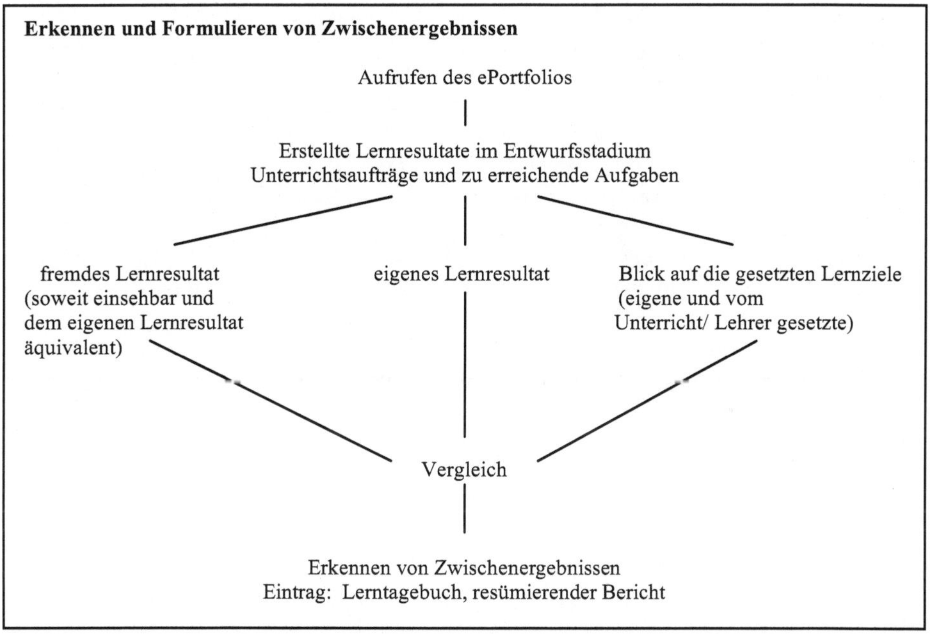

***Abb. 15:** Erkennen und Formulieren von Zwischenergebnissen*

Im Zuge des Lernens mit dem ePortfolio und im Rahmen der damit verbundenen Reflexionsanlässe entstehen Vergegenwärtigungen des Gelernten, die für die Gestaltung von Lernprozessen bedeutsam sind. Wie bereits bei der Vorstellung der vorherigen Reflexionsanlässe gezeigt, haben das Bewusstwerden der eigenen Lernresultate und die Wahrnehmung des eigenen Lernprozesses dazu geführt, dass die Schüler Gelerntes und Bearbeitetes vergegenwärtigen. Dieses Bewusstwerden der eigenen Lernresultate und Lernprozesse wird von einzelnen Faktoren begleitet, die sich für die individuelle Einschätzung des Erreichten verantwortlich zeichnen. Die vorgegebene oder selbst gesetzte Aufgabenstellung bildet einen äußeren Rahmen und bindet die Erarbeitung an übergreifende Ziele (z.B. thematisch-inhaltlich, strukturell). Der Blick geht „nach vorne" auf den zu erreichenden

Zielzustand und prüft das Gelernte und Bearbeitete. Aber nicht nur im Blick „nach vorne“ findet eine Vergegenwärtigung des Lernprozesses statt, sondern auch im Blick zurück auf bisher Erreichtes. Der Fokus ist somit sowohl auf eine prospektive Aussicht gerichtet, als auch auf eine resümierende Zurückbetrachtung. In der Auseinandersetzung mit den beiden konstituiert sich das Gegenwärtige. Wie gezeigt, stehen das eigene Lernen und die Lernresultate im Austausch und unter der Anregung von außen. Dieser Aspekt, der in der Interaktivität der Onlineplattform verankert ist, beeinflusst die Vergegenwärtigung des Lernens. Die Lernresultate können nur als Bezugsgrößen genutzt werden, die eine ähnliche Akzentuierung und Bearbeitungsweise aufweisen (wie z.B. Aufsatztexte über einen ähnlich gelagerten Sachverhalt o.ä.). Diese unterschiedlichen Variablen nehmen Einfluss auf die Vergegenwärtigung der eigenen Lernprozesse und dienen als Bezugsgrößen für die individuelle Reflexion des Gelernten und Bearbeiteten. Im Zuge des Verfassens eines Eintrags im Lerntagebuch, des Schreibens eines resümierenden Berichts oder einer begleitenden Beschreibung werden sie thematisiert und intensiviert. Das nachfolgende Schaubild illustriert diese von Reflexionen gezeichnete Blickrichtung auf die eigenen Lernprozesse, die zur Vergegenwärtigung führt:

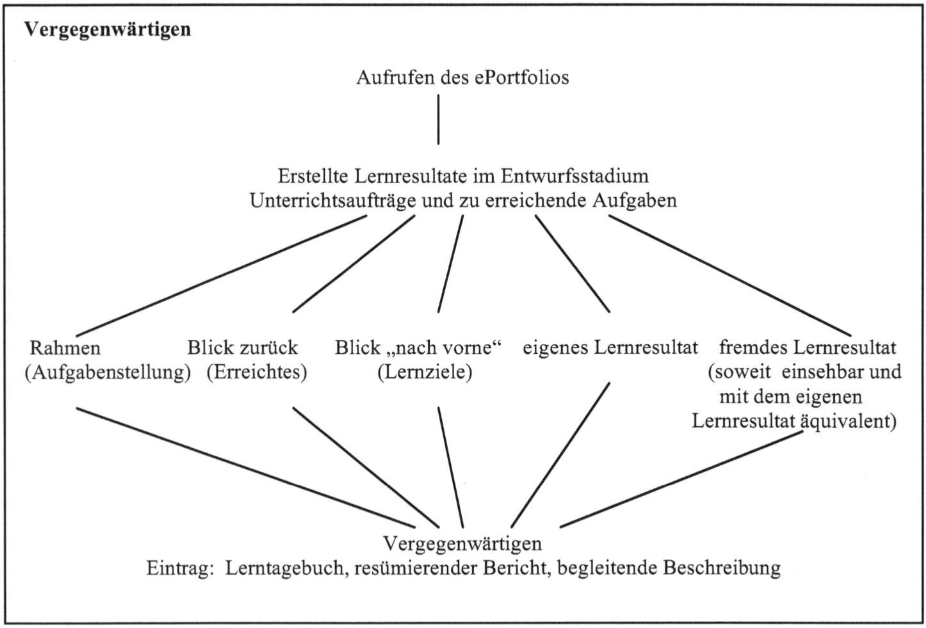

***Abb. 16:** Vergegenwärtigen*

Im Rahmen der Darstellung habe ich gezeigt, welche unterschiedlichen Reflexionsanlässe von den Schülern Bezug nehmend auf die Gestaltung eines Lerngegenstands wahrgenommen werden. Reflexionen orientierten sich nicht nur an den Lerngegenständen und -resultaten, sondern auch an den persönlich wahrgenommenen Lernprozessen. Reflexionen flossen in die weitere Gestaltung des Lerngegenstands ein und wurden im Rahmen der vorbereiteten Vorlagen von den Schülern festgehalten. Diese Handlungsmuster konnten mit der Dokumentenanalyse aufgezeigt werden. Unter Hinzunahme der Interviewaussagen konnten die aufgezeigten Handlungsmuster bestätigt werden, wobei die Interviews verstärkt zum Verstehen der reflexiven Handlungspraxis beigetragen haben. Im abschließenden Kapitel werde ich die Ergebnisse zusammenfassen und diese im Hinblick auf die Beantwortung der forschungsleitenden Fragen prüfen.

7. Resümee

7.1 Bewertung auf der konzeptionellen Ebene

In den vorherigen Kapiteln habe ich beginnend mit der konzeptionellen Ebene unterschiedliche Dimensionen im Begriff der Reflexivität entfaltet. Bestehende Arbeiten zum reflexiven Lernen machten deutlich, dass selten die Perspektive von Schülern im Unterricht gesucht wird und es wenige Untersuchungen gibt, die sich mit dem reflexiven Lernen von Schülern im Setting des Unterrichts auseinandersetzen. Für das Portfolio-Konzept insgesamt lässt sich im Hinblick auf bestehende empirische Arbeiten sagen, dass diese zumeist die Perspektive der Lehrenden und seltener die der Lernenden untersuchen. Bei der Analyse der Publikationen zur Portfolio-Arbeit fiel auf, dass empirische Arbeiten im Gegensatz zu unterrichtspraktischen Erfahrungsberichten in der Minderzahl vertreten sind. Die Untersuchung der in der Literatur zu findenden Anlässe zur Reflexion, die sich aus den Veröffentlichungen erkennen lassen, hat gezeigt, dass das Lernen mit einem Portfolio von Reflexionen begleitet wird, die in einem dafür vorbereiteten didaktischen Arrangement (hier: Portfolio-Einlage, Brief an den Leser, aber auch Zwischen- und Abschlusspräsentation usw.) geäußert werden. Neben dem Festhalten von Reflexionen wirken sich diese auf die Auswahl eines Dokuments, auf die Zusammenstellung wie auch auf die Weiterführung aus. Damit sind Reflexionen ein Motor im Erstellungsprozess, der an eine Portfolio-Mappe geknüpft ist. Bei der Sichtung der diesbezüglichen Literatur konnte ich lediglich eine singuläre Forschungsarbeit finden, die sich mit dem reflexiven Lernen von Grundschulkindern im Rahmen des fremdsprachlichen Unterrichts auseinandersetzt, der ein Portfolio einsetzt (vgl. Kolb 2007). Für die unterrichtliche Nutzung eines ePortfolios fehlen bislang Erfahrungsberichte und empirische Erarbeitungen, die über den ePortfolio-Einsatz in der Schule berichten. Ebenfalls existieren keine didaktischen Arbeiten, die das reflexive Lernen von Schülern untersuchen, die mit einem ePortfolio im Unterricht lernen. Für unterrichtliche Zusammenhänge steht der ePortfolio-Einsatz im deutschsprachigen Raum noch am Anfang, wenn man von einzelnen Berichten aus Österreich (vgl. ePortfolio-Austria 2007) und der Schweiz (Hofmann 2008) absieht. Dieser Sachverhalt spiegelte sich auch in den mangelnden technischen Angeboten einer ePortfolio-Software bzw. -Plattform wieder. Im Rahmen der Konzeptionsphase existierte noch kein geeignetes deutschsprachiges Instrument, das sich für den angestrebten Einsatz geeignet hätte. Dahingehend wurde eine Eigenentwicklung favorisiert, die Elemente und didaktische Vorstrukturierungen enthielt, die aus Konzepten und Erfahrungsberichten zum papiergebundenen Portfolio als anerkannt gelten konnten. Der Gefahr der zu starken Strukturierung durch Selbstbeurteilungsbögen (vgl. Netzwerk Portfolioarbeit 2007) wurde entgegen gewirkt, indem offene Anregungen zur Reflexion formuliert wurden, die von den

Schülern individuell zu nutzen waren (hier: Prompts). Dadurch konnten eigene und im Lernprozess wahrgenommene Reflexionen geäußert werden.

Damit stellt die vorliegende Arbeit die erste Auseinandersetzung dar, die sich sowohl mit dem ePortfolio als auch mit den dabei ablaufenden Lernprozessen auseinandersetzt. Gleiches ist zu sagen zur Reflexivität im Lernen – auch hier ist die Perspektive der Lernenden und die der Schüler im Besonderen selten Ausgangspunkt für eine empirische Untersuchung, die die Denk- und Reflexionsprozesse der Schüler verstehbar machen möchte. Hier ergibt sich auf der Grundlage der analysierten konzeptionellen Seite von Reflexivität und ePortfolio-Arbeit im Unterricht ein Forschungsdesiderat, das die vorliegende Arbeit aufgegriffen hat. Dazu habe ich ein didaktisches Arrangement entwickelt, das in den Unterricht der Sekundarstufe I mit Hilfe von Lehrerfortbildungen eingeführt wurde. Dieses Konzept orientiert sich an einem „didaktischen Kreislaufmodell“, das eigene Wege der Erschließung von Lerngegenständen seitens der Lernenden fördert und Anlässe zur Reflexion stiftet.

7.2 Bewertung der Forschungsinstrumente

Die Auswahl der Forschungsinstrumente stand unter der Prämisse der Triangulation der Forschungsmethoden. Ich habe versucht, einen möglichst umfassenden Blick auf das reflexive Lernen der Schüler zu erhalten. Die Eingangserhebung, die aus einem leitfadengestützten Interview bestand, hatte zum Ziel, erste Einblicke in bestehende reflexive Handlungsmuster im Kontext des bisher erfahrenen Unterrichts zu ermöglichen. Das Interview war inhaltlich betrachtet bewusst breit angelegt, um möglichst unterschiedliche Themenkomplexe anzusprechen, die im Zusammenhang mit Schule und Unterricht zu sehen sind (z.B. wahrgenommene Lehrerrolle, Hausaufgaben, Vorbereitung einer Klassenarbeit u.ä.). Dilemmata waren für einzelne Interviewphasen bedeutsam, denn sie ermöglichten es, dass die Schüler kontextnah selbst favorisierte Lösungsvorschläge und eigene Handlungsmuster im Gespräch thematisierten (z.B. „Stell‘ dir vor...“). Im Zuge der Auswertung musste allerdings dieser breite Fokus reduziert werden, um dem übergreifenden Forschungsinteresse dieser Arbeit gerecht zu werden, das im reflexiven Lernen von Schülern liegt. Mit Hilfe der Eingangserhebung konnte ich wesentliche Einblicke in wahrgenommene Lern- und Unterrichtssituationen erhalten, die im Zusammenhang mit dem reflexiven Lernen stehen. Im Rahmen der Eingangserhebung habe ich ein Sample gebildet, das eine differente Gruppe an Schülern enthielt, die im Schuljahr 2006/ 2007 mit dem ePortfolio lernten. Die Differenz erklärte sich aus den im Interview deutlich gewordenen Wahrnehmungen von Unterricht. Zusätzlich leitete die Auswahl des Samples ein Vorgespräch mit den beteiligten Lehrern, um mehr über die unterschiedlichen schulischen Leistungsstärken der Schüler zu erfahren und um daraufhin unterschiedliche Gruppen an Schülern auszuwählen. Rückblickend wirkte sich das Eingangsgespräch auch auf das Abschlussgespräch förderlich aus, da die Gesprächssituation den Schülern bereits bekannt war und im Gespräch an Nennungen der Eingangserhebung angeknüpft werden konnte.

Die Dokumentenanalyse der von den Schülern angefertigten Eintragungen im ePortfolio, die zumeist im Kontext der Auseinandersetzung mit dem Gelernten oder Bearbeiteten gestanden haben und die sich mit Lerngegenständen, Lernresultaten und -prozessen beschäftigten, stellte das Bindeglied zu den in den Interviews genannten reflexiven Handlungsmustern dar. Der Begriff Dokument meint in der hier verwendeten Bedeutung nicht Dokumente, die aus Zufallsprinzip zusammengestellt wurden oder die eine individuelle Gestalt einnehmen, sondern bezieht sich auf Dokumente (Lerntagebuch, Annotationen, resümierende Beschreibungen), die im Rahmen eines vorbereiteten Arrangements entstehen konnten. Diese Eintragungen in den vorstrukturierten HTML-Bereichen (Lerntagebuch als Blog, Annotation der Dokumente) sowie Word-Vorlagen (resümierende Berichte zum Abschluss einer Einheit) ermöglichten Reflexionen in der resümierenden Betrachtung eines Lernprozesses. Sie konnten im Lernprozess selbst geäußert und intensiviert werden. Über das Schuljahr hinweg entstanden Reflexionen, die im Rahmen des vorbereiteten Arrangements von den Schülern festgehalten wurden und wiederum als Schülerdokumente im Auswertungsprozess dieser Arbeit als Forschungsinstrumente Verwendung fanden. Dieses Vorgehen wurde eingeschlagen, da im Rahmen der Darstellung der Forschungsergebnisse zur Portfolio-Arbeit gezeigt werden konnte, dass es existierende Forschungsarbeiten gibt, die erfolgreich ein ePortfolio als Forschungsinstrument eingesetzt haben, um dadurch mehr über die Nutzungsmuster der Lernenden zu erfahren (vgl. Häcker 2006, Kolb 2007). Daneben griff ich auf ein Lerntagebuch als weiteres Forschungsinstrument zurück, um die reflexiven Prozesse der Schüler zu intensivieren. Dieses Verfahren ist ebenfalls bereits in anderen Studien genutzt worden, die sich mit Metakognition und der Fähigkeit zur Selbstbeobachtung der Lernenden auseinandersetzen (vgl. Landmann/ Schmitz 2007).

Die Analyse der im ePortfolio gezeigten reflexiven Handlungsmuster, die sich aus den Eintragen der Schüler ablesen lassen, ermöglichten Einblicke, die im Rahmen des abschließenden Interviews vertieft wurden. So konnte ich Beobachtetes im Interview ansprechen und mittels der ergänzenden Selbstkommentierung der Schüler verstehen.

Das abschließende Interview mit den Schülern thematisierte von den Schülern selbst wahrgenommene reflexive Handlungsmuster im Kontext der ePortfolio-Arbeit. Das

Gespräch orientierte sich in weiten Teilen an einer ausgewählten ePortfolio-Mappe und an den darin enthaltenen Lernresultaten. Dieses Interview nahm Züge eines fokussierten Interviews an, bei dem die eigene Arbeit den Mittelpunkt einer individuellen Auseinandersetzung darstellte. Die Schüler konnten im Gespräch persönliche Reflexionen und Reflexionsanlässe äußern, die im Rahmen der eigenen Erarbeitung entstanden sind und die sie als bedeutsam wahrgenommen haben. Die Aussagen der Schüler zum reflexiven Lernen wurden somit kontextnah erhoben. Das Interviewverfahren ermöglicht eine Akzentuierung der Ergebnisse und trägt zum allgemeinen Verstehen bei. Die in dieser Hinsicht angesprochene Triangulation der Forschungsmethoden erlaubt einen vielschichtigen Blick auf die Art und Weise, wie Schüler ihr Lernen reflektieren und welchen Situationen Reflexionen im Lernen mit dem ePortfolio entstehen.

7.3 Zur Aussagekraft der Ergebnisse

Die Eingangserhebung ermöglichte einen Einblick in bestehende Anlässe zur Reflexion, die im Kontext des schulischen Lernens stehen. Es konnte gezeigt werden, dass Reflexionen im Unterricht selbst selten aufgegriffen und thematisiert werden oder einen Ausgangspunkt für weitere Lernprozesse bilden. Daneben wurde deutlich, dass etliche Anlässe zum Reflektieren der eigenen Lernprozesse oder Lernresultate z.B. im Kontext der Vor- und Nachbereitung einer Klassenarbeit entstehen. Hierzu existiert ein entsprechendes aus der Erfahrung gewonnenes Wissen und Methodenrepertoire, das es erlaubt, die eigenen Fähigkeiten und das benötigte Fachwissen im Vorfeld einzuschätzen und daraus Methoden abzuleiten, die zur Erschließung der Lerngegenstände genutzt werden. Dieses hat sich im Hinblick auf die Bewältigung einer Klassenarbeit in der Vergangenheit als erfolgreich erwiesen, stellenweise wurde es vom Lehrer eingeführt (z.B. Karteikasten, in dem die bereits erfolgreich memorierten Vokabeln ein Fach nach „hinten wandern“ u.ä.). Neben dem Reflektieren, das im Zusammenhang mit der Vorbereitung einer Klassenarbeit steht, entstehen Gespräche der Schüler untereinander, in denen über das im Unterricht Erfahrene und Gelernte reflektiert wird. Oft ist das Nicht-Verstehen der Lerngegenstände Ausgangspunkt für eine Reflexion, die zumeist gegenüber den Mitschülern und z.T. auch gegenüber den Lehrern artikuliert wird. Aber nicht nur im Unterricht, sondern auch bei der Bearbeitung der Hausaufgaben werden Reflexionen gegenüber den Eltern oder Geschwistern angesprochen. Diese Gespräche orientieren sich an der zu gestaltenden Aufgabe und thematisieren das Nicht-Wissen oder die eigene Herangehensweise. Im Hinblick auf den Gesamtkontext dieser Arbeit lässt sich sagen, dass Reflexionen bislang selten im Unterricht der beteiligten Klassen thematisiert wurden. Es existiert bei den Schülern ein aus der Erfahrung gewonnenes Reflexionswissen, das es erlaubt, eine Lernsituation (z.B. Verständnis des Lehrervortrags, Erarbeitung einer Klassenarbeit, Bearbeitung der Hausaufgaben u.ä.) entsprechend einzuschätzen und daraus weitere Erschließungswege für die damit verbundene Aneignung der Lerngegenstände abzuleiten. Weitergehende Methoden oder Instrumente, die das reflexive Lernen begleiten und unterstützen, sind den Schülern nicht bekannt und wurden bislang nicht im erfahrenen Unterricht eingeführt.

Mit der Dokumentenanalyse der ePortfolios konnte ich zeigen, dass die Schüler das vorbereitete didaktische Arrangement höchst unterschiedlich genutzt haben. Hier scheint es in den jeweiligen Schulklassen Schwerpunkte gegeben zu haben, die zumeist mit dem damit verbundenen Lerngegenstand in Verbindung stehen. Die Schüler haben in unterschiedlicher Qualität über ihr Lernen reflektiert und einen entsprechenden Eintrag im Lerntagebuch, eine Beschreibung eines Dokuments oder einen resümierenden Bericht über eine zusammenhängende ePortfolio-Mappe formuliert. Beim Blick auf das gezeigte Nutzungsverhalten, das anhand der getätigten Einträge und Formulierungen zu erkennen ist, lassen sich sowohl kürzere und unpräzisere als auch detaillierte und präzisere Berichte über das Bearbeitete oder Gelernte ausmachen. Hierbei wird über den persönlich wahrgenommenen Lernprozess und zumeist über die Beschäftigung mit einzelnen Lerngegenständen berichtet und reflektiert.

Neben den Berichten über Erarbeitetes und im Zuge der ePortfolio-Arbeit neu Erlerntes werden vollzogene Bearbeitungsschritte benannt, die im Zusammenhang mit dem Lernen und Arbeiten mit der Online-Plattform entstanden sind (z.B. abspeichern, downloaden, Feedback formulieren, annotieren usw.). Individuelle Schwierigkeiten, die beim Lernen aufgetreten sind und als bedeutsam wahrgenommen wurden, werden ebenfalls schriftlich artikuliert, wie die beim Lernen erfahrenen neuen Perspektiven auf den Lerngegenstand und den Lernprozess. In weiten Teilen orientieren sich diese Beschreibungen, die z.T. reflexive Momente im Lernen festhalten, an den vorgegebenen Prompts und Leitfragen – stellenweise entstehen aber auch eigene zusammenhängende Auseinandersetzungen mit dem eigenen Lernen. Bei der Analyse der Dokumente konnte ich verdeutlichen, dass nicht alle Eintragungen von Reflexionen gekennzeichnet sind, sondern auch Formulierungen existieren, die verstärkt das im Unterricht Gehörte oder Erfahrene festhalten, ohne es in Bezug zu den eigenen Verstehens- und Verhaltensleistungen zu setzen. Daneben existieren aber auch intensivere Auseinandersetzungen mit dem eigenen Lernen, die dadurch entstanden, da das ePortfolio verstärkt zum interaktiven Austausch verwendet wurde.

Die Beschreibungen der im ePortfolio gespeicherten Dokumente entstanden zumeist immer dann, wenn ein entsprechendes Lernresultat der Klassengemeinschaft zu präsentieren war oder wenn es eine gewisse Qualität erreichte. Ähnlich wurde auch mit den resümierenden Beschreibungen verfahren, die meistens nach dem Erreichen eines angestrebten Lernresultats formuliert wurden. In dieser Auseinandersetzung entstanden Reflexionen, die das Erreichte und den Lernprozess in Relation zum Lerngegenstand setzten (z.B. „Wie bin ich bei der Erstellung vorgegangen?", „Welche Mitschüler haben mir weitergeholfen?" usw.).

Im Hinblick auf die entstandene Qualität der im Rahmen der ePortfolio-Arbeit dokumentierten schriftlichen Reflexionen, die sich aus der Dokumentenanalyse heraus erkennen lassen, sind sowohl „Berichte über das Bearbeitete" als auch „Berichte über das Gelernte" entstanden. Aus der Retrospektive wird ein Lernzuwachs oder eine Verhaltensdisposition geschildert, die im Zuge der Gestaltung von Lernprozessen selbst beobachtet wurde. Neben diesen an der eigenen Person anknüpfenden reflexiven Berichten werden Verlaufsbeschreibungen einer Lernaktivität thematisiert, deren Lernresultate im ePortfolio dokumentiert sind. Diese Lernaktivität steht im Kontext der Präsentation nach außen und der damit verbundenen Diskussion der Lernresultate. Die Diskussion regt zur Auseinandersetzung mit den eigenen Lernprozessen und -produkten an und führt zur weitergehenden Modifizierung. Da dieser Anregungs- und Überarbeitungsprozess die Gestaltung der Lernresultate wesentlich beeinflusst und die Art und Weise betrifft, wie Schüler über ihr Lernen und die damit verbundenen Lernprozesse nachdenken, wird dieser Aspekt in zahlreichen Vorlagen geäußert.

Neben dem Rückblick auf Entstandenes setzen die Schüler sich in den dafür vorbereiteten Vorlagen persönliche Lernziele, die sie in der Auseinandersetzung mit den eigenen Lernvorhaben realisieren möchten. Im weiteren Verlauf wird überprüft, inwieweit das Beabsichtigte erreicht wurde.

In den Interviewaussagen verdichten sich diese reflexiven Handlungsmuster, wobei sich im Hinblick auf die Ergebnisse sagen lässt, dass das Interview zusätzliche Einblicke ermöglichte, die über die reine Betrachtung der schriftlichen Eintragungen in dieser Qualität nicht möglich gewesen wären. Dahingehend hat die Hinzunahme des abschließenden Interviews die Einblicke zum reflexiven Lernen von Schülern inhaltlich breiter gestaltet. Konnte im Zuge der Dokumentenanalyse verstärkt Einblick in die retrospektive Auseinandersetzung mit dem Lernprozess gegeben werden, so wurden aufgrund der Interviewaussagen die Reflexion der Lernresultate und die Präsentation der ePortfolio-Mappe deutlich.

Im Interview fällt auf, dass die Erstellung eines eigenen Lernvorhabens, bei dessen Ausgestaltung die Schüler Lerninhalte und Lernziele z.T. selbst wählen können, ein häufiges Merkmal der Unterrichtsgestaltung bildet. Dieser Sachverhalt wird von den Schülern benannt und erlaubt es, dass eigene Interessensbildungen im Rahmen der fachlichen Eingebundenheit (z.B. im Fach Deutsch, Sozialkunde u.ä.) entstehen können. Das in diesem Zuge bearbeitete Lernvorhaben ist an eine bestimmte Dokumentationsform gebunden, die den Lerngegenstand darstellbar macht. Dazu zählen animierte Powerpoint-Präsentation, Texte aller Art oder Bildformate, die den eigenen Lernvorhaben eine Gestalt verleihen. Die Schülerarbeiten werden mit dem Ziel erstellt, sie mittels Kommentaren von außen entwickeln zu lassen. Damit orientiert sich der ePortfolio-Unterricht am im Rahmen der Lehrerfortbildungen vermittelten didaktischen Konzept des „ePortfolio-Kreislaufs“. In diesem Zuge entfaltet das ePortfolio sein Potential als ein interaktives Lehr- und Lerninstrument, das für selbstregulierte Lernprozesse eingesetzt wird. Dieser Aspekt bildet eine günstige Voraussetzung für die Entstehung von Reflexionen beim Lernen. Im Interview kamen die Schüler auf die beim Erarbeiten des eigenen Lernvorhabens ablaufenden reflexiven Prozesse zu sprechen, die in der Auseinandersetzung mit den Lerngegenständen und Lernresultaten entstehen. Diese Auseinandersetzung, die sich sowohl auf die im ePortfolio gespeicherten bzw. zu speichernden Dokumente wie auch die Eintragungen und Annotationen im HTML-Format bezieht, setzt am Erreichten an und prüft es hinsichtlich Verständlichkeit, fachlicher Richtigkeit und einer an der Fragestellung und dem Lerngegenstand angemessenen Darstellung und Aufbereitung. Als Orientierung für diese Reflexion der eigenen Lernresultate dient der Vergleich mit in ähnlicher Form vorliegenden Lernvorhaben, die in den ePortfolios der Mitschüler dokumentiert sind. Es entstehen Reflexionen, die die eigenen Lernresultate und abgebildeten Lernprozesse mit denen der Mitschüler vergleichen und aus denen weitere Handlungen entstehen (z.B. modifizieren, optimieren, strukturieren, arrangieren), welche die äußere und inhaltliche Gestaltung der eigenen Lernvorhaben beeinflussen. Aber nicht nur an den im ePortfolio dokumentierten Lerngegenständen und -resultaten setzen Reflexionen an, sondern auch an den damit verbundenen Lernprozessen. Diese Reflexionen lassen sich als eine Vergegenwärtigung des eigenen Lernens beschreiben, indem das Vollzogene und Erreichte reflektiert und geprüft wird. Zu diesem Reflexionsanlass entstehen Eintragungen im Lerntagebuch und in den vorbereiteten Vorlagen zur Reflexion, indem über das im Lernprozess Wahrgenommene reflektiert wird. Die Reflexionen entstehen aus der Vergegenwärtigung der Lernprozesse heraus und klären, welche Faktoren das eigene Lernen beeinflusst haben (z.B. zeitliche Ressourcen, Überthema/ Aufgabenstellung, eigene Herangehensweise, Informationsquellen und -dichte, Austausch mit den Lehrern und Mitschülern u.ä.).

Neben der Vergegenwärtigung und dem Erkennen von eigenen Lernresultaten berichten die Schüler, dass sie – wie in der Dokumentenanalyse gezeigt – das ePortfolio (und hier insbesondere das Lerntagebuch) als Anlass betrachtet haben, um über das eigene Lernvorhaben nachzudenken und neue Lernziele zu entwickeln. Die Lernziele stehen in der Verbindung mit den Lernprozessen. Sie gliedern und strukturieren das eigene Vorgehen und setzen Orientierungspunkte für die weitere Erarbeitung. Zusammenfassend lässt sich für das reflexive Lernen der Schüler, die im Rahmen der ePortfolio-Arbeit ein eigenes Lernvorhaben realisiert haben, sagen:
Reflexionen
* bilden den Ausgangspunkt eines Vorhabens, das im Rahmen der ePortfolio-Arbeit realisiert werden soll,
* beeinflussen die Entwicklung und Präsentation der Lerngegenstände und -resultate im ePortfolio,
* begleiten und vergegenwärtigen den mit dem eigenen Lernvorhaben verbundenen Lernprozess, der im ePortfolio dokumentiert werden soll.

Für das hier entworfene Bild von ePortfolio-Arbeit im Unterricht lässt sich sagen, dass Reflexionen einen wesentlichen Einfluss auf das Lernen, die Beschäftigung mit den Lerngegenständen und die Präsentation von Lernresultaten nehmen und sie damit einen Motor für das Lernen mit dem ePortfolio bilden.

7.4 Zusammenführung der forschungsleitenden Fragen

Es dürfte deutlich geworden sein, dass ePortfolio-Arbeit in der Wahrnehmung der Schüler mehr Anlässe zum Reflektieren des Bearbeiteten und Gelernten geboten hat als der bestehende Unterricht ohne ePortfolio. Die mit der empirischen Erarbeitung verbundene Frage, ***wie Schüler über ihren Lernprozess reflektieren,*** konnte ich mit einer Triangulation der Forschungsmethoden erheben und belegen. Reflexionen, die im Rahmen der ePortfolio-Arbeit entstehen, vergegenwärtigen und prüfen die eigenen Lerngegenstände, -resultate und die Lernprozesse. Damit stehen Reflexionen im Mittelpunkt eines Lernprozesses, der zum Ziel hat, selbst gewählte Lernvorhaben zu realisieren und zu dokumentieren. Diese Reflexionen laufen in der Handlung ab (vgl. Reflexion-in-der-Handlung bei Meyer 2004, 138) und tragen zum Verstehen bei. Dahingehend lässt sich das Reflektieren als Standortbestimmung der mit der Erstellung eines Lerngegenstands verbundenen Lernprozesse beschreiben. Diese Standortbestimmung steht allerdings nicht für sich, sondern sie führt zu weiteren Handlungen, die von den Schülern kontextnah beschrieben werden (z.B. arrangieren, optimieren, vertiefen usw.). Zusätzlich wird die Sicht auf die eigenen Lernprozesse dank der Möglichkeit zur Interaktion (Feedback- und Kommentarfunktion des ePortfolios) und der Einsicht in die ePortfolios der Klassengemeinschaft angeregt. Neben den Reflexionen, die bei der Gestaltung der

Lernhandlungen ablaufen, entstehen in der rückblickenden Betrachtung des Lernprozesses weitere Reflexionen, die zumeist im Kontext mit dem Verfassen eines Eintrags im Lerntagebuch, einer Beschreibung oder eines resümierenden Berichts stehen. Diese Denkprozesse nehmen retrospektiv das eigene Lernen wahr und reflektieren über die wahrgenommene oder getätigte Handlung (vgl. Reflexion-über-die-Handlung bei Meyer ebd.).

Die zweite Betrachtungsrichtung führte, wie angesprochen, zu Einträgen in den dazu vorbereiteten Vorlagen zur Reflexion, die einen Einblick in das unterschiedliche Nutzungsverhalten des ePortfolios geben konnten. Die nähere Betrachtung der entstandenen Breite an artikulierten Reflexionen erlaubt die Klärung der zweiten Forschungsfrage, die sich mit dem ***entstandenen Umfang an Reflexionen, die von Reflexionen begleitet wurden,*** auseinandersetzte. Es wurde deutlich, dass sowohl an den Leitfragen (Prompts) orientierte Eintragungen als auch Eintragungen mit individuellerer Schwerpunktsetzung von den Schülern vorgenommen wurden. Vom Umfang her betrachtet schwankt der Grad an inhaltlicher Vertiefung zwischen kürzeren und stichpunktartigen bis hin zu detaillierteren narrativ-erzählenden Reflexionsberichten. Aus der resümierenden Perspektive werden Berichte über das Bearbeitete (Verlaufsbeschreibungen einer Tätigkeit u.ä.), Berichte über das Gelernte (detaillierte Lernwegsbeschreibungen, eigener Beitrag, persönlich Gelerntes u.ä.) sowie Lernziele (weitere Lernaktivität, fachliches Interesse) thematisiert und formuliert.

Beim Blick auf ***die dem Reflektieren vorausgehenden Lernerfahrungen***, deren Untersuchung das dritte forschungsleitende Interesse bildete, kann gesagt werden, dass Lernerfahrungen sowohl im Lernprozess selbst als auch resümierend Ausgangspunkt für eine Reflexion bilden. Im Lernprozess selbst schafft die Auseinandersetzung mit der Gestaltung der Lerngegenstände und -resultate einen wesentlichen Anlass für das beim Lernen ablaufende Reflektieren. Diese Lernerfahrungen entstehen im Zuge der Erstellung der eigenen Lernvorhaben. Daraufhin „prüfen und verändern", „strukturieren und ordnen", „arrangieren und optimieren" die Schüler ihre im ePortfolio dokumentierten Arbeiten im Laufe der Erarbeitungszeit. In Auseinandersetzung mit den eigenen und fremden ePortfolio-Arbeiten („vergleichen"), die auf der Plattform dokumentiert sind, entstehen weitere Lernerfahrungen, die sich auf die Gestaltung der Dokumente und die dabei ablaufenden Reflexionen auswirken. Infolge der Interaktion mit den Mitschülern und den darin geäußerten Anregungen zur Weiterarbeit entstehen Anlässe zum Reflektieren, die sich auf die Gestaltung der Lernresultate und weitergehenden Lernprozesse auswirken („Anregen lassen und Perspektiven gewinnen"). Wie angesprochen, sind diese Lernerfahrungen nicht nur im Lernprozess selbst auszumachen, sondern sie werden retrospektiv in der Auseinandersetzung mit den dafür vorbereiteten Vorlagen zur Reflexion thematisiert. Die Beschäftigung und Thematisierung mit den persönlich wahrgenommenen Lernprozessen führt zu einer resümierenden Reflexion, die an den gemachten Lernerfahrungen ansetzt. Dabei werden diese „vergegenwärtigt", „Zwischenergebnisse erkannt" sowie weitere und sich aus der Vergegenwärtigung ableitende Lernziele formuliert.

Welche ***Emotions- und Motivationslagen das Reflektieren begleitet haben***, lässt sich mit Blick auf die Interviewergebnisse zu Teilen ablesen. Die Möglichkeit, eigene Lernresultate in der Klassengemeinschaft öffentlich zu machen und hierfür Anregung von außen zu erhalten, hat sich für viele Schüler motivierend auf die Beschäftigung mit der eigenen ePortfolio-Arbeit ausgewirkt. Dieser Sachverhalt führte auch dazu, Reflexionen in den dafür vorbereiteten Vorlagen festzuhalten, da sie von der Klassengemeinschaft betrachtet werden können (Anm.: bis auf das Lerntagebuch). Neben der öffentlichen Einsichtnahme von außen wurden Reflexionen zusätzlich begünstigt, indem eigene Lernvorhaben realisiert wurden, deren Bearbeitung auf Interesse der Lernenden gestoßen ist. Hierdurch konnten eigene Erschließungswege gesucht werden, die sich auf die Lernmotivation begünstigend auswirkten. Emotionen der Lernenden wurden an Stellen deutlich, wenn persönliche Schwierigkeiten in der Retrospektive reflektiert worden sind. Emotionale Befindlichkeiten wurden artikuliert, die im Lernen und in der Auseinandersetzung mit den Lerngegenständen sowie in der Präsentation der Lernresultate aufgetreten sind. Dazu benannten einzelne Schüler entsprechende Verhaltensdispositionen (z.B. zu aufgeregt, nicht konzentrieren können), die sich auf das individuelle Gefühlserleben ausgewirkt haben. Im Rahmen des Verfassens eines Eintrags sind diese Emotionen rückblickend geschildert und betrachtet worden. Insgesamt muss für das emotionale Erleben der Schüler gesagt werden, dass dieses nur eingeschränkt thematisiert wurde. Es lassen sich daher keine weiteren Aussagen zum emotionalen Erleben der Schüler treffen.

Wie in der Darstellung der Ergebnisse gezeigt, berichten einzelne Schüler über die fehlende Lernmotivation Bezug nehmend auf die ePortfolio-Arbeit und die damit verbundenen Anlässe zur schriftlichen Reflexion. Im weiteren Verlauf des Resümees sollen diese Entwicklungen, die in einem abweichenden Einsatz des ePortfolios von der Fortbildungsleitung stehen, noch einmal aufgegriffen werden.

Neben der motivationalen Komponente, zeichnete sich in den Interviews eine Bewertung des ***Instruments ePortfolio*** ab. Dies geschieht im Hinblick auf die damit verbundene ***Bedeutung für das eigene Lernen und Reflektieren***. Mit dieser durch die Schüler geäußerten Bewertung lässt sich eine weitere Forschungsfrage klären.

Als besonders anregend empfanden die befragten Schüler die interaktive ePortfolio-Arbeit und die damit verbundene Einsichtnahme in die ePortfolios der Mitschüler. Diese Anregung wirkt sich auf die Wahrnehmung des eigenen Lernens und die eigenen im ePortfolio dokumentierten Arbeiten aus. Sie führt dazu, dass eigene Arbeiten ergänzt und verändert werden oder dass die persönlich empfundenen Anregungen bei der Erarbeitung von zukünftigen Lerngegenständen weitergeführt werden. Ebenfalls werden die Feedbacks zu den eigenen Arbeiten im Interview als lernförderlich herausgestellt. Diese Form des Austauschs wird von den befragten Schülern geschätzt und führt dazu, dass das eigene Lernen angeregt wird und sich daran weitere Lernhandlungen anschließen. Der interaktive Aspekt scheint mit Blick auf die daraus resultierenden Lernprozesse bedeutsam für die ePortfolio-Arbeit zu sein. Das mit dem ePortfolio verbundene Sammlungs- und Dokumentationsprinzip wird von einzelnen Schülern hervorgehoben. Sie berichten, mit Hilfe des ePortfolios einen besseren Überblick über die Lerngegenstände erhalten zu haben. Das Lerntagebuch erhält in dieser Argumentationslinie eine Bedeutung, denn es ermöglicht, vollzogene Handlungen und neu erfahrene Sachverhalte zu dokumentieren, so dass diese auch nach einer gewissen Zeit noch betrachtet werden können. Das im Lerntagebuch mögliche Setzen von Lernzielen, die für das weitere Lernen Beachtung finden sollen, wird ebenfalls als positiv bewertet. Diese Handlungspraxis hat dazu beigetragen, eine eigene Fragestellung zu entwickeln und zu verfolgen. Hierzu hat nicht nur das Prüfen der eigenen Lernziele Bezug nehmend auf die erreichten Lernresultate zur Vergegenwärtigung des eigenen Lernens beigetragen, sondern auch das Festhalten der aus Reflexionen hervorgegangenen und persönlich wahrgenommenen Lernprozesse. Diese wurden ebenfalls zumeist im Lerntagebuch beschrieben, wobei sie sich auch in den entstandenen Dokumenten und den begleiteten Annotation ablesen lassen. Im Gespräch berichten die Schüler, dass ihnen beim Betrachten der Arbeiten bewusst wurde, in welcher Intensität und Qualität sie sich in den vergangenen Wochen mit einem bestimmten Lerngegenstand beschäftigt haben. Dieser Aspekt betont die wahrgenommenen Möglichkeiten zur Reflexion und der damit verbundenen Vergegenwärtigung des eigenen Lernens. Damit kann zusammenfassend gesagt werden, dass der Aspekt des interaktiven Austauschs und der damit verbundenen Anregung für das eigene Lernen, der Aspekt der Sammlung und Dokumentation des Gelernten und Bearbeiteten, das Setzen von Lernzielen und die Vergegenwärtigung des eigenen Lernens als bedeutsam für das eigene Lernen und Reflektieren eingestuft werden.

7.5 Bewertung der abweichenden Praxis

Wie bereits angesprochen, lässt sich dieses Bild von ePortfolio-Arbeit, die von Reflexionen begleitet wurden, nicht auf alle Handlungsmuster übertragen, die in den Eintragungen der Schüler gezeigt und im Interview angesprochen wurden. In den

Aussagen einzelner Schüler zeichnen sich divergierende Nutzungen ab, die erkennen lassen, dass das ePortfolio weniger zum interaktiven Austausch über Lerngegenstände und -resultate genutzt worden ist. Im Gegensatz zur Nutzungspraxis der Mehrheit wurde das ePortfolio in einzelnen Schulklassen als Speicher für im Unterricht Erfahrenes oder Erarbeitetes verwendet. Diese Praxis war weniger von Reflexionen begleitet und hielt das im ePortfolio fest, was im Hinblick auf eine Klassenarbeit zu memorieren war. Damit wurde das ePortfolio von Einzelnen als „ausgelagertes Arbeitsheft" genutzt, in dem Sachinformationen festgehalten, Berichtigungen einer Klassenarbeit in Mathematik aufgeführt oder Hausaufgaben aus dem Unterricht bearbeitet wurden. Dieses Vorgehen mündete darin, dass entstandene Dokumente im ePortfolio gespeichert und selten in einem Onlineaustausch diskutiert wurden, der das Ziel hatte, die eigenen Arbeiten und das eigene Lernen mittels einer Außenperspektive anzuregen. In dieser Hinsicht sind auch die vorbereiteten Vorlagen zur Reflexion genutzt worden, um das erinnernswerte Sachwissen festzuhalten, das im Hinblick auf die Vorbereitung einer Klassenarbeit memoriert werden sollte. Dazu entstanden von einzelnen Schülern Einträge in den vorbereiteten Vorlagen, zu denen das Lerntagebuch zählt. Dieser Unterricht, der das ePortfolio als Arbeitsheft nutzte, das Arbeitsaufträge aus dem Unterricht aufnahm und das ergänzend zum papiergebundenen Heft zu führen war, ließ weniger Anlässe zur Reflexion und zur entsprechenden Vertiefung entstehen. Diese Tendenz lässt sich aus der Dokumentenanalyse und den Interviewgesprächen entnehmen. Es erklärt sich daher, dass bei einzelnen Schülern die vorbereiteten Vorlagen oberflächliche Berichte über das Bearbeitete enthalten, die über den Erstellungsweg oder die allgemeine Bearbeitung eines Lerngegenstands berichten. Eine tiefer gehende Reflexion der Lernprozesse oder Lernresultate ist diesen Berichten nicht zu entnehmen. Gründe können hierfür in der kleinschrittigen Bearbeitung der Aufgaben liegen, deren Ergebnisse in einer gewissen Form (Texte, Präsentationen etc.) im ePortfolio zu dokumentieren waren. Dabei wurden von den Schülern keine Reflexionen schriftlich geäußert, weil diese für die hiermit verbundene Nutzungspraxis keine weitergehende Bedeutung für das Lernen erhielten. Es ging eher um das Bearbeiten und Zusammenstellen der vom Lehrer vorgegebenen Aufgaben, die im ePortfolio bearbeitet und dokumentiert wurden.

Dieses Nutzungsmuster hat in einzelnen Fällen zu motivationalen Dispositionen geführt, die sich negativ auf die Beschäftigung mit dem ePortfolio und die allgemeine Bewertung des ePortfolio-Unterrichts auswirkten. Daher erklärt sich die Aussage einer Schülerin, dass die Arbeit mit dem ePortfolio nichts bringe, da man „alles" doppelt machen müsse, als ein wahrgenommenes Nutzungsmuster im Unterricht, das sich dadurch auszeichnet, dass das ePortfolio ergänzend zum Schulheft geführt wurde. Diese Praxis bezieht sich sowohl auf das ePortfolio und die Möglichkeit der Dokumentation der aus dem Unterricht entstandenen

Schülerarbeiten, wie auch auf das Lerntagebuch. Dieses wurde von Schülern, die entsprechende reflexive Handlungsmuster zeigten, genutzt, um Sachwissen aus dem Unterricht festzuhalten (z.B. Lösungsweg einer mathematischen Gleichung, unterschiedliche Spiegelarten u.ä.), das im Hinblick auf die Vorbereitung einer Klassenarbeit memoriert wurde. Die Anleitung kam von der Lehrkraft und aus dem Unterricht heraus entstand der Auftrag, einen entsprechenden Eintrag im Lerntagebuch zu formulieren. Einzelne Schüler stellten Bezug nehmend auf das Reflektieren im Lerntagebuch enttäuscht fest, dass ihnen dieses nichts gebracht hätte, da es sich in der Vorbereitung einer Klassenarbeit als nicht erfolgreich erwiesen hat. Diese gezeigte Nutzungspraxis beeinflusst die Art und Weise, wie und in welcher Qualität fortan Reflexionen entstehen konnten. Die im Interview geäußerte Wahrnehmung derjenigen Schüler, die diese reflexive Handlungspraxis zeigten, lässt darauf schließen, dass das Reflektieren und das Festhalten von Reflexionen in den dafür vorbereiteten Vorlagen eher eine zusätzliche Arbeit darstellte, die nicht mit den bearbeiteten Lerngegenständen in Verbindung steht.

7.6 Didaktische Perspektive

Diese Arbeit fühlte sich einem allgemeindidaktischen Anspruch verpflichtet, der mit qualitativen Forschungsinstrumenten das allgemeine Verstehen „über" das reflexive Lernen von Schülern im Kontext der ePortfolio-Arbeit fördert. Es wurden Einblicke in die didaktische Gestaltung von Unterricht deutlich. Diese Einblicke entstanden aus den Interviewaussagen und den Eintragungen der Schüler im ePortfolio. Bedeutsam erscheint, dass eine Intensivierung von reflexiven Anlässen im Lernen mit Hilfe der Realisierung eigener Lernvorhaben erreicht wurde. Damit war die Unterrichtsgestaltung ausschlaggebend für die Entwicklung von reflexiven Anlässen im Lernen. Dies lässt sich aus den Eintragungen der Schüler und aus den erfolgten Vorstellungen der ePortfolio-Mappen im Gespräch entnehmen. Zusätzlich konnte ich zeigen – und das ist für die didaktische Aussage dieser Ergebnisse bedeutsam – dass ePortfolio-Arbeit von einzelnen Schülern als zeitintensiv und aufwändig bezeichnet wird. Der Aspekt der hohen Schriftlichkeit hat ebenfalls dazu geführt, dass einzelne Schüler es gescheut haben („zu faul"), das ePortfolio zu führen. Hierzu liegen keine Unterrichtsbeobachtungen vor, so dass auf der Grundlage der Ergebnisse nicht deutlich wird, inwieweit die Schriftlichkeit tatsächlich eine Hürde für einzelne Schüler war oder ob schulisches Lernen in der momentanen Lebensphase insgesamt abgelehnt wird. Ebenfalls muss die Ablenkung seitens des Mediums Internet und die damit verbundene Möglichkeit, sich auf Internetseiten zu verirren, als bedeutsam für die Intensivierung des Lernens mit dem ePortfolio erkannt werden. Für die Weiterführung von ePortfolio-Arbeit im Unterricht ist bedeutsam, dass diese Aspekte bei der Planung von Unterrichtsvorhaben Beachtung finden.

Im Hinblick auf die untersuchte Altersgruppe lässt sich sagen, dass ein Großteil der Schüler in der Lage gewesen ist, das ePortfolio für die Gestaltung und die Reflexion von Lernprozessen zu nutzen. Dieser Sachverhalt scheint für die weitere Implementation der ePortfolio-Arbeit in den Unterricht bedeutsam zu sein – konnte doch mit dieser Arbeit gezeigt werden, dass sich das Instrument ePortfolio für eine 12-16jährige Altersgruppe bewährt hat. In diesem Zusammenhang muss auch die Rolle der Lehrer betont werden, denn es kann keinesfalls als selbstverständlich gelten, dass ein ePortfolio zur Gestaltung von Lehr- und Lernprozessen entsprechend im Unterricht genutzt wird und es sich dabei eignet, eigene Lernvorhaben der Lernenden zu realisieren. Häcker zeigte mit seiner Forschungsarbeit zum selbstbestimmten Lernen, dass Portfolio-Arbeit (Anm.: die papiergebundene Variante) in der von ihm untersuchten Schulpraxis (Anm.: ebenfalls Sekundarstufe) nur in wenigen Schulklassen zur Gestaltung des selbstbestimmten Lernens genutzt wurde. Damit ist es für den in dieser Arbeit verwendeten didaktischen Zusammenhang von ePortfolio-Arbeit gelungen, selbstbestimmtes (vgl. Häcker 2006) und selbstreguliertes Lernen (vgl. Konrad/ Traub 1999) der Lernenden mit einem ePortfolio anzuregen. ePortfolio-Arbeit im Unterricht bietet zwar keine Garantie dafür, dass Phasen des selbstregulierten Lernens entstehen, aber sie ermöglicht die Begleitung entsprechender Lernvorhaben, die von Feedback und Reflexionen begleitet sind. Für diese Einbindung bildet ePortfolio-Arbeit einen geeigneten Ausgangspunkt für die Gestaltung von Lernprozessen.

Um ePortfolio-Arbeit im Unterricht einzubringen, bedarf es, wie es die Aussagen der Schüler verdeutlichen, einer Unterrichtsgestaltung, die das Instrument ePortfolio in der skizzierten Weise für eigene Lernvorhaben einbindet. Damit nimmt das ePortfolio die Rolle eines Lehr- und Lerninstruments ein. Es erlaubt die Dokumentation und Präsentation der Lerngegenstände und -resultate sowie den Austausch und die Zusammenarbeit. Damit der Unterricht noch stärker das ePortfolio als ein Instrument zur Begleitung von Lernprozessen nutzt, die Reflexionen thematisieren möchten, muss in zukünftigen Fortbildungsveranstaltungen auf die didaktischen Prinzipien der ePortfolio-Arbeit hingewiesen werden. In diesem Zuge sollte deutlich werden, dass nicht jeder Unterricht und jede Aufgabenstellung zur Thematisierung von Reflexionen im Lernen geeignet erscheinen.

7.7 Desiderate der eigenen Arbeit

Die vorliegende Forschungsarbeit hat das reflexive Lernen der Schüler rekonstruiert, die mit einem ePortfolio im Unterricht gelernt haben. Dazu wurde die Perspektive der Schüler gewählt, die mit Hilfe einer entsprechenden methodischen Erschließung betrachtet wurde. Die aufgezeigten Perspektiven entstammen der Wahrnehmung der Schüler und sind zutiefst subjektiv geprägt. Damit sind auch die Aussagen der Schüler zu den erfahrenen Anlässen zur Reflexion aus der eigenen Wahrnehmung entstanden. Was diese Arbeit in dieser Hinsicht nicht näher klären konnte, war die tatsächlich ablaufende Unterrichtspraxis, da sie im Zuge der Erhebung nicht betrachtet wurde. Dieser Sachverhalt muss betont werden, obwohl sich aus den Aussagen der Schüler und der entstandenen Dokumente durchaus Einblicke in den Unterricht ergeben. Im Rahmen der vorliegenden Untersuchung wurde nicht die Lehrerperspektive[10] gesucht, da der Fokus dieser Arbeit auf dem reflexiven Lernen der Schüler liegt. Die vorliegende Arbeit hat verstärkt das ePortfolio als Lerninstrument und weniger als Lehrinstrument untersucht. Dazu wurden die von den Schülern artikulierten und festgehaltenen Reflexionen analysiert, die sich aus dem Lernen mit dem ePortfolio ergeben haben. Diese Bestimmung erfolgte sowohl aus der in den Interviews geäußerten Wahrnehmung der Schüler zur ePortfolio-Arbeit als auch aus der Dokumentenanalyse, die entsprechende reflexive Handlungsmuster darstellbar machte. Die Aussagen des ausgewählten Samples überschnitten sich an zahlreichen Stellen Bezug nehmend auf das reflexive Lernen. Diese Überschneidungen, die sich nicht nur auf die eigene Lerngruppe beziehen, sondern auch von anderen Schülern gezeigt oder angesprochen wurden, machen deutlich, dass die Anlässe zur Reflexion als übertragbar für die Gesamtgruppe gelten können. In dieser Hinsicht konnte mit den gewählten Instrumenten ein vielschichtiges Bild in das reflexive Lernen der Lernenden (und nicht der Lehrenden) gegeben werden.

Was diese Studie nicht zeigt, ist eine Langzeitperspektive, die das Lernen und Reflektieren der Schüler über einen längeren Zeitrahmen als ein Schuljahr begleitet. Es muss davon ausgegangen werden, dass das erste Schulhalbjahr (zumindest die Zeit bis zu den Weihnachtsferien) vermehrt von Zeit- und Lernphasen gekennzeichnet gewesen ist, in der die Handhabung der ePortfolio-Plattform und die damit verbundenen Möglichkeiten wie das Dokumentieren des Lernfortschritts, Selbstkommentieren und Feedback erteilen, das Führen des Lerntagebuchs u.ä. im Mittelpunkt der jeweiligen Lernaktivität gestanden haben. Dies lässt sich aus den erfolgten Eintragungen (z.B. im Lerntagebuch) erkennen, die mit einem Datum im Zeitraum ab Herbst (hier: November 2006) versehen wurden. Hierzu liegen keine Aussagen der Schüler vor, die diesen Sachverhalt betonen. Lediglich äußern einzelne Schüler sich im Gespräch dazu, dass sie sich insgesamt mehr Zeit für das Lernen mit dem ePortfolio gewünscht hätten. Damit sprechen die Schüler die jeweilige Nutzungspraxis an, die zumeist von der Lehrkraft vorgegeben wurde und

[10] Ergebnisse der Lehrerstudie finden sich bei Fink/ Gänger 2008a/b

darüber entschied, in welchen Zeitphasen gearbeitet wurde und welche Lernprozesse in welcher Qualität und Ausprägung zu dokumentieren waren.

Für weitere Arbeiten kann interessant sein, die Perspektive der Lehrenden und die der Unterrichtsgestaltung noch stärker in den Mittelpunkt zu rücken. Hier könnte auch wiederum die Frage aufgeworfen werden, welches didaktische Arrangement und welche Lerngegenstände sich für den Einsatz eines ePortfolios im Unterricht eignen. Die vorliegende Arbeit dürfte deutlich gemacht haben, dass das Anbieten des ePortfolios „per se" nicht zu einem entsprechenden Bewusstsein bei den Lernenden beiträgt. Die Einbindung in übergreifende (z.B. selbstreguliertes Lernen) oder fachliche (z.B. forschendes Lernen in den Naturwissenschaften) Zusammenhänge könnte ferner weitere Akzentuierungen ermöglichen, die für die damit verbundene Forschungsrichtung (allgemeindidaktisch, fachwissenschaftlich und fachdidaktisch, psychologisch u.ä.) zu neuen Ergebnissen in Bezug auf den Einsatz eines ePortfolios führen.

Da ePortfolio-Arbeit im Unterricht zu Beginn der Implementation steht, ist es sinnvoll, weitere Forschungsarbeiten voranzubringen. Diese sollten kontextnah an den Unterricht einer jeweiligen Klasse gebunden sein und versuchen, das Lernen mit dem ePortfolio zu rekonstruieren. Der interaktive Aspekt, der im Online-Austausch und der damit verbundenen Anregung für das eigene Lernen liegt, sollte noch stärker Beachtung finden. Konnte doch mit dieser Arbeit gezeigt werden, dass der Status des Interaktiven das Lernen und Reflektieren und die damit verbundene Gestaltung der Lernprozesse und -resultate beeinflusst.

Neben dem Status des Interaktiven könnte näher analysiert werden, welche Impulse Feedback für die Weiterbearbeitung eines Lerngegenstandes schaffen können. Es wäre in diesem Zusammenhang interessant, die Produkte und Lernresultate noch näher zu untersuchen, um zu erfahren, wie Schüler mit dieser Anregung umgehen und inwieweit Kooperationen und Ko-Konstruktionen in der Auseinandersetzung mit den eigenen Lernprozessen und -resultaten entstehen.

Literaturverzeichnis

Aalderink, Wijnand/ Veugelers, Marij: E-Portfolio's in the Netherlands: Stimulus for Educational Change and Life Long Learning. Online Ressource: http://e-learning.surf.nl/docs/portfolio/helsinki_eden_-_wijnand_aalderink+marij_veugelers.pdf. Zugriff vom 14.02.2008.

Abfalterer, Erwin: Foren, Wikis, Weblogs und Chats im Unterricht. Boizenburg 2007.

Abildgaard, Lone/ Mogensen, Arne: Når det bedste er godt. Frederikshavn 1999.

Abildgaard, Lone/ Trane, Treis: Portefølje – erfaringer og perspektiver. Århus 2004.

Abildgaard, Lone: Porteføljer – læringsstrategi og evalueringsmetode. Århus 2001.

Ackelman, Kjell: Elevportfolio – ett redskap för egen utveckling. Stockholm 2000.

Ackermann, Heike/ Rosenbusch, Heinz S.: Qualitative Forschung in der Schulpädagogik. In: König, Eckard/ Zedler, Peter (Hg.): Qualitative Forschung. 2. Auflage. Weinheim und Basel 2002, 31-54.

Agerbæk, Lise: E-portfolio som dokumentation af generiske kompetencer. In: OnEdge 3/ 2005, 11-13.

Allemann- Ghionda, Christina: Von der Rute zum Portfolio – ein internationaler Vergleich. In: Rhyn, Heinz (Hg.): Beurteilung macht Schule. Leistungsbeurteilung von Kindern, Lehrpersonen und Schule. Bern, Stuttgart, Wien 2002, 121-142.

Amt für Lehrerausbildung Hessen (Hg.): Portfolio: Medien – Lehrerbildung. Frankfurt/ Main 2003.

Andreasen, Brian Kjær/ Kolmos, Anette: Undervisningsportfolios på højere uddannelsesinstitutioner. Aalborg Universitet. Unter: http://www.puc.auc.dk/ publika/portfolios,ak-ba.htm. Zugriff vom 25.01.2005

Artelt, Cordula/ Moschner, Barbara: Lernstrategien und Metakognition: Implikationen für Forschung und Praxis – Einführung. In: Artelt, Cordula/ Moschner, Barbara (Hg.): Lernstrategien und Metakognition: Implikationen für Forschung und Praxis. Münster 2005, 7-11.

Atkinson, W. H.: A qualitative study: What are the perceptions of principals and teachers to the implementation of electronic portfolios. Unpublished doctoral dissertation. University of Akron, Ohio 2000.

Aufenanger, Stefan: Qualitative Analyse semi-struktureller Interviews - Ein Werkstattbericht. In: Garz, Detlef / Kraimer, Klaus (Hg.): Qualitativ-empirische Sozialforschung. Konzepte, Methoden, Analysen. Opladen 1991, 35-59.

Bandura, Albert/ Schunk, D.H.: Cultivating Competence, Self-Efficacy, and Intrinsic Interest through proximal Self-Motivation. In: Journal of Personality and Social Psychology, 41, 1981, 586-598.

Bangert-Drowns, Robert L./ Hurley, Maria M./ Wilkinson, Barbara: The Effects of School-Based Writing-to-Learn Interventions on Academic Achievement: A Meta Analysis. In: Review of Educational Research, 1/ 2004, 29-58

Barrett, Helen: Digital Storytelling Research Design. 2005. Online Ressource: http://electronicportfolios.org/digistory/ResearchDesign.pdf

Barrett, Helen: Electronic Portfolios as Digital Stories of Deep Learning.

Barrett, Helen: ICT Support for Electronic Portfolios and Alternative Assessment. 2001. Online Ressource: http://electronicportfolios.org/portfolios/wcce2001.pdf. Zugriff vom 17.03.2004.

Barrett, Helen: The Electronic Portfolio Development Process. 1999. Online Ressource: http://electronicportfolios.org/portfolios/aahe2000.html. Zugriff vom 01.06.2006.

Bartnitzky, Jens: Einsatz eines Lerntagebuchs in der Grundschule zur Förderung der Lern- und Leistungsmotivation. Eine Interventionsstudie. Dissertationsschrift eingereicht an der Universität Dortmund. Dortmund 2004.

Barton, James/ Collins, Angelo (Hg.): Portfolio Assessment: A handbook for educators. New York (NJ) 1997

Bastian, Johannes: Einführung in die Unterrichtsentwicklung. Weinheim und Basel 2007.

Bauer, Karl-Oswald: Qualitativer Zugang zum pädagogischen Handlungsrepertoire von Lehrerinnen und Lehrern. In: Eberwein, Hans/ Mand, Johannes: Forschen für die Schulpraxis. Weinheim 1995, 254-267.

Bauer, Lioba: „Und zur Reifeprüfung eine reichhaltige Mappe!" Erfahrungen mit Portfolios im Deutschunterricht der Oberstufe. In: Informationen zur Deutschdidaktik. 1/ 2002, 75-79.

Beetham, Helen: e-portfolios in post-16 learning in the UK: developments, issues and opportunities. A report prepared for the JISC e-Learning and Pedagogy strand of the JISC e-Learning Programme 2006. Online Ressource: www.jisc.ac.uk/uploaded_documents/ eportfolio_ped.doc. Zugriff vom 18.01.2007.

Behnken, Imbke/ Zinnecker, Jürgen (Hg.): Kinder. Kindheit. Lebensgeschichte - Ein Handbuch. Seelze 2001.

Behrens, Matthis: Das Portfolio zwischen formativer und summativer Bewertung. In: Beiträge zur Lehrerbildung. 2/ 1997, 176-184.

Belanoff, Patricia/ Dickson, Marcia (Hg.): Portfolio – Process and product. Portsmouth (NH) 1993.

Benner, Dietrich: Wilhelm von Humboldt (1767-1835) und Friedrich Schleiermacher (1768-1834). In: Tenorth, Heinz-Elmar: Klassiker der Pädagogik. Erster Band - Von Erasmus bis Helene Lange. München 2003b, 144-159.

Benner, Dietrich: Wilhelm von Humboldt Bildungstheorie. Eine problemgeschichtliche Studie zum Begründungszusammenhang neuzeitlicher Bildungsreform. 3. erweiterte Auflage. Weinheim und München 2003a.

Bergmann, Christian/ Eder, Ferdinand: Das Befinden von Schülerinnen und Schülern – eine Untersuchung mit dem Befindenstagebuch. In: Eder, Ferdinand (Hg.): Das Befinden von Kindern und Jugendlichen in der Schule. Innsbruck 1995.

Bergmann, Jörg R./ Meier, Christoph: Elektronische Prozessdaten und ihre Analyse. In: Flick, Uwe/ Kardorff, Ernst von/ Steinke, Ines (Hg.): Qualitative Forschung. Ein Handbuch. 4. Auflage. Hamburg 2005, 429-436.

Bern, Kerstin/ Frööjd, Dana/ Torén, Bellita: Muligheder med portfolio.Vejle 2002.

Blankertz, Herwig: Die Geschichte der Pädagogik. Von der Aufklärung bis zur Gegenwart. Wetzlar 1982.

Blankertz, Herwig: Theorien und Modelle der Didaktik. Weinheim und München 1991.

Bleicher, Michael/ Fix, Martin/ Fuß, Stefan/ Gläser-Zikuda, Michaela/ Laukenmann, Matthias/ Mayring, Philipp/ Melenk, Hartmut/ Rhöneck, Christoph von: Einfluss emotionaler Faktoren auf das Lernen in den Fächern Physik und Deutsch: Erste Ergebnisse des Forschungsprojekts. In: Finkbeiner, Claudia/ Schnaitmann, Gerhard W. (Hg.): Lehren und Lernen im Kontext empirischer Forschung und Fachdidaktik. Donauwörth 2001, 515-546.

Blomquist, Sofia/ Borg, Åsa/ Erikson, Lars/ Jontell, Ingela/ Lord, Barbro/ Nyman, Emma/ Romild, Mikael/ Sjögren, Lars: Digital Portfolio ett ITiS-projekt av Bäckängsgymnasiets estetiska arbetslag. Borås 2001. Online Ressource: http://www.utb.boras.se/gemensam/itis/omgang5/backang/ rapport2.pdf. Zugriff vom 01.03.2008.

Boekarts, Monique/ Pintrich, Paul R./ Zeidner, Moshe (Hg.): Handbook of Self-Regulation. San Diego 2000.

Boekarts, Monique: Self-regulated learning: A new concept embraced by researchers, policy makers, educators, teachers, and students. Learning and Instruction, 7 (2) 1997, 161-186.

Boekarts, Monique: Self-regulated Learning: Finding a balance between learning goals and ego-protective goals. In: Boekarts, Monique/ Pintrich, Paul R./ Zeidner, Moshe (Hg.): Handbook of Self-Regulation. San Diego u.a. 2000, 417-450.

Bohl, Thorsten: Prüfen und Bewerten im Offenen Unterricht. 2. Auflage. Weinheim/ Basel 2004.

Bohnsack, Ralf: Gruppendiskussionsverfahren und Milieuforschung. In: Friebertshäuser, Barbara/ Prengel, Annedore (Hg.): Handbuch Qualitative Forschungsmethoden in der Erziehungswissenschaft. Weinheim und München 1997, 492-501.

Bohnsack, Ralf: Rekonstruktive Sozialforschung. Einführung in qualitative Methoden. Opladen 2003.
Bönsch, Manfred (Hg.): Selbstgesteuertes Lernen in der Schule. Braunschweig 2006.
Bostelmann, Antje (Hg.): Das Portfolio-Konzept in der Grundschule. Mühlheim an der Ruhr 2006.
Brahm, Taiga/ Seufert, Sabine: E-Assessment und E-Portfolio zur Kompetenzentwicklung: neue Potenziale für Ne(x)t Generation Learning? In: Brahm, Taiga/ Seufert, Sabine (Hg.): „Ne(x)t Generation Learning: E-Assessment und E-Portfolio halten sie, was sie versprechen? Themenreihe II zur Workshop Serie. SCIL-Arbeitsbericht 13. St. Gallen 2007.
Bratengeyer, Erwin/ Kysela-Schiemer, Gerda: eLearning in Notebook-Klassen. Empirisch-didaktische Begleituntersuchung. Donau-Universität Krems 2002. Online Ressource: http://wbt.donau-uni.ac.at/notebook/Archiv/eLearning_in_Notebook-Klassen.pdf
Bratengeyer, Erwin: ePortfolio-Modellfälle. Projektskizze des Departments für Interaktive Medien und Bildungstechnologien. Donau-Universität Krems 2008. Online Ressource: http://www.donau-uni.ac.at/de/department/imb/forschung/projekte/ id/09949/index.php. Zugriff vom 24.01.2008.
Bräuer, Gerd: Lernen durch Reflektieren. In: Informationen zur Deutschdidaktik. 4/ 1998, 80-91.
Bräuer, Gerd: Schreiben als reflexive Praxis. Tagebuch, Arbeitsjournal, Portfolio. Freiburg 2000.
Bräuer, Gerd: Experimentieren mit einer Methode und Arbeiten am Text: Reformen durch Portfolios? In: Informationen zur Deutschdidaktik 26, H. 1. 2002, 25-34.
Bräuer, Gerd: Schreiben als reflexive Praxis: Tagebuch, Arbeitsjournal, Portfolio. 2. Auflage. Freiburg 2003.
Bräuer, Gerd (Hg.): Schreiben(d) lernen. Ideen und Projekte für die Schule. Hamburg 2004.
Bräuer, Gerd: Portfolios in der Lehrerausbildung als Grundlage für eine neue Lernkultur in der Schule. In: Gläser-Zikuda, Michaela/ Hascher, Tina (Hg.): Lernprozesse dokumentieren, reflektieren und beurteilen. Lerntagebuch und Portfolio in Bildungsforschung und Bildungspraxis. Bad Heilbrunn 2007, 45-62.
Breidenstein, Georg: Teilnahme am Unterricht. Ethnographische Studien zum Schülerjob. Wiesbaden 2006.
Brouër, Birgit: Selbstbeurteilung in Theorie und Praxis. Habilitationsschrift eingereicht an der Universität Bamberg (unveröffentlicht). Bamberg 2004.
Brouër, Birgit: Mit Portfolios schreibend das Lernen reflektieren. In: Gläser-Zikuda, Michaela (Hg.): Lerntagebuch und Portfolio auf dem Prüfstand. Zeitschrift für Empirische Pädagogik 21/2. Landau 2007b, 157-173.
Brouër, Birgit: Portfolios zur Unterstützung der Selbstreflexion - Eine Untersuchung zur Arbeit mit Portfolios in der Hochschulehre. In: Gläser-Zikuda, Michaela/ Hascher, Tina (Hg.): Lernprozesse dokumentieren, reflektieren und beurteilen. Lerntagebuch und Portfolio in Bildungsforschung und Bildungspraxis. Bad Heilbrunn 2007a, 235-266.
Brown, Ann L.: Metakognition, Handlungskontrolle, Selbststeuerung und andere, noch geheimnisvollere Mechanismen. In: Weinert, Franz E./ Kluwe, Rainer H. (Hg.): Metakognition, Motivation und Lernen. Stuttgart 1984, 60-109.
Bruder, Susanne/ Perels, Franziska/ Schmitz, Bernhard: Die Förderung selbstregulierten Lernens bei der Hausaufgabenbetreuung. Evaluation eines Schüler- und Elterntrainings auf der Basis von Prozessdaten. In: Döll, Jörg (Hg.): Bildungsqualität von Schule. Münster 2004, 377-397.
Brunner, Ilse/ Krimplstätter, Andrea/ Kummer, Antonie: Mit Portfolios Lernfortschritte belegen und Qualitätsempfinden entwickeln. Wie Qualitäts- und Kompetenzkriterien ausgehandelt werden. In: Brunner, Ilse/ Häcker, Thomas/ Winter, Felix (Hg.): Das Handbuch Portfolioarbeit: Konzepte, Anregungen, Erfahrungen aus Schule und Lehrerbildung. Velber 2006, 179-186.
Brunner, Ilse/ Schmidinger, Elfriede: Leistungsbeurteilung in der Praxis. Der Einsatz von Portfolios im Unterricht in der Sekundarstufe I. Linz 2001.
Brunner, Ilse: So planen Sie Portfolioarbeit. Zehn Fragen, die weiterhelfen. In: Brunner, Ilse / Häcker, Thomas/ Winter, Felix (Hg.): Das Handbuch Portfolioarbeit: Konzepte, Anregungen, Erfahrungen aus Schule und Lehrerbildung. Velber 2006, 89-95.

Brunner, Ilse: Zielorientiertes Lernen und persönliche Bestleistung. Portfolios als Hilfe zum selbstgesteuerten Lernen in der Grundschule. In: Informationen zur Deutschdidaktik. 1/ 2002, 56-64.

Brunner, Ilse; Schmidinger, Elfriede: Gerecht beurteilen. Portfolio – die Alternative für die Grundschulpraxis. Linz 2000.

Brunner, Ilse; Schmidinger, Elfriede: Portfolio - ein erweitertes Konzept der Leistungsbeurteilung. Erziehung und Unterricht 147, H. 10. 1997, 1072-1086.

Brunsting-Müller, Monika: Wie Kinder denken, oder denken, sie denken: ein metakognitiver Interventionsansatz. Luzern 1997.

Büttner, Gerhard: Lernen und Lernschwierigkeiten aus pädagogisch-psychologischer Perspektive. Zur Bedeutung von Vorwissen, Metakognition und strategischen Kompetenzen. In: Dammasch, Frank/ Katzenbach, Dieter (Hg.): Lernen und Lernstörungen bei Kindern und Jugendlichen. Zum besseren Verstehen von Schülern, Lehrern, Eltern und Schule. Frankfurt/ Main 2004, 55-81.

Cambridge, Barbara L.: A Lifetime of Learning: Electronic Portfolios as Learning Passports in the 21st Century. Vortragsmanuskript vom 27.04.2005. Edumedia Fachtagung Salzburg. Online Ressource: http://edumedia.salzburgresearch.at/images/stories/EduMedia/1_EduMedia_2005/02_cambridge_keynote_pp1_salzburg_april_27_2005.pdf. Zugriff vom 01.02.2006.

Cambridge, Darren: eFolio Minnesota for Lifewide and Lifelong Learning: Research Results. 2005 Online Ressource: http://www.efoliominnesota.com/vertical/Sites/%7B54359267-AFF1-4313-A9D7-7271C0ACAFB7%7D/uploads/%7BBB8B6C70 F858 12FF B7B2 E3BD1395700F% 7D.DOC. Zugriff vom 17.08.2006.

Carle, Ursula: Systemische Schulentwicklungsforschung am Beispiel des Schulversuchs "Veränderte Schuleingangsphase an Thüringer Grundschulen". In: Petillon, Hans (Hg.): Individuelles und soziales Lernen in der Grundschule - Kinderperspektive und pädagogisches Konzept. Jahrbuch Grundschulforschung. Opladen 2002, 209-216.

Carlsson, AnnCathrine/ Edvinsson, Ulla/ Forsvall, Inger/ Jonsson, Ulla: Digital Portfolio. Rapport från period 3. ITiS – Kompetensutvecklingsarbetet. Skelleftehamn o.J. Online Ressource: http://direkt.skola. skelleftea.se/itis/rapporter/Sem33/IngFor.doc. Zugriff vom 09.07.2008.

Carney, Joanne: Electronic and Traditional Portfolios as Tools for Teacher Knowledge Representation. Unpublished Dissertation, University of Washington, Seattle 2001.

Challis, D. Towards the mature ePortfolio: Some implications for higher education.

Combe, Arno: Interpretative Schulbegleitforschung - konzeptionelle Überlegungen. In: Breidenstein, Georg/ Combe, Arno/ Helsper, Werner/ Stelmaszyk, Bernhard (Hg.): Forum Qualitative Schulforschung 2. Interpretative Unterrichts- und Schulbegleitforschung. Opladen 2002, 29-37.

Cook, Julian: Electronic Portfolios for Learning and Assessment. In: Interact University of Bristol 29/ 2004, 3-4.

Council of Europe: European Language Portfolio. Council of Europe. Strassbourg 1997. Online Ressource: http://www.nacell.org.uk/resources/pub_cilt/portfolio.html. Zugriff vom 19.05.2004.

De Leeuw, Howard: Einblicke in den Lernprozess: Grundschüler sprechen über ihre Erfahrungen mit „Deutsch als Fremdsprache“. In: Legutke, Michael K. (Hg.): Sprachenlernen – Primarschule – Unterrichtsanalyse. München 1997, 177-205.

Deci, Edward L. / Ryan, Richard M.: Intrinsic Motivation and Self-Determination in Human Behavior. New York 1985.

Denzin, Norman K: The Research Act. A Theoretical Introduction to Sociological Methods. McGraw Hill 1978.

Derham, Carol Swavely: The Digital Portfolio Assessment of Teaching Competencies (D-PATCO): Initial Development and Validation. Unpublished Dissertation, Lehigh University 2003.

Deutner, Detlev/ Leopold, Claudia: Selbstregulation beim Lernen aus Sachtexten. In: Mandl, Heinz/ Friedrich, Helmut Felix (Hg.): Handbuch Lernstrategien. Göttingen 2006, 162-171.
Deutsches Kinderhilfswerk (Hg.): Kinderreport Deutschland 2007. Daten, Fakten, Hintergründe. Freiburg 2007.
Dietrich, Stephan: Selbstgesteuertes Lernen – eine neue Lernkultur für die institutionelle Erwachsenenbildung? In: Dietrich, Stephan, Fuchs-Brüninghoff u. a.: Selbstgesteuertes Lernen. Auf dem Weg zu einer neuen Lernkultur. Frankfurt/ Main 1999, 14 -23.
Downes, Stephen: Educational blogging. In: Educause review. 5/ 2004, S.14-26. Online Ressource: http://www. educause.edu/ir/library/pdf/erm0450.pdf. Zugriff vom 21.01.2008.
Downs, Matthew: MyHighcliffe - ePortfolio. Präsentation auf der EMINENT-Tagung, 18.-19.11.2004. Online Ressource: http://eun.org/insight-pdf/eminent/highcliff_EMINENT.pdf. Zugriff vom 18.09.2005.
Driessen, Erik W./ Muijtjens, Arno M. M./ Tartwijk, Jan van/ Van der Vleuten, Cees P. M.: Web- or paper-based portfolios: is there a difference? In: Medical Education 41/ 2007, 1067-1073.
Dubs, Rolf: Konstruktivismus. Einige Überlegungen aus der Sicht der Unterrichtsgestaltung. In: Zeitschrift für Pädagogik. 6/ 1995, 889-903.
Duffy, Thomas M./ Jonassen, David H. (Hg.): Constructivism and the Technology of Instruction. A Conversation. Hilsdale 1992.
Dysthe, Olga/ Engelsen, Knut Steinar (red.): Mapper som pædagogisk redskab. Perspektiver og erfaringer. Århus 2005.
Easley, Shirley-Dale/ Mitchell, Kay: Arbeiten mit Portfolios. Schüler fordern, fördern und fair beurteilen. Mühlheim an der Ruhr 2004.
Eder, Ferdinand : Das Befinden von Kindern und Jugendlichen in der Schule. Innsbruck 1995.
Eduforge: ePortfolio ePortfolio Implementation Case Studies. Online Ressource https://eduforge.org/ docman/?group_id=176. Zugriff vom 06.03.2008.
Eikenbusch, Gerhard: Qualität im Deutschunterricht. Berlin 2001.
Elbow, Peter: Writing Without Teachers. New York / Oxford 1998.
Ellmin, Pär/ Ellmin, Roger: Mitt portfolioarbete - En enkätstudie om pedagogers erfarenheter. Köping 2004. Online Ressource: http://www.ellmin.se/dokument/ MittPortfolioarbete.pdf. Zugriff vom 23.05.2005.
Ellmin, Roger/ Ellmin, Brigitta: Att arbeta med portfolio - teori, förhållningssätt och praktik. Stockholm 2003.
Ellmin, Roger/ Ellmin, Brigitta: Portfolio i Praktiken. Svenska Kommunförbundet. Stockholm 2000.
Ellmin, Roger/ Josefsson, Lennart: Elevprotfolio. Svenska Kommunförbundet. Stockholm 1999.
Ellmin, Roger/ Levén, Sören: Ledarskap ända klasserummet. Stockholm 1998.
Ellmin, Roger: Portfolio - sätt att arbeta, tänka och lära. Stockholm 1999.
Ellmin, Roger: Portfoliomodellen. En måde at lære og tænke på. København 2001.
Emerging Digital Tools to Support Reflection in Learner-Centered Portfolios. 2004. Online Ressource: http://electronicportfolios.org/digistory/epstory.html. Zugriff vom 01.02.2008.
Engelsen, Knut Steinar: Mapper og IKT. In: Dysthe, Olga/ Engelsen, Knut Steinar (red.): Mapper som pædagogisk redskab. Perspektiver og erfaringer. Århus 2005, 109-121.
Engstler, Karin: Versuche mit anderen Bewertungsformen – Pensenbuch und Portfolio. In: Winter, Felix/ Groeben, Annemarie von der/ Lenzen, Klaus-Dieter; (Hg.): Leistung sehen, fördern, werten. Bad Heilbrunn 2002, 295-301
ePortfolio Austria: Projekthomepage, Unterkategorie Einsatzbereich Schule. Stand 20.07.2007. Online Ressource: http://www.e-portfolio.at/1111879.0/. Zugriff vom 27.02.2008.
ePortfolio Hessen: Weitere Informationen zum Projekt finden sich auf der Homepage des Projekts, Online abrufbar unter: http://www.eportfolio-hessen.de/. Zugriff vom 10.03.2008.
ePortfolio Initiative Deutschland: Homepage der Initiative: http://elgg.uni-koblenz.de/profile/ extended.php?profile_name=eportfolio. Zugriff vom 11.03.2008.

ePortfolio4Kids: Weitere Informationen zum Projekt finden sich im Weblog von Martin Hofmann, Online abrufbar unter: http://e-portfolio.kaywa.ch/. Zugriff vom 10.03.2008.
Erhard, Thomas: Metakognition im Unterricht. Optimierung des Problemlöseverhaltens durch selbstreflexive Prozesse. Frankfurt/ Main 1995.
Europarat (Hg.): Europäisches Sprachenportfolio: Version für Jugendliche und Erwachsene. Raster zur Selbstbeurteilung. Bern 2001.
Falls, Jane A.: Using a Reflective Process to Implement Electronic Portfolios. Dissertation. Virginia Faculty of the Virginia Polytechnic Institute and State University. Blacksburg/ Virginia 2001. Online Ressource: http://scholar.lib.vt.edu/theses/ available/etd-12102001-125815/ unrestricted/Falls.pdf. Zugriff am 06.05.2008.
Fend, Helmut: Der Umgang mit Schule in der Adoleszenz. Bern 1997.
Ferris, Sharmila Pixy: The Effects of Computers on Traditional Writing. In: The Journal of Electronic Publishing. Published by the University of Michigan Press. 8 / 2002. Online Ressource: http://www.press.umich.edu/jep/08-01/ferris.html. Zugriff am 11.01.2006.
Fielding, Nigel G./ Fielding, Jane L: Linking Data. Beverly Hills 1986.
Fink, Matthias C./ Gänger, Sven: Das ePortfolio als Werkzeug zur Förderung selbstbestimmten Lernens? – Fallstudien zu den Bedingungen eines erfolgreichen Transfers im Rahmen von Lehrerfortbildungen. In: Zeitschrift für eLearning 2/ 2008a, 38-50.
Fink. Matthias C./ Gänger, Sven: Lernberatung online. Selbstständiges Lernen mit einem ePortfolio. In: Pädagogik 9/ 2008b, 14-17.
Fink, Matthias: ePortfolios im Unterricht. Einblicke in das didaktische Konzept des Schulentwicklungsprojekts ePortfolio. In: Computer + Unterricht. Heft 66/ 2007b. Seelze 2007, 46-47.
Fink, Matthias: Schritt für Schritt lehren und lernen mit dem ePortfolio im Unterricht. Handbuch mit didaktischen Handreichungen. Gießen 2007a. Online abrufbar unter: http://www.eportfolio-hessen.de/materialien. Zugriff vom 10.03.2008.
Fischer, Dietlind: Das Tagebuch als Lern- und Forschungsinstrument. In: Friebertshäuser, Barbara/ Prengel, Annedore (Hg.): Handbuch Qualitative Forschungsmethoden in der Erziehungswissenschaft. Weinheim und München 1997, 693-703.
Flavell, John H.: Kognitive Entwicklung. Stuttgart 1979.
Flick ,Uwe: Zur Qualität quantitativer Forschung - Diskurse und Ansätze. In: Kuckartz, Udo/ Grunenberg, Heiko/ Lauterbach, Andreas (Hg.): Qualitative Datenanalyse: computergestützt. Methodische Hintergründ und Beispiele aus der Forschungspraxis. Wiesbaden 2004b, 43-63.
Flick, Uwe/ Kardorff, Ernst von/ Steinke, Ines: Was ist qualitative Forschung? Einleitung und Überblick. In: Flick, Uwe/ Kardorff, Ernst von/ Steinke, Ines (Hg.): Qualitative Forschung. Ein Handbuch. 4. Auflage. Hamburg 2005, 13-29.
Flick, Uwe: Triangulation in der qualitativen Forschung. In: Flick, Uwe/ Kardorff, Ernst von/ Steinke, Ines (Hg.): Qualitative Forschung. Ein Handbuch. 4. Auflage. Hamburg 2005, 309-318.
Flick, Uwe: Triangulation. Eine Einführung. Wiesbaden 2004a.
Friebertshäuser, Barbara: Feldforschung und teilnehmende Beobachtung. In: Friebertshäuser, Barbara/ Prengel, Annedore (Hg.): Handbuch Qualitative Forschungsmethoden in der Erziehungswissenschaft. Weinheim und München 1997b, 503-534.
Friebertshäuser, Barbara: Interviewtechniken - ein Überblick. In: Friebertshäuser, Barbara/ Prengel, Annedore (Hg.): Handbuch Qualitative Forschungsmethoden in der Erziehungswissenschaft. Weinheim und München 1997a, 371-398.
Friedrich, Helmut Felix/ Mandl, Heinz: Lernstrategien: Zur Strukturierung des Forschungsfeldes. In: Mandl, Heinz/ Friedrich, Helmut Felix (Hg.): Handbuch Lernstrategien. Göttingen 2006, 1-23.
Fuhs, Burkhard: Qualitative Methoden in der Erziehungswissenschaft. Darmstadt 2007.
Gardner, Howard: Frames of mind. The theory of multiple intelligences. New York (NJ) 1983.
Glaser, Barney G./ Strauss, Anselm L.: Grounded Theory: Strategien qualitativer Forschung. Bern 1998.

Glasersfeld, Ernst von: Aspekte einer konstruktivistischen Didaktik. In: Landesinstitut für Schule und Weiterbildung (Hg.): Lehren und Lernen als Konstruktive Tätigkeit. Beiträge zu einer konstruktivistischen Theorie des Unterrichts. Bönen 1995, 7-14.

Gläser-Zikuda, Michaela/ Fuß, Stefan: Wohlbefinden von Schülerinnen und Schülern im Unterricht. In: Hascher, Tina (Hg.): Schule positiv erleben. Ergebnisse und Erkenntnisse zum Wohlbefinden von Schülerinnen und Schülern. Bern / Stuttgart / Wien 2004, 27-48.

Gläser-Zikuda, Michaela/ Göhring, Anja: Analyse und Förderung selbstregulierten Lernens auf der Grundlage des Portfolio-Ansatzes – ein Forschungsprogramm in der Sekundarstufe I. In: Gläser-Zikuda, Michaela (Hg.): Lerntagebuch und Portfolio auf dem Prüfstand. Zeitschrift für Empirische Pädagogik 21/2. Landau 2007, 174-208.

Gläser-Zikuda, Michaela/ Hascher, Tina: Zum Potenzial von Lerntagebuch und Portfolio. In: Gläser-Zikuda, Michaela/ Hascher, Tina (Hg.): Lernprozesse dokumentieren, reflektieren und beurteilen. Lerntagebuch und Portfolio in Bildungsforschung und Bildungspraxis. Bad Heilbrunn 2007, 9-24.

Gläser-Zikuda, Michaela/ Lindacher, Tanja: Portfolioarbeit im Unterricht - praktische Umsetzung und empirische Überprüfung. In: Gläser-Zikuda, Michaela / Hascher, Tina (Hg.): Lernprozesse dokumentieren, reflektieren und beurteilen. Lerntagebuch und Portfolio in Bildungsforschung und Bildungspraxis. Bad Heilbrunn 2007, 189-204.

Gläser-Zikuda, Michaela: Emotionen und Lernstrategien in der Schule. Eine empirische Studie mit Qualitativer Inhaltsanalyse. Weinheim und Basel 2001.

Gläser-Zikuda, Michaela: Qualitative Inhaltsanalyse in der Lernstrategie- und Lernemotionsforschung. In: Mayring, Philipp/ Gläser-Zikuda, Michaela: Die Praxis der Qualitativen Inhaltsanalyse. Weinheim 2005, 63-83.

Götz, Thomas/ Frenzel, Anne C./ Pekrun, Reinhard: Emotionen im Lern- und Leistungskontext. Wie wirken sich Emotionen auf das Lernen aus – und wie lassen sich positive Emotionen fördern? In: Katechetische Blätter 1/ 2007, 13-19.

Götz, Thomas/ Zirngibl, Anne/ Pekrun, Reinhardt: Lern- und Leistungsemotionen von Schülerinnen und Schülern. In: Hascher, Tina (Hg.): Schule positiv erleben. Ergebnisse und Erkenntnisse zum Wohlbefinden von Schülerinnen und Schülern. Bern / Stuttgart / Wien 2004, 49-66.

Grace, Cathy/ Shores, Elizabeth F.: Das Portfolio-Buch für Kindergarten und Grundschule. Mühlheim/ Ruhr 2005.

Grunder, Hans-Ulrich/ Thorsten, Bohl (Hg.): Neue Formen der Leistungsbeurteilung in den Sekundarstufen I und II. 2. Auflage. Baltmannsweiler 2004.

Gudjons, Herbert: Neue Unterrichtskultur – veränderte Lehrerrolle. Bad Heilbrunn 2006.

Guldimann, Titus: Eigenständiger Lerner. Durch metakognitive Bewusstheit und Erweiterung des kognitiven und metakognitiven Strategierepertoires. Bern 1996.

Häcker, Thomas/ Lissmann, Urban: Möglichkeiten und Spannungsfelder der Portfolioarbeit – Perspektiven für Forschung und Praxis. In: Gläser-Zikuda, Michaela (Hg.): Lerntagebuch und Portfolio auf dem Prüfstand. Zeitschrift für Empirische Pädagogik 21/2. Landau 2007, 209-239.

Häcker, Thomas/ Rihm, Thomas: Portfolio? Hessische Lehrerinnen- und Lehrerzeitschrift, 57 (1), 2004, 24-25.

Häcker, Thomas: Der Portfolioansatz – Wiederentdeckung des Lernsubjekts? Rezeption und Entwicklungen im deutschen Sprachraum. Die Deutsche Schule 94, H. 2. 2002, 204-216

Häcker, Thomas: Portfolioarbeit in Schreib- und Lesezentren. In: Bräuer, Gerd (Hg.): Schreiben(d) lernen. Ideen und Projekte für die Schule. Hamburg 2004, 144-158.

Häcker, Thomas: Wurzeln der Portfolioarbeit. In: Brunner, Ilse/ Häcker, Thomas/ Winter, Felix (Hg.): Das Handbuch Portfolioarbeit: Konzepte, Anregungen, Erfahrungen aus Schule und Lehrerbildung. Velber 2006a, 27-32.

Häcker, Thomas: Portfolio: Ein Entwicklungsinstrument für selbstbestimmtes Lernen. Eine explorative Studie zur Arbeit mit Portfolios in der Sekundarstufe I. Hohengehren 2006b.
Hamann, Holger: Portfolio- Arbeit in Dänemark. Unter: http://www.englisch-schule.de/portfolio _finn.htm. Zugriff vom 17.11.04.
Hansen, Jens Jørgen: Learning Spaces and Supplementary Training in the Virtuel Portfolio.. Vortragsmanuskript vom 30.05.2005. Syddansk Universitet Odense, Danmark. Online Ressource: www.knowledgelab.dk/now/e-portfolio/presentations/Jens%20Jorgen %20Hansen.ppt. Zugriff vom 21.08.2006.
Hascher, Tina/ Astleitner, Hermann: Blickpunkt Lernprozess. In: Gläser-Zikuda, Michaela/ Hascher, Tina (Hg.): Lernprozesse dokumentieren, reflektieren und beurteilen. Lerntagebuch und Portfolio in Bildungsforschung und Bildungspraxis. Bad Heilbrunn 2007, 24-43.
Hascher, Tina/ Wepf, Lorenz: Lerntagebücher im Praktikum von Lehramtsstudierenden. In: Gläser-Zikuda, Michaela (Hg.): Lerntagebuch und Portfolio auf dem Prüfstand. Zeitschrift für Empirische Pädagogik 21/2. Landau 2007a, 101-118.
Hascher, Tina/ Lobsang, Karma: Das Wohlbefinden von SchülerInnen - Faktoren, die es stärken und solche, die es schwächen. In: Hascher, Tina (Hg.): Schule positiv erleben. Ergebnisse und Erkenntnisse zum Wohlbefinden von Schülerinnen und Schülern. Bern/ Stuttgart/ Wien 2004b, 203-228.
Hascher, Tina: Emotionen im Schulalltag – Wirkungen und Regulationsformen. In: Krapp, Andreas: Emotion und Lernen – Beiträge der Pädagogischen Psychologie. In: Zeitschrift für Pädagogik, 5/2005, 610-625.
Hascher, Tina: Wohlbefinden in der Schule – eine Einführung. In: Hascher, Tina (Hg.): Schule positiv erleben. Ergebnisse und Erkenntnisse zum Wohlbefinden von Schülerinnen und Schülern. Bern/ Stuttgart/ Wien 2004b, 7-23.
Hascher, Tina: Wohlbefinden in der Schule. Münster 2004a.
Hasselhorn, Marcus: Individuelle Lernvoraussetzungen zwischen sechs und sechzehn Jahren: Allgemeine und differentielle Entwicklungsveränderungen. In: Aeberli, Christian (Hg.): Lehrmittel neu diskutiert. Zürich 2004, 11-25.
Hauf-Tulodziecki, Annemarie: Das Portfolio:Medienkompetenz - mehr als ein Leistungsnachweis. In: Computer+Unterricht 12/ 2002, 50-52.
Häuptle, Eva/ Reinmann, Gabi: Notebooks in der Hauptschule. Eine Einzelfallstudie zur Wirkung des Notebook-Einsatzes auf Unterricht, Lernen und Schule. 2006. Online Ressource: http://medienpaedagogik.phil.uni-augsburg.de/downloads/dokumente/2006/Notebook-Klassen_Abschlussbericht.pdf. Zugriff vom 15.02.2008.
Häußler, Peter/ Hofmann, Lore: Physikunterricht – an den Interessen von Mädchen und Jungen orientiert. In: Unterrichtswissenschaft, 23/1995, 107-126.
Hawkins, Eric W.: Awareness of Language. Cambridge 1984.
Hebert, Elizabeth: The power of portfolios. What children can teach us about learning and assessment. San Francisco (CA) 2001
Hecker, Ulrich: Neue Formen der Leistungsbewertung – Perspektive Portfolio. In: Neue Deutsche Schule, H. 1-2. 2001, 22-25.
Heckhausen, H.: Motivation und Handeln. Berlin 1989.
Helmke, Andreas/ Weinert, Franz E.: Bedingungsfaktoren schulischer Leistungen. In: Enzyklopädie der Psychologie. Band 3. Göttingen 1997, 1-35.
Helmke, Andreas: Selbstvertrauen und schulische Leistungen. Göttingen 1992.
Helmke, Andreas: Unterrichtsqualität erfassen, bewerten, verbessern. 4. Auflage. Seelze 2005.
Henn, Bettina: Jahresarbeiten an der Rudolf- Steiner- Schule Bochum. In: Winter, Felix/ Groeben, Annemarie von der/ Lenzen, Klaus-Dieter (Hg.): Leistung sehen, fördern, werten – neue Wege für die Schule. Bad Heilbrunn 2002, 141-146.

Henn-Reinke, Kathryn/ Lawrence, Lillian/ Plicka, Greta/ Skarich, Nancy/ Yemma, Mary/ Cooper, Albert P.: Assessment Portfolios for Elementary Students. Milwaukee Public Schools. Larchmont (NY) 2002.

Hentig, Hartmut von: Bildung. Ein Essay. München, Wien 1996.

Hentig, Hartmut von: Die Menschen stärken, die Sachen klären. Ein Plädoyer für die Wiederherstellung der Aufklärung. Stuttgart 1985.

Herzig, Bardo: Medienpädagogik als Element professioneller Lehrerausbildung. In. Sesink, Werner/ Kerres, Michael/ Moser, Heinz: Jahrbuch Medien-Pädagogik 6. Medienpädagogik - Standortbestimmung einer erziehungswissenschaftlichen Disziplin Wiesbaden 2007, 283-297.

Heursen, Gerd: Konstruktivismus. In: Haarmann, Dieter (Hg.): Wörterbuch Neue Schule. Stichworte zur aktuellen Reformdiskussion. Weinheim und Basel 1998, 91-99.

Higgins, Karen M./ Harris, Nancy A./ Kuehn, Laura L.: Placing Assessment Into the Hands of Young Children: A Study of Student-Generated Criteria and Self-Assessment. In: Educational Assessment. 2/ 1994, 309-324.

Hilzensauer, Wolf/ Hornung-Prähauser, Veronika: ePortfolio - Methoden und Werkzeuge für kompetenzbasiertes Lernen. Salzburg 2005. Online Ressource: http://edumedia. salzburgresearch.at/ images/stories/EduMedia/Studienzentrum/eportfolio_srfg.pdf. Zugriff vom 17.03.2008

Himpsl, Klaus: E-Portfolio in der Schule. Workshop im Rahmen der 40. Jahrestagung „Schule und Wirtschaft“ der Niederösterreichischen Bezirksarbeitskreise. Vortragsfolien. Donau-Universität Krems 23.05.2007. Online Ressource: http://www.donau-uni.ac.at/imperia/md/content/studium/ tim/timlab/ veranstaltungen/sw_himpsl.pdf. Zugriff vom 01.12.2007.

Höbarth, Ulrike: Konstruktivistisches Lernen mit Moodle. Boizenburg 2007.

Hofmann, Martin: Abschluss des Lernateliers zum Thema Wasser. Pädagogische Hochschule des Kantons Luzern, Standort Rohrschach, Online Ressource: http://e-portfolio.kaywa.ch/p78.html. Zugriff vom 02.07.2008.

Hopf, Christel: Qualitative Interviews - ein Überblick. In: Flick, Uwe/ Kardorff, Ernst von/ Steinke, Ines (Hg.): Qualitative Forschung. Ein Handbuch. 4. Auflage. Hamburg 2005, 349-359.

Hornung-Prähauser, Veronika/ Geser, Guntram/ Hilzensauer, Wolf/ Schaffert, Sandra: Didaktische, organisatorische und technologische Grundlagen von E-Portfolios und Analyse internationaler Beispiele und Erfahrungen mit E-Portfolio-Implementierungen an Hochschulen. Salzburg Research Forschungsgesellschaft. Salzburg 2007.

Hössl, Alfred: Strategien zwischen Anpassung und Verweigerung – Die Grundschule aus der Sicht der Kinder. In: Diskurs Kindheits- und Jugendforschung, 4/2006, 481-495. http://www.cjlt.ca/content/vol31.3/challis.html. Zugriff vom 28.07.2006

Hu, Adelheid: „Lernen“ als „Kulturelles Symbol“. Eine empirisch qualitative Studie zu subjektiven Lernkonzepten im Fremdsprachenunterricht bei Oberstufenschülerinnen und -schülern aus Taiwan und der Bundesrepublik Deutschland. Bochum 1996.

Hübner, Sandra/ Nückles, Matthias/ Renkl, Alexander: Lerntagebücher als Medium des selbstgesteuerten Lernens – Wie viel instruktionale Unterstützung ist sinnvoll? In: Gläser-Zikuda, Michaela (Hg.): Lerntagebuch und Portfolio auf dem Prüfstand. Zeitschrift für Empirische Pädagogik 21/2. Landau 2007, 119-137.

Hudson, Tony: ePortfolios within the Continuing Professional development framework in UK Schools. Vortragsmanuskript 27.10.2005. EIfEL ePortfolio Conference 2005, Cambridge (UK). Online Ressource: http://events.eife-l.org/migration/ep2005/presentations/PS1C_hudson_ vuorikari.ppt. Zugriff vom 06.01.2007.

Humboldt, Wilhelm von: Schriften zur Sprache. Stuttgart 2007.
In: Candian Journal of learning and Technology, 31, 3 / 2005. Online Ressource:

Inglin, Oswald: Das Portfolio als schulentwicklerischer Prozess in einem Kollegium. In: Bräuer, Gerd (Hg.): Schreiben(d) lernen. Ideen und Projekte für die Schule. Hamburg 2004, 249-258.
Inglin, Oswald: Lernberichte und Lerngespräche als Ergänzung des Ziffernzeugnisses. „Erweiterte Beurteilungsformen – das Basler Modell. In: Pädagogische Rundschau 4/ 2003, 449-459.
Inglin, Oswald: Rahmenbedingen und Modelle der Portfolioarbeit. Welche Konsequenzen ergeben sich für den Unterricht? In: Brunner, Ilse/ Häcker, Thomas/ Winter, Felix (Hg.): Das Handbuch Portfolioarbeit: Konzepte, Anregungen, Erfahrungen aus Schule und Lehrerbildung. Velber 2006, 81-88.
Iwan, Rüdiger/ Weidner, Gunther: Auf neuen Wegen in die Ausbildung... Ein Projekt bei DaimlerChrysler in Mannheim. In: Brunner, Ilse/ Häcker, Thomas/ Winter, Felix (Hg.): Das Handbuch Portfolioarbeit: Konzepte, Anregungen, Erfahrungen aus Schule und Lehrerbildung. Velber 2006, 218-223.
Iwan, Rüdiger: Wege aus der Korrekturfalle! In: Info 3. 3/ 2005, 53-56.
Jabornegg, Daniel: Das Portfolio – Möglichkeiten und Grenzen einer alternativen Prüfungsform. Ein Erfahrungsbericht. In: Dubs, Rolf/ Luzi, Richard (Hg.): Schule in Wissenschaft, Politik und Praxis. St. Gallen 1997, 411-425.
Jabornegg, Daniel: Der Portfolio-Ansatz in der Schülerbeurteilung der USA und seine Bedeutung für die Schülerbeurteilung in der neuen kaufmännischen Grundbildung (NKG). Bamberg 2004.
Jank, Werner/ Meyer, Hilbert: Didaktische Modelle. 5. Auflage. Berlin 2002.
Jerusalem, Matthias/ Mittag, Waldemar: Selbstwirksamkeit, Bezugsnormorientierung, Leistung und Wohlbefinden in der Schule. In: Jerusalem, Matthias/ Pekrun, Reinhard (Hg.): Emotion, Motivation und Leistung. Göttingen 1999, 223-245.
Johansson, Gerd/ Lindahl, Sture/ Lindgren, Ulla-Britt/ Lorentsson, Ulla/ Morén, Katarina: Portfolio - ett pilotprojekt. Rapport från period 4. ITiS – kompetensutveckling. Burträsk o.J. Online Ressource: http://direkt.skola.skelleftea.se/itis/rapporter/Sem40/ UllLin.doc. Zugriff vom 16.09.2007.
Johnson-Bogart, Kim: Writing Portfolios: What Teachers Learn from Student Self-Assessment. 2006. Online Ressource: http://www.evergreen.edu/washcenter/ resources/ assess/e2johnso.htm. Zugriff vom 01.07.2007.
Kaiser, Armin/ Kaiser, Ruth: Metakognition: Denken und Problemlösen optimieren. Neuwied / Kriftel 1999.
Kaiser, Ingrid/ Mann, Friedlinde: Auf Schatzsuche – Lesetagebücher als Entdeckungsreise. In: Winter, Felix/ Groeben, Annemarie von der/ Lenzen, Klaus-Dieter (Hg.): Leistung sehen, fördern, werten – neue Wege für die Schule. Bad Heilbrunn 2002, 91-98.
Kallenbach, Christiane: Subjektive Theorien. Was Schülerinnen und Schüler über Fremdsprachenlernen denken. Tübingen 1996.
Kanfer, Frederick H./ Reinhecker, Hans/ Schmelzer, Dieter: Selbstmanagement-Therapie. Berlin 1996.
Kankaanranta, Marja: Towards Digital Bridges Between Educational Cultures. Challenges for School Based Portfolio Assessment. . In: Jokinen, Hannu / Rushton, John (Hg.): Changing Contexts of School Development – The Challenges to Evaluation and Assessment. 1998. Online Ressource: http://ktl.jyu.fi/arkisto/verkkojulkaisuja/ electronic/001/kankaanranta.htm. Zugriff vom 01.02.2002.
Kara, Hannele: Portfolio-Arbeit in Finnland. Unter: http://www.englisch-schule.de/portfolio _finn.htm. Zugriff vom 17.11.04
Karsen, Fritz (Hg.): Die Neuen Schulen in Deutschland. Langensalza 1924.
Kelle, Udo Erzberger, Christian: Integration qualitativer und quantitativer Methoden. Methodologische Modelle und ihre Bedeutung für die Forschungspraxis. In: Kölner Zeitschrift für Soziologie und Sozialpsychologie. 51/ 1999, 509-531.
Kelle, Udo/ Kluge, Susan: Vom Fall zum Typus. Opladen 1999.

Klafki, Wolfgang: Neue Studien zur Bildungstheorie und Didaktik, Zeitgemäße Allgemeinbildung und kritisch- konstruktive Didaktik. 5. Auflage. Weinheim und Basel 1995.
Klampfer, Alfred: Virtuelle Portfolios im Bildungsbereich. 2005. Online Ressource: http://teaching.eduhi.at/alfredklampfer/eportfolios_klampfer.pdf. Zugriff vom 13.08.2007.
Klippert, Heinz: Methodentraining. Übungsbausteine für den Unterricht. Weinheim 1994.
Kluge, Susann: Empirisch begründete Typenbildung. Zur Konstruktion von Typen und Typologien in der qualitativen Sozialforschung. Opladen 1999.
Koch, Siegfried: Freie Arbeit als pädagogisches Motiv in der Reformpädagogik. Dargestellt anhand der pädagogischen Konzeptionen Maria Montessoris, Helen Parkhursts, Hugo Gaudigs, Peter Petersens und Célestin Freinets. Ludwigsburg 1996.
Kolb, Annika: Portfolioarbeit. Wie Grundschulkinder ihr Sprachenlernen reflektieren. Tübingen 2007.
Konrad, Klaus/ Traub, Silke: Selbstgesteuertes Lernen in Theorie und Praxis. München 1999.
Kowall, Sabine/ O'Connell, Daniel: Zur Transkription von Gesprächen. In: Flick, Uwe/ Kardorff, Ernst von/ Steinke, Ines (Hg.): Qualitative Forschung. Ein Handbuch. 4. Auflage. Hamburg 2005, 437-446.
Kramer, Rolf-T./ Busse, Susann: „das ist mir eigentlich ziemlich egal … ich geh trotzdem jeden tag wieder in diese schule hier" – Eine exemplarische Rekonstruktion zum Verhältnis von Schulkultur und Schülerbiografie. In: Combe, Arno/ Helsper, Werner/ Stelmasyk, Bernhard (Hg.): Forum Qualitative Schulforschung 1. Schulentwicklung - Partizipation - Biografie. Weinheim 1999, 363-398.
Krapp, Andreas: Emotion und Lernen – Beiträge der Pädagogischen Psychologie. In: Zeitschrift für Pädagogik, 5/2005, 603-609.
Krappmann, Lothar/ Oswald, Hans: Alltag der Schulkinder: Beobachtungen und Analysen von Interaktionen und Sozialbeziehungen. Weinheim und München 1995.
Krok, Göran/ Lindewald, Maria: Portfolios im Kindergarten - das schwedische Modell. Mühlheim an der Ruhr 2007.
Krüger, Heinz Hermann/ Marotzki, Winfried: Handbuch erziehungswissenschaftliche Biographieforschung. Opladen 1999.
Kuckartz, Udo: Einführung in die computergestützte Analyse qualitativer Daten. 2. aktualisierte Auflage. Wiesbaden 2007.
Kunze, Hansjörg: Individualisierte Leistungsbewertung. Erfahrungen mit einer Variante der Portfoliomethode. Naturwissenschaften im Unterricht: Physik. 45, H. 39. 1997, 27-29.
Lamnek, Siegfried: Qualitative Sozialforschung – Lehrbuch. 4. überarbeitete Auflage. Weinheim und Basel 2005.
Landmann, Meike/ Schmitz, Bernhard: Nutzen und Grenzen standardisierter Selbstregulationstagebücher. In: Gläser-Zikuda, Michaela (Hg.): Lerntagebuch und Portfolio auf dem Prüfstand. Zeitschrift für Empirische Pädagogik 21/2. Landau 2007, 138-156.
Landmann, Meike/ Schmitz, Bernhard: Welche Rolle spielt Self-Monitoring bei der Selbstregulation und wie kann man mit Hilfe von Tagebüchern die Selbstregulation fördern. In: Gläser-Zikuda, Michaela / Hascher, Tina (Hg.): Lernprozesse dokumentieren, reflektieren und beurteilen. Lerntagebuch und Portfolio in Bildungsforschung und Bildungspraxis. Bad Heilbrunn 2007, 149-170.
Layte, Maureen: E-portfolio: models and potentialities. Vortragsmanuskript vom 01.10.2005 Universita Milano/ Italia. Online Ressource: http://www.eifel.org/publications/eportfolio/ presentations/Millan%20%20ML%20presentation.ppt. Zugriff vom 19.09.2006.
Legutke, Michael/ Lortz, Wiltrud (Hg.): Mein Sprachenportfolio. Frankfurt/ Main 2002.
Leslie, Scott: Some Uses of Blogs in Education. Online Ressource: http://www.edtechpost.ca/gems/ matrix2.gif. Zugriff vom 21.01.2008.
Leutner, Detlev/ Leopold, Claudia: Selbstregulation beim Lernen aus Sachtexten. In: Mandl, Heinz/ Friedrich, Helmut Felix (Hg.): Handbuch Lernstrategien. Göttingen 2006, 172-184.

Lindström, Lars: På väg mot en portfoliokultur. In: Portfolionytt 1/ 2004, 9-11.
Lindström. Lars: Portföljvärdering - en metod för skilda syften. Bild Forum 3/ 1999.
Linnakylä, Pirjo: Individuals in the School picture exploring Students' Writing Portfolios. In: Jokinen, Hannu/ Rushton, John (Hg.): Changing Contexts of School Development – The Challenges to Evaluation and Assessment. 1998. Online Ressource: http://ktl.jyu.fi/arkisto/verkkojulkaisuja/ electronic/001/linnakyl2.htm. Zugriff vom 14.09.2006.
Lissmann, Urban: Beurteilung und Beurteilungsprobleme bei Portfolios. In: Jäger, Reinhold S. (Hg.): Von der Beobachtung zur Notengebung. Landau 2004, 211-242
Lissmann, Urban: Die Schule braucht eine neue pädagogische Diagnostik. Formen, Bedingungen und Möglichkeiten der Portfoliobeurteilung. Die Deutsche Schule, 93 (4), 2001, 486-497.
Lompscher, Joachim/ Ries, Gerhild: Das Kind als Lernender. In: Lompscher, Joachim/ Nickel, Horst/ Ries, Gerhild/ Schulz, Gudrun (Hg.): Leben, Lernen und Lehren in der Grundschule. Neuwied/ Kriftel/ Berlin 1997, 47-57.
Lorenzo, George/ Ittelson, John: An Overview of E-Portfolios. ELI-Paper 1/ 2005. Online Ressource: www.educause.edu/ir/library/pdf/ELI3001.pdf. Zugriff vom 21.12.2005.
Lötscher, Hanni/ Schär, René: Rahel erzählt ihre Lerngeschichte. Förderorientierte Beurteilungsgespräche mit Portfolio. In: Brunner, Ilse/ Häcker, Thomas/ Winter, Felix (Hg.): Das Handbuch Portfolioarbeit: Konzepte, Anregungen, Erfahrungen aus Schule und Lehrerbildung. Velber 2006, 187-192.
Madsen, Claus: Portfolio-Pædagogik. Frederikshavn 2004.
Maier-Häfele, Kornela/ Häfele Helmut: Open-Source-Werkzeuge für e-Tr@inings. Bonn 2005.
Marker, Torben Kure: Digital portfolio: Erfaringer fra et pilotprojekt. In: Hansen, Jens Jørgen
Marotzki, Winfried. Qualitative Bildungsforschung. In: König, Eckart/ Zedler, Peter (Hg.): Bilanz qualitativer Forschung. Weinheim 1995, 99-133.
Maschke, Sabine/ Stecher, Ludwig: Strategie und Struktur, oder: Wie kommen SchülerInnen gut durch die Schule? In: Diskurs Kindheits- und Jugendforschung, 4/2006, 497-516.
Mayring, Philip: Neuere Entwicklungen in der qualitativen Forschung und der Qualitativen Inhaltsanalyse. In: Mayring, Philipp/ Gläser-Zikuda, Michaela: Die Praxis der Qualitativen Inhaltsanalyse. Weinheim 2005a, 7-19.
Mayring, Philipp: Qualitative Inhaltsanalyse. Grundlagen und Techniken. 5. Auflage. Weinheim 1995.
Mayring, Philipp: Qualitative Inhaltsanalyse. In: Flick, Uwe/ Kardorff, Ernst von/ Steinke, Ines (Hg.): Qualitative Forschung. Ein Handbuch. 4. Auflage. Hamburg 2005b, 468-474.
Meissner, Margit: Das Portfolio in der Zweiten Phase der Lehrerausbildung: Zur Professionalität durch Selbstgesteuertes Lernen. In: Bundesarbeitskreis der Seminar- und Fachleiter/innen e.V. (Hg.): Seminar – Lehrerbildung und Schule. Standard, Modul, Portfolio. Neue Schlüsselwörter in der Lehrerbildung. 9. Jahrgang 2003, 2/ 2003b, 75-82.
Meissner, Margit: Portfolio in der Lehrer(aus)bildung. In: Amt für Lehrerausbildung News. Heft 3. Frankfurt/ Main 2003a, 2-3.
Meissner, Margit: Selbst-bewusst in die Professionalität. Portfolioarbeit im Referendariat - erste Erfahrungen aus Hessen. In: Brunner, Ilse Häcker, Thomas/ Winter, Felix (Hg.): Das Handbuch Portfolioarbeit: Konzepte, Anregungen, Erfahrungen aus Schule und Lehrerbildung. Velber 2006, 242-248.
Melis, Erica/ Homik, Martin: E-Portfolio Study – Germany. Kaiserslautern 2008.
Merkens, Hans: Stichproben bei qualitativen Studien. In: Friebertshäuser, Barbara/ Prengel, Annedore (Hg.): Handbuch Qualitative Forschungsmethoden in der Erziehungswissenschaft. Weinheim und München 1997, 97-106.
Merton, Robert K./ Kendall, Patricia L.: Das fokussierte Interview. In: Hopf, Christel/ Weingarten, Elmar (Hg.): Qualitative Sozialforschung. Stuttgart 1979, 171-204.
Meyer, Hilbert: Was ist guter Unterricht? Berlin 2004.
Meyer, Hilbert: Leitfaden Unterrichtsvorbereitung. Berlin 2007.

Moser, Heinz: Bits und Bytes im Portfolio. Schüler präsentieren ihre Computerleistungen. Donauwörth 2005.
Müller, Andreas: Der Ausgangspunkt heißt: Ich kann... In: Grundschule. 2/ 2004, 18-23.
Müller, Klaus (Hg.): Konstruktivismus. Lehrern - Lernen - Ästhetische Prozesse. Neuwied 1996.
Müller, Lotte (Hg.): Die Schule der Selbsttätigkeit - Hugo Gaudig. Bad Heilbrunn 1963.
Netzwerk Portfolioarbeit: Was gehört zu guter Portfolioarbeit? Ausgearbeitet von Winter, Felix / Häcker, Thomas u.a. 2007. Online Ressource: http://www.portfolio-schule.de/go/doc/doc_download.cfm ?3463BC46B8694277A742EC5CE945B230. Zugriff vom 07.11.2008.
Niguidula, David: The Digital Portfolio: A Richer Picture of Student Performance. Coalition of Essential Schools 1993. Online Ressource: http://www.essentialschools.org/ cs/resources/view/ ces_res/225. Zugriff vom 21.03.2004.
Nihlfors, Elisabet (red.): Skolan - an professionell och spännende sektor at arbeta inom. Universitet Gotland 2003. Online Ressource: http://www.skola.se/www/start.nsf/67CD9F751BAEE93AC 12570660041F330/$FILE/skolan.pdf. Zugriff vom 19.05.2006.
Nittel, Dieter: Gymnasiale Schullaufbahn und Identitätsentwicklung. Eine biographieanalytische Studie. Weinheim 1992.
OECD (Hg.): Briefing Notes für Deutschland zum OECD Bericht „Are Students Ready for a Technology-Rich World?“. What PISA Study Tells Us. Publizierte Ergebnisse vom 24.01.2006. Online-Ressource: http://www.oecd.org/dataoecd/48/59/36002483.pdf. Zugriff vom 21.02.2008.
Oelkers, Jürgen: Mit Bildungsstandards Schulqualität sichern: Wunsch oder Wirklichkeit? Vortrag auf der Tagung „Bildungsstandards = Kompetenzstandards? Ihre Konsequenzen für Schulleitung, Schulaufsicht und Lehrerbildung“ am 28. November 2004 in der Evangelischen Akademie Arnoldshain. Arnoldshain 2004.
Opsum, Wenke: Lærerrollen i mappevurdering. Fra mappebarn til mappevurdering. Universitet i Bergen og Hoyskolen i Bergen 2002. Online Ressource: http://www.ub.uib.no/elpub/2002/ h/385002/Hovedoppgave.pdf. Zugriff vom 09.05.2006.
OSP Portfolios: What is OSP all about? Online Ressource: http://osportfolio.org/. Zugriff vom 06.03.2008.
Oswald, Hans: Was heißt qualitativ forschen? Eine Einführung in Zugänge und Verfahren. In: Friebertshäuser, Barbara/ Prengel, Annedore (Hg.): Handbuch Qualitative Forschungsmethoden in der Erziehungswissenschaft. Weinheim und München 1997, 71-87.
Otto, Jürgen H./ Euler, Harald A./ Mandl, Heinz: Emotionspsychologie. Ein Handbuch. Weinheim 2000.
Pädagogisches Landesinstitut Brandenburg (Hg.): Kompetenzentwicklung, Unterrichtsqualität und Planungshandeln in der Sekundarstufe I. Materialien zur Rahmenlernplan-Interpretation. Ludwigsfelde 2003.
PebblePAD: PebblePAD Users. Homepage. Online Ressource: http://www.pebblepad.co.uk/ pebblepad_users.asp. Zugriff vom 06.03.2008.
Pekrun, Reinhardt: Schüleremotionen und ihre Förderung. Ein blinder Fleck der Unterrichtsforschung. Psychologie in Erziehung und Unterricht. H.45. 1998, 230-248.
Peschel, Falko: Offener Unterricht. Idee, Realität, Perspektive und ein praxiserprobtes Konzept zur Diskussion. Teil I – Allgemeindidaktische Überlegungen. Baltmannsweiler 2005.
Petilon, Hanns: Soziale Beziehungen in Schulklassen. Weinheim 1980.
Pfeifer, Silvia: Eine besondere Art der Kommunikation. Portfoliogespräche verändern meinen Unterricht. In: Brunner, Ilse/ Häcker, Thomas/ Winter, Felix (Hg.): Das Handbuch Portfolioarbeit: Konzepte, Anregungen, Erfahrungen aus Schule und Lehrerbildung. Velber 2006, 146-150.
Piaget, Jean: Biology and Knowledge. Chicago 1971.
Plamenig, Beatrix: Vom Lesetagebuch zum Portfolio. Ein Baustein für das Eigenverantwortliche Arbeiten und Lernen. Graz 2001.

Pollari, Pirjo: „This is my portfolio“ Portfolios in Upper Secondary School English Studies. Institute for Educational Research. University of Jyväskylä 2000.

Pölzleitner, Elisabeth: Reflektieren kann man lernen. Formblätter als Hilfe zur Selbsteinschätzung. In: Brunner, Ilse/ Häcker, Thomas/ Winter, Felix (Hg.): Das Handbuch Portfolioarbeit: Konzepte, Anregungen, Erfahrungen aus Schule und Lehrerbildung. Velber 2006, 96-111.

Popp, Susanne: Der Daltonplan in Theorie und Praxis. Ein aktuelles reformpädagogisches Modell zur Förderung selbstständigen Lernens in der Sekundarstufe. Bad Heilbrunn 1995.

Prengel, Annedore/ Heinzel, Friederike/ Carle, Ursula: Methoden der Handlungs-, Praxis- und Evaluationsforschung. In: Helsper, Werner/ Böhme, Jeanette (Hg.): Handbuch Schulforschung. Wiesbaden 2004, 183-199.

Prim, Rolf: Schülersubjekt und Schulorganisation. In: Rihm, Thomas (Hg.): Schulentwicklung. Vom Subjektstandpunkt ausgehen. 2. erweiterte Auflage. Wiesbaden 2006, 41-68.

Rahm, Sibylle/ Mammes, Ingelore/ Schratz, Michael (Hg.): Editorial. Schulpädagogische Forschung. Unterrichtsforschung – Perspektiven innovativer Ansätze. In: Rahm, Sibylle/ Mammes, Ingelore/ Schratz, Michael (Hg.): Editorial. Schulpädagogische Forschung. Unterrichtsforschung – Perspektiven innovativer Ansätze, 7-14.

Rampillon, Ute: Be aware of Awareness – oder: Beware of Awarness? Gedanken zur Metakognition im Fremdsprachenunterricht der Sekundarstufe I. In: Rampillon, Ute/ Zimmermann, Günther: Strategien und Techniken beim Erwerb fremder Sprachen. Ismaning 1997, 173-184.

Ravet, Serge: For an ePortfolio enabled architecture. EIfEL Position Paper 2007. Online Ressource: http://www.eife-l.org/publications/eportfolio/documentation/positionpaper. Zugriff vom 19.12.2007.

Ravolainen, Virpi/ Rönnholm, Per-Ohlof (toim): Portfolio - miten aloitin = så här började jag? Åbo universitet, Julkaisusarja D 1 1996.

Reich, Kersten: Konstruktivistische Didaktik. Lehr- und Studienbuch mit Methodenpool. 3. neu bearbeitete Auflage. Weinheim und Basel 2006

Reich, Kersten: Konstruktivistische Didaktik. München 2004.

Reich, Kersten: Systemisch-konstruktivistische Pädagogik. Einführung in Grundlagen einer interaktionistisch-konstruktivistischen Pädagogik. 5. überarbeitete Auflage. Weinheim und Basel 2005.

Reich, Kersten: Systemisch-konstruktivistische Pädagogik. Einführung in Grundlagen einer interaktionistischen-konstruktivistischen Pädagogik. Neuwied 1996.

Reinberg, Falko: Motivation. Stuttgart 2002.

Rentsch, Katja: Mit Portfolioarbeit beginnen. Bericht aus dem Werkstattunterricht einer ersten Klasse. In: Brunner, Ilse/ Häcker, Thomas/ Winter, Felix (Hg.): Das Handbuch Portfolioarbeit: Konzepte, Anregungen, Erfahrungen aus Schule und Lehrerbildung. Velber 2006, 116-120.

Rihm, Thomas: Schule als Ort kooperativer Selbstverständigung entwickeln. In: Rihm, Thomas (Hg.): Schulentwicklung. Vom Subjektstandpunkt ausgehen. 2. erweiterte Auflage. Wiesbaden 2006a, 393-428.

Rihm, Thomas: Täuschen oder vertrauen? Hinweise für einen kritischen Umgang mit Portfolios. In: Brunner, Ilse/ Häcker, Thomas/ Winter, Felix (Hg.): Das Handbuch Portfolioarbeit. Konzepte, Anregungen, Erfahrungen aus Schule und Lehrerbildung. Seelze 2006c, 53-59.

Rihm, Thomas: Vom Vorrang der Schülerinteressen – Zur Begründung von Lerngruppenprozessen vom Subjektstandpunkt aus. In: Rihm, Thomas (Hg.): Schulentwicklung. Vom Subjektstandpunkt ausgehen. 2. erweiterte Auflage. Wiesbaden 2006b, 301-330.

Rösel, Barbara: Arbeit, die sich lohnt – Lese-Schreib-Portfolios im Englischunterricht. In: Winter, Felix/ Groeben, Annemarie von der/ Lenzen, Klaus-Dieter (Hg.): Leistung sehen, fördern, werten – neue Wege für die Schule. Bad Heilbrunn 2002, 165-174.

Roth, Gerhard: Fühlen, Denken, Handeln, wie das Gehirn unser Verhalten steuert. Frankfurt/ Main 2001.

Sacher, Werner: Leistungen entwickeln, überprüfen und beurteilen. Bewährte und neue Wege für die Primar- und Sekundarstufe. 4. Auflage, Bad Heilbrunn 2004.
Schäfer, Karl-Hermann/ Schaller, Klaus: Kritische Erziehungswissenschaft und kommunikative Didaktik. Heidelberg 1971.
Schaffert, Sandra/ Hornung-Prähauser, Veronika/ Hilzensauer, Wolf/ Wieden-Bischof, Diana: E-Portfolio-Einsatz an Hochschulen: Möglichkeiten und Herausforderungen. In: Brahm, Taiga / Seufert, Sabine (Hrsg.). Ne(x)t Generation Learning: E-Assessment und E-Portfolio halten sie, was sie versprechen? Themenreihe II zur Workshop Serie. SCIL-Arbeitsbericht 13/ 2007, 74-89. Online Ressource: http://www.scil.ch/ publications/reports/2007-03-brahm-seufert-next-generation-learning.pdf. Zugriff vom 17.12.2007.
Schallies, Michael/ Wellensiek, Anneliese/ Lembens, Anja: Portfolio als Lehr- und Lerninstrument im problemorientierten Unterricht. Ethik und Unterricht, H. 3. 2000, 30-34.
Schelbert, Beat: Das Talentportfolio - eine Schatztruhe der Stärken. Wie Interessen und Begabungen in einer Hauptschule gefördert werden. In: Brunner, Ilse/ Häcker, Thomas/ Winter, Felix (Hg.): Das Handbuch Portfolioarbeit: Konzepte, Anregungen, Erfahrungen aus Schule und Lehrerbildung. Velber 2006, 127-135.
Schiefele, Ulrich/ Pekrun, Reinhard: Psychologische Modelle des fremdgesteuerten und selbstgesteuerten Lernens. In: Weinert, Franz E. (Hg.): Psychologie des Lernens und der Instruktion. Göttingen 1996, 249-278.
Schiefele, Ulrich/ Streblow, Lilian: Motivation aktivieren. In: Mandl, Heinz/ Friedrich, Helmut Felix (Hg.): Handbuch Lernstrategien. Göttingen 2006, 232-247.
Schlemmer, Elisabeth: Bildungsbiografien und Lebensgeschichten. Zur Narration mit Kindern, ihrem Einsatzspektrum, den Zugangswegen und Grenzen. In: Rahm, Sybille (Hg.): Schulpädagogische Forschung. 2. Organisations- und Bildungsprozessforschung. Perspektiven innovativer Ansätze. Innsbruck 2006, 179-191.
Schmidinger, Elfriede: Portfolios zur Dokumentation von Schulentwicklungsprojekten. Qualitätsverbesserung mithilfe von Prozessreflexionen. In: Brunner, Ilse/ Häcker, Thomas/ Winter, Felix (Hg.): Das Handbuch Portfolioarbeit: Konzepte, Anregungen, Erfahrungen aus Schule und Lehrerbildung. Velber 2006, 156-161.
Schmidt, Christiane: ‚Am Material'. Auswertungstechniken für Leitfadeninterviews. In: Friebertshäuser, Barbara/ Prengel, Annedore (Hg.): Handbuch Qualitative Forschungsmethoden in der Erziehungswissenschaft. Weinheim und München 1997, 544-568.
Schmidt, Christiane: Analyse von Leitfadeninterviews. In: Flick, Uwe/ Kardorff, Ernst von/ Steinke, Ines (Hg.): Qualitative Forschung. Ein Handbuch. 4. Auflage. Hamburg 2005, 447-455.
Schmidt, Christiane: Erhebungsinstrumente und Fragestrategien. In: Hopf, Christel/ Schmidt, Christaine (Hg.): Zum Verhältnis von innerfamilialen sozialen Erfahrungen, Persönlichkeitsentwicklungen und politischen Orientierungen. Dokumentation und Erörterung des methodischen Vorgehens in einer Studie zu diesem Thema. Hildesheim 1993, 25-35.
Schnebel, Stefanie: Professionell beraten. Beratungskompetenz in der Schule. Weinheim / Basel 2007.
Schnefeld, Mette Luplau/ Toft, Hanne: E-portfolio - en platform for refleksion, selvevaluering og dokumentation af kompetencer. In: OnEdge 3/ 2005, 14-17.
Schneider, Günther: Wozu ein Sprachenportfolio? Universität Fribourg 2004. Online Ressource: www.unifr.ch/ids/Portfolio/pdfs/aufsatz-gu-wozu-pf.pdf. Zugriff vom 18.03.2005.
Schöll, Gabriele: Förderung von Aufmerksamkeit in der Grundschule: ein metakognitiv orientierter Trainingsansatz. Münster 1997.
Schreblowski, Stephanie/ Hasselhorn, Marcus: Selbstkontrollstrategien: Planen, Überwachen, Bewerten. In: Mandl, Heinz/ Friedrich, Helmut Felix (Hg.): Handbuch Lernstrategien. Göttingen 2006, 151-161.
Schreier, Helmut: Anmerkung des Moderators zu Harada, Nobuyuki: Leistungsbeurteilung mittels Portfolio. In: Grundschule 4/ 2001, 34.

Schwarz, Johanna: Die eigenen Stärken veröffentlichen. Portfolios als Lernstrategie und alternative Leistungsbeurteilung. In: Becker, G./ Ilsemann, C. von/ Schratz, Michael (Hrsg.): Qualität Entwickeln: evaluieren. Friedrich Jahresheft 2001, Seelze 2001

Schwarz, Johanna: Portfolio als Lernstrategie und alternative Leistungsbeurteilung. In: Informationen zur Deutschdidaktik 26, H. 1. 2002, 99-109

Schwarz, Johanna: Zusammenarbeit entwickeln durch und mit Portfolios. Bräuer, Gerd (Hg.): Schreiben(d) lernen. Ideen und Projekte für die Schule. Hamburg 2004, 159-168.

Schwetz, Herbert (Hg.): Konstruktivistisches Lernen mit neuen Medien. Innsbruck 2001.

Scianna, Rosetta: Bewertung im Offenen Unterricht. Leistungsbeurteilung als Förderinstrument. Mühlheim an der Ruhr 2004.

Seebauer, Renate: Portfolios und andere alternative Formen der Leistungsbeurteilung. Pädagogische Akademie Wien. Unter: http://www.europahaus burgenland.net/ Projekte/ Q-B8a.htm. Zugriff vom 06.09.04.

Seidel, Wolfgang: Gefühle im Schulalltag. Zur Rolle emotionaler Systeme beim Lehren und Erziehen. In: Schulmagazin 5-10. Impulse für kreativen Unterricht. 3/2007, 5-8.

Sembill, Detlef: Selbstorganisiertes und Lebenslanges Lernen. In: Achtenhagen, Frank/ Lempert, Wolfgang (Hg.): Lebenslanges Lernen im Beruf - seine Grundlegung im Kindes- und Jugendalter. Band 4 - Formen und Inhalte von Lernprozessen. Opladen 2000, 60-90.

Shores, Elizabeth F./ Grace, Cathy: Das Portfoliobuch für Kindergarten und Grundschule. Mühlheim an der Ruhr 2005.

Siebert, Horst: Lernen als Konstruktion von Lebenswelten. Entwurf einer konstruktivistischen Didaktik. Frankfurt/ Main 1994.

Siebert, Horst: Selbstgesteuertes Lernen und Lernberatung. Konstruktivistische Perspektiven. 2. überarbeitete Auflage. Augsburg 2006.

Siemens, George: ePortfolios. 2004. Online Ressource: http://www.elearnspace.org/Articles/ eportfolios.htm. Zugriff vom 07.11.2007.

Spinath, Birgit: Ein Lerntagebuch zur Förderung motivationsbezogener Voraussetzungen für Lern- und Leistungsverhalten bei Schüler/innen mit sonderpädagogischem Förderbedarf. In: Gläser-Zikuda, Michaela/ Hascher, Tina: Lernprozesse dokumentieren, reflektieren und beurteilen. Lerntagebuch und Portfolio in Bildungsforschung und Bildungspraxis. Bad Heilbrunn 2007, 171-185.

Spitzer, Manfred: Lernen: Gehirnforschung und die Schule des Lebens. Darmstadt 2002.

Stampfl, Lea: Alle helfen mit, dass es vorangeht. Portfolioarbeit im Mathematikunterricht einer Grundschule. In: Brunner, Ilse/ Häcker, Thomas/ Winter, Felix (Hg.): Das Handbuch Portfolioarbeit: Konzepte, Anregungen, Erfahrungen aus Schule und Lehrerbildung. Velber 2006, 121-126.

Stefanakis, Evangeline Harris: Multiple Intelligences and Portfolios. A Window Into Learner's Mind. Pourtsmouth (NH) 2002.

Stefani, Lorraine/ Mason, Robin/ Pegler, Chris: The Educational Potential of e-Portfolios. Supporting personal development and reflective learning. London and New York 2007.

Steinke, Ines: Gütekriterien qualitativer Forschung. In: Flick, Uwe/ Kardorff, Ernst von/ Steinke, Ines (Hg.): Qualitative Forschung. Ein Handbuch. 4. Auflage. Hamburg 2005, 319-331.

Straka, Gerald A.: Selbstgesteuertes Lernen als Chance lebenslangen Lernens? Konzept, empirische Ergebnisse und Konsequenzen. In: Wiesner, Gisela (Hg.): Die lernende Gesellschaft. Weinheim und München 2005, 161-179.

Strauss, Anselm: Grundlagen qualitativer Sozialforschung: Datenanalyse und Theoriebildung in der empirischen soziologischen Forschung. München 1991.

Sunstein, Bonnie S./ Lovell, Jonathan (Hg.): The portfolio standard. How students can show us what they know and are able to do. Portsmouth (NH) 2000.

Tartwijk, Jan van/ Driessen, Erik/ Hoeberigs, Babet/ Kösters, Jacqueline/ Ritzen, Magda/ Stokking, Karel / Vleuten, Cees van der: Werken met een elektronisch portfolio. Groningen 2003.
Taube, Karin: Portfoliometoden. Stockholm 1997.
Tellerup, Susanne: E-portfolio – muligheder og faldgruber i e-læring. Vortragsmanuskript. ePortfolio-Fachtagung Universität Odense, Dänemark 2005. Online Ressource: www.knowledgelab.dk/ now/e-portfolio/presentations/Susanne%20Tellereup.ppt. Zugriff vom 06.10.2005.
Tenorth, Heinz-Elmar/ Tippelt, Rudolf (Hg.): Lexikon Pädagogik. Weinheim und Basel 2007.
Terhart, Ewald: Entwicklung und Situation des qualitativen Forschungsansatzes in der Erziehungswissenschaft. In: Friebertshäuser, Barbara/ Prengel, Annedore (Hg.): Handbuch Qualitative Forschungsmethoden in der Erziehungswissenschaft. Weinheim und München 1997, 27-42.
Terhart, Ewald: Konstruktivismus und Unterricht. Gibt es einen neuen Ansatz in der Allgemeinen Didaktik? In: Zeitschrift für Pädagogik. 5/1999, 629-647.
Thüringer Kultusministerium (Hg.): Einschätzung zur Kompetenzentwicklung - ein Beispiel für Schulentwicklung in Thüringen. Teil I und Teil II. Erfurt 2003.
Tippelt, Rudolf/ Schmidt, Bernhard: Was wissen wir über Lernen im Unterricht? In: Pädagogik. 3/ 2005, 6-11.
Tischler, Kornelia: Portfolio und Leistungsbeurteilung konkret. Am Beispiel des Projektseminars „Schulentwicklung in Österreich – Bearbeitung von Fallbeispielen. In: Informationen zur Deutschdidaktik. Themenheft Portfolio. 1/ 2002, 48-55.
Tolsby, Håkon: Digital Portfolios a Tool for Construction, Self-reflection, and Sharing of Knowledge. Ålborg University 2002, Online abrufbar unter: http://www.hum.aau.dk/~hakont/papers/ portfolios. Zugriff am 06.11.2007.
Tschira, Antje: Wie Kinder lernen - und warum sie es manchmal nicht tun. Über die Spielregeln zwischen Mensch und Umwelt im Lernprozess. 2. überarbeitete Auflage. Heidelberg 2005.
Ulich, Dieter/ Mayring, Philipp: Psychologie der Emotionen. Stuttgart 2003. Unterrichtsforschung. Psychologie in Erziehung und Unterricht. 44/ 1998, 230-248.
University of British Columbia: e-Portfolio Conference: Reflection Is Not a Mirror, It's a Lens (Konferenzprogramm). 19.11.2004. Online abrufbar unter: https://www. elearning.ubc.ca/home/index. cfm?menuClicked=4/1/&p=main/dsp_eport_event_20041119_2.cfm. Zugriff am 08.07.2008.
Van Brakel, Jaap: Emotions: A cross-cultural perspective on forms of life. In: Wentworth, William M./ Ryan, John (Hg.): Social Perspectives on Emotion. Greenwich 1994, 179-237.
Veenman, Marcel V. J.: The assessment of the Metacognitive skills: What can be learned from multi-method designs? In: Artelt, Cordula/ Moschner, Barbara (Hg.): Lernstrategien und Metakognition: Implikationen für Forschung und Praxis. Münster 2006, 77-99.
Veugelers, Marij/ Korterink, Aline: Implementatie van het Digitaal Portfolio. Ervaringen van de Universiteit van Amsterdam. Artikel voor de DU bundel van 15 maart 2005. Online Ressource: http://e learning.surf.nl/docs/portfolio/artikel_uva_implementatie_ portfolio_-_du_bundel_maart_20051.pdf. Zugriff vom 12.02.2007.
Vierlinger, Rupert: Das Konzept der „Direkten Leistungsvorlage“. In: Winter, Felix/ Groeben, Annemarie von der/ Lenzen, Klaus-Dieter (Hg.): Leistung sehen, fördern, werten – neue Wege für die Schule. Bad Heilbrunn 2002, 28-38.
Vierlinger, Rupert: Leistung spricht für sich selbst. Heinsberg 1999.
Vierlinger, Ruppert: Die direkte Leistungsvorlage. Gerechtere Entscheidungen über Bildungswege ermöglichen? In: Beutel, Silvia-Iris/ Vollstädt, Witlof (Hg.): Leistung ermitteln und bewerten. Hamburg 2000, 87-97.
Vinall-Cox, Joan: Teaching Writing in the Age of Online Computers. In: College Quarterly 2/ 2005. Online Ressource: http://www.eduspaces.net/vinall/files/-1/21778/JVCTeaching Dossier.doc. Zugriff vom 21.01.2008.

'olkwein, Karin: Ich seh' den Text jetzt mit anderen Augen. In: Brunner, Ilse/ Häcker, Thomas/ Winter, Felix (Hg.): Das Handbuch Portfolioarbeit: Konzepte, Anregungen, Erfahrungen aus Schule und Lehrerbildung. Velber 2006, 151-155.

'ollmayer, Regina: Ansatzpunkte für die Beeinflussung von Lernmotivation. In: Mandl, Heinz/ Friedrich, Helmut Felix (Hg.): Handbuch Lernstrategien. Göttingen 2006, 223-231.

Vagner, Birgit: Lernen aus der Sicht der Lernenden. Frankfurt/ Main 1999.

Vallrabenstein, Wulf: Offene Schule – Offener Unterricht. Ratgeber für Eltern und Lehrer. Hamburg 1994.

Verner, Gunther: Faire Noten mit Portfolioarbeit. Transparent bewerten – Lernklima aktiv verbessern. Lichtenau 2006.

Veskamp, Ralf: Selbstevaluation: Ein zentraler Aspekt schülerorientierten Fremdsprachenunterrichts. In: Fremdsprachenunterricht. 6/ 1996, 406-411.

Veskamp, Ralf: Self-assessment/ Selbstkontrolle, Selbsteinschätzung und -einstufung. In: Bausch, Karl-Richard/ Christ, Herbert/ Krumm, Hans-Jürgen (Hg.): Handbuch Fremsprachenunterricht. Tübingen/ Basel 2003, 382-384.

Vidmer, Rockstroh, Wie Kinder unterschiedlicher Leistungsfähigkeit gemeinsam erfolgreich lernen können. In: Heyer, Peter/ Sack, Lothar/ Preuss- Lausitz, Ulf (Hg.): Länger gemeinsam lernen. Positionen, Forschungsergebnisse, Beispiele. Grundschulverband Band 55. Frankfurt/ Main 2003, 209-215.

Viedersich, Ulrike: Vom Blog zum ePortfolio an der VBS HAK Mödling. Tagungsband zur Fachtagung „Good Practice im Österreichischen Schulsystem" an der Pädagogischen Akademie des Bundes in Wien. 19./ 20.10.2006. Online Ressource: http://www.elearning-center.at/ tagungsband/tag_1/pdf/Wiedersich.pdf. Zugriff vom 13.12.2007.

Vildner, Christine: (M)ein Lern- und Forschungstagebuch – ein Probegalopp. In: Informationen zur Deutschdidaktik. Themenheft Portfolio. 1/ 2002, 44-47.

Vinter, Felix/ Groeben, Annemarie von der/ Lenzen, Klaus-Dieter (Hg.): Leistung sehen, fördern, werten – neue Wege für die Schule. Bad Heilbrunn 2002.

Vinter, Felix: Ein Instrument mit vielen Möglichkeiten - Leistungsbewertung anhand von Portfolios. In: Winter, Felix/ Groeben, Annemarie von der/ Lenzen, Klaus-Dieter (Hg.): Leistung sehen, fördern, werten – neue Wege für die Schule. Bad Heilbrunn 2002, 173-181.

Vinter, Felix: Guter Unterricht zeigt sich in seinen Werken. Mit Portfolio arbeiten. Lernende Schule 3, H. 11. 2000b, 42-46 .

Vinter, Felix: Leistungsbewertung. Eine neue Lernkultur braucht einen anderen Umgang mit den Schülerleistungen. Baltmannsweiler 2004a.

Vinter, Felix: Neue Lernkultur – aber Leistungsbewertung von gestern? In: Bartnitzky, Horst/ Speck-Hamdan, Angelika (Hg.): Leistungen der Kinder. Wahrnehmen – würdigen – fördern. Frankfurt/ Main 2004b, 41-53.

Vinter, Felix: Schüler lernen Selbstbewertung: ein Weg zur Veränderung der Leistungsbeurteilung und des Lernens. Frankfurt/ Main 1991.

Vintersteiner, Werner: Portfolios als Medium der Selbstreflexion. In: Informationen zur Deutschdidaktik. Themenheft Portfolio. 1/ 2002, 35-43.

Vittek, Line: Mappe som redskap for læring i høyere utdanning. Strukturer, kulturell praksis og deltakelsesbaner. Oslo 2007. Online Ressource: http://www.hio.no/content/download/79848/ 565931/ version/1/file/disputasferdig+ avhandling+august+07.pdf. Zugriff vom 07.11.2008.

Vittek, Line: Nye redskaber for læring og evaluering - nye muligheder og nye begrænsninger. In: Dysthe, Olga/ Engelsen, Knut Steinar (red.): Mapper som pædagogisk redskab. Perspektiver og erfaringer. Århus 2005, 63-83.

Volff, Dieter: Der Konstruktivismus: Ein neues Paradigma in der Fremdsprachendidaktik? In: Die neueren Sprachen. 5/ 1994, 407-429.

Wolff, Stephan: Dokumenten- und Aktenanalyse. In: Flick, Uwe/ Kardorff, Ernst von/ Steinke, Ines (Hg.): Qualitative Forschung. Ein Handbuch. 4. Auflage. Hamburg 2005, 502-513.

Wright, Anne: E-portfolios and the DfES national e-strategy. Tagung: "eLearning Regions and Cities 2005", Vortragsmanuskript. 21.-22.06.2005, Oxford. Online Ressource: http://www.eife-l.org publications/eportfolio/proceedings/ep2005/Anne%20 Wright.PDF. Zugriff vom 04.03.2007.

Wuttke, Eveline: Motivation und Lernstrategien in einer selbstorganisationsoffenen Lernumgebung. Eine empirische Untersuchung bei Industriekaufleuten. Frankfurt/ Main 1999.

Zeiher, Hartmut/ Zeiher, Helga: Orte und Zeiten der Kinder. Soziales Leben im Alltag von Großstadtkindern. 2. Auflage. Weinheim und München 1998.

Zeitlinger, Edith: Portfolios im Unterstufen-Unterricht. Das Portfolio als Basis des integrativen Literaturunterrichts. In: Informationen zur Deutschdidaktik. 1/ 2002, 65-74.

Zimmerman, Barry J./ Schunk, Dale H.: Self-Regulated Learning and Academic Achievment. Theoretical Perspectives. Mahwah 2001.

Zimmerman, Barry J.: Attaining Self-Regulation: A Social Cognitive Perspective. In: Boekarts, Monique/ Pintrich, Paul R./ Zeidner, Moshe (Hg.): Handbook of Self-Regulation. San Diego u.a. 2000, 13-39.

Zimmerman, Barry J.: Self-Regulated Learning and Academic Achievment – an Overview. In: Educational Psychologist. 1/ 1990, 3-17.